新中国 70 年
语文教育回顾与展望

主　编：任　翔

副主编：张燕玲　赵宁宁

编　委：任　翔　张燕玲　赵宁宁　李煜辉

　　　　易　进　奚　遥　马胜科　黄利亚

　　　　陈　昕　李英杰　李耀伟　唐成军

山东城市出版传媒集团·济南出版社

图书在版编目（CIP）数据

新中国 70 年语文教育回顾与展望/任翔主编. —济南：济南出版社，2020.12
ISBN 978 – 7 – 5488 – 4277 – 4

Ⅰ.①新… Ⅱ.①任… Ⅲ.①语文教学—教学研究—文集 Ⅳ.①H19 – 53

中国版本图书馆 CIP 数据核字（2020）第 264787 号

新中国 70 年语文教育回顾与展望

任　翔　主编

责任编辑	张慧泉　高茜茜
装帧设计	胡大伟
出版发行	济南出版社
地　　址	济南市二环南路 1 号
邮　　编	250002
印　　刷	济南新科印务有限公司
版　　次	2020 年 12 月第 1 版
印　　次	2020 年 12 月第 1 次印刷
开　　本	170 mm×240 mm　16 开
印　　张	24.5
字　　数	295 千字
定　　价	98.00 元

济南版图书,如有印装质量问题,请与出版社出版部联系调换。电话:0531 – 86131736

目 录

■ 语文教学变革

■ 语文教师培养

■ 语文考试改革

序一 新时代语文教育的新起点

——在新中国70年语文教育回顾与展望学术研讨会上的致辞

北京师范大学副校长 涂清云

  非常高兴有机会参加这场语文教育界的学术盛会，与二百余位来自全国各地的语文学科专家、教研员和一线教师，以及关心语文教育的各界学者和媒体朋友，齐聚京师学堂，回望新中国70年语文教育改革发展之路，共瞻新时代语文教育的美好明天。这不仅是北师大的一件大事，也是新中国语文教育史册上的一件盛事。

  北京师范大学是教育部直属重点大学，是一所以教师教育、教育科学和文理基础学科为主要特色的著名学府。学校的前身是1902年创立的京师大学堂师范馆，百余年来，一大批名师先贤在这里弘文励教。学校秉承"学为人师，行为世范"的校训精神，形成了"治学修身，兼济天下"的育人理念。北京师范大学第十三次党代会进一步明确了建设"综合性、研究型、教师教育领先的中国特色世界一流大学"的办学目标，提出了"三步走"的战略构想，明确到21世纪中叶进入世界一流大学前列。当前，学校正着力构建"高原支撑、高峰引领"的学科发展体系和以北京校区和珠海校区为两翼的一体化办学格局，不断深化综合改革，推进各项事业发展，正朝着建设世界一流大学的目标稳步迈进。

北京师范大学学科综合实力位居全国高校前列。学科覆盖了除军事学以外的 12 个学科门类，形成了综合性学科布局。根据教育部学位与研究生教育发展中心发布的 2016 年一级学科评估（第四轮）结果，我校教育学、心理学、中国语言文学、中国史、戏剧与影视学、地理学等 15 个学科获评 A 类学科。在英国高等教育调查公司（QS）2019 年公布的世界大学排行榜中，我校全球排名第 277 位，在中国内地高校中排名第 10 位。

北京师范大学是我国语文教育的滥觞之地。北师大语文教育与京师大学堂师范馆同步，走过了非凡的 117 年，奠定了坚实的语文学科基础。百余年来，黎锦熙、叶苍岑、张鸿苓等学者为北师大语文学科发展创造了辉煌的历史，留下了丰硕的成果。如今北师大语文学科继往开来，在学科建设、理论研究与实践探索方面取得了可喜的成绩，形成了大、中、小学语文教育一体化的研究格局，拥有本科生、硕士研究生、博士研究生培养体系和博士后工作流动站，为我国培养了大批优秀语文教师和语文教育研究人才。

2014 年，语文学科被学校列为人文学科重点培育基地。2015 年，学校进一步完善语文学科课程设置，形成理论教学与实践教学相互衔接的课程体系。2018 年，以语文学科为基础，集我校中国语言文学、教育学和心理学等一级学科之力量，成功申报了国家中小学（含中职）语文教材重点研究基地。2019 年，我校的汉语言文学专业通过教育部师范类专业第三级认证。

在经济全球化、文化多元化、科技现代化的时代背景下，我校举办新中国 70 年语文教育回顾与展望学术研讨会，与全国语文教育同人共同探讨新时代语文教育教学规律，适逢其时，意义重大。

新中国成立 70 年来，语文教育取得了令人瞩目的成就。新时代对语文教育制定了新标准、提出了新要求，需要我们更加深入地探讨语文学科的教育教学规律。相信本次学术盛会，不仅能使北师大语文学科薪火相传，担负起新时代语文教育建设的使命，还能携手更多的语文学科专家、教研员与一线语文教师，更好地领会国家语文课程标准的精神，用好统编版语文教材，全面提升学生的核心素养。让语文教育成为提升我国国民素质、建设文化强国的强大基石。希望本次研讨会能够成为北师大语文教育乃至全国语文教育的一个新起点。

序二　跳出语文看语文　跳出教育看教育

——在新中国70年语文教育回顾与展望
学术研讨会上的致辞

北京师范大学文学院学术委员会主任、教授　刘　勇

　　今年是中华人民共和国成立70周年，这一年里各种类型的纪念活动和学术研讨会已经举办了很多，但是像我们今天这样从语文教育的角度来回顾新中国70年发展历程还是具有独特意义的，也是非常重要和必要的。我始终认为，语文教育从来都不是一个单纯的理念，更不是一种方法，而是养育人的精神品格、铸就人的文化品行的综合系统。多少年来，从老师到学生，只要是语文好的，数理化都好！或者反过来讲，数理化好的，语文都差不到哪里去！而语文学不好，其他科目也很难学好！我们北师大的老校长王梓坤先生，既是著名的数学家、科学院院士，也是一位出色的科普作家。一个人怎么沟通与表达，怎么理解问题，怎么感受生活，甚至怎么认识世界，都是语文教育的重要内容。语文教育的本质不仅是让我们更好地学习，而且是让我们更好地生活！在语文教育的大胆改革、积极探索和锐意进取方面，北师大语文教育研究所作出的出色贡献是有目共睹的。在这个意义上讲，今天的会议也是对北师大语文教育研究所近年来各项工作的回顾与总结，更是今后不断发展的新征程的开始。

我的致辞主要讲三点想法：

第一，语文教育是北师大 117 年的神圣使命。今年是中华人民共和国成立 70 周年，也是北师大建校 117 周年，我们不会忘记，中华人民共和国成立之初，是叶圣陶先生极力主张将"国语"和"国文"合二为一，才使得"语文"这个词应用于中小学教育乃至大学教育的，才使得现代语文教育逐渐发展起来。为什么是叶圣陶？就因为叶圣陶不仅是一位教育家，更是一位小说家、散文家，还是一位儿童文学作家。换句话说，如果叶圣陶没有深厚的文学底蕴，就提不出语文的概念；反过来，如果叶圣陶不懂教育、不懂人的成长，他也不可能在文学史上留下这么多篇深入人心的作品。北师大和多所师范院校都设有叶圣陶奖学金，它的象征意义和经典意义是不言自明的。北师大文学院的聂石樵、邓魁英教授夫妇，聂先生已于 2018 年去世，邓先生也年过九十，据我所知，二位先生非常清贫，但还是在文学院设立了奖学金。奖学金是什么？是一代又一代的教育承传，是人格品质的精神承传。现在许多学生并不理解奖学金的价值和意义，以为奖学金就是钱，这也是教育的缺失。在叶圣陶那个年代，教育与救国是紧紧绑在一起的，在内忧外患的大环境中，"教育救国""立国先立人"，这是鲁迅、叶圣陶那一代人的理想和信仰，是一种明知不可为而为之的激越与悲壮。这种理想和激情，在我们今天的时代，依然是一种激励和鞭策。单就北师大文学院来说，钟敬文先生、启功先生、郭预衡先生、童庆炳先生、王富仁先生等，以及目前一大批中青年学者，他们都在各自的专业领域作出了重要的甚至是里程碑式的贡献，但他们又都不约而同地深切地关注着语文教育的重要问题。他们深知，语文教育是培养人的最基本最重要的环节，是任何一个教育工作者天然的使命。这是融入北师大 117 年血脉中的一个光荣传统。

第二，语文何以教育？我们常说文史不分家，其实文学和教育更是不分家。文学自古以来就具有教育的作用，而教育的许多功能也都是依靠文学经典得以实现的。古今中外，哪一个国家的教育理念与文学经典的阐释毫无关系？再看看几千年的文学经典，哪一部经典作品没有育人的功能？一部没有教育意义的作品，是绝不可能成为文学经典的。就拿我们这几代人来说，几乎都是读着鲁迅、郭沫若、茅盾、老舍、曹禺等人的作品成长起来的，《狂人日记》《阿Q正传》《凤凰涅槃》《骆驼祥子》《雷雨》等，这些作品已经远远超出了一部小说、一首诗歌、一部戏剧的意义，它们更是一代又一代人成长的精神印记。我们对社会的认识，对时代的理解，对人性的触摸，都是从阅读这些作品开始的。还有一些更具体的问题，比如近年来，关于在中小学课本中是否应该选入鲁迅作品的问题不断引起争议。许多学者认为鲁迅的作品不适合在中小学教材中出现，最主要的原因就是鲁迅的语言不够规范。而王富仁先生强调，鲁迅的语言是最人性的语言，而最人性的语言对中小学生才是最合适的！语言失去了人性化，还有什么规范可言！语文教育当然应该是规范的教育，但更应该是人性化的教育。在"框架"的规范之上，更应该有"经典"的规范，"人性"的规范。

第三，语文教育发展面临新的前景和新的挑战。近几年来，无论是基础教育还是高等教育，都出现了一些新的趋势。前两年特别强调对学生"核心素养"的培养，这两年又提出了"新文科"的概念，其实都在试图将单一的、传统的专业性教育转向多元的、开放性的综合性教育。这种转型既是新时代文化建设的新要求，也是语文教育今后需要面对的重要的发展方向。

一是从人才培养的模式来看，无论是当下的硕士博士入学考试，还是长江学者等重要人才的申报，都越来越指向一种跨界、交叉的综合性考查。报考文学专业的同学，也要考文字学、语言学的内容；反之一样。考博更是逐渐取消考试制，转向学术能力的综合考查。这种新的动向，反映的是我们国家人才培养模式的改革。语文教育应该积极应对这种改革，不仅要在教育内容等方面进行调整，在整个教育体系上都要进行及时的探索与更新。

二是从学术研究的动向来看，当下新的学术生长点也同样在于一种跨界与综合，包括国家重大项目在内的各类项目的申报，也越来越呈现出交叉、跨界与综合的特点。我在北师大做了将近15年的北京文化发展研究院院长，一个最深刻的感受就是要跳出文化研究文化，跳出北京研究北京。对于语文教育来说也同样如此，要大胆地跳出语文看语文，甚至跳出教育看教育，用一种更加宏阔、更加开放、更加包容的眼光和心态，来面对语文教育的问题，或许才会有更加新颖、更加开阔的发展路径。我想强调一句，有些人常常盯住中小学乃至大学的教材里多一篇或少一篇鲁迅的作品这件事，其实挺无聊的。因为鲁迅的根本价值不在这里。著名语言学家周有光先生说过："不要从中国看世界，而要从世界看中国。"获得诺贝尔文学奖的日本作者大江健三郎说："我的一生都在思考鲁迅！"鲁迅的价值在这里。

三是从平台的建设和发展来看，研究型、综合性的研究平台建设已经势在必行。客观地说，现在的一些学科排名、师范认证、平台审定这些竞争机制，确实带来了一些不可避免的焦虑，但大学自己要有定力，坚定做好自己该做的事情。北师大的核心任务就是师范教育，但师范教育必须不断顺应新的时代的发展，比如：在大文科的观念下如何更好地发展语文教育？新科技怎样与传统语文教材结合？汉字怎样进行信息化处理？国学如何与当下的人文精神相互补？这既是学科之间的相互交叉，也是科技与人文之间的相互融合。

中国语文教育一路走来，今天新时代中国语文教育变化之大前所未有，它所承担的使命之重也前所未有。如何让我们的下一代保持对知识探索的激情，保持对人性探索的好奇，保持对社会担当的责任，这是新中国70年历史征程给我们留下的重要课题，这也是我们今天在这里举行这次会议的重要意义。

基于学生发展核心素养的中小学课程与教材

北京师范大学心理学部资深教授　林崇德

今天,我来汇报"基于学生发展核心素养的中小学课程与教材"。我主要谈四个问题:第一,明确学生发展核心素养;第二,课程与教材面临着的挑战,这中间包括语文课程与教材;第三,人文底蕴与科学精神的关键是思维教学;第四,教师是课程与教材的使用者、主导者和创新者。

一、明确学生发展核心素养

下面,我来汇报第一个大问题——明确学生发展核心素养。

中国学生发展核心素养课题研究是教育部党组交给我们的重要工作任务。2013 年 4 月,时任教育部党组书记、部长袁贵仁同志亲自布置,全程指导。这一任务由我负责。

对课题组人员构成要求,教育部说得非常通俗,非常形象,说中国是一个大国,核心素养研究要覆盖各级各类学校,尤其是人口多的大省。我说,河南是人口第一大省,那么河南大学书记或者校长,必须要参加;第二人口大省应该是广东,那么华南师范大学的领导应该参加;山东是第三人口大省,山东师范大学的领导应该参加。就这样,我们组成了课题组。教育部又提出,课题组必须要有东北、西北、西南的学者参与,那么,我们就让辽宁师范大学副校长代表东北参加了。由此,我们组织了全国96位教授一起来完成教育部布置的任务。教育部当时要求我们年底以前,也就是半年左右的时间,必须交出初稿。这当然是一项很艰巨的任务。我们把初稿交了以后,尽管也有肯定的意见,但更多的是给我们指出了十大问题。

后来,我们按教育部党组的意见继续开展研究。2016年,在教育部党组的领导下,在全国各地教育界同人的支持下,我们完成了这个任务。2016年9月13日,在教育部的关心下,我们在北京师范大学召开了新闻发布会。这就是整个学生发展核心素养的研制过程。今天时间有限,不可能把我们更详细的研究细节向诸位汇报。

我们的课题组征得了教育部的同意,把中国学生发展核心素养定义为"学生在接受相应学段的教育过程中,逐步形成的适应个人终身发展和社会发展需要的必备品格和关键能力"。那么这个定义怎么解释呢? 它有什么特点? 我想从下面六个方面给大家做汇报。

第一,学生发展核心素养是所有学生,包括小学生、初中生、高中生、大学生,应具有的最关键、最必要的基础素养。第二,学生发展核心素养是知识、能力和态度的综合表现。第三,学生发展核心素养可以通过接受教育来形成和发展,离开了教育,我们很难谈核心素养的问题。第四,学生发展核心素养具有发展连续性和阶段性,因此我们中国学生发展核心素养的总框架,包括小学生发展核心素养、初中生发展核心素养、高中生(含职高、中专、技校)发展核心素养、大学生(含研究生)发展核心素养。第五,核心素养兼具个人价值和社会价值,适应学生终身发展的需要和社会发展的需要。第六,学生发展核心素养,现在谈得比较多的是必备品格与关键能力。实际上,它是一个整体。它是学生发展中的一个体系,具有整合性。也就是说,价值取向是关键,不要把必备品格与关键能力分开。这就是我们在教育部的领导下,制定的中国学生发展核心素养的含义。

2019年2月,中共中央国务院在印发的《中国教育现代化2035》中指出,完善教育质量的标准体系,制定整个覆盖全学段、体现世界先进水平、符合不同层次类型的教育特点的教育质量标准。这就要明确学生发展核心素养要求。这段话,渊源在我们上报教育部的中国学生发展核心素养的文件当中。我们原文是要明确学生发展核心素养的要求,是为整个教育质量体系提供一个标准。现在形成的新的文字材料,把这段话倒回来用了。这说明中央和国务院对我们这个问题的重视。我们对此心存感激。

核心素养是对党的教育方针的细化和具体化,落实立德树人的根本任务,以培养全面发展的人为核心,以增强学生社会责任感、创新精神和实践能力为重点。核心素养回归到原点就是:我们到底培养什么样的人?如何培养?为谁培养?

严格地讲,核心素养的制定,是基于党和国家提出的三方面的需要。第一,我们接受任务的时候,是在落实党的十八大精神——"立德树人",也就是为落实"立德树人"工程的迫切需要。第二,整个核心素养的研究,体现出核心素养已经成为全世界教育研究的一项带有方向性的内容。我们现在研究核心素养绝对不是要成为第一家。早在1997年,OECD,也就是国际经济合作与发展组织,已经提出了核心素养的问题。我们深深体会到,核心素养的制定是国际教育竞争的迫切需要。第三,我们还体会到,核心素养的制定是发展素质,即我们的国策的迫切需要。我们在整个研究过程中,也和教育部有关领导同志在讨论,素质教育搞了那么多年,它有具体内容吗?它有具体途径吗?它有具体方法吗?等等,这一系列问题的提出,是素质教育的欠缺。所以,教育部有些副部长在相关文章中指出,制定学生的核心素养,就是发展学生素质教育的迫切的需要;今天所讲的素质,实际上指的就是学生的核心素养。

教育部又给我们提出了三个要求,那就是整个研究中要贯彻科学性、时代性、民族性。因此,我们体会到这"三性"实际上是让我们思考面向未来、立足现实以及文化传承的问题。以此,我们把整个核心素养的研究分成五个子课题。

第一是党和国家对学生核心素养的政策研究。从 1950 年开始,我们党和国家就对教育有一系列的要求。我们从 1950 年一直梳理到 2013 年,梳理了大约十几万字的材料。

第二是对核心素养的国际比较研究。我们对发达国家,特别是美国、英国、法国、日本等,还有三个国际组织——OECD、欧盟、联合国教科文组织做了一些对比的研究,也整理了四十多万字的材料。

第三是基于核心素养的传统文化的分析。即从孔夫子到陶行知,对如何立德树人、如何培养人才、如何提高学生素养等方面做了一些分析。

第四是基于核心素养的《义务教育课程标准(2011 年版)》的分析。可能会有一些老师来问我们,为何没有看到你们有关大学教学大纲问题的研究。实际上,教学大纲,在中小学,用了一个新的概念,叫作课程标准。对于大学,我们不能像对中小学那样,直接梳理出十九门课的课程标准,因为大学有一两千门课,到底用哪个学科大纲作为我们考虑问题的依据,这一点是非常困难的。所以我们是基于核心素养的中小学课标的分析。

第五是实证或调查研究。因为我们相当一部分研究人员是从事心理学研究的。心理学特别重视量化与质化的统一研究,因此我们进行了全国范围的调查,包括各行各业的专家、学生以及学生家长,调查老百姓对学生的期待,也就是我们的学生要成为什么样的人、拥有什么样的素养。这一社会调查共梳理了 351 万字的材料,我们对其进行了统计分析,最后形成了核心素养。

我们总的育人目标是培养全面发展的人。我们按照马克思主义的要求,从文化基础、自主发展、社会参与三大领域进行建构,先是定下了十二种内容的素养。后来,教育部为我们反馈了很多意见,又确定了三大领域、九项指标和九方面素养。2016 年 1 月,教育部通过中国教育学会向全国中小学征求意见。在这些意见的基础上,我们与教育部的一些"笔杆子"一起重新合并同类项,形成了文化基础、自主发展和社会参与三大领域,人文底蕴、科学精神、学会学习、健康生活、责任担当、实践创新六种素养以及十八项指标。这十八项指标,我就不再向大家一一汇报。涉及到语文教育,会出现十八项指标中的部分指标(如下图所示)。这就是我要汇报的第一项内容,即核心素养的来龙去脉。

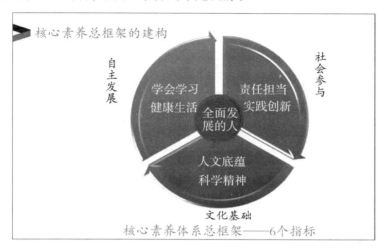

二、课程与教材面临着的挑战

当前,国际上的核心素养都到了"关键环节具体落实"上。在我国,具体落实的一个重要体现是从 2016 年开始用核心素养指导中小学的课程与教材建设。这项工作,使我联想到我们今天的会议——讨论新中国 70 年语文教育。而语文教育教学和其他各科教育教学一样,都离不开课程与教材。我们非常感谢教育部教材局于 2014 年开始,按照中国学生发展核心素养的初稿,组织了全国各学科专家,即国家课标组的成员做了两件事:第一,在总的核心素养之下,制定各科的核心素养;第二,修订了高中课程标准,并且在这个会议上决定语文、历史、政治三个学科将不再搞"一纲多本",都收归到"一纲一本",交给人民教育出版社正式出版。紧接着,于今年开始,在核心素养的要求下,义务教育阶段也在探索各学科的核心素养,同时又修订了义务教育课程标准中的问题。因此在新的阶段,各学科包括我们的语文课程与教材都会面临着挑战。

我们在"学生发展核心素养的国际化比较研究"中,已经看到了整个国际背景中两个方面的趋势:一个是全球化,还有一个是信息化。教育部教材局巡视员申继亮教授提出，课程与教材面临着三大挑战：一是全球化，二是大众化，三是网络化。我想谈谈自己的一些想法。

1. 全球化。在核心素养制定的过程中，我们深刻体会到了当今教育的全球化。国际上尽管使用的词汇不同，也都在制定所谓的核心素养。例如，21st Century Skills（美国 P21 协会）、21st Century Competencies（OECD）、Key Competences（欧盟）、General Capabilities（澳大利亚）、Socle（foundation or core）of Competences（法国）、Key Skills（英国）等。不同的国际组织、不同的发达国家及其他地区采用的词汇不同，有的用技能，有的用素养，有的可以翻译为能力等。但它们都有一个共同点，那就是所谓核心素养的制定都是对培养什么样公民的指导思想。我们在这样的情况下深深地体会到，全球化要求我们的课程、教材能够培养学生的国际交流意识、国际竞争力。与此同时，在整个课程与教材的建设中，我们深深地体会到，打好中国底色、注入红色基因的重要性。也正因为如此，我想才有今天的教育部的要求，即把语文、政治、历史三科都规定为一纲一本。因为我们深深地体会到，如果课程、教材不体现打好中国底色、注入红色基因这两种功能，我们就会失去方向。全球化更要求我们在语文教育教学中、在各科教学中，要突出立德树人的要求。

2. 信息化。在我们三大领域、六种素养、十八项指标中间，有一项指标就是个体发展中的学会学习。学会学习指标里，除了爱学、乐学、勤学的要求以外，还加了"信息意识"这一指标。重点是：能自觉、有效地获取、评估、鉴别、使用信息；具有数字化的生存能力，主动适应"互联网＋"等社会信息化发展趋势；具有网络伦理道德与信息安全意识等。处于信息化时代的今天，我们培养的学生更应该具有信息意识。因此在整个课程教材建设中，包括语文课程与教材的编制者，应该意识到信息化的挑战。互联网已经日益成为创新驱动发展的先导力量，推动着产业变革，促进工业经济向信息经济转型。随着信息化的发展，各个领域的融合不断加快，其影响已经渗透到政治、经济、文化、社会、生态等方方面面。随着互联网的发展与普及，网络已经成为人们生活、工作和学习中不可缺少的纽带。而今天讨论的重点是中小学，我们要看到，中小学生上网的问题已经成为大家普遍关注的问题。中国心理学会十分重视互联网问题的研究,专门成立了信息网络专业委员会。在研究过程中,大家都认为,互联网是一把双刃剑,中小学生上网有利有弊,这一问题对各科课程教材必然会有一定影响。

3. 大众化。今天我们的课程教学、教材编写面临着大众化的挑战。我们今天的教育是大众教育还是精英教育? 这是我今天想和各位专家一起探讨的问题。招生人数少,不代表是精英教育。1960 年以前能够考上大学的有多少人呢? 一年只有 20 万。我们并不能说当年的教育就是精英教育。可是,现在有多少人能上大学呢? 以 2020 年为例,教育部给招生办的指标是 830 万人,后经过反复研究,又从各种各样的科学技术学院中增加了 100 万人,也就是 930 万人,这是 2020 年的招生数。那么,2020年参加考试的学生又有多少呢? 有 1031 万人。这 1031 万人里面包括历届留下来的复考生。这意味着 1031 万人中有 930 万人能上大学,按比例来看,也就是 103 个人里面有 93 个人能够上大学。今天,愿意上大学的人,差不多都能够上大学,这是一个趋势。因此,今天的教育到底是大众化教育还是精英教育? 又有人说 985 学校是一种精英教育,211 学校也是一种精英教育。我想,这种提法也不一定对。因为任何一种学校的学生都能分出三六九等,二本、三本院校的学生里面照样能有学生成为精英。最近,我听说 2020 年湖北一所非 211 院校有一对双胞胎,一个被北大和中国科学院相中,让他来硕博连读,还有一个被清华和浙江大学相中,也是硕博连读。但哥俩儿提出:"我们是湖北人,决不出湖北。"他们决心很大,说要老老实实地在湖北攻读博士学位,最后,是华中科技大学把这哥俩录取了。因此,什么是大众教育,什么是精英教育,这个问题是值得研究的。

但不管怎么说,今天面临着教材编写的问题,面临着语文教学的问题,大众化的挑战使"一刀切"变得不可能。因此,我们必须承认,全国各地中小学的语文教学之间的差距是很大的,特别是质量方面的差距有进一步拉大的趋势。也正因为如此,不仅仅是语文,各科教学都面临着大众化的挑战。我们应该如何提升我们的教育质量? 我提三点想法:一是坚持育人的目标,这是一个核心问题;二是改革学校的管理模式和育人的方式,这是释放更多空间提高学校办学自主权和教师自主性的问题;三是规范学校办学行为和教师的师德行为,保持底色,这是一个根本。

三、人文底蕴与科学精神的关键是思维教学

在核心素的的文化基础方面有两个问题,一个是人文底蕴,一个是科学精神。人文底蕴与科学精神是核心素养中的两大素养。它们的关键是思维教学。

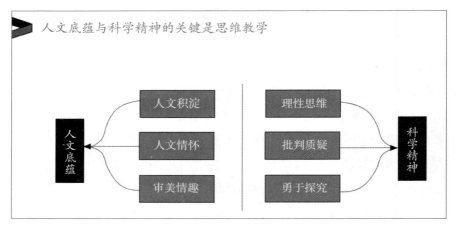

曾经在一次全国性的讨论中,有一位厅局级干部觉得我们对核心素养概括得不好,他认为用人文底蕴、科学精神这八个字即可全部概括。当然我们没有采纳他的意见。因为,在"立德树人"的问题上,还有一个社会参与和学生自主发展的领域。学生到学校来干什么?一个是学习,一个是生活。怎么学习?学会学习。怎么生活?健康生活。尤其是在高校,心理健康显得格外重要。但我们要重视那位厅局级干部的意见,至少他肯定了我们的人文底蕴与科学精神。他认为这就是核心素养,这其实并不能代表我们核心素养的全部,但也确实是我们核心素养文化基础中非常重要的素养。人文底蕴包括人文积淀、人文情怀和审美情趣。科学精神是什么呢?一是理性思维,二是质疑批判,三是勇于探索。

谈及核心素养,我经常提到北大生物学系的一位教授,后来任北大附中校长的赵钰琳先生。他年长我两岁。他跟我说,你们提出了批判质疑

的问题,太重要了。他说他自己在当北大附中校长时,曾带领着附中的师生们回北大调查了两种人:一种是理工科的院士,因为北大的院士多;一种是人文社会科学领域德高望重的前辈,如季羡林先生、汤一介先生等。调查完了以后,他问师生这些学者为什么获得了今天这么大的成就。调查的结果只有两个字——质疑。因此,我今天也要强调,我们讲核心素养的问题,质疑显得太重要了。这正因为人文底蕴和科学精神的重要,为语文和数学这两门主课核心素养的制定奠定了基础。

语文学科核心素养,一是语言建构与运用,二是思维发展与提升,三是审美鉴赏与创造,四是文化传承与理解。数学的核心素养,一是数学的抽象,二是逻辑的推理,三是数学建模,四是直观想象,五是数学运算,六是数据分析。我在中小学待了13年,除了语文因为普通话说得不好,不敢教,其他学科差不多都教过。我教过数学,非常重视1952年提出的数学三大能力:运算能力、空间想象能力、数学逻辑能力。今天新的数学素养没有离开这三大能力,也就是今天的课程标准对能力的要求。

不管是语文的素养,还是数学的素养,我们看到的是思维,也就是恩格斯所讲的"世界上最美丽的花朵",它是我们课程建设、教材编写的基础。这就又回到了各科教学的目的。我想语文教学,乃至各科教学的目的是什么?是在传授知识的同时,发展学生的智力,培养学生的能力。而思维是智力和能力的核心。因此,今天能否把语文改革、语文教学搞好,关键的问题是在于能否把培养思维能力即思维发展与提升作为出发点。

2012年教育部命华东师范大学的王建磐校长和我就全国高中各学科教学的质量问题做一个调查。我认识任翔教授可能也是在那一年。当时,教育部分工,我负责文科加生物学科,王建磐校长是搞数学的,他负责理科加艺术学科。我们调查下来,发现有些高中学科年年在发展,质量一年比一年好;而有些高中学科,特别是语文,质量却在逐年下降。当年的调查就是这样一个趋势。因此,当时我们就提出,语文教学必须重视听说读写等语言建构与运用;必须有中华文化的传承;必须要在传授知识的同时,把发展学生智能放在首位,而思维是智能的核心。各学科教学在落实核心素养的过程中,思维教学既然是首要的问题,那么在思维的问题上就有四个问题值得讨论。

1. 逻辑思维有几种？凡是思维，它肯定有逻辑性。那么，逻辑思维有几种呢？我认为，逻辑思维应该有三种：动作逻辑思维、形象逻辑思维和抽象逻辑思维。现在，对语文教学来说，人们相当重视的是形象思维。什么叫形象逻辑思维呢？它有三个特点：一是它是一种思维，它是以表现为材料，自始至终都带着形象性，反映事物的发展、联系和本质。二是形象逻辑思维是以抽象逻辑思维和内部言语做指导的，也就是语言和思维是密不可分的。形象逻辑思维，必须要以形象的语言，特别是内部语言做指导、配合、制约和渗透。文学艺术的创造主要是直觉表象运动的直接结果。三是它必须通过形象概括来反映客观事物的本质，也就是说，形象逻辑思维和抽象逻辑思维一样，有一种诸如与数学学习中间合并同类项的过程，这就是在概括。一方面，它是具体的、活生生的、有血有肉的、个性鲜明的形象；另一方面，它又有高度的概括性，从个别到一般，从外部的生动的具体到内部的内在的规律。因此，我想这就是形象逻辑思维。

语文教学离不开形象逻辑思维，当然也需要大家熟悉的抽象逻辑思维做指导。现在我们整个教学，不完全指语文教学，各科都有，往往丢失的正是动作逻辑思维，也就是技能训练问题。我举两个例子。一是老师们是不是喜欢看古典小说？例如四大名著。还有像《三侠五义》这样的侠义小说。您看完了以后肯定会体会到：一个人有没有武功，不完全在他的力气，而是在他武艺的自身修养上。正因为如此，才能够出现"岳飞的枪""关公的刀""李元霸的锤"这样的典范。第二个例子：中国的足球，特别是男足的表现不尽如人意，可是中国的女足曾经是世界冠军。当时冠军队的队长是谁呢？孙雯，上海人。当时人们怎么评价孙雯呢？说孙雯踢球，不是用腿来踢球，不是用脚来踢球，而是在用脑子踢球。老师们，咱们千万不要理解孙雯踢球仅仅是在用头顶球，她是真正在动脑子，把所有的动作合并同类项，加以概括，加以抽象。突出了用动作的语言来规范其动作的思维，这就是我们心理学上讲的实践思维。

实践思维好的人,他在工作上往往也能够做出很大的成绩。大家到北京以后,可能会去王府井。王府井有个百货大楼,百货大楼前面有一座铜像,这就是全国劳模张秉贵的铜像。当年张秉贵厉害就厉害在"一抓准":你说要三两糖,他一把抓出来的糖从不会少一颗;你说要半斤糖,他抓出来的就是半斤糖,也不会多一两。这是什么思维?这是典型的动作逻辑思维。这里边有动作的语言,动作的合并同类项,也就是技能问题。人有两种技能:一种叫心智的技能,譬如读写算;还有一种是动作的技能。但是不管怎么说,今天我们的教学过程,离不开动作逻辑思维。

2. 思维最显著的属性或特征是什么?我们先来问思维到底有几种属性?朱智贤教授与我写的《思维发展心理学》把思维的属性界定为六种:间接性、问题性、逻辑性、个性性、生产性和概括性。但是这六种属性中什么最重要?概括性。思维的第一属性或者第一特征是什么?是概括。什么叫概括?就是合并同类项。前年评选出来的90位中国当代教育家中,有二十多位是中小学教师,其中有北京五中的吴长顺校长。吴校长是语文特级教师,全国优秀校长。他曾经这样说过:有人对你指桑骂槐,你听不出来,说明你听的概括能力太差。现在的语文教学要求学生课前上讲台作二三分钟的演讲,可是有些学生即使讲得口若悬河、滔滔不绝、口泛白沫,也没有说到点子上,说明他们说的概括能力不强。我们的中考和高考语文试题中,分析课文和理解课文的题目占很大的比重,但有人不会总结段落大意、概括中心思想,这说明他们读的概括能力不强。难道我们的学生就没有那种生活的基础吗?不是。可是他们有生活经历却写不出好文章来,这说明他们写的概括能力不强。北京五中的梁捷老师是国家高中语文课标组成员。她曾经执教高一的说明文《南洲六月荔枝丹》《记一次大型的泥石流》《科学史上一次演变》《蝉》等篇目,本来应该两周教完,可是她仅仅用三或四节课就教完了,她的学生能够写出一篇又一篇的好文章。根源在哪里?她的教学突出概括。她的教学特色可以概括为六个字:重点、特色、规律。语文课堂教学一定要围绕概括来进行,所以梁老师能够成为国家高中语文课标组成员。

3. 如何理解思维的结构？这是语文教学的基本功问题。现在大家都在讲"人民教育家"于漪老师。于漪老师的语文教学就是一个整体结构。我还要讲到魏书生老师，魏老师教初中语文，提出"定向—自学—讨论—答疑—自测—自结"等自学六步结构教学方法，后来他成为闻名全国的当代教育家。这些教育家都在语文教学过程中，对思维结构进行过一系列的锻炼，因此，良好的语文教学，它肯定是一个整体结构。我对今天的语文教学提倡六大结合：一是文与道的结合；二是语与文的结合；三是听、说、读、写的结合；四是智育、德育和美育的结合；五是抽象逻辑思维和形象逻辑思维的结合；六是课堂知识技能教学与社会实践的结合。我想这就是一个整体，因为它的基础是我们思维心理学提出的思维结构。思维结构包括：目的、材料、过程、品质、个体差异、监控（反思）、智力因素与非智力因素等成分。非智力因素就是今天的课程改革中我们反复提到的"情感、态度和价值观"。

4. 怎么来发展智能？我认为应该从思维品质入手。智能是什么？智能是一种个体差异。毛泽东同志在《纪念白求恩》一文中指出，一个人能力有大小。这不就是说人的能力有个体差异吗？毛泽东同志在批"天才论"时说，认为一个人是天才，无非就是聪明一点。这就是说智能是个体差异，是个性。智能的核心是什么呢？是思维。那么思维的个体差异是什么呢？是思维品质。思维品质主要包括逻辑性（深刻性）、灵活性、创造性、批判性、敏捷性等方面。培养思维品质是发展智能的突破口。这里我举一个灵活性的例子。语文的词汇教学，有直观法，有举例法，有扩充法，有注释法，有互释法，有词义的辨析法等。在"词的搭配"练习时，一位语文教师给学生写了一个字："说"。学生起来说："'说唱'，那是联合式；'说服'是补充式；'说理'是动宾式；'说明'是偏正式。"学生问："老师，能不能把说放在后边，往前面加个字？"教师说："那行，你加吧。"学生说："'众说''你说''我说'，是主谓式。"这样灵活处理也是可以的，像一字多组、填空练习、换词练习、选词练习等，都是在词汇教学中灵活性培养的方法。

四、教师是语文教材的主导者、使用者和创新者

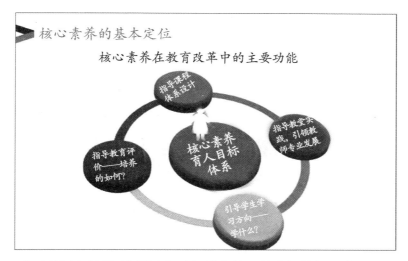

今天的语文教学,谁是语文"教"的主体?是我们教师。谁是语文"学"的主体?那当然是学生。因为我们的核心素养是为了突出育人的目标。核心素养在教育改革中的主要功能体现在:指导教学实践,引领教师专业发展;指导课程体系设计;引导学生学习方向;指导教育评价等方面。

整个课程是教学的内容,教材是整个课程的载体,也是教学的载体。课程与教材使用的质量取决于教学过程中教师的自主性。你编了最好的教材,可是没有好的教师,也是起不到应有的作用的。《中共中央国务院关于全面深化新时代教师队伍建设改革的意见》中对教师的角色定位是"先进思想文化的传播者、党执政的坚定支持者、学生健康成长的指导者"。我们教师的作用主要表现在:传承文明,使之延续发展;教书育人,使人茁壮成长;弘扬科学精神,促进社会进步;实现教育功能,促进全面发展。

教师是整个教育的脊梁。语文教学的好坏,质量的高低,主要就拜托全国的语文教师了。

传道、授业、解惑与质疑

——兼论对话和教学相长

福建师范大学文学院教授　孙绍振

我国的基础教育改革,是西方教育理念的移植,还是中西教育观念的对话? 这从理论上不成问题。纯粹横向的移植是幼稚的,应该是中西教育理念的对话。对话发生在中西两个主体之间,就不是西方独白,这是理论基础,也是常识。可是恰恰在这一点上,我们的实践,同时也涉及到理论陷入了混乱。双方话语不尽相同,互相成为"他者"才有对话的必要。把自己的传统话语清空,用什么和人家对话呢? 在这一点上,流行着一种天真烂漫的混淆:把西方教学理念和方法引进到中国来,就是对话了。混淆还发生在师生之间。近年引进的西方教育理念的核心就是尊重学生的主体,和学生平等对话。满堂灌为什么不好? 压抑学生的主体。但是,教师有没有主体呢? 如果没有主体,没有主体的自信、自觉,对"他者"就只能是遵从、盲从。尊重学生的主体性超越了尊重自己的程度,以追随为荣,事情就走向反面。取消教师的话语霸权,就变成了放任学生的话语霸权。

西方理念最根本的一点,就是学术的主体性从对权威的怀疑和挑战开始,也就是所谓学术每前进一步,就是向亚里士多德砍一刀。人家从不把权威当作崇拜的对象,而是当作对手(rival)。以此共识作为基础,启蒙主义的主体性才顺理成章地发展为当代的主体间性。然而,我们却违背了西方学术理念的根本精神。不是以自身的主体站着,把西方文论当作"他者"进行平等对话,而是放弃自身的主体,把我们的传统和实践贬斥得一无是处,把西方(北欧)的一些教育理念和方法当作超越地域和历史的、放之四海而皆准的真理。在一个会议上,我们有权威专家作报告说:"关于教师,我们传统奉为经典的名言是'师者,所以传道、授业、解惑也'。可是,现在一看,不对了。人家就不是这样,而是质疑,让学生质疑的才是好教师。"他这样说的时候,恰恰忘记了平等对话的原则。不管西方理论多么权威,也应该平等对话;不管人家的学说多么前卫,也只能当作质疑挑战的对手。就算把西方权威当作导师,自己谦恭地当作学生,如果我们没有任何质疑,一味洗耳恭听、顶礼膜拜,从正面说,我们不是好学生,从反面说,人家不是好教师。为什么把质疑忘记了呢?因为,质疑是需要有本钱的,有反诘的能力的,也就是具体的、反向的分析能力。而具体的、反向的分析,不论是传统的马克思主义还是前卫的解构主义,都是活的灵魂。那么,让我们来对质疑、解惑做谱系的具体分析吧。

第一,我们传统师道的"解惑",其前提难道不是学生的质疑吗?学生不提出疑惑,教师解什么惑呢?《论语·宪问》:"南宫适问于孔子曰:'羿善射,奡荡舟,俱不得其死然。禹稷躬稼而有天下。'夫子不答。南宫适出。子曰:'君子哉若人!尚德哉若人!'"这不是称赞学生善于质疑吗?孔夫子主张"不愤不启,不悱不发",学生的质疑就是教师逼出来的。先让他惑,再帮他解,所以孔夫子把"困而知之"看得比"学而知之"更重要。第二,学生的质疑,难道不是针对教师传的"道"和"业"的吗?教师不阐释任何观念,学生质什么疑呢?第三,教师全面系统的阐释,提供了学生局部质疑的空间,而不是学生的局部质疑构成全面阐释的前提。孔夫子不发表主张,学生怎么和他讨论问题?孔子曰:"起予者,商也。"《论语精义》解释说:"'起予'之言,亦教学相长之义也。"①这个写在《礼记·学记》里的"教学相长",不但指教者在教的过程中自我提升,而且是教与学双方的相互提升。② 朱熹在武夷山讲学,常常是先讲一通自己的主张,下自己的结论,学生如不同意,也可以上台讲自己的见解。康有为在维新变法前夕,创立万木草堂教学法。每月只讲三四次,其余时间学生自习,把读书"心得"写入"功课簿";每半月上交一次,哪怕是简短的质疑,康有为都作长篇批答。所有这些作业,都长期保存,供学生自由阅读、讨论。康有为晚年在天游学院讲学时,基本采用这种方法。后来梁启超继承了这种教学法。他在回忆中这样描述在长沙主持维新派时务学堂的具体教学情况:"除上堂讲授外,最主要者为令诸生作札记,师长则批札而指导之,发札记时,师生相与坐论。"③后来,梁启超在流亡日本时期,在东京创立大同学校,仍然用长沙时务学堂的书面对话的方法。④ 这正是中国式的对话,既突出了教师的主体性,又解放了学生的主体性,两个主体相互促进,这就是中国式的"教学相长"。它不但隐含了西方的平等对话的精神,而且正面揭示了平等的目的在于教学双向提升。更不可忽略的是,它并没有把人格平等变成智慧平等,这里没有静态的、僵化的、绝对的平衡,只有在犬牙交错的不平衡中主体间的冲击和融合。对话不是平面的对流,而是曲折、崎岖的双向建构。教学相长比之平等对话更能调动主体间性的活跃。

用平等对话来否定传道、授业,教学相长是很盲目的。古今中外的教师,有哪一个是不传道的、不授业的? 有哪一个是一味以等待学生质疑为职业的? 传道、授业、质疑、解惑的过程就是教学相长、双向建构的过程。

---

① 《论语精义》,宋朱钤编撰;《四库全书》,经部,四书类;《论孟精义·论语精义》,卷二上。

② 《礼记·学记》:"虽有嘉肴,弗食不知其旨也;虽有至道,弗学不知其善也;是故学然后知不足,教然后知困。知不足然后能自反也,知困然后能自强也。故曰教学相长也。"

③ 梁启超. 时务学堂札记残卷序(1922)[A]. 梁启超书话[C]. 杭州:浙江人民出版社,1998:52.

④ 丁文江,赵丰田. 梁启超年谱长编[M]. 上海:上海人民出版社,1983:186.

从学术上来说,四者是互相制约的谱系。从实践上说,对话并不限于有声的质疑答疑(现场问答)。初期受业,难免知其然而不知其所以然,生硬记忆(如背诵经典古诗文和元素周期表)也是必要的。素质的养成不完全是一次性地从感性直接上升为智性再到理性,也有从智性的记忆回到日后的感性实践中反思(自我质疑和修正)再上升到理性的。强调活到老学到老超越课堂的多方实践,格物致知,这就是我们传统的"知行合一"的建构途径,也就是我们的实践素质论。把课堂上一次性的有声的质疑,从教学相长的、反复建构的过程中孤立出来,实际上是漠视"行"(实践的多次反复过程)的"知难行易"论,这在哲学上和我们是两个不同的流派。

闹得沸沸扬扬的平等对话,实践中却并不平等。学生离开文本提出所谓的多元的、独特的"见解"是受到鼓励的,而教师的解答、辩驳、阐释却是犯忌的。即使有所流露,也是一种羞羞答答的主体性,以不敢在对话中正面传道、授业、解惑,以缺乏自尊,以抛弃坚定的专业自信为特征。可虑的是,有人把这种幼稚的做法当成西方教学的共识。事实上,这是极大的误解。有个美国版的《灰姑娘》的课堂教学记录,教师是这样传道、授业的:虽然辛黛瑞拉有仙女帮助,但是她如果轻易地放弃了机会,就是她的后妈不阻止,甚至支持她去参加舞会,也是得不到幸福的。后妈不爱她,并不能够让她不爱自己。就是因为她爱自己,才有幸福。没有一个人可以阻止你爱自己,别人不够爱你,你要加倍地爱自己;没有人可以阻止辛黛瑞拉当上王后,除了她自己。

平等对话,并没有妨碍这位美国教师在做文本分析时,传授"爱自己"的人生理念。所有的质疑(设问),都是由于教师不断地提出,层层深入地推进自己的观念。不难看出,传道、授业、质疑和解惑,并不是绝对分裂的,而是统一的有机整体。如此坚定的人生信念和如此深厚的专业素养,如此循循善诱、得心应手地突破学生心智的限度,这就是教师主体性的张扬,就是师生主体间性的共建。

西方权威理论强调,理论是对常识的批判,理论就是要反常识的,就是要来纠正我们的常识的。这有没有道理?有。但是,这个道理并不完全。这不是绝对的,而是相对的、暂时的,相对于常青的实践来说,理论总是免不了灰色的。改革不能不以某种前卫的理论为根据作为指导实践的准则。但是,理论最大的局限,就是并不能证明理论自身的正确,不管是演绎法还是归纳法都不是绝对可靠的,这在恩格斯时代就是逻辑学家的共识。不管掌握了多大权柄的理论,都是来自实践又要经受实践的检验的。一切理论在没有得到实践证明之前,都只能是假说,都免不了要受到历史实践的审判的。马克思在《关于费尔巴哈的提纲》中的论述,在历史发展的过程中得到雄辩的证明,很值得我们重温:"人的思维是否具有客观的真理性,这并不是一个理论的问题,而是一个实践的问题。人应该在实践中证明自己思维的真理性,及自己思维的现实性和力量,亦即自己思维的此岸性。关于离开实践的思维是否具有现实性的争论,是一个纯粹经院哲学的问题。"①归根结底,实践是检验真理的标准,而不是理论是检验实践的标准。确定理论的价值,别无选择的是:在更高的层次上回到实践,回到经验。这时,不是实践成全理论,而是理论服从实践、经验和常识。一旦和实践经验发生矛盾,理论如果不想灭亡,就不能不做出修正,甚至是局部颠覆。所谓质疑,不仅仅是课堂上口头问答,而且要包括漫长的实践检验。质疑、解惑只能在实践进行,最根本的质疑,并不仅仅是口头上的,而是实践中的。任何脱离了实践的、花样翻新的"对话",往往流于儿戏。

平等,作为一个范畴(范式)也不是僵化的、静态的、贫困的、不能运动的概念,而是动态的、具有多重矛盾性的错位统一,不断在历史进程中运动发展,或者说建构。从人格上讲,对话当然是平等的,然而,闻道有先后(心智发育的水准)、术业有专攻(外行和内行),在主体的自觉和自发上,则是不平等的。这本来并不复杂,可是理论越是享有霸权越是具有遮蔽常识和经验的功能。既不传道也不授业,更不解惑的教师论,在实践中造成那么多表面上轰轰烈烈,实质上弱智的、空洞的对话,把话语霸权变

---

① 中共中央马克思、恩格斯、列宁、斯大林著作编译局. 马克思恩格斯选集(第一卷)[M]. 北京:人民出版社,1995:55.

成了自我蒙蔽。站在历史高度，以清醒的眼光来观察，放任理论遮蔽经验和常识是可悲的。

当然，充分肯定了中国式的传道、授业、解惑，教学相长，和西方的所谓对话、质疑的共同之处，并不能回避其间的矛盾。其实，这并不神秘，中国传统不过是在强调启发性（不愤不启，不悱不发），在尊重学生主体的同时，强调教师的主导作用。尊师重道，就是这种观念的最简明的概括。其实，这也就是钱梦龙先生所提出的"学生是主体，教师是主导"。而西方，则理论上更强调学生的主体。他们的文化传统中，从卢梭以来，儿童中心论就非常深厚，甚至还有极端到像蒙台梭利那样的儿童优越论的，因而他们在理论上倾向于回避教师的主导性，但是实际上，哪一个教师不是以自己的观念、方法主导着教学，而是让学生主导课堂呢？这是对同一教学过程的不同归纳，东西文化传统不同决定了东西教育理论的选择不同。可以说，这是两个不同的流派，既有严峻的矛盾对立的一面，也有遥相对应、息息相通的一面。

但是，我们却对这样的内在联系缺乏学术的洞察，对传道授业、教学相长的传统和千年的实践经验，对其内在的深邃的合理性，相当轻浮地一概抹杀。问题严重到，在课程标准中都回避了教师的主体性，因而在实践中，教师的生命力、教师的自由创造力被严重抑制。

要说，产生这样的学术风气，完全出于弱势民族文化的自卑情结，可能并不全面。为什么中国传统的教育理念那么强调教师的主导性？在等级森严的"三纲五常"体制下，甚至把教师尊奉到神的高度（"天地君亲师"同列牌位）。一日为师终身为父，对施教者崇拜到如此程度，这似乎和西方强调的平等对话大相径庭。但是，这是有历史根源的，是知识神圣化的历史阶段的表现。西方在中世纪，知识，包括神学乃至炼金术（其实就是早期的自然科学）都掌握在宗教人士手中。牧师（灵魂的导师）在英语里是"father"，这和中国传统的把教师说成是"师父"异曲同工。

那时的知识掌握在少数精英手中，获得知识很困难，在欧洲历史上甚至有为了学习除法要到另一个国家去留学的事情。在中国有程门立雪①的故事。那时教师是有限的,面对的学生的数量也极其有限②。学生主要是自学,教学理所当然的是针对个体的对话。故孔夫子和柏拉图不约而同地留下了对话录。隋唐以降,国子监的规模扩大,学生的数量多了起来,这才开始有了面对群体的传道、授业、解惑。但是,直到朱熹时代,总体说,生徒毕竟有限,教学是书院制的,是手工业方式的。教师针对学生个体特点因材施教,以自由对话为主。从这个意义上来说,对话的教学原则,并不是北欧当代的发明,它在中国,从孔夫子的周游列国,"开门办学",到书院辅导,拥有悠久得多的历史,这个历史一直延续到清朝末年康梁式的书院体制。在这期间,西欧发生了工业革命,学校制、班级制确立,教科书标准化,学历体制化,教育随产业化而大众化,学生的生产,随工业化模式而批量化、标准化。教师面对的是众多学生和标准化的教科书,可以说,这时才产生了面对群体而不是面对个体的系统的传道、授业。满堂灌的倾向就是标准化的体制下的产物。从这个意义上来说,孤立地批判我国课堂上的满堂灌,是不很公平的。满堂灌的系统讲授,并不是中国的本土教育方法,恰恰相反,它是随着书院制的崩溃,学校制的引进,应运舶来的。本来,这种曲折变幻、否定之否定的逻辑,带着螺旋式上升的特色,是一幅全面的历史胜景。然而,在课堂制从西方引进一百年后,人们忘记了满堂灌的始作俑者,又忘记了对话在中国的悠久历史,居然从欧美"发现"了对话教学原则,将系统讲授推向了审判台,在中国课堂全面推行个体对话。殊不知,西方后现代国家,中小学已经实现了课堂的小班化。一个课堂里只有十几个学生,而某些选修课上,只有几个学生,恢复到针对个体的对话,回归手工业式的个体教学③。顺理成章,带着大工业色彩的

---

① 杨时和游酢去拜会当时著名的理学家程颐。程颐正在闭目养神,杨时、游酢二人恭敬地站在一旁,等了很长时间。程颐醒来,门外已雪深一尺。后人就以"程门立雪"作为尊师重道的范例。

② 虽然传说孔夫子有三千徒弟子七十二贤人,但可能比较夸张,可能并不同时、同地,无法想象孔夫子时代有容纳三千学生的课堂。

③ 钟启泉先生在报告中对北欧某一学校没有课本大为赞叹,其实这是小班制的结果,孔夫子时代也是没有国家制定的课本的。

系统讲授则变得没有充分的必要。然而,我国的课堂,中小学一般在五十人以上(大学多至百人以上的课堂比比皆是,欧美大学也有百人以上的大课堂,也是以系统讲授为主,个体质疑为辅的)。我们的教师即使努力针对个体勉强对话,充其量也只能照顾到十数名,至少三十几个以上的个体难免不成为看热闹的局外人。不分析具体条件,就把西方后现代社会的产物强行当作超越历史实践的衡量标准,是不是有点鲁莽了呢?

这至少在文化交流的根本理论上引发两个相当严峻的问题。第一,引进并不是让西方理念独白,而是与中国传统和现状对话,而对话的条件就是自己要有话。不言而喻,如果光有西方理论和方法是不够的,因为这是人家的本钱,人家的话语权。人家没有的,才是我们的本钱,才有我们的话语权。总结起来,我们的本钱大致在两个方面。首先,就是几千年的教育历史,这是我们的优势。把自己的历史一笔抹杀,等于剥夺了自己的话语权。其次,我们当代杰出教师的杰出创造,包括那些还没有来得及上升为学科理论的丰富经验,这是从我国历史和现状的土壤中开出来的花朵,这也是西方所缺乏的。钱梦龙老师的文本分析,那么出神入化。钱梦龙并不是天上掉下来的,恰恰是从我们民族的文化传统中生长出来的。这个传统是很深厚的,它还培育出于漪。于漪解读作品的时候,整个生命都发光了,当她说道:"天底下,竟然有这——样标——致的人","不到园林,怎——会知道春色如——许",她的语调、节奏,是有磁性的。她整个性格魅力都溶在其中。把文学文本作生命化的解读,是西方学说里没有的。武汉的特级教师洪镇涛说过一个故事,教师上完了《皇帝的新装》,问应该向谁学习。一部分学生说应该向孩子们学习,敢讲真话;一部分学生说应该向骗子学习,因为他骗了国王和大臣,他是"义"骗。按照西方的接受美学,一千个读者就有一千个哈姆雷特,再加上儿童中心论,价值中立,教师只能称赞他们都是对的。可是于漪老师说,这就放弃了教师的责任,教师应该有"价值引导的自觉"。我们有出息的名师的经验,正在纠正,或者补充,或者丰富西方的理念。然而,我们某些权威专家却片面地宣称中国的教师"百分之八十不合格"。这就令人不禁要质疑,就算你的估计不无道理,难道就能够成为把这样珍贵的财富弃之如敝屣的理由吗？我们许多优秀教师的文本分析，是生命化的投入，与其说是文本的精彩，不如说是生命的精彩。他们的经验在某种程度上，已经有初步的理论色彩。江苏的洪宗礼先生提出"链"的范畴：启发学生学习新的知识，引导历练，发展能力，获得方法，养成习惯等，这一切都是教师主体性的升华，应该把它上升为某种概括性更强的理论，才能获得跟西方对话的话语权。

当前，我们的文学教学，出现了对文本主体中心的深度分析的潮流，这和西方目前盛行的读者主体中心大异其趣。这种对文本主体中心的强调，属于中国式的流派，它和西方那种无标准的多元解读，无本质、无中心、无深度的理念，绝对相对主义，属于不同流派，至少应该拥有平等对话的权利。在中国这块土地上，应该有竞争的优势。西方对之一无所知，并不是他们骄傲，我们对之轻浮地否定，才是耻辱。

要和人家对话而且获得真正平等的话语权，光有我们自己的本钱还不够，还得有人家的本钱。因为我们是弱势文化，我们的东西人家不懂得。对我们的话语一窍不通，人家并不感到害羞，我们也不会瞧不起他们。但是，我们如果不懂西方理论的来龙去脉，就好像进不了学术之门。因为人家是强势文化。从这个意义上说，这个世界上，跨文化的平等对话压根儿就不存在。我们不用西方文化的话语，就会陷入一种失语（aphasia）的尴尬。

这就要求我们还得有第三个本钱，就是对西方教育理论的把握。我们在这一点上不能有半点委曲。孙子曰：知己知彼，百战不殆。

这三样本钱，缺一不可。有了它，才可能对人家的权威理论保持学术的清醒，对之进行理性的挑战和质疑，钻到西方的理论深部去洞察其优长和局限。西方文化理念是西方历史文化阶段性的建构，并不是终极，它也是要发生变化的，也可能要按照历史辩证法走向反面。不管它眼下多么美好，也是从西方的历史和现状的土壤里生长起来的季节性的花朵。把它的种子移植到中国土壤中来，首先就要把其中只属于西方文化的、历史的成分剥离。其次要把中国传统和现状的基因融入。这种跨文化对话原则，在西方人那里是起码的常识。被我国文化理论界奉为圭臬的美国理论家 J. 希利斯·米勒对 1960 年以来美国思想界从欧洲大陆大规模理论引进做过清醒的反思。福建师大外语学院的刘亚猛教授如此阐释米勒的说法:

理论并不如一般人想象的那么"超脱大度"(impersonal and universal),而是跟它萌发生长的那个语境所具有的"独特时、地、文化和语言"盘根错节、难解难分。在将理论从其"原址"迁移到一个陌生语境时,人们不管费多大的劲总还是无法将它从固有的"语言和文化根基"里完全剥离。"那些试图吸收外异理论,使之在本土发挥新功用的人,引进的其实可能是一匹特洛伊木马,或者是一种计算机病毒,反过来控制了机内原有的程序,使之服务于某些异己利益,产生破坏性效果。"①

美国人如此严峻的清醒态度,对外来文化的高度警惕,难道不能引起我们深沉的联想吗? 我们引进的西方教育理念的病毒,使我们原有的机制被格式化的"破坏性效果"还不够令人触目惊心吗?

历史对引进者的要求是很苛刻的,学贯中西是不可或缺的条件。从这个意义上来说,引进是一项风险性极大的工程。善于引进又善于剥离和融入,有可能成为文化功臣;教条主义地引进也可能成为引进特洛伊木马的罪人。

挑战的起步,就是剥离。

我们引进的西方哲学理论的核心是后现代主义,以反本质、废真理、去中心、无深度为特点。他们不讲真理,无所谓真与假,一切思想都只是历史的、地域的和个人的"延异",或者建构,或者选择。他们的核心价值是绝对的相对主义。教育理论是儿童中心论,以价值中立为特点。(其实,在学校教育中,儿童中心论、价值中立,引起了许多家长的忧虑。其理论在西方就是有争议的)这就带来了不可回避的悖论:西方的反本质理念在中国却成为本质。去真理被鼓吹为放之四海而皆准的真理。价值中立被认为是最具普适性的价值,一切都是相对的,而他们的相对主义是绝对的。在我们这个半前现代——半现代化的国家,我们的真理论是建立在

---

① 刘亚猛. 理论引进的修辞视角[J]. 外国语言文学,24.2(2007):82.

实践是检验真理唯一标准的基础上的。实践——真理论、知行合一论,是我们的民族和国家的话语。教育是国家行为,这种不合国家理念的学说,理所当然是应该剥离的。然而,它却进入了课程标准,以行政力量强制性推行。

挑战的第二步,就是融入。

我们许多情况是西方没有的:世界第一的人口,天下独步的独生子女,望子成龙、望女成凤的传统文化心理,择业、就业的恶性竞争,所有这些都是后现代的北欧的理论家做梦也想不到的。不难断定,他们理论中许多成分对于我们的现实是没有普适性的。而"凡是现实的都是合乎理性的,凡是合乎理性的都是现实的",这是恩格斯在《费尔巴哈和德国古典哲学的终结》第一节就讲到的。① 我们的理论应该由我们的现实决定,这才是最大的合理性。我们的问题是西方人回答不了的,西方人没有义务,也没有本事解决我们的问题。我们要承担时代给我们的任务,从理论和实践上对西方进行货真价实的挑战,这可以说是义不容辞的。九年前我曾经这样说过:

> 挑战不仅仅是为了洞察对手,而且是为了:在与"他者"的对话之中更为深刻地了解我们的本质。西方文论也一直强调,弱势文化中包含着强者所没有的东西。但是并不存在着一种固定的、现成的我们的本质,我们的文化特点只有在与"他者"对话中才能发现。本质不是静态的,而是在与"他者"对话中在本来朦胧的深层中建构的,有如战争和恋爱建构着双方的深层本质一样,对话也使得我们的本质更加动态化。这一点对于强势文化,也是一样,没有挑战的独白,只能导致单调的重复和停滞。②

对话是双向建构的。聪明人,在对话中了解对方,同时了解自己(知彼知己);弱智者,在对话中,以为是了解到对方,但由于不了解自己,也就不能真正了解对方,从而有本钱进行修正。

---

① 中共中央马克思、恩格斯、列宁、斯大林著作编译局. 马克思恩格斯选集(第四卷)[M]. 北京:人民出版社,1995:215.

② 孙绍振. 从西方文论的独白到中西文化的对话[J]. 文学评论,2001(1).

引进西方理论的全部历史证明,第一个阶段都是教条主义,不敢修正,带来很大的盲从性。只有被我们修正了,才会进入第二个阶段,才有我们民族的独创性。我们的教学要有生命,我们的理论要有生命,一定要修正,"修正主义"出创造!学术历史绝对是这样的!远的如禅宗,从达摩来华直到五祖,都还没有脱离印度佛教禅法的以心传心,直到六祖慧能才超越了印度禅学的烦琐论证、辨析,转化为直指人心、明心见性、当下了悟。就是文盲也能定慧顿悟。这才创造了中国式的禅宗。① 近的如黑格尔的对立统一,强调矛盾是事物发展的动力,被毛泽东通俗化为"一分为二",突出矛盾是绝对的,而杨献珍则据中国的《东西匀》以"合二而一"补充之,统一也是动力。现在看来,这更符合中国天人合一的和谐理念。我们教育界对此等潮流视而不见、听而不闻,这恰恰证明了修正欧美教育理念的迫切。

用什么本钱来修正?用我们孔夫子到朱熹的经验,然后用我们钱梦龙老师、于漪老师,包括王栋生老师,还有上海的黄玉锋老师他们的经验来修正。这里,还要特别补充一下,我们的宝贵经验,不仅仅限于中学教师,在大学里天才教师也大有人在。例如,20 世纪 50 年代北京大学的朱德熙先生,他讲授的虽然是一向被视为枯燥无味的现代汉语语法,可是在当年的北大中文系,却最具"爆棚"效应。表面上是满堂灌,滔滔不绝的一言堂,可在论述的过程中以不断自我非难层层推进,实际上就是代学生质疑,推动教与学的主体实现双向建构。正是因为弃此等举世珍宝不顾,才对西方理论和方法无能进行修正。

目前在许多人文学科领域,对西方文化哲学新一波的挑战和修正,风起云涌,正从自发走向理论的自觉。在文艺理论方面,中国社会科学院的钱中文教授提出"中国古代文学话语的当代转化"。在译介学中,上海外国语大学谢天振教授提出"创造性的反叛"。在比较文学方面,四川大学的曹顺庆教授提出了"变异论"。在文化哲学领域,中国的学者早已站起来和西方对话,对西方中心主义发起挑战。然而,在教育学领域,某些号称专家的人士却拿着金饭碗讨饭,这不是太滑稽了吗?

---

① [越南]丁氏碧娥. 禅茶一味[D]. 未刊博士论文,第 5 页.

母语教育的语言学支撑体系问题[①]

北京语言大学教授　李宇明

　　2019 年 5 月,苏新春教授主编的《义务教育常用词表(草案)》(简称《词表》)由商务印书馆出版。5 月 31 日,《词表》出版座谈会在商务印书馆召开,教育部主司语言文字工作和教材工作的领导、中学语文教师和出版、辞书、语言学等方面的 50 余位学界人士出席,对《词表》的学术意义和应用价值给予了高度评价,同时也提出了当下母语教育亟须语言学支撑的问题。

　　笔者有缘与会发言,会后又阅读了一些相关文献,并相继参加了一些与语文课标、语文教材、中小学阅读书目推荐等相关的工作,对《词表》又有了一些系统性的思考。而且也更加意识到,由于一个时期"淡化语法"(其实是淡化语言学)、"淡化师范"的影响,母语教育者果真"淡忘"了语言学,语言学家也"淡出"了母语教育界,母语教育几乎失去语言学的支撑。当今,亟待关注"母语教育的语言学支撑体系"问题。

---

　　①　本研究得到国家社会科学基金重点项目(批准号 19AYY010)的支持。

一、《义务教育常用词表（草案）》的性质

《词表》由国家语言资源监测与研究中心教育教材分中心研制，教育部语言文字信息管理司组编，作为"语言生活皮书"发布。《词表》收录词条 15114 个，条目带有注音、词级（适合某学段学习）、词性和义类码等信息。为方便应用，《词表》还将这些词按义类编排成表。由于多义词的原因，按义类分出来的词条有 17092 个，比音序条目多出 1978 个。义类划分为 5 个义层，共有 5526 个义类单位。

（一）《词表》的特点之一是基础性

《词表》不只是词汇的简单集聚，而是有序集合。它反映的其实是最为基本的语文知识和语义世界。词汇是语言系统的基本单位，人们常用词汇量来考察人的语言能力，比如用"千字万词"来表述人的汉语基本能力。当然，只背单词并不一定能把一种语言学好，词汇量不能完全等同于语言能力。但是，词汇对于语言学习和语言运用的确重要，词汇教育的确是义务教育阶段较为重要的教学内容。因此，有一个适合义务教育的词汇表也就十分重要。

1.《词表》具有语文知识的基础信息。词语的物质外壳是语音，书面语词汇的物质形式不仅有诉诸于声学的语音，还有诉诸于光学的文字。这里所说的文字是广义的，除了汉字之外，还包括标点符号及其他相关符号，如音标符号、化学符号、数学公式、表情包符号等。《词表》包含着语音信息和文字信息。

词汇是一个系统，通过语音、结构、语义等因素构成不同的词汇网络，如同音词、同族词、同义词、反义词、上下位词、同语义场词等。《词表》隐含着词汇网络的各种信息，蕴含着词汇的构成方式和构成理据，包含着词汇所具有的理性意义和情感色彩等。

词语是有语法特性的，其语法特性有反映词语内部构造的词法信息，但更多的是组词成句的句法信息，句法信息主要由词性来显示或蕴含。

义务教育词表收罗的是一些常用词汇。一个好的词汇表，基本上包含了义务教育阶段基础性的语文知识信息。

2.《词表》呈现着基本的语义世界。词表呈现的不仅是语文知识，还是一个立体网状的真实的语义世界。《词表》的义类划分遵从的是苏新春教授主编的《现代汉语分类词典》的五层体系。五层体系其实代表着《词表》的语义深度，意味着任何一个词的语义都可以分析其五层归属。五层体系之最上层，分为"生物、具体物、抽象事物、时空、生物活动、社会活动、运动与变化、性质与状态、辅助词"等9项，这9项可以进一步归总为"事物、运动、性质、关系"4个范畴，"事物、运动、性质、关系"是最为顶层的世界四范畴。

第二层义类由最上层义类衍生出来，共计62种："生物"衍生出"人、动物、植物、微生物、生物部分"5种；"具体物"衍生出"概称、自然物、材料、器具、建筑物、生活用品、文化用品、食用品"8种；"抽象事物"衍生出"事情、属性、意识、社会、政治、军事、经济、科教、文体卫生、数量单位"10种；"时空"衍生出"时间、空间"2种；"生物活动"衍生出"肢体动作、头部动作、身体动作、生理活动、心理活动、表情、生活动作、机遇"8种；"社会活动"衍生出"管理、经贸、生产、交通、文教、战争、司法、信仰、社交、帮助、争斗"11种；"运动与变化"衍生出"自然现象变化、方位改变、事态变化、物态变化、数量变化、判断"6种；"性质与状态"衍生出"形貌、知觉、性状、性质、才品、情状"6种；"辅助词"衍生出"副词、介词、连词、助词、语气词、拟声词"6种。

第二层衍生出第三层，第三层衍生出第四层，第四层衍生出第五层，共衍生出5526个义类单位。这一衍生网络把17092个义项词条都包括其中，词不二属，各有所在。

这一包含有5526个义类的五层网络就是《词表》所描绘的"语义世界"。语义世界是以客观世界为基础的，是客观世界的主观反映，是人类对客观世界的认知成果，是客观世界的语言投射。同时，语义世界也是一种工具，人们以此去描述客观世界，以此去再认识客观世界。科学也是对客观世界的主观认识，"科学世界"与语义世界具有相同之处。但是科学世界与语义世界也有不小差异，比如科学世界不大如此关注语言问题，在其高级的范畴划分上不大会把辅助词单立出来，也不大会把人的身体活动、思想感情、社会活动放到如此凸显的位置,语义世界具有"人类中心"的倾向。

当然,《词表》所呈现的语义世界还是基础性的。由于收词的原因,《词表》的义类单位只有《现代汉语分类词典》的44%。《现代汉语分类词典》所描绘的语义世界,基本上代表着更为广阔的汉民族的语义世界,留给学生在义务教育阶段之后再去认识它。

(二)《词表》的特点之二是学习性

义务教育是阶梯型进步的学习阶段,内部可以分为不同的学龄段,不同的学龄段因学生的身体发育、心智发展、认知能力、情调兴趣的不同而有不同的学习任务。《词表》的另一个显著特点就是适应义务教育阶梯型进步的学习性。这种学习性表现在许多方面,下面举例性地做些分析。

1. 词语分级。根据词语的学习难度,《词表》将其所收录词语分为四级:一级词2001条;二级词5503条;三级词5975条;四级词3613条。这四级词分别对应义务教育阶段的四个学龄段:第一学龄段为小学1～2年级;第二学龄段为小学3～4年级;第三学龄段为小学5～6年级;第四学龄段为初中1～3年级。

一般的词典是不给词语分级的,顶多根据使用频率来遴选常用词。而《词表》为满足教学需求,以词语认知规律、词语使用频率、语文教学经验等方面为参考,对词语进行了分级。这种分级是学术性与经验性的结合,其意识是可贵的,其原则和方法是可取的,其结果是有价值的。至于说某个具体的词,其级别划分得是否合适,当然可以讨论。不过,即使某些词语的分级不合适,也不是太要紧的事情,因为词表只是教学等活动的参考,不是教科书,更不是"生词表"。

2. 成语在《词表》中的比例较大。汉语词可分为单音节词、双音节词和多音节词,多音节词还可以分为三音节词、四音节词、五音节词及其以上。古代汉语以单音节词为主,随着汉语复音化的发展,汉魏以来新生词就以双音节词为主了。现代汉语的整个词汇中双音节词已占绝对优势,只有新生词以三音节为主。过去,多音节词多是熟语,如惯用语、成语、格言等,其中惯用语多用三音节词,口语性强,如"拆墙脚""和稀泥""听墙根""剃光头"等；成语多用四音节词，如"刻舟求剑""破釜沉舟""守株待兔""凿壁偷光"等。而今新词的三音节则多利用词语模构词，如"大数据""低头族""微电影""犀利哥"，三音节不再是惯用语的词长专利。

《词表》收录的 15114 个词条中，单音节词 1651 条，占 11%；双音节词 10498 条，占 69.45%；三音节词 387 条，占 2.6%；四音节词 2578 条，占 17%。这种比例与现代汉语的一般情况是有出入的。

《现代汉语词典》第 7 版（简称《现汉》）收词 69856 条，其中单音节词 11230 条，占 16.08%；双音节词 45411 条，占 65.01%；三音节词 6306 条，占 9.02%；四音节词 6292 条，占 9.01%；五音节及以上词 617 条，占 0.88%。①

《现汉》可以看作汉语一般情况的代表。比较《词表》和《现汉》，会发现《词表》单音节词的比例比《现汉》约低 5%，双音节词约高 4.4%，三音节词约低 6.4%，四音节词约高 8%。《词表》没有收五音节及以上的词。

差异最大的是四音节词，四音节词多是成语。《词表》成语的比例如此之高与其学习性是密切相关的。成语多用在书面语中，而且多是历史上的典故或名言，正是义务教育所需要的。三音节词多口语，其比例低也与《词表》照顾书面语的观念有关。

当然，现代汉语的构词状况也在发生变化。2006～2014 年的 9 年中，中国语言资源监测中心从海量语料库中共提取、甄别了 5264 个新词语。这些新词语以三音节居多，占 46.26%；双音节、四音节分别占 21.56% 和 22.89%，几乎没有单音节词语。新词语的三音节占优势，与这些年来多利用词语模造词有关。以后缀"族"造成的"～族"有 333 个，"～门"162 个，"～哥"69 个，"～客"65 个，"微～"212 个，"被～"66 个，"云～"57 个。② 这一变化虽然还不足以影响现代汉语词汇的音节总貌，但是也应引起教学的重视，对《词表》做些补充，因为这就是当下语言生活的一种表现，学生们应当有所了解，有所适应。

---

① 《现代汉语词典》第 7 版的统计数据是杜翔先生请商务印书馆技术人员提供的，笔者特此感谢。

② 这一数据是侯敏教授的统计结果。感谢她的慷慨提供。

3. 词语分为"知、晓、用"。《词表》研制报告认为，词汇学习有"知、晓、用"三层次："知"为知道，指听过或见过这个词，但还不能准确理解其意义，一般不会用到它；"晓"是懂得、理解，比"知"进了一层，不仅知道，而且还能较为准确地说出它的意思，有了合适的语境还可能会使用；"用"是运用，即不仅知道，不仅理解，还会在说话、写作中熟练使用。

在每个人的词汇系统中，都有"知、晓、用"的差异。在词汇学习过程中，"知、晓、用"的差异就更为明显。《词表》重视词汇掌握的差异，重视词汇学习的差异，体现了词语的认知规律。《词表》大体上以"晓"为基准来设定词汇的收录范围，也是很合理的。

《词表》的基础性和学习性这两大特点，是由义务教育阶段语文教育的性质决定的。义务教育阶段是基础教育，学生应掌握的语文知识、语义世界都应当是基础性的。这些基础知识的掌握，进而内化为表述自我、表述世界的基础语言能力，是通过各学段的递进学习过程促成的。《词表》的基础性和学习性适合义务教育阶段的语文教育。了解《词表》、评价《词表》，应注意它的这两个属性。

二、《义务教育常用词表（草案）》的研制

《词表》的研制属于应用研究，但并不是把基础研究的成果迁移过来就完成了应用研究。应用研究也需要理论、方法和数据。《词表》课题做了八年，主要工作为三：第一，确定词量；第二，确定词级；第三，编排义类。完成这三大任务，其关键亦有三：第一，总结历史经验；第二，了解现代汉语的一般情况；第三，与新课标衔接。

（一）语文教育经验的全面总结

语文教育具有很强的经验性和传承性，语文教育的科学研究首先应建基在历史经验的总结上。早在2005年，国家语委就与厦门大学共建国家语言资源监测与研究中心教育教材分中心，苏新春教授带领他的团队收集大陆现用的各科教材、民国以来的语文教材、台湾和香港两地的语文教材，逐渐建立起规模宏大的教材数据库。在数据库的基础上，他们对教材的有关情况进行了统计分析，比如课文、生字表、生词表、练习内容、教

材编写者的导语等,获得了不少数据,取得了许多科研成果,而国家语言资源监测与研究中心教育教材分中心也成为了我国教育教材研究的重镇。

2011 年,苏新春教授承担了国家语委设立的"基础教育学习性词表"课题。课题组专门对数据库中的各类语文教材及历史、地理、数学、物理、化学等学科教材的词汇状况进行了统计分析,把以往的、三地的语文教学经验数据化。

同时,课题组还系统整理了前人在词表领域的研究成果,包括论文、调查报告和编制的相关词表。课题组还到数十所高校、出版单位、教材研究单位进行调研,到中小学开座谈会,听取一线教师的意见。通过全面的教材词语统计和文献总结、调研座谈,得到了大量的第一手资料,获取了百年来基础教育阶段词汇使用情况的基本数据,为《词表》的定词、分级打下了坚实基础。

(二)一般语言生活的调查

义务教育阶段的母语教育是特殊的语言生活,课题组不仅研究了这种特殊语言生活的词汇情况,还研究了一般语言生活的词汇情况。早在2002 年,苏新春教授就主持过国家语委的"现代汉语通用词汇量与分级"的项目,研制后期经语言文字信息管理司的协调,与李行健先生主持的"现代汉语通用词表"项目合并进行,相辅相成,最后的成果是 2008 年出版的《现代汉语常用词表》。

义类词典是中国的一个传统。历史上的第一部辞书《尔雅》就是按义类编排的,是疏通上古文献词语的重要工具书。就现代而言,有梅家驹等人编纂的《同义词词林》、徐为民的《现代汉语分类词典》、林杏光的《简明汉语义类词典》、董大年的《现代汉语分类词典》等。计算机领域有董振东的"知网"(HowNet)、俞士汶等《现代汉语语义词典》、张潮生的"中文词库"等。苏新春教授早年就关注义类词典方面的研究,2005 年开始正式踏入这一领域。他在上述义类辞书的基础上,参考《朗文多功能分类词典》等,建构语义系统,不断地添词入类并持续进行调适,最终于 2011年完成了《现代汉语分类词典》。

《现代汉语常用词表》和《现代汉语分类词典》都是大型的语言知识工程，是对一般语言生活的词量、词义的调查。这两个成果为《词表》的研制做出了方法和数据等方面的充分准备。

（三）参照新的课程标准

2011 年国家公布了修订后的义务教育语文课程标准。教育部还制定了《义务教育语文课程常用字表》(简称《字表》)，《字表》是《通用规范汉字表》研究成果之一，观念、方法都与时俱进，符合当今义务教育的实际要求。

《词表》根据新课标的精神，与《字表》相衔接，科学处理了字与词的关系。在汉语教学中，字和词都十分重要。语文教育界在处理字、词关系的教学实践中，总结出"以字带词""词不越字""以词促字"等经验，很切合汉语教学实际。《词表》也很重视这些经验。

所谓"以字带词"，就是通过识字带动词语学习。在早期识字阶段，学生要认识《字表》中的 300 个基本字。根据这些基本字的组合情况，可以把一些高级别的词调到第一学龄段，如"作业""舌头""卫生"等。

所谓"词不越字"，就是《词表》中的某一学龄段的词，一般不应包含有下一学龄段才学习的"较难"的字。比如"蠢"字，在《字表》中属于二级常用字，是中学阶段才要求学习的字，小学阶段的词语中就不列出包含"蠢"的词语，如"蠢事""蠢笨"等。

所谓"以词促字"，是对"词不越字"的补充，是"词不越字"的灵活运用。比如在小学生的语言生活中，"饺子""姥姥""馒头""乒乓球""元宵""洗澡""旷课""诵读"等都是常用词，甚至是必用词，但是"饺""姥""馒""乒""乓""宵""澡""旷""诵"等则都是二级字，是要到中学才要求学习的字。提前学习上述这些词语可以满足学生的语言生活需要，也可以通过常用词语学习汉字。

就《词表》的研制情况看，它集中了义务教育阶段的既往经验，有研究一般语言生活的常用词、义类词的经验与数据，又充分考虑与新课标、新《字表》的衔接，可以说是目前适应义务教育的最好的《词表》，可为教学、教材研发、命题测试、课外读物编写等提供重要参考。

三、母语教育领域的语言学支撑体系

《词表》，也包括前面提及的《字表》，能够受到母语教育界的高度评价，原因之一是母语教育需要语言学的支撑。可以说，母语教育的进步状况，一定程度上依赖于语言学的支撑力度。

（一）母语教育是语言学的传统领域

中国传统语言学世称"小学"，是经学的翼羽、国学的基础，在古代的母语教育中发挥了重要作用。1898年马建忠《马氏文通》的出版，标志着中国语言学进入科学阶段，百廿年的中国语言学，早期仍把母语教育作为学术基地。许多语言学家都是教师出身，许多语言学著作都是教材或曾经是教材。这一时期的重要语法学著作，如黎锦熙的《新著国语文法》、吕叔湘的《中国文法要略》、朱德熙的《语法讲义》等，都是教科书。

在基础教育领域，1955年曾经进行了语言、文学教材的分编试验。张志公主持的"暂拟汉语教学语法系统"及其修订，也是整合多家语法系统并有诸多语言学家参与的。为解决汉语拼音教学、汉字教学、词汇教学、语法教学及作文、朗诵等问题，语言学家进行过长期的研究，甚至参与了许多教学实践。吕叔湘、朱德熙、张志公、王理嘉、陆俭明、邢福义、王宁、田小琳、吴洁敏等学者，都在这一领域做出过贡献，甚至也有语言学家一直都在从事母语教育研究。

（二）当今母语教育领域的语言学问题

母语教育，特别是基础教育阶段的母语教育，当年是受到语言学的充分关怀、汲取了语言学多种营养的。而今，这一领域几乎成了语言学的贫瘠之地。

首先是语言学家的"淡出"。以学校、教材为基点的语言研究，有其长也有其短。其长处是较为全面，较为系统。但因教学、课时等限制，研究的深度不够，因要照顾各家之说而难以独树一帜、独创一派。比如"教学语法"，较为概括全面，主要精力放在教学语法体系的构建上。但是对语言现象的分析不够深入，对某种学说不究根问底，不能将一个学术流派的理论、方法贯彻到底。因而到了改革开放的新时期，学界对于面向中学

的"暂拟汉语教学语法系统"表示不满,呼吁要建立"科学语法"体系。自此以后,教学语法仿佛是落后的,科学语法才是先进的。

何谓"科学语法"? 科学语法是指结构主义、转化生成语法、功能语法、认知语法,以及类型学中的语法问题、语法化问题、构式语法等。这一时期中国语言学的眼光基本上是"外向"的,聚精会神地盯着国外的语言学界,主要目标是要追赶世界语言学的潮头,在国际上获取话语权。这时的语言学"问题",基本上是"外来"的,是国外教科书和论文论著中提出来的,而相对地忽视了中国语言生活中的问题。在母语教育领域耕耘的语言学家也就形只影单了,而且这些语言学家也有不少是"兼职"或"客串"的,他们还有其他的学术"主业"。

其次是中小学语文教师培养体系的弱化。师范大学的中文系逐渐褪去其"师范性",不怎么关注中小学教育的"一线"问题,"教学语法"等针对教学的语言学课程也越来越少见。师范专科不断"升级"为本科院校,"综合性"成为追求目标,师范性极难保持。这种情况也必然影响到中等师范学校。

而且,教师职业的社会威望还不足以对年轻人产生巨大磁力,大中专师范生的"师范"意识也未必牢固,接受师范教育也就未必那么自觉。中小学语文教师有许多来自综合性大学,还有硕士生和博士生,多元化的师资来源带来了基础教育的活力,但是其师范功力却需要在实践中提升。中小学母语教育的师资队伍中的现代语言学储备也未必够用。

最后是所谓"淡化语法"的现实后果。若干年来,语文教育界有"淡化语法"之论,更有"淡化语法"之行。诚然,语文教学不是语法学教学,不能把大学语法课的部分内容(比如多重复句分析)"下放"到基础教育中。然而,"矫枉"往往"过正","淡化语法"的结果是,母语课除了汉字之外,很少进行语言训练,语言学知识涉及较少,对显示语言生活现象的分析判断也较为缺失。

从现在大学生乃至研究生的语文状况看,普遍反映有如下一些问题:标点符号使用不过关;不太清楚汉语拼音的分词连写规则;汉字写得较为难看,不大认识手写汉字,不会书写繁体字;"的""地""得"区分困难;词类概念不熟悉;应用文的格式不能熟练掌握,礼貌语言的应用有问题;语言与方言、汉语与民族语言、本土语言与外语等概念不能很好区分;不了解语言文字历史上的重大事件,不熟悉国家的语言文字政策;不了解中国的语言国情,更不了解世界语言文字的基本状况等。

语文是工具性还是人文性? 语文教育是知识教育还是能力教育、核心素养教育? 这些都是可以讨论、可以争论的。但是,义务教育必然是国民基础教育,很多"国民常识"应当在这一阶段教给学生。以上这些问题有很多是"国民常识"问题,这些问题的存在说明义务教育阶段的母语教育是有改良空间的。

(三)构建母语教育的语言学支撑体系

母语教育,包括母语的基础教育,是需要语言学支撑的。母语教育不是语言学教育,但是母语教育者、母语教育的辅助者(如课标制定者,教学指导者,教材的编写者、审定者、出版者,教参编写者,教辅读物的编写者、出版者,语文水平的测评者,语文教师的培养者和在职培训者等)不能没有必要的语言学知识与涵养。

1. 母语教育的语言学支撑体系由多个方面构成,首先是母语教育的语言学研究体系。要明确义务教育(及其各学段)关于汉语汉字的教育目标和教学内容、教育方法、教学评价体系。

教育目标应是让学生掌握"过好语言生活的能力",这语言生活包括学生当下的语言生活,以及未来的语言生活。

教学内容应包括语言知识、语言运用能力和语言生活问题的评价能力,《字表》《词表》就是教学内容中字、词领域的典型。

教育方法有很多,不同学龄段的教学方法会有不同,但更要注重的是"协调",比如口语教学与书面语教学的协调、教师讲授与学生自学及实践活动的协调、教材与教辅的协调、语文课与外语课及其他课程的协调、课内与课外的协调、不同学龄段的协调、教学与考试测评的协调、学校与家庭和社会的协调等。特别是要有"大语文"的理念。语文知识的积累、语文能力的养成需要语文课堂和语文课程,但是不能仅靠语文课堂和语文课程,要动用各种"语文资源"才能不断地积累知识,发展能力,拥有核心素养。

当然更要重视科学的评价体系。评价体系是指挥棒,评价体系不好,再好的教育理念、再系统的教学内容、再先进的教学方法都会变成羸弱病夫。

2. 要完善教师教育体系,包括职前教育体系和在职培训体系。在语言学支撑体系中,人(教师)是最为重要的。首要者是健全教师教育机构,不能让"师范"仅存在名义上。我国的基础教育庞大,历史已经表明,不能"弱化"或"淡化"师范教育。更需要注意的是,近几十年来语言学发展异常迅速,现代语言学的理念和成果与过去已经很不相同。现在的教师队伍,不管是基础教育一线的教师队伍,还是培养教师的教师队伍,基本上都缺乏现代语言学的熏陶,也缺乏对当下语言生活的理性认识,其知识、能力都需要补课。在信息化高度发展的今天,在智慧教育成为口号的今天,教师教育也需要在培养培训的方式上有所创新。

3. 母语教育的投篮手不在研究机构和教师教育机构,而是在教育教学的第一线,在课标的制定中,在教材的编写中,在教师的授课中。即使有了母语教育的研究体系、教育体系,怎么把这些研究成果、教育成果用到教育一线,真正对学生发挥作用,那才是最重要的。而这也许是最为困难的。

四、结语

苏新春教授主编的《义务教育常用词表(草案)》,具有基础性和学习性两大特点。其基础性,既表现在这些词蕴含着语音、文字、词汇、语法等语文知识的基础,也是民族语义世界的一个基础;其学习性表现在词语分级、多收成语、尊重词语的"知、晓、用"的差异,适合各学龄段的学习等。

研制符合义务教育需求的"词表"不是一蹴而就之事,而是长期艰苦研究的结果。《词表》课题组通过分析多地多种教材、收集相关文献与词表以及大量的现场调研与座谈,把握了母语教育的历史经验;通过《现代汉语常用词表》《现代汉语分类词表》的研制,积累了经验、技术和一般语言生活的相关数据;很用心地与义务教育的新课标、新《字表》对接,按照

"以字带词""词不越字""以词促字"的精神处理词的等级。正是这种科学的精神和先进的研究手段,才使得《词表》能够成为受欢迎又实用的母语教育依据。

由此可见,母语教育是需要语言学支撑的。然而就现在的研究队伍、教师教育体系和母语教育的实际来看,母语教育几乎失去了语言学的支撑,教材编写中存在语言学常识方面的欠缺,教材的语言单元编写从选文到活动设计都十分困难。这种状况已经严重影响到基础教育的质量,严重影响到国民素质的培养。"淡化语法"的提法值得反思,"弱化师范、淡化师范"的做法也值得反思。母语教育不只是义务教育阶段的任务,其前的幼儿园阶段,其后的高中、大学阶段都有母语教育的问题。这些领域的母语教育的语言学支撑体系建设也不容忽视。

新中国 70 年学教文章的回顾与展望

河南师范大学文学院教授　　曾祥芹

　　1949 年到 1958 年,是我在中学、高校学语文的 10 年;1958 年 3 月走上杏坛到 2020 年退而不休,是我在中学、大学教语文的 62 年。作为新中国 70 余年语文教育的亲历者、见证者,我自然会有深情的回顾和激情的展望。语文教育的大故事是由一个个语文教育者的小故事积累起来的,限于资质和篇幅,我只能以事证理,就文章学和文章教育的拓荒谈几点成功经验,再筑"一语双文"的文章美梦,与同行商兑。

　　我大学是从语言文学系毕业的,先在中学教语文 22 年,后在大学教语文 40 年,上下求索,深感高校所学的语言学、文艺学知识和技能难以适应中学文章教学的特殊需要。发觉"语言文学教育体制与社会语文应用严重脱节,高师语文科目与中学语文课程不完全对口",于是感悟到"文章学、文章课是语文教育的一片荒原"。由此立志做文章学的拓荒者和文章教育的耕耘者。我在 1977 年写出、1980 年发表在《安阳师专学报》创刊号上的《呼吁开展文章学的研究——语文教学科学化刍议》一文中,提出了三条:"语文教学主要是文章教学;语文教学法要靠文章学指导;文章学应成为一门独立的学科。"此文始创"一语双文论",宣示"语言学、文章学、文艺学是语文学的三大理论支柱"。此文与北京师院张寿康同年8月发表在《语文导报》上的《文章学古今谈》不谋而合。

一、回顾：70年学教语文，坚守文章学探索，拓荒在文章教育的原野上

1. 阅读是文章写作的根基。1952年，我在湖南邵阳市二中上高中时，就曾兼任6个年级的黑板报总编辑，还是省《大众报》和市《资江农民报》的模范通讯员。当年学校举办作文比赛，命题是《学习高尔基》，由于我课外读过高尔基的代表作《母亲》及其自传体三部曲《童年》《在人间》《我的大学》，养之有素，结果荣获第一名。此事让我体会到：对于来往于家门校门而缺少生活经验的少年学生来说，阅读积累与生活积累一样，都是文章写作的源泉；众例证明，凡语文高材生都主要得益于读课外书。

2. 中学作文教学文体基本是普通文章。我在河南内黄县一中担任语文教研组长并代理教导主任时，吸取"汉语"和"文学"分科、取消"文章课"的教训，自补撰写了《普通文章常识》（《记叙文训练》《说明文训练》《议论文训练》）3本，各本均有基础理论、课内外例文、典型例析、练习题四个单元，共12万字，虽未出版，却印成小册子发给学生使用。1962年，为应对新中国很有难度的一届高考，我博览书报，精读何其芳受毛主席之命编的《不怕鬼的故事》，审时度势，锐意让学生练习《谈不怕鬼》这一命题，一题连作，反复讲评，结果当年高考作文题就是《说不怕鬼》。参考学生欢呼雀跃，感激莫名，惊呼我"猜"中高考作文题"神了"。此事应验了"文章合为时而著"的古训，也佐证文章是精神补钙的利器。

3. 寻求"毛泽东文章思想"的指导。1972年"文革"期间，我因被揭发回答学生提问时说过"毛泽东思想也可以一分为二，既是绝对真理，又是相对真理，还要在实践中不断发展"，被无限上纲为"天字第一号'三反'言论"，打成"牛鬼蛇神"。在"牛棚"接受批斗、劳改的晦暗日子里，我毅然借通读毛泽东著作以洗心革面的机会，摘编了20万字的《毛泽东论文章》，与《毛泽东论文艺》抗衡。这是我探索"中国化马克思主义文章学"的艰难起步,为1993年部署"1226行动"即主编出版《毛泽东与文章学》作了结实准备,不但首创"毛泽东文章思想"新概念,而且填补了毛泽东思想研究的一项空白。

4. 探讨对大专生的普通文章教育。1982年,我在安阳师专中文系担任写作教研室主任和《安阳师专学报》(《殷都学刊》前身)副主编时,兼教《文学概论》和《语文教学法》课,在发表《中国文章学的纲领性文献——纪念毛泽东＜反对党八股＞发表40周年》之后,连续发表《语段教学浅识》和《普通文章学与初中语文教学法》,指明"语段是文章的最小单位";认定"普通文章教学法是初中语文教学法的重点部分""普通文章学是初中语文教学法的科学基础之一"。这是对叶圣陶"文章学的研究,那是专门之业"的具体实践,一方面把文章学引进语文教学,一方面用语文教学法来丰富文章学。

5. 架设文章学和语文教育的第一座桥梁。1992年,我写了《文章学课程开发论》,提出"优化语文课程结构的标准有三条:反映社会对语文的普遍要求,反映语文科学的完整体系,反映学生学语文的心理顺序"。"文章学课程的三级体系,从内容说,包括文章学原理课、文章读写技术课、文章读写教育课;从类型说,包括文章学必修课、选修课、活动课。""文章学必修课至少可开出文章学原理、文章写作学、文章阅读学、文章教育学、文章发展史五门;文章学选修课可按文章原理学科群、文章技术学科群、文章教育学科群、文章历史学科群开出60多门。"因此,1995年4月,上海教育出版社推出了"语文教师必读"丛书三部曲(倪宝元主编的《语言学与语文教育》;曾祥芹主编的《文章学与语文教育》;王纪人主编的《文艺学与语文教育》);同年5月又推出张会恩、曾祥芹主编的《文章学教程》。

6. 为加强中学生文章读写教育张目,为中师生文章阅读教育提供课文范本。2002年,《全日制义务教育语文课程标准(实验稿)》颁布,我写了《弱化文章教育:语文新课标的偏失》一文,向这个法规性文件提出了8个疑问:"言语教育"隘化为"文学教育"对吗? 单靠"文学教育"来培养"文章读写能力"行吗? "文章素养"难道不是最基本的"语文素养"吗?

义务教育语文课本以文学为主,还是以文章为主?"文章资源"难道不是语文课程的主要资源吗?优秀诗文背诵推荐篇目难道不应该增加文章名篇吗?文章阅读指导难道不是亟待填补的语文理论空白吗?语文课程标准要不要以语文科学知识为指导?这是破中有立的建设性批评。同年,我再为全国中师语文教材《语文》写出课文《文章阅读学与阅读能力训练》,编排在刘国正的《阅读能力简析》和叶圣陶的《读＜飞＞》之间,组成一个"知识单元"。

7. 在科研集体攻关中提升研究生的文章素质。1996年,我从《河南师大学报》主编岗位退下之后,被文学院返聘带语文课程与教学论、文章学、阅读学的硕士研究生。期间,我以创新来驱动研究生的文章教育,进行了文篇研读和书本著作两项实验:

一是引导统招研究生体验"经典文篇的研究性阅读"。如2003年为纪念毛泽东《改造我们的学习》一文发表62周年,我运用苏东坡的"八面受敌"读书法,出了一份复合性考题,要求学生从全文的语言、结构、体裁、文气、文风、风格、美质、思想、阅读迁移、阅读创造十个维度,回答我提出的58个问题,让每人精读,各自选题,写成文章,再集体讨论,最后修改,集成一本长达十万字的读书笔记。这种"同阅一卷书,各自领其奥"(赵翼《闲居读书》)的"研究性阅读",有效提高了"走进经典,走出经典"的阅读水平。

二是带领教育硕士集体著作《说文解章》一书。2004年,继主编《阅读改变人生》之后,我又组织集体攻关,主编出版了《说文解章》一书。该书完成了从《说文解字》(文字学)到《说文解章》(文章学)的学科飞跃,为了弥补义务教育和普通高中两个语文课程标准(实验稿)的不足,对被淡出的"文章知识"做了新的建构。全书布列8篇32章:

文章本质篇,解说文章的本源、特性、功用、规律;

文章信息篇,解说文章的事料、意旨、情感、境界;

文章体式篇,解说文章的媒体、模体、类体、变体;

文章理法篇,解说文章的章法、思路、技法、逻辑;

文章语言篇,解说文章的语音、语汇、语法、语体;

文章修饰篇,解说文章的疾病、辞规、辞格、辞采;

文章风貌篇,解说文章的气势、作风、风格、美质;

文章生态篇,解说文章的伦理、法纪、经济、文化。

语文教育家王松泉评论说:"这是何其重要、何其全面,又何其完整的文章本体知识系统啊!文章本体的陈述性知识是获得文章读写的程序性知识和掌握文章应用的策略性知识的基础。"

8. 担当中国实用文章学复兴的领军人。自1985年起,我先后兼任中国文章学研究会副会长、会长、名誉会长,2004年起又兼任中国文章科学研究院院长,在文章学领域已独著和主编出版了14本书,达750万字。2012年,我整理了近4万字的《中国文章学研究会30年大事记》,然后发表了《文章学研究充满挑战,任重道远——文章学交棒年会上的主旨报告》一文。该文略去奋斗成就,专门反思文章学研究遇到的八种挑战,如文章作品与文章定义、实用文章学旗帜、文章范畴与文章规律、文章史与文章学史、文章学理论体系、文章学研究精神;着重交代未来文章学研究的重任,包括宽口径地发展文章学会会员,严要求地提高会员的学术品位、创办文章报刊、建立文章网站、大造文章学舆论、开设文章课程、编著文章教材、强化文章教学、申报文章学研究方向和学位点、培养文章学硕士博士研究生、创建文章研究院所、开发文章文化产业,始终不渝地把文章学三级理论体系(基本原理,读写技术和校、社应用)的建设放在首要位置。

综观我70年学教文章的点滴经验,从1952年、1962年、1972年、1982年、1992年、2002年、2004年、2012年,大体上每隔10年举一例或两例。我的回顾只是有选择性地陈述自己对文章语言、文章作品、文章知识、文章读写能力、文章思维、文章学科、文章课程、文章教材、文章教学法、文章教育、文章文化、文章美学、文章发展史、文章家、文章学家等的不懈探索。

二、展望:再筑"一语双文"美梦,力促语言、文章、文学"三育"的和谐发展

1. 高中语文课程标准有必要进一步充实完善。按照后现代主义课程观,我用"一语双文"论重审《普通高中语文课程标准(2017 年版)》,发觉这篇法规性文章在课程核心目标、语文核心素养、学习任务群、文章课程教材建设等方面仍有进一步充实完善的必要。第一,"课程核心目标"所定的"学习祖国语言文字的运用"宜充实为"学习祖国语言文字、文章、文学的运用",因为"语用"包括不了"文用"。第二,"语文核心素养"的四个方面"语言建构与运用""思维发展与提升""审美鉴赏与创造""文化传承与理解"均应用"语言、文章、文学"三要素来全面规范,因为言语的思维、审美、文化不限于语言和文学,还要关注文章思维、文章审美、文章文化。第三,语文 18 项"学习任务群"中,除了 5 项属于"语言课程"和"文学课程"之外,其余 13 项专题都是或主要是"潜在文章课程",它不能隐蔽,都要显露化。第四,健康的语文课程应是语言课程、文章课程、文学课程的协调组合,完整的语文教材应是话语教材、文章教材、文学教材的科学配伍。

2. 面向"文章大海""文学大陆"的语言世界,满足社会语文应用的最大需求。所谓"文章大海""文学大陆"的语言世界,内含多重意蕴:第一,文章、文学,共属语言世界,即以科学语言为主的文章作品和以艺术语言为主的文学作品,都是在语言文字建构基础上形成的。第二,文本二分为文章和文学,当语言文字建构扩展到文本后,必须纠正"语文即语言文学"的世纪偏见,廓清"文本 = 文章 = 文学"的文论"雾霾",承认和普及"双文论"。第三,在"双文"世界里,文章在社会应用上所占的面积、比重通常多于和重于文学作品。信息社会实用文章的读写听说活动始终占主体(甚至多达 90%),无论是纸质文章或网络文章都远远多于纸媒数媒的文学作品,文章读者远远多于文学读者,文章作者亦远远多于文学作者。据此我曾有个比喻:文章像"大海",文学像"大陆",两栖文体像"湿地",表明文章占 70%,文学只占 30%。这个比喻高度尊重文学的分量。从文萃的《新华文摘》看,实际上文章占 90%,文学只占 10%。第四,在文章世界里,无论学校的教学文体——普通文章,或者社会的实用文体——专业文章,还是与文学交汇的两栖文体——变体文章,三类文章的读写听说活动都存在于人们的生活、工作和学习之中,存在于人类社会的各个领域。

可见,社会语文应用的最大需求是文章,而不是文学。以文章为主,以文学为次,成为社会文坛的自然生态,当然也应是语文教坛的学习常态。第五,在双文教育中,为反映学习语文的心理程序,实现"精英教育"向"大众教育"的转变,贯彻"普及第一,提高第二"的原则,必坚持"文章教育第一,文学教育第二"的方针。

3. 力促"语言、文章、文学"的"智育、德育、美育""三三并进",和谐发展。我理想的语文教育是:语言的智育、德育、美育,文章的智育、德育、美育,文学的智育、德育、美育,要"三三"交融,相促而不相害,并驾齐驱,此之谓"'三三制'和谐语文教育"。如下图所示。

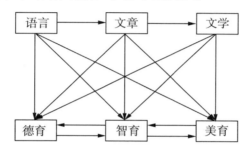

怎样施行"'三三制'和谐语文教育"呢?原则上既要遵循"语言→文章→文学"的语文教学心理程序,又要在语文智育的基础上落实"语文德育为先",在语文智德共进的前提下渗透语文美育,更要坚持在"语言、文章、文学"三方面贯彻各自的智育、德育和美育,执行"求真、向善、崇美"的"立德树人根本任务"。其关键是处理好"三育"的关系。

第一,在"双文"语境中进行语言"三育"。语言文字的智育、德育、美育,必须在文本(文章、文学)的母体中进行。游离文本的静态字、词、句是"这一类",是"虚的",纯形式的,"移栽"的;进入文本的动态字、词、句是"这一个",是"实的",是形式和内容相统一的,是生成的。从"双文"语境中所学的言语知识和技能才是活的语法、活的修辞、活的声韵、活的逻辑。文本言语建构由小到大有"语段＜段落＜章节＜文篇＜书本"五级单位。对于字、词、句的语义理解,往往语境越小,语义越模糊,越浅狭;语境越大,语义越明白,越深广。言语有三大形态,无论日常说听的"生活语言"训练,抑或规范而科学的"文章语言"训练,还是特殊而艺术的"文学语言"训练,都必须遵循"语境定义"的法则。如曾子《大学》是"句＜章＜书"三级结构组成的袖珍文本,首句说:"大学之道,在明明德,在亲民,在止于至善。"其中,对"明明德"动宾词组的理解,放在《经一》和《传一》的章句语境中,"明德"常被误解为偏正词组,翻译成"弘扬光明正大的品德";放在《经一》和《传十》的书本语境中,"明德"则正解为联合词组,翻译成"弘扬聪明才智和道德品质"。把第二个"明"正解为"聪明才智",才能贯通《传四》的"知本"、《传五》的"格物致知"和全书的 18 个"知(智)"字。"明明德"作为"三纲"的第一"纲"、"八目"的第一"目",统领着《传一》至《传七》。再说我对全书首句的理解,放在章句语境中,它是"一'道'三'在'"的主谓排比句,总提分承,体现了个人的"明明德"、社会的"亲民"和国家天下的"止于至善"三重境界;放在书本语境中,它揭示了统领"八目"的"三纲",每一"纲"都是对立统一体(智慧与道德、亲民与新民、止于善与至于善),既内蕴"格致诚正"的大智,又饱含"内圣外王"的大德,更彰显思维逻辑的大美。可见,仅有"词句语法"的语言学观念,没有"篇章语法"的文章学观念,就不能立足"双文"语境,确定词句的准确意蕴,就难以接受言语的智、德、美的熏陶。

第二,让"文章帅哥""文学靓妹"争雄媲美。在"双文"关系上,要看到书面文学是在文章发展比较成熟的阶段才产生的,普通文章朝着科学化方向发展为专业文章,朝着艺术化方向发展为文学作品,故叶圣陶说"一般文章是文艺作品的基础"。文学创作的提升要靠"文学评论""文艺批评"一类文章来扶持。孔子说:"言之无文,行而不远。"教学的普通文章和实用的专业文章都要从审美为主的文学作品中吸取营养,来增添文章的形采、辞采、声采、质采、神采和情采,以强化文章的感染力、影响力、生命力。据此我又有个比喻:文章似"帅哥",文学似"靓妹"。"文本兄妹"血缘融通,应亲爱相护,互促成长。不要简单地评判"文学是阳春白雪,文章是下里巴人"。专业文章的科学性、实用性强,文学作品的艺术性、审美性高,二者各擅胜场,是可以争雄媲美的。

第三,发挥文章智育、德育、美育的优势。从古代语文教育传统看,"建立了成套的文章之学的教学体系"(张志公《传统语文教育初探》);从现代语文教育传统看,叶圣陶、夏丏尊《国文百八课》72篇"文话"早已做出"用文章学指导语文教育"的示范(《叶圣陶语文教育论集》);从当代语文教育创新看,"文章教育"在塑造国家意志、渗透社会主义核心价值观、立德树人上,具有比"文学教育"更直接、更现实、更有力的优势。文章的本质在于给出思想,重在开智立德,其智育、德育因素更广泛、更深刻、更准确、更鲜明、更贴近读者,因而更利于发挥其认知的、实用的、审美的教育功能。文章教育实际充当着语文智育、德育的主课堂和主渠道,如"不忘初心,牢记使命"的主题教育,主要是借助于表达"习近平新时代中国特色社会主义思想"的"文章"教材来灌输和渗透的。文章美育凸显科学抽象理性美,这又是凸显艺术形象感性美的"文学美育"难以媲美的。正是看到"文章教育"在智育、德育、美育上具有比"文学教育"的独特优势,我才甲子轮回如一日地坚守在文章学和文章教育的荒原不断地开拓耕耘。

展望未来,我坚信,"一语双文"时代渐行渐近。语文教育中的文章教育是隐不住、挤不掉、压不垮的。为改革"语言文学教育"旧体制而义无反顾地开发"文章学",实际是对"语文学"和"语文教育学"的精准"扶贫"。

新中国70年语文教育目标的回顾、反思与展望

湖南师范大学教授　周庆元

　　哲学上有直击人类灵魂深处的终极三问:"你是谁?""你从哪里来?""你到哪里去?"值得研究语文教育时参悟。这里,第一问针对语文学科性质,且可忽略不计;而第二、三两问,则关涉语文教育目标,需要回答。

　　教育是有目的的行为。语文教育也不例外。语文教育目的现在通称语文教育目标,是语文学科教育的根本。既是出发点,又是落脚点;既是起点,也是归宿。把握语文教育目标,实质上就是要求语文教育明白从哪里来,到哪里去。

　　为了纪念我国语文学科独立设科90周年,1993年本人曾经奉献拙文《语文教育旨在提高语文素养》①,率先推出"语文素养"这个概念,明确提出"旨在提高语文素养"这个观点,试图回答语文教育的终极之问。27年过去,弹指一挥间。时代愈久远,实践越丰富,认识也更深刻。今朝回首,检视新中国成立70年来语文教育的发展与演变,我进一步认识到,语

---

　　①　周庆元. 语文教育旨在提高语文素养[J]. 湖南师范大学社会科学学报,1993(6).

文教育应当始终坚持有效养成语文素养的目标。

一、回顾:简析 70 年语文教育目标探索发展过程

新中国成立 70 年,先后推出各种语文课程纲要文本将近 20 个。纵观历史,我国语文教育目标的运行和发展经历了一个漫长的探索过程。

首先,这是一个顺应自然的动态发展过程。

新中国 70 年,经历多少风风雨雨。我国语文教育同样走过不平凡的历程。语文教育目标就是伴随着祖国的发展走过来的。

这里有两个关键词,一个是顺应自然,一个是动态发展。说它是动态发展过程,是说语文教育的目标总是变来变去,从没停止过。是不是可以不变? 不变是不可能的。辩证唯物主义告诉我们,整个宇宙万物都在不停地发展变化。变是绝对的,不变才是相对的。这种“变”就是发展。这种发展变化反映一个动态的过程,符合大自然的运行法则,符合矛盾运动的客观规律,符合唯物辩证法。

说它是一个顺应自然的过程,则主要体现在这样三点上:

一是立足中国国情。我国的语文教育,是以汉语文为代表的中华民族的母语教育,在中国的国土范围之内,任何时空开展的语文教育,其教育目标都要立足中国实际,体现中国国情。比如,中华人民共和国成立之初,为了巩固新生红色政权,提高全民思想觉悟,语文课强调“完成思想政治教育的任务”[1]。为了克服 20 世纪 50 年代把语文课上成“文学课”“政治课”的弊端,1963 年的教学大纲只提读写能力[2]。经历“八九风波”,1990 年的大纲修订本增加“提高社会主义觉悟”的表述[3]。其实,此前此后的各种课纲文本大多具有此类要求。立德树人是学校教育的根本任

---

　　① 人民教育出版社中学语文编辑室. 中学语文教材和教学[M]. 北京:人民教育出版社,1981.

　　② 中华人民共和国教育部. 全日制中学语文教学大纲(草案)[S]. 北京:人民教育出版社,1963:2.

　　③ 中华人民共和国教育部. 全日制中学语文教学大纲(修订版)[S]. 北京:人民教育出版社,1990:1~2.

务,体现中国特色社会主义教育的基本国情,试问,当下哪一门课程的教育目标可以忽略这一点呢? 因此,可以说,语文教育目标"常常是国家政治生活的晴雨表"①。

二是突出学科特点。"语文课程是一门学习祖国语言文字运用的综合性、实践性课程。工具性与人文性的统一,是语文课程的基本特点。"②自从 1904 年语文独立设科以来,学界一直在探索语文的学科特点。经过新中国成立以来,特别是最近 40 多年来的反复讨论、争鸣、研究,语文学科的性质或者特点之争大致尘埃落定,逐步得到公认,并且进入国家的法规性文件即语文教学大纲或者语文课程标准,以上表述就是比较典型的范例。语文教育目标的制订也因此有章可循,有据可依,逐步规范化。所以说,在顺应自然的动态发展过程中,我国语文教育目标能够始终坚持突出学科特点。即使早在 20 世纪 50 年代初,也能强调听说读写四项,后来则一直围绕"教学生能够正确地理解和运用祖国的语言文字"③这个核心要义,制订语文教育目标。

三是呼应时代潮流。当然,这种动态发展,既是顺应自然的,也是与时俱进的。时代在发展,社会在前进,包括语文教育在内的学校教育也当因势而动,顺势而为,趁势而上,亦即呼应时代潮流。比如,20 世纪 50 年代,我国全面学习苏联,母语教育也学苏联经验,实行语言、文学分科教学,同时制订初中汉语、初中文学和高中文学三套教学大纲,并相应确定各自的"教学任务"④;20 世纪 80 年代,承迎国际教育界的教改大潮,大纲提出"要开拓学生的视野,发展学生的智力"的目标⑤;21 世纪初,为适应

---

① 周庆元. 语文教育研究概论[M]. 长沙:湖南人民出版社,2010:53.

② 中华人民共和国教育部. 普通高中语文课程标准(2017 年版)[S]. 北京:人民教育出版社,2018:1.

③ 中华人民共和国教育部. 全日制中学语文教学大纲(草案)[S]. 北京:人民教育出版社,1963:2.

④ 人民教育出版社中学语文编辑室. 中学语文教材和教学[M]. 北京:人民教育出版社,1981:7~54.

⑤ 中华人民共和国教育部. 全日制中学语文教学大纲[M]. 北京:人民教育出版社,1986:1~2.

学校教育从应试教育向素质教育转轨的要求,明确了"必须面向全体学生,使学生获得基本的语文素养"①的语文教育目标;最近若干年,吸收了国际国内教育教学改革的新成果和新理念,"课程目标从知识与能力、过程与方法、情感态度与价值观三个方面设计"②等。

其次,这是一个螺旋发展的艰苦摸索过程。

中国语文教育70年的发展很不寻常,它跟我国其他领域的社会主义建设一样,并无现成模式可以照抄照搬,"摸着石头过河",历史和国情注定这是一个艰难的摸索过程,跌跌撞撞,步步为营,一步一步向前走。实践证明,这种过程难于直线发展,而是曲折迂回,螺旋式前进。这是因为我们所处的时代并非岁月静好,国家的建设与发展也不是一马平川。比如,20世纪50年代初期百业待举,连正式的语文课纲都没有颁发。后来,学习苏联,汉语、文学分科教学,虽经酝酿、筹备、试验与推行,前后费时五六年。但是,全国推开后,仅用三个学期,一套课本还没来得及编完就戛然而止,立马回复"语文"课,连总结收场的程序都没有走。从20世纪50年代争议"不要把语文课上成政治课、文学课",到20世纪60年代初集中强调"工具性",可以看出,语文教育目标很有一点模糊混沌、飘浮不定。这就是艰苦摸索。

但是,前车之鉴,后事之师。我们正是在总结经验、吸取教训的基础上,逐步摸索规律,不断接近真理。从1978年的教学大纲(试行草案),到1986年的教学大纲,再到以后20世纪90年代的几个大纲文本,语文教育目标逐步"形成以双基教学为主体,双基教学、品德培养、智能开发三要素相辅相成的三维结构"③。由此可见,从缺乏明确目标,到出现模糊目标,到集中单一目标,再到形成三维目标,我国语文教育目标走过了一条曲折前进、螺旋式发展的探索之路。

---

① 中华人民共和国教育部. 全日制义务教育语文课程标准(实验稿)[M]. 北京:北京师范大学出版社,2001:1.

② 中华人民共和国教育部. 义务教育语文课程标准(2011年版)[M]. 北京:北京师范大学出版社,2012:6.

③ 周庆元. 语文教育研究概论[M]. 长沙:湖南人民出版社,2010:50.

再次,这是一个不断进步的健全完善过程。

人类认识发展的总规律是,实践、认识、再实践、再认识,循环往复以至无穷;而实践和认识之每一循环的内容,都比较地进到了高一级的程度。早在 20 世纪 60 年代,毛泽东同志就指出:"人类的历史,就是一个不断地从必然王国向自由王国发展的历史。""人类总得不断地总结经验,有所发现,有所发明,有所创造,有所前进。"①检视 70 年来大大小小、长长短短将近 20 个有关语文教育目标的文本或准文本,反映的是从自由走向必然的认识发展规律,中国语文教育目标经历的是一个不断进步的健全完善过程。尽管至今并非尽善尽美,但是始终在不断前进、不断发展之中。

二、反思:把握我国语文教育目标若干基本特性

回顾过往,长善救失,我们需要反思几十年来语文教育目标理性认识上的不足,科学把握语文教育目标的特性,为拟订与践行语文教育目标提供学理基础。

一是语文教育目标属性的本质性。我国学界曾经长年研讨语文学科本质,经过反复争论,认识至今大致趋同,就是:综合性与实践性兼具,工具性与人文性统一。那么,语文教育目标有没有本质?所谓本质,是指事物本身所固有的,决定事物性质、面貌和发展的根本属性。世界上万事万物都有自己的本质。显而易见,语文教育目标与数学、外语、思政、历史、地理等学科教育目标各异,你总不能说,我教语文课跟教其他课的目标没有区别。这种区别就反映了它的本质性。语文教育目标的本质属性是什么?实践证明,就是"引导学生理解和运用祖国的语言文字"。学生学习语文,同学习其他学科的最大本质差别就在这里。多少年来,我国拟订语文教育目标基本上反映了这一点,只是好像谁也没有刻意提出过本质性这一命题,似乎缺乏这种理性认识的自觉,貌似集体无意识。理论的缺失

---

① 中共中央文献研究室.毛泽东思想年编(1921 – 1975)[M].北京:中央文献出版社,2011.

容易导致实践的盲目。现在，我们很有必要郑重地提出这一点了。

二是语文教育目标施行的阶段性。众所周知，学校教育是分阶段的，从小学、初中，而高中，而大学。语文教育同样如此。不同学段的语文课程标准确定不同内涵的语文教育目标，一贯如此。

三是语文教育目标体现的层次性。从内涵、要素及其结构状况等不同角度切分，语文教育目标可以分为本体性目标（基本目标）与衍生性目标（扩展目标）、基础性目标与发展性目标、主体目标与从属目标、总目标与分目标、概括性目标与具体性目标、单一性目标与复合型目标等。从目标内涵来看，比如，"理解与运用祖国的语言文字"是语文教育的本体性目标、总目标，那么，双基教学、品德培养、智能开发就是衍生性目标、分目标。又如，"语言建构与运用是语文学科核心素养的基础，在语文课程中，学生的思维发展与提升、审美鉴赏与创造、文化传承与理解，都是以语言的建构与运用为基础，并在学生个体言语经验发展过程中得以实现的"①则可以理解为，"语言建构与运用"是基础性目标或者主体目标，其他三个方面则是发展性目标或者从属目标。此外，从目标要素及其构成状态来分，还有单一性与复合型两类，1963 年《全日制中学语文教学大纲（草案）》明显属于单一性目标，其他的都是复合型目标。复合型中又有多种维度，20 世纪 50 年代初语文课本"编辑大意"只包括听说读写和思想政治教育两维，其他的则是三维甚至多维。

四是语文教育目标表述的精准性。语文课纲是国家的法规性文件、指导性文件，具有权威性，过去苏联还把它纳入国家法典。此类文本特别要求语言准确、文字精练、表述畅达。其中对教育目标的表述特别需要简明扼要，做到"四两拨千斤"。当年国家教委教材审定与审查委员朱绍禹、刘国正等老一辈专家，在文字上字斟句酌，把关特别严谨。1986 年我国第一个不带括号的正式的《全日制中学语文教学大纲》，包括标点只用167 个字就高度概括了内涵极其丰富的语文教育目标。相对来说，有的

———————

① 中华人民共和国教育部．普通高中语文课程标准（2017 年版）［M］．北京：人民教育出版社，2018：5.

文本并未明确教育目标,只有教学任务,比如汉语文学分科教学大纲;有的则太过琐细,把教学内容、教学要求和教学方法与课程目标混为一谈,连篇累牍罗列出来,淹没、消解了语文教育目标,比如2003年版《普通高中语文课程标准(实验)》。

五是语文教育目标认识的终极性。纵观新中国70年语文教育风起云涌的历史变迁,通览近20个五光十色的不同版本的语文课纲,尽管语文教育目标具有阶段性与层次性,在不同时空可有多种解读,对相同内涵可做不同表述,就不同对象也可多种约定,然而,归根结底,它们最终聚焦到一点:语文教育旨在养成语文素养。这就是语文教育目标的终极性。

三、前瞻:坚持语文教育旨在有效养成语文素养

科学把握语文教育目标,必须坚持语文教育旨在有效养成语文素养。以下三点,可以说是践行语文教育终极性目标的行动要领。

第一,深刻理解语文素养。什么是语文素养?"语文素养"是从"素质教育"衍生、发展而来。素质教育始于20世纪80年代。1985年5月第一次全国教育工作会议提出"劳动者的素质"。随后发布《中共中央关于教育体制改革的决定》,指出:"改革的根本目的是提高民族素质,多出人才,出好人才。"1993年2月中共中央、国务院发布《中国教育改革和发展纲要》,要求"中小学要从'应试教育'转向全面提高国民素质的轨道"。1994年8月,《中共中央关于进一步加强和改进学校德育工作的若干意见》指出"增强适应时代发展、社会进步,以及建立社会主义市场经济体制的新要求和迫切需要的素质教育",第一次正式在中央文件中使用素质教育的概念。1997年10月,国家教委颁发《关于当前积极推进中小学实施素质教育的若干意见》。1999年,国务院批转教育部制订的《面向21世纪教育振兴行动计划》。同年,中共中央、国务院做出《关于深化教育改革全面推进素质教育的决定》,召开以素质教育为主题的全国教育工作会议,素质教育作为党和国家的战略决策,进入国家推进、重点突破、全面实施的新阶段。

在此基础上，"语文素养"的提法相继出现。系统论述最早见于《语文教育旨在提高语文素养》。2001年颁发的《全日制义务教育语文课程标准(实验稿)》正式提出"全面提高学生的语文素养"的语文教育目标。

语文素质与语文素养是什么关系呢？素养是介于素质和修养二者之间的一个概念。修养指的是理论、思想、艺术、知识、能力等方面的一定的水平，必须通过一定的训练与修为才能具有。素质原是一个心理学术语，本来指的是人的先天的解剖生理特点，主要是感觉器官和神经系统方面的特点，指所谓先天禀赋。以往人们认为，素质只是人的心理发展的生理条件，不能决定人和心理的内容及发展水平。后来学界认识到，人的心理来源于社会实践，素质也是在社会实践中逐渐发育和成熟起来的，某些素质上的缺陷可以通过实践和学习获得不同程度的补偿。所以说，素养是指一个人通过教育训练在先天生理条件的基础上发展起来的某一方面的一定的水平。语文素养则是指学生通过语文教育与训练在先天生理条件的基础上发展起来的语文方面的一定的水平[①]。

第二，全面把握语文素养。语文教育应当养成什么样的语文素养？语文素养，与当下所提的语文核心素养，即学生在接受相应学段的语文教育过程中，逐步形成的适应个人终生发展和社会发展需要的必备品格与关键能力，在本质上是一致的。

语文素养内涵相当丰富。它以语文知识和语文技能为主干，至少包含语文知识、语文技能、一般智能、社会文化和情意人格等五项基本要素。养成语文素养就是要使这五个要素实现辩证统一，得到全面、和谐、充分的发展。学习语文知识、训练语文技能、开发智能、感受社会文化熏陶和陶冶情意人格的和谐共振，构成养成语文素养的基本内涵。

学习语文知识。语文知识是语文素养的基础。无知即无能，无知即无智，没有知识也就谈不上素养。语文教育首先要引导学生学好各类语文知识。语文知识学得越丰富，记得越牢固，语文的功底就越深厚，语文素养也就体现得越扎实。

---

① 周庆元. 语文教育研究概论[M]. 长沙:湖南人民出版社,2010:54.

训练语文技能。语文技能指的是听说读写能力,这是语文素养的核心。技能是素养的窗口,透过这个窗口可以看到一个人的素养。语文技能的强弱显示出一个人语文素养的高低。能说会道、谈吐不凡、写得一笔漂亮字、能写一手好文章往往被看作是颇具语文素养的标志。因此,语文教育必须高度重视技能训练,引导学生训练好阅读、写作、聆听和述说等各种技能。

开发智能。智能既包括观察、记忆、联想与想象、思维等认知能力,也包括自理、自学能力以及创新能力。开发智能既是教育各个层面共同的担当,也是语文教育自身应负的责任,而且这种智能开发本身就渗透在语文知识学习和语文技能训练的过程之中。

感受社会文化熏陶。课内课外,学生还要学习社会文化知识,受到文化熏陶。举凡文史哲经、数理化生、工农财贸、体育卫生、科技教育、地理天文之类相邻相关知识,课内学习中就可涉猎;至于婚丧喜庆、送客迎宾、礼仪习俗、世故人情之类的社会文化常识,课外实践中随时得到。接受和积累广泛的社会文化知识,可以为学生开阔视野,充实头脑,熏陶、厚植语文素养。

陶冶情意人格。这是指除认知以外的其他心理因素的陶冶,包括情感、意志和个性心理特征,即非智力心理因素。语文教育中的情感教育、审美教育、思想政治教育、道德品质教育具有得天独厚的优势,对于未来一代优秀人格的塑造怎么估计都不过分。

以上五要素构成人的语文素养,其结构特点有二。一是多元性。五个要素,有主有次,缺一不可。知识与技能是最基本、最主要的因素,没有它们也就丧失了语文教育自身的特点。其他因素虽居相对次要的地位,但却不可或缺,缺少哪一项,也就得不到全面发展,造成语文素养上的缺陷。忽视智能开发也许造就一代"书囊",缺少文化熏陶难免闭目塞听、孤陋寡闻,疏于个性陶冶则可能使文人无行,鲜廉寡耻。二是辩证性。五个要素虽有主次之分,但无轻重之别,分别体现语文学科的性质,反映语文教育的功能,相互依存、相互促进、相辅相成、相得益彰,共同构成语文素养辩证统一的有机整体。

因此,了解语文素养,不可只知其一,不知其二;养成语文素养,不可厚此薄彼,顾此失彼。世界上的万事万物都是多姿多彩的,整个社会都是五彩斑斓的,语文素养也是多元辩证的,养成语文素养也应该是多层面全方位的。只要我们坚持全面养成学生的语文素养,语文教育目标也就可望全面达成。①

第三,有效养成语文素养。语文素养怎样才能有效养成? 至少需要三个坚持。

语文素养需要坚持养成。对于语文素养,说要培养,要提高,无疑是正确的,只是说到底,最终还得靠养成。我们的语文指的是祖国的语言文字,就是母语。一个人掌握母语,主要的或者说首先是依靠习得。人从母亲肚子里出来,就逐步学会听话、说话,这是一种天生禀赋,一种自然习得。除非失语,即使文盲,都会听话和说话,这就叫自然养成。学生进学校,学语文,主要是借助学校教育,促进这种语文素养更好、更快、更全面地养成。从学校毕业,走向社会,人的语文素养实际上还在持续不断地养成,与日俱增,说明这种养成是不会终止的。有的人甚至成长为作家、诗人、记者、学者、写手、理论家之类的人物,说明养成的成效非常显著。学校与老师所进行的培养与提高当然不可或缺,但是,也只不过是加强或者加速这种养成罢了。从娃娃抓起,突出养成教育,才能有效。

养成语文素养需要坚持自觉。唯物辩证法认为外因是变化的条件,内因是变化的根据,外因通过内因而起作用。语文素养的养成同样依靠语文学习者的主动修炼而不是被动灌输。在教材、教师、教学的同等条件下,同一个学生群体,进步有快慢,效率有高低,除了先天禀赋、前期基础的差异之外,个体的学习自觉性与努力程度至关重要。因此,养成语文素养首先需要启发学生的自觉性,激励他们的积极性。

养成语文素养需要坚持终生奋斗。既不能一蹴而就,也不能停停打打,一曝十寒,需要从胎教开始到辞世告终,一以贯之,终身以之,

---

① 周庆元. 语文教育研究概论[M]. 长沙:湖南人民出版社,2010:55~56.

活到老,学到老,养成到老。当然,学校教育阶段是养成语文素养的黄金时期,尤须抓早抓紧,勉力奋发,"少壮不努力,老大徒伤悲"哪!

综上所述,全面落实"三个坚持",语文素养就能有效养成。

有鉴于此,拟订语文课程纲要,一定要把"有效养成语文素养"理直气壮、旗帜鲜明地写进语文教育目标。

新中国70年中学语文课程发展

杭州师范大学教授　倪文锦

中华人民共和国成立以来,中学语文课程在曲折中前进,在斗争中发展,其中有许多成功的经验,也有失败的教训。回顾和总结各个历史时期中学语文课程发展的经验教训,无论对深化当前的语文课程改革还是为推动今后的语文课程发展,都具有重要的意义。若对70年来的语文课程发展进行一个粗线条划分,以"文革"(1966~1976)为界限,可分为前后两个阶段:前一阶段是"文革"前17年(1949~1966),后一阶段是"文革"结束后的新时期(1976~)。"文革"十年使我国的语文教育遭受了深重灾难,蒙受了巨大损失,本文不讨论。

一、"文革"前17年中学语文课程发展(1949~1966)

从语文课程的历史发展轨迹来看,这一阶段可分为两个时期:20世纪50年代为课程初创期,20世纪60年代前期是课程稳定期。

(一)课程初创期

中华人民共和国的成立,标志着我国新民主主义革命的结束,社会主义革命的开始。随着我国国民经济的逐步恢复,根据《中国人民政治协商会议共同纲领》对新中国文化教育工作方针的规定,"以提高人民的文化水平,培养国家建设人才,肃清封建的、买办的、法西斯的思想,发展为人民服务的思想为主要任务",党和政府有步骤地、谨慎地对旧有的学校从办学方针到课程设置、教学内容和教学方法采取了一系列改革措施。就中学语文课程来说,学科正名无疑是最重要的标志。中华人民共和国成立前,中小学语文称"国文""国语"。1949 年 4 月,华北人民政府教育部在审订中小学课本时,决定废除"国文""国语"的名称,统一称为"语文"。1950 年 9 月,初中语文课本、高中语文课本在全国范围使用。其"编辑大意"指出:"说出来的是语言,写出来的是文章,文章依据语言,'语'和'文'是分不开的。语文教学应该包括听话、说话、阅读、写作四项。因此,这套课本不再用'国文'或'国语'的旧名称,改称'语文课本'。"①从此,中小学课程设置中的"语文"就被正式确定下来。语文学科正名这一事实,深刻地反映了人们对语文本质的认识,体现了"言""文"一致的学科特点。

20 世纪 50 年代中期,中学语文课程进行了汉语、文学分科改革的尝试。这是中华人民共和国成立后语文课程内容最大的一次变革。所谓"分科",实际上就是把原来的一门"语文"科,分成两门相对独立的"汉语"科和"文学"科,并制订了《初级中学汉语教学大纲(草案)》《初级中学文学教学大纲(草案)》和《高级中学文学教学大纲(草案)》。根据教学大纲,人民教育出版社先后编辑出版了《初级中学课本汉语》《初级中学课本文学》和《高级中学课本文学》。随后,教育部又拟订了《中学作文教学初步方案(章案)》,供各地试用。在教材的具体编写过程中,汉语课本内容的编撰以"暂拟汉语教学语法系统"为指导,文学课本则初中按文体、高中按文学史进行编排。

汉语、文学分科教学从 1955 年秋季开始试教,经 1956 年秋季全面推

---

① 张鸿苓等. 新中国中学语文教育大典(第一卷)[M]. 北京:语文出版社,2001:5.

行,到1958年停止使用,历时不足三年,但在现代语文课程发展史上却具有重要的意义。它为解决语文独立设科以来所面临的一系列问题,进行了开创性的尝试,为探索语文教学的科学化提供了许多宝贵的经验。仅从分科大纲看,以下几点值得重视①。

1. 有力工具。不仅把汉语看作"一种重要的、有力的工具",而且把文学也看作"对年青一代进行社会主义教育的有力工具"。

2. 教养任务和教育任务。教养任务提出文学、汉语教学的知识能力和素养;教育任务提出政治方向、世界观、道德品质、审美观点、是非爱憎等方面的目标。

3. 培养能力和习惯。初、高中都培养"阅读、理解和欣赏文学作品的能力和运用语言的能力""养成他们阅读文学作品的兴趣和习惯"。初中汉语教学要"提高学生理解汉语和运用汉语的能力"。

4. 讲授知识。初中讲授"必要的文学理论常识和文学史常识",高中讲授"一些文学理论基本知识"和"系统的中国文学史基本知识"。初中汉语教学,"教给学生有关汉语的基本的科学知识"。

5. 系统的教学内容(略),以及规定教法与指导课外文学作品阅读。

但由于大纲、教材本身的缺点和师资队伍方面的问题,分科教学也暴露出不少缺陷。主要有:

1. 文学教材分量过重。文字深,课文长,篇数多。教学大纲对学生掌握作品及文学史知识要求也偏高,脱离了中学教学的实际。

2. 过分偏重文学的要求,对字、词、句训练的要求不够;教材偏重于狭义的文学作品,外国文学作品入选也偏多,而实用文体选得偏少。

3. 没有解决好读写结合的问题。文学、汉语、作文相对独立,自成系统,没有相互配合的具体措施。

4. 汉语教材内容烦琐,与学生的语言实践脱节。

我国的传统教育历来强调"文以载道"。文与道,用在语文教学中泛

---

① 张鸿苓等. 新中国中学语文教育大典(第二卷)[M]. 北京:语文出版社,2001:316.

指语文教育和思想教育的关系。中华人民共和国成立之初,语文课程改革的重点在政治内容方面,清除了国民党统治时期语文课本中封建的、买办的、法西斯的思想内容,注重用革命思想教育学生,这在当时是十分必要的。但由于忽视系统的语文知识,反映语文工具性的特点也不够;在能力培养方面,也没有真正落实听说读写全面训练,这就导致"文""道"一时失衡。随后的"大跃进"使得语文教学指导思想从一开始就存在"左"的偏向,汉语、文学分科也成为批判的对象。在语文教育界大批"三脱离",即脱离政治、脱离实际、脱离劳动,中学的汉语、文学课本被认为是"三脱离"的典型,并引发了 20 世纪 50 年代末的一场所谓"文道之争"。1959 年 6 月,北京《光明日报》、上海《文汇报》组织"关于语文教学目的和任务"的讨论。紧接着,在 1961 年 1 月,《文汇报》又组织了一场"怎样教好语文课"的讨论。《人民日报》《光明日报》也先后发表文章,不断把讨论推向深入。

(二)课程稳定期

1960 年冬,党中央决定对国民经济实行"调整、巩固、充实、提高"的方针。语文教育领域也逐步摆脱"左"的影响,改革的理论和实践得到了健康的发展。1961 年 12 月,《文汇报》发表《试论语文教学的目的任务》的社论,对上述两场讨论进行小结,得出了共识。社论指出:"就一篇课文来说,内容和形式、思想和语言原是密切联系,谁也离不开谁。""根据语文教学的要求,教师指导学生学习课文,不仅要使学生知道所学的课文表达了什么思想,更重要的是要使学生懂得作者是如何运用语文这个工具来表达其思想的,并通过基本训练,使学生学会如何运用语文来表达自己的思想。"

1963 年 5 月,在全国范围内展开"关于语文教学目的任务"的讨论和认真总结过去语文教学正反两方面经验的基础上,教育部制订了《全日制小学语文教学大纲(草案)》《全日制中学语文教学大纲(革新)》。这是中华人民共和国成立以来第一个语文教学大纲(草案)。

大纲明确指出:"语文是学好各门知识和从事各种工作的基本工具。"并引用了毛泽东同志的一段话说明语文的重要性,强调"语文是学生学习各门学科必须首先掌握的最基本的工具",并批判了"重理轻文"的错误认识。大纲规定:"中学语文教学的目的是教学生能够正确地理解和运用祖国的语言文字,使他们具有现代语文的阅读能力和写作能力,具有初步阅读文言文的能力。""为了达到这个目的,要选文质兼美的范文,教学生精读,要加强识字写字、用词造句、布局谋篇等基本训练。基本训练要通过多读多写来完成。一般不要把语文课讲成政治课,也不要把语文课上成文学课。"在课程内容方面,大纲要求选材面广、量多、文质兼美。根据这一要求,新编中学语文教材共选课文360篇,平均每学期30篇。在课程实施方面,大纲确定"以培养学生阅读能力和写作能力的顺序为主要线索,组成由浅入深、循序渐进的体系"。同时,提出初、高中阶段阅读和写作的具体要求,并采取多读多写、读写结合等许多行之有效的措施等。

纵观这一时期的语文教学,由于在很大程度上抵制和排除"左"的干扰和影响,端正了思想,开展正常的学术争鸣,许多似是而非的问题得到澄清。广大语文工作者统一了对语文学科性质的认识,明确了中学语文教学的目的和任务,加强了语文能力的训练,并在教材和教学方法上做了相应的改革,语文教学质量得到很大的提高。该时期的语文课程与教学,在我国语文课程发展史上占有重要的地位。

二、新时期中学语文课程发展(1976~)

此阶段也可分为两个时期。从1976年粉碎"四人帮",尤其是1978年党的十一届三中全会召开至90年代末为改革发展期;21世纪以来则是改革深化期。

(一)改革发展期

"文革"结束,我国开始进入一个新的发展时期。为培养服务于国家现代化建设需要的各级各类人才,中学语文教学进行全面的拨乱反正,尽快恢复正常的教学秩序。经过短暂的复苏,随着党的十一届三中全会召开,改革开放方针的确立和贯彻,语文课程改革也迎来新的春天。1978年3月16日,吕叔湘先生在《人民日报》上发表《当前语文教学中的两个迫切问题》一文,对语文教学的"少、慢、差、费"提出尖锐批评,促使广大语文教师开始认真思考并迅速着手研究教学对策。叶圣陶先生关于"教"都是为了达到用不着"教"①的论断不仅使人们明确了语文教学为什么教,教与学是什么关系,而且更是在语文教学中重新确立了长期以来受到忽视的学生主体性。语文教育界"大语文教育"思想的提出,加强了学校语文教学与生活的联系……同时,国际上比较先进的教育思想、各种流派的教学理论和教改模式、方法等开始被大量地介绍到我国,大大开拓了广大教师的视野,极大地活跃了他们的思想。1982 年,上海率先提出语文教学要"文道统一,加强基础,培养能力,发展智力",并得到全国语文教育界的赞同,标志着语文教学改革开始在一定的理论指导下进行,新时期的语文教学比较自觉地迈开了改革的第一步。1983 年,邓小平同志提出"教育要面向现代化,面向世界,面向未来",更为我国教育改革的战略方向提供了基本遵循。1985 年 5 月,中共中央发布《关于教育体制改革的决定》。《决定》指出,教育体制改革的根本目的是提高民族素质,多出人才,出好人才。基础教育属于国民教育。大家越来越感到提高全民族素质的重要性,人们的眼光开始从注意升学率转向注意学生的素质。1986 年 4 月,国家又颁布实施《中华人民共和国义务教育法》。这一切,为进入新时期的语文教学开创了大好局面。

20 世纪 90 年代,推进素质教育已成为我国基础教育改革的核心任务。于是,作为培养和提高国民素质的奠基性课程,语文课程改革也就越加显得重要和迫切。继 1986 年的过渡大纲和 1988 年的修订大纲之后,国家教委先后在 1992 年、1996 年颁布了《九年义务教育全日制初中语文教学大纲(试用)》《全日制普通高级中学语文教学大纲(供试验用)》,并审查推出相应的新教材。尤其是高中语文教学大纲,明确提出语文学科性质的新概念:"语文是最重要的交际工具,也是重要的文化载体。"突出

---

① 张鸿苓等. 新中国中学语文教育大典(第二卷)[M]. 北京:语文出版社,2001:204.

了语文是负载文化的交际工具的本质特点,使其区别于其他物质工具。大纲同时规定了语文学科课程的整体结构,包括学科类课程、活动类课程和课外活动,语文教材也分为必修课教材、限定选修课教材、任意选修课教材和活动课教材等,构成新的教材系列。时代要求我们站在素质教育的高度重新审视我们的语文教学,标志着中学语文课程进入了改革发展期。

但同时我们必须看到,由于历史的惯性,该时期的语文教育无论是在课程观念还是在教学实践上都存在着一些与时代发展不相适应的问题,出现了一些令人忧虑的倾向。集中表现为:一是追求"科学主义"的倾向,忽视语文教育的人文特点,而去盲目地、不切实际地追求机械、刻板的"科学主义"。二是走向烦琐哲学的倾向。无论是所谓知识、能力体系的构建,还是教、学、考的实际操作与训练,总的趋势是越来越烦琐。三是脱离生活实际的倾向。语文与生活本不可分割,语文本身是丰富多彩的,但现实却是"扎扎实实"的应试教育使语文教育导向远离生活。四是文学教育功利化的倾向。中学文学教育最大的缺失就是人文关怀不够,既不注重作品的人文内涵,更不注重文学欣赏者的主体感悟。五是考试指挥教学的倾向。为考试而教,为考试而学,考试成了名副其实的指挥棒。于是,这些倾向引发了20世纪末的那场关于语文教育的大讨论。

1997年第11期《北京文学》的"世纪观察"栏目推出三篇文章:王丽的《中学语文教学手记》、邹静之的《女儿的作业》和薛毅的《文学教育的悲哀》。他们从各自不同的角度,对语文教育提出尖锐的批评。批评意见主要集中在以下几个方面:1. 语文教育目的不明确,不重视学生的个性发展,缺乏对学生的人文关怀,忽视文学教育和美育;2. 语文教育思想落后僵化,扼杀了学生个性、创造性的发展;3. 语文教育方法机械僵死、教学手段落后,忽视了学生主体的需要;4. 语文教学评估不科学,标准化考试存在严重问题。这场大讨论的许多观点不乏偏颇之处,但总体上说,大讨论对我们反思语文教育走过的路十分必要,对推动当时的语文教育改革是有意义的、有成果的。尤其是直接促成了立足人本的语文学科性质观的确立,使新世纪的语文新课程旗帜鲜明地提出"全面提高学生的语文素养"的新理念,进一步深化了人们对语文学科性质的认识。

(二)改革深化期

由于基础教育在国民教育体系中的特殊地位,它在世界各地受到前所未有的重视。面对科学技术日新月异的发展,随着我国改革开放和社会主义现代化建设的深入,世纪之交的中国大地涌动着基础教育课程改革的热潮。这诚如国务院《关于基础教育改革和发展的决定》指出的:"基础教育是科教兴国的奠基工程,对提高中华民族素质,培养各级各类人才,促进社会主义现代化建设具有全局性、基础性、先导性的作用。"改革原有的课程体系势在必然。为此,教育部于 20 世纪 90 年代末启动了第八次课程改革。

2001 年,经国务院同意,教育部印发《基础教育课程改革纲要(试行)》。这次课程改革最突出的一点就是具有非常明确的课程理念,旨在促进每一个学生的发展。所以,广大教师把"为了中华民族的复兴,为了每位学生的发展"作为课改的座右铭。"为了每一个学生的发展"意味着我国基础教育课程体系必须走出目标单一、过程僵化、方式机械的"生产模式",实施素质教育,让每一个学生的个性获得充分发展,培养出丰富多彩的人格。

新课程的这一价值追求落实到语文学科,必然要求我们拥有新的视野,采取新的策略,需要语文课程与教学的全面转型。2001 年《全日制义务教育语文课程标准(实验稿)》和 2003 年《普通高中语文课程标准(实验)》的颁布,使人们看到新世纪的语文新课程具有许多新特点。例如:全面提高学生的语文素养,积极倡导自主、合作、探究的学习方式等成为语文课程的基本理念;义务教育语文课程目标九年一贯进行整体设计,在"总目标"之下分别提出"阶段目标",体现语文课程的整体性和阶段性;课程目标根据知识和能力、过程和方法、情感态度和价值观三个维度设计,三个方面相互渗透,融为一体,注重语文素养的整体提高;课程标准的阶段目标除了从"识字与写字""阅读""写作""口语交际"四个方面提出要求以外,还提出"综合性学习"的要求,意在加强语文知识的综合运用、听说读写能力的整体发展、语文课程与其他课程的沟通以及书本知识与实践活动的紧密结合;教材强调注重继承与弘扬中华民族优秀文化,有助于增强学生的民族自尊心和爱国主义感情;新课程还大力推进信息技术在教学过程中的普遍应用,促进信息技术与学科课程的整合等。

值得一提的是,语文新课程在加强时代性的同时,还大力弘扬经过实践证明行之有效的传统语文教学经验。语文教育是母语教育,具有鲜明的民族性和人文特征。所以,语文课程改革既不是一概抛弃传统、否定传统,也不是简单地回归传统,而是继承和吸收传统中的精华,剔除其糟粕。如汉字教学,传统做法是针对汉字的象形——表意特点进行的,新课程则强调"体现汉字的特点,做到形音义相结合"。又如阅读教学,传统经验是重感悟,故强调"熟读精思";重积淀,故强调吟诵;重语文修养,故强调博览群书。因此,以往语文教学重分析、重讲解、重机械训练的弊端在新课程中得到了有效的遏制;而重语感、重整体感知、重实际运用的传统经验则重新被加以确立和推广。再如写作,传统经验提倡抒发性灵,故主张"先放后收""多就少改";重文字洗练、韵律和谐,故讲究炼字、炼句;重语言熏陶,故强调"读书破万卷,下笔如有神";重整体思路,故强调谋篇立意。这些好的经验,新课程也都注意吸收。总之,这次语文课改对今后一个时期我国的语文教学产生了深远的影响。

进入新时代,全面贯彻党的教育方针,落实"立德树人"的根本任务,发展素质教育,推进教育公平,培养德智体美劳全面发展的社会主义建设者和接班人,这是党和国家意志的体现。因此,课程改革需要进一步深化。2018 年 1 月,教育部正式印发普通高中课程方案和学科课程标准。《普通高中语文课程标准(2017 年版)》在 2003 年发布的《普通高中语文课程标准(实验)》的基础上做了修订,呈现出许多新变化,主要体现在以下几个方面①:

1. 凝练和明确了语文学科核心素养。学科核心素养是学科育人价值的集中体现,是学生通过学科学习而逐步形成的正确价值观、必备品格和关键能力。语文学科核心素养是学生在积极的语言实践活动中积累与

构建起来，并在真实的语言运用情境中表现出来的语言能力及其品质；是学生在语文学习中获得的语言知识与语言能力，思维方法与思维品质，情感、态度与价值观的综合体现，主要包括语言建构与运用、思维发展与提升、审美鉴赏与创造、文化传承与理解四个方面。

2. 进一步明确语文课程的特质。课标明确提出："语文课程是一门学习祖国语言文字运用的综合性、实践性课程。工具性与人文性的统一，是语文课程的基本特点。"这一定义既明确了语文课程自身的特点，也指出了它与其他课程的联系与区别。

3. 进一步强调学生为主的理念和学生的自主学习活动。根据语文课程的综合性、实践性特点和培养学生创新能力的需要，课标强调必须以学生为中心，走出知识本位、技术主义、文本为纲、讲解分析的传统教学模式，强化学生在真实的语言运用情境中开展积极的语言实践活动。

4. 以"学习任务群"组织语文课程。"学习任务群"是在真实情境下确定相关的人文主题，这些主题涵盖学生生活、学习和日后工作需要的各种语言活动类型，体现社会主义核心价值观，让学生通过阅读与鉴赏、表达与交流、梳理与探究的自主活动，自己去体验环境、完成任务、发展个性、增长思维能力、形成理解。高中语文课程共有18个任务群。由于"语文学习任务群"以任务为导向，以学习项目为载体，整合学习情境、学习内容、学习方法和学习资源，有利于引导学生在运用语言的过程中提升语文素养。

5. 提出了学业质量和考试评价改革。"学业质量"是这次课标修订中新增的内容，它增强了测试的指导性和可操作性，以进一步解决其与高考的关系，体现新课标、新课程、新考试协调一致的思想。学生的学业质量是他们在完成本学科课程学习后的学业成就表现。课标将学业质量划分为五个级别的不同水平，并描述了不同水平学习结果的具体表现。水平一和水平二是必修课程学习的要求，水平三和水平四是选择性必修课程学习的要求，水平五是选修课程学习的要求。水平二是语文学科高中学业水平考试的依据，水平四是高校考试招生录取的依据，水平五则是为对语文课程更有兴趣的学生所设的较高要求，修习情况可供高校或用人单位参考。

此外,新课标的两个附录也值得关注。附录1是古诗文背诵推荐篇目,重点是加强中华优秀传统文化教育。其中,文言文32篇,细分为必修10篇,选择性必修10篇,选修12篇;诗、词、曲40首。附录2是关于课内外读物的建议,重点是拓宽阅读视野,体验中华优秀传统文化、革命文化和社会主义先进文化,领略人类社会气象与文化,提高语言文字运用能力与思想文化修养,丰富精神世界。

历史经验值得重视。纵览新中国70年中学语文课程发展,围绕着为谁培养人,培养什么样的人以及怎样培养人这个教育的根本任务,只要坚持语文学科内容与育人目标相融合的改革方向,以马克思主义为指导,充分体现社会主义核心价值观,加强中华优秀传统文化、革命文化和社会主义先进文化的教育,增强课程的思想性、科学性、时代性和指导性,语文课程就能与时俱进,充分发挥独特的育人价值,培养德智体美劳全面发展的社会主义建设者和接班人。

回归语文教育原点：成就"立言者"

福建师范大学文学院教授　潘新和

　　20 世纪 40 年代,叶圣陶先生有一篇《认识国文教学》的文章,较好地表明了他对旧教育与新教育的看法。他说旧教育可以培养记诵很广博的两脚书橱,学舌很巧妙的人形鹦鹉,可以培养或大或小的官吏和以教读为生的儒学生员,却不能培养能运用国文这一种工具应付生活的普通公民。① ——这就是他对旧教育的评价和对新教育的期许。从后面这句话中可以看出,他的教育本体论是"生活本位""应付生活",他的效能论是"工具论"。这两论便是他的始终如一的指导思想。他是针对旧教育培养或大或小的官吏,或以教读为生的儒学生员而提出来的。

　　他进一步指出,旧教育是"知识本位"的,是守着古典主义和利禄主义的。守着古典主义,是说读古人的书籍,意在把书中内容装进头脑里去,不问它对于现实生活适合不适合,有用处没有用处;学古人的文章,意在把那一套程式和腔调模仿到家,不问它对于抒发心情相不相配,有没有

---

　　① 　叶圣陶．叶圣陶语文教育论集[M]．北京:教育科学出版社,1980:150.

效果。旧式教育又是守着利禄主义的:读书作文的目标在取得功名,起码要能得"食廪",飞黄腾达起来做官做府,当然更好;至于发展个人生活上必要的知能,使个人终身受用不尽,同时使社会间接蒙受有利的影响,这一套,旧式教育根本就不管。①

叶圣陶先生反对古典主义、利禄主义,确立的是什么呢? 确立的是"应付生活论""工具论"。蔡元培先生倡导"实利教育",与"生活本位""应付生活"的出发点是一样的。"应付生活论""工具论"是反对古典主义、利禄主义的。其实,科举制虽然要求读经典、考八股,但它未必鼓励你去谋求功名利禄,它只是选拔人才的一种机制罢了,其本身没什么不好,相反,这是一种很先进的选官制度,只不过后来有所变质,是人们当官的动机发生了蜕变。跟今天公务员考试,读时文、考申论一样,有些人同样是奔升官发财去的。

蔡元培、叶圣陶们最大的功绩就是倡导平民教育,面向大众的文化普及,就是希望普通民众都能够读书识字,不当文盲,不吃没文化的亏。"生活本位""应付生活"的定位在当时有其合理性。这个思想清末教育法规就有了,就是为"谋生应世之需"。

说白了,读语文就是为了能够应付日常生活、社会交往之需,将来能谋取一个好工作,这就是他们的目的论。这个目的论跟封建教育当然有很大的不同,为当官发财跟为能够更好地进行人际交往,谋一份比较好的工作相比,差异显而易见,但二者又有某种相似点:都是出于物质的或生存的需要。封建教育叫"利禄主义","生活本位""应付生活"叫什么主义呢? 叫"实利主义"。蔡元培、叶圣陶们的思想从哪里来? 是从杜威先生那儿来。杜威是美国实用主义哲学家,享誉世界,足迹遍布许多国家,在中国讲学两年,陶行知先生、胡适先生都是他的弟子。胡适先生全程陪同他,并充当他的翻译。杜威的思想深刻影响了这一代知识分子,至今仍然如是。

---

① [德]马克思. 马克思恩格斯全集(第42卷)[M].北京:人民出版社,1979:96~97.

最简单地说,杜威先生的教育思想是"教育即生活""学校即社会""儿童中心""做中学"等。陶行知先生说他把杜威先生的思想翻了半个筋斗,将"教育即生活"变成"生活教育",更加强调生活对教育的重要性。生活需要什么,就应该教什么、学什么,起于应用,终于应用,这就是实利主义的工具主义的教育。生活需要面包就要进行面包教育,生活需要恋爱就要进行恋爱教育,生活有什么就教什么。这自然有其合理性,但在今天看来是一种短视与片面。因为教育从来都是超越现实,是前瞻的,给人以幻想、想象、追求,理想、信念、信仰的,哪怕是可望不可及的。眼睛盯着眼前功利,就看到鼻子尖的教育,如何促成真正人的发展、人的自我实现呢?不可否认,在 20 世纪初,人们普遍没有学习文化的机会,生产力低下,物质贫困的年代,不可苛求理想化的教育定位,但是显而易见,这种实利主义教育,失落了精神、文化价值。只注意人的生存,忽略了人的存在;注重物质需求,忽略精神需求。生存这一面是很重要,鲁迅先生说人首先要活着,一要生存,二要温饱,三要发展,先要生存才有发展。生存,是人的最基本的需要。基本需要满足之后,或者说即便基本的需要没有完全满足,是否也还要有超越物质需要的精神需要?这就是面包跟玫瑰花的矛盾,我想,这二者对于人来说都非常重要,不可以区分先后的。

没有精神之光的照耀,人类便陷于黑暗之中。

对于人来说,后者可能比前者更重要。为什么这么说呢?因为,前者是"动物性"需求,后者才是真正的"人性"需求。马克思说:"吃、喝、生殖等等,固然也是真正的人的机能,但是,如果加以抽象,使这些机能脱离人的其他活动领域并成为最后的和唯一的终极目的,那它们就是动物的机能。""动物只是在直接的肉体需要的支配下生产,而人甚至不受肉体需要的影响也进行。"①人跟蜜蜂、老鼠,跟猴子、猩猩有什么不一样呢?因为这些动物们只是为满足它们肉体的需要而活动,人不一样,越不以满足肉体需要进行的生产,才越是人的生产。从人的本性、特性来看,毫无疑

---

① 中共中央马克思恩格斯列宁斯大林著作编译局. 马克思恩格斯全集:第 42 卷[M].北京:人民出版社,1979:96~97.

问,古往今来不管是哲学家、社会学家、语言学家还是人类学家,对人的定位都不是物质动物。物质需求并不是人的特性。

对学生可以说得比较通俗一点:动物只有一条命,人有两条命。动物只有物质、肉体生命,人还有第二条生命——精神生命。人类的精英,往往把第二条命作为他的第一生命。这第二条命——精神生命跟语文有着天然的、直接的关系。亚里士多德说,人是动物中唯一的能够使用言语的动物。人的特性是什么呢? 人是语言的、言语的动物,会用语言是人的本性,人的精神生命是建立在言语之上的,换言之,言语给予人以精神生命。当然,可能有人会说精神创造还包括各种艺术创造,如音乐、美术、雕塑等,甚至也包括各种各样的物质性的精神创造,如建筑、工艺美术等,但最普遍、最有代表性的精神创造是言语创造,或是基于言语之上的创造。这是不容置疑的。正如德国哲学家卡西尔所说:"符号化的思维和符号化的行为是人类生活中最富有代表性的特征,并且人类文化的全部发展都依赖于这些条件,这一点是无可争辩的。"①这就把言语与文化发展的关系说得很清楚了。

上述认知与我们对语文教育的定位有着非常直接的关系。叶圣陶先生把它定位为"应付生活",这"生活"指的是日常的物质、社会生活,并不是指人的精神生活、精神创造活动。如果这成为人的唯一的最终的目的,势必指向的是马克思所批评的人的异化。人是基于语言的理性动物,人是思想的动物,人是思想者,一切的人类文化都是建立在思想、言语之上。叶圣陶先生的语文教育"应付生活"的定位,虽然似乎超越了封建时代的"利禄主义",但是把语文教育目的定位为实利性应用,这样的定位太低了。固然相当一部分的人可能会从中受益,提高生活质量,但是对人类这个类主体来说,也包括对这部分普通人的长远发展来说,毫无疑问是不利的。在价值层面看,它对人的存在性目标的实现,人类的文明、文化水平的提升,精神、思想的传承是不利的。

对言与人的关系,我们的老祖先是看得很透的。两千多年前就有"三

① [德]恩斯特·卡西尔. 人论[M].李琛,译.上海:上海译文出版社,1985:35.

不朽"的说法：立德、立功、立言。鲁国大夫叔孙豹有一次出使晋国，晋国有一个执政官叫范宣，范宣请教说人如何"死而不朽"。他说他家祖先从虞舜时代经历了夏商周一直到现在，都是当大官的，祭祀的香火不断，家族非常繁盛，这是不是就叫作不朽呢？叔孙豹答，这叫作"世禄"，不叫"不朽"。怎么才是不朽？他就讲到了立德、立功、立言才是不朽。所谓立德，就是能够为这个世界建立规则规范。立功，就是能够为民谋利、为国解困。立言，就是"言得其要，理足可传；其身既没，其言尚存"。你死了以后你的文章还依然流传于世界上，就是立言而不朽。所谓立言者，就是能写出传世之作的人。这"三不朽"有其一就可以不朽了。据说，我国古往今来只有两个半人称得上"三不朽"，一个是孔子，一个是王阳明——明代思想家、哲学家、政治家，还有半个是曾国藩。曾国藩被认为是完人，不知道为什么只能算半个，毛泽东、蒋介石对他都十分崇拜。

在我看来，立言在某种程度上包含了立德和立功。立德、立功须凭借立言，否则，后人便不知何德、何功。立言本身也就是立德、立功。能够传世，一般须是有德之言；有德之言教导了学生、后代，便是立功。如果能够立言，也就等于立德、立功了。知识分子大多是以立言来立德、立功的。

可能历代文人早就这么看了。后世往往把立言放在重要位置，单讲立言。东汉王充就说立言可以"载国德于传书之上，宣昭名于万世之后"，可以记载一个国家的德行功业，世代流传下去，还可以把作者的名声传至后代，永不泯灭。后来曹操的儿子曹丕接过了王充这句话，就变成了"盖文章，经国之大业，不朽之盛事"，文章是经营国家的大事业，是使人万世不朽的伟大的事业。"年寿有时而尽，荣乐止乎其身，二者必至之常期，未若文章之无穷。"不管你活得长还是短，在世时多么荣耀、快乐，这些都有尽头，都有定数，不像文章那样可以无穷无尽地千秋万代流传下去。"是以古之作者，寄身于翰墨，见意于篇籍"，把生命、思想留在文章笔墨中，就可以"不假良史之辞，不托飞驰之势，而声名自传于后"。完全操之在我，不必要求史官将自己记录到史书里头，以流芳千古；也不要依托权贵抬举我去做官，声名自然就会流传于后世。曹丕作为皇帝曾经拥有天下，但他就是因了《典论·论文》这篇文章，使后人知道曹丕的，而不是他当了皇帝有多大的才能。论才能,曹丕比他的父亲曹操差多了,但是他留下的这篇文章,无人不知,无人不晓。学习国学我们都绕不开它,一定要读它。这就是对立言功用的阐发。成就"立言者",就是古人给文人、给知识分子的一个人生价值定位。人的生命转瞬即逝,因立言而不朽,对于人来说,还有什么能比这更有诱惑力的呢?恐怕没有吧。立言而不朽,可能是历代文人最重要的写作动力之一。

这就是超乎了物质、现世需要之上的存在性、精神性需要。语文要学好的话,不是像我们今天对学生说的,你学好语文,高考可以得高分,考上好学校,将来找个好工作等,就可以支撑他们走完这条路。光有这些动力是不够的。这种生存性动机同样是一种功利性动机,与封建时代的"利禄主义"五十步跟百步之差而已。而真正超越出来的应该是精神需求。人有两条命,第二生命——精神生命,这是后天形成的,从某种意义上说,主要是语文教师给他的。我曾在一篇文章中说,孩子什么时候有了灵魂,有了精神生命?就是从他学会用文字写作那一天开始,因为他开始懂得超越感性直观,懂得用符号来记录、创造了,这是在书写中养育心灵。[①] 他一旦有了对公众言说的智慧与能力,执着地按这条路走下去,精神生命就会茁壮成长。

我们给孩子们精神食粮应该越早越好,从他们识字之后就应该赋予他们对优秀的传统文化最基本的感觉与认知,这就是精神培育,就是赋予第二生命。久而久之,当他的第二生命变成第一生命、第一需要的时候,就是开始向着立言之路迈进了。

叶圣陶先生对语文教育"应付生活""工具性"的定位,是为最广大的平民百姓着想,以为能够写最普通的应用文字就完成了教育使命,这是基于物质性、社会性需要的考虑,他大约没想到"人之何以为人"这么复杂高深的问题。其实这问题我们的老祖宗早就想过。两千多年前的《春秋谷梁传·僖公二十二年》说:"人之所以为人者,言也。人而不能言,何以

---

① 潘新和,等.今天,我们怎样进行有效的历史教育[N].中国教育报,2015 – 12 – 12.

为人?"你会说话、会写文章,你才成其为人。言说,是人的本性。巧妙地言说——这个言不是指一般的说话,而是指你能够把话说得像话。能说善道——在很大程度上也包含用文字巧妙地交流。能写出好文章,立言以传世,是人之为人的本分。

老祖宗的这种认知太了不起,在两千多年前就已经认识到立言可以使人精神生命不朽,已经认识到了不能很好地言说就没资格做人。这也许让许多人感到沮丧:我不写作就不是人了? 这应该从人类视角来看,从人类的物种特性,文明、文化的起源、载体来看,可能才会比较清楚。要反驳,就要将古今中外哲学家、人类学家、语言学家们对人的认识统统推翻。西方从亚里士多德到黑格尔、马克思,到海德格尔、卡西尔等人也都作如是观:人是符号、语言、言语的动物,是求知、分类、理性、自由理性的动物,是自由的、有意识的动物,是有思想的动物……我们说,维纳斯很漂亮,大卫也很美,那只是人的外在形体之美,不是心灵、灵魂、精神之美。不是拥有人的形体就是人。真正的人,是形与心的统一,是罗丹眼中的"思想者"。欧洲哲学之父笛卡尔说:"我思故我在。"不思,你的形体再美丽、健壮,也是不存在的,不过是行尸走肉。更准确地说,应是"我写故我在"。思想通过表达、交流才存在。

什么是人?"思想者"是人,因为他有灵魂,有精神生命。思想的载体又是什么呢? 就是语言文字。语言文字是思想的最重要、最基本的载体。能言语创造,才是人。我刚才讲人要有灵魂、有思想创造、有言语生命意识、有存在性动机等,语文教育从来没有给孩子这样的精神"开光",给予他们的就是"工具性"的实利教育。今天的"语文课程标准"还是复制于叶圣陶先生的"工具性"定位:"语文是一门学习语言文字运用的综合性、实践性课程。"言语、精神创造成了一种技术活,写作就跟木工做家具一样,语文教育成了"码字"技术教育。这一个多世纪的语文教育,基本上就是学习"码字"技术的定位。这大大贬低了母语教育的价值,失落了其文化传承、创造的精神价值。

一千多年前,韩愈写了《答李翊书》可以看作是给语文教育建章立制的杰作,引领人们培育"立言者",体现了我国古代优良的教育文化精神,是语文教育学经典之作。可惜语文学者、教师都没有关注到其精辟性、重要性。大约这也被叶圣陶们作为旧教育"古典主义"糟粕给反掉了。如能接续、继承这一精神血脉，我国现代语文教育就不致陷入"生活本位""工具性"的泥沼，就不会在实用、应试中沦陷。

《答李翊书》是韩愈给一位名叫李翊的年轻人写的回信。李翊向这位文坛泰斗求教，韩愈见他是一个诚心向学的可造之材，就以自己的经验开导他：你写作"蕲胜于人而取于人"，还是"蕲至于古之立言者"？用今天的话说就是你是想文章写得很漂亮，像一个工匠一样被人雇佣，当一个写手，当一个秘书，还是希望当一个以文章传世的"立言者"呢？如果你希望文章写得漂亮，可以谋一个好工作，用文章卖钱、谋生，那么你现在已经达到了，你的文章已经很漂亮了——我对你没什么可说的了；如果你希望成为"古之立言者"的话，虽然我在这条路上走了二十多年还不能说已经达到了，可还是能跟你说道说道。——韩愈清楚地指出"文字匠"与"立言者"，即"生存"与"存在"的不同的价值追求。他看重的是后者。

韩愈首先告知李翊成就"立言者"的秘诀是"无望其速成，无诱于势利"。这十字箴言分量实在太重了。"立言者"是不可能速成的，是一辈子的事情，做学问要耐得住寂寞，要把冷板凳坐穿，不能受到"势"和"利"的诱惑，要超越功利境界。如果受到这两种诱惑，一切免谈。一句话，不能急"功"——望其速成，近"利"——诱于势利。

如能做到这一点，那进一步要怎么修炼呢？——"养其根而俟其实，加其膏而希其光，根之茂者其实遂，膏之沃者其光晔。仁义之人，其言蔼如也。"要从根本入手，养根加膏。读书思考积累到一定时候，自然就能够放出耀眼的光芒，结出立言的硕果："仁义之人，其言蔼如。"文德修炼到家了，就能够写出和顺的好文章。

他接着讲如何"养根加膏"："始者，非三代两汉之书不读……"只读先秦典籍——《史记》《汉书》等，所读必经典。至于怎么读，他在《进学解》里谈道，要做读书笔记："记事者必提其要，纂言者必钩其玄。贪多务得，细大不捐……"中国历代文人、学问家——"立言者"就是这么练出来的。

将《答李翊书》读懂读透了，就知道该怎么培养"立言者"，语文该怎么教了。

这一个多世纪的现代语文教育"生活本位"的实利主义价值观，恰是韩愈所反对的"急功近利"的价值观，跟传统语文教育成就"立言者"的价值观完全背道而驰。就因为把语文当作一种技术、工具来学，只为日常应用，只为了应试，缺乏言语信仰、人类情怀，必然没有恒久强大的学习热情、激情、动力，每况愈下的现象便在所难免。如果给它一个高的定位：培养对人类文化有贡献的人，培育成就"立言者"的大志向，语文教育面貌也许就完全不一样了。

世界上有些东西会过时，有些不会过时。立言的价值观就属于后者，不仅不过时，在人工智能的时代，将焕发出更为强盛的生命力。立言的价值观背后是人类情怀、利他情怀、终极关怀，追求高智慧、高品位的精神创造。要是失去这种追求，人将很难成为"人"。以"应付生活"为目的的"文字匠"的工作，现在已经被写作软件所取代，将来，二流、三流的文字工作都将由机器人代劳，人类只有一件事可做：写机器人写不出来的一流、超一流的文章、著作，这就是立言。

"生活本位""工具性"的语文教育认知，将被历史与生活无情地淘汰，我们绕了一圈似乎又回到了原点：成就"立言者"。人类别无选择，语文教育别无选择。

培育"立言者"，为学生树立精神高标，语文界做好准备了吗？

试析语文学科核心素养

首都师范大学初等教育学院教授　　王云峰

　　"语文学科核心素养"概念的界定与说明是《普通高中语文课程标准（2017 年版）》的主要变化之一。对此，课标做了这样的界定："语文学科核心素养是学生在积极的语言实践活动中积累与建构起来，并在真实的语言运用情境中表现出来的语言能力及其品质；是学生在语文学习中获得的语言知识与语言能力，思维方法与思维品质，情感、态度与价值观的综合体现。主要包括'语言建构与运用''思维发展与提升''审美鉴赏与创造''文化传承与理解'四个方面。"同时，还指出："语文学科核心素养的四个方面是一个整体。""语言建构与运用是语文学科核心素养的基础，在语文课程中，学生的思维发展与提升、审美鉴赏与创造、文化传承与理解，都是以语言的建构与运用为基础，并在学生个体言语经验发展过程中得以实现的。"①

　　2017 版课标这一界定和说明，阐明了语文学科核心素养的基本结构及

───────────────

　　①　中华人民共和国教育部．普通高中语文课程标准（2017 年版）［S］．北京：人民教育出版社，2018：4～5．

其形成、发展机制,是对"语文素养"概念的补充和完善。这里我结合自己在课程标准修订工作中的一些思考,谈谈对"语文学科核心素养"这一概念的理解。

一、"语文学科核心素养"几个相关概念的辨析和说明

在讨论"语文学科核心素养"这一概念的本质特征之前,有必要对几个相关概念做些辨析和说明。因为 2017 版课标中既使用了大家已经非常熟悉的"语文素养"这一概念,也出现了"核心素养""学科核心素养"和"语文学科核心素养"这样一些概念。因此,有必要对这组相关概念的使用做些说明。

首先,作为课程领域的术语,上述几个概念出现的时间是有先后的。

"语文素养"这一概念是随着 2001 年《全日制义务教育语文课程标准(实验稿)》的颁布正式出现在课程文件中的。"核心素养"这一概念是 2010 年之后,随着我国教育研究者对国外教育研究动态的介绍,逐渐出现在我国教育领域中的。后又因 2016 年"中国学生发展核心素养框架"的公布,而成为教育界普遍关注的重要概念。"学科核心素养"和"语文学科核心素养"作为课程术语正式使用,则是源于 2017 版高中各科课程标准的修订。

其次,这组概念都由"素养"这一概念而来,其核心意涵是相关的,但涵盖的范围和使用的语境是有差别的。

"素养"是个普遍概念,指人通过修习所形成的能力和品质,可以广泛使用于各种场合。而所谓"核心素养",一般地说,则是指人的素养的主要组成部分。作为一个学术概念,其完整的表述应该是"学生发展核心素养",简称"核心素养"。目前我国教育界普遍接受的说法是:"核心素养是学生在接受相应学段教育过程中,逐步形成的适应个人终身发展和社会发展需要的必备品格与关键能力。"[①]"中国学生发展核心素养框架"

---

① 辛涛,姜宇,林崇德,等. 论学生发展核心素养的内涵特征及框架定位[J]. 中国教育学刊,2016(6).

是根据时代发展的要求和青少年学生身心发展的规律,对中国学生通过教育应实现的关键发展目标做出的一种框架性描述。它不仅包括了教育目标的基本内容,也描述了各目标要素之间的结构关系。通过对教育目标要素及其结构关系的揭示,从整体上刻画了未来几十年中国教育要培养的人的基本特征。

"学科素养"和"学科核心素养"则是课程概念,多用于指称通过学校课程教学所实现的教育目标和结果。在我国教育学的概念系统中,"学科"常常用来指称课程,主要是指学科课程,因此"学科"与"课程"这两个概念有时是同义语。语文课程是我国基础教育学校课程的重要组成部分,是课程门类之一,因此也被称为"语文学科"。

"语文学科核心素养"这一概念的使用是因"学科核心素养"概念的使用而使用的。在本次高中课程标准的修订过程中,每个学科都提出了本学科的学科核心素养,并统一使用了"××学科核心素养"这一术语。2017版课标前言中说:"中国学生发展核心素养是党的教育方针的具体化、细化。为建立核心素养与课程教学的内在联系,充分挖掘各学科课程教学对全面贯彻党的教育方针、落实立德树人根本任务、发展素质教育的独特育人价值,各学科基于学科本质凝练了本学科的核心素养,明确了学生学习该学科课程后应达成的正确价值观念、必备品格和关键能力,对知识与技能,过程与方法,情感、态度与价值观三维目标进行了整合。"[①]这段话实际上从侧面解释了统一使用"××学科核心素养"的理由,即落实立德树人的根本任务,凸显各学科课程的育人价值,把国家教育总目标落实到各学科教学中,实现中国学生发展核心素养框架内容的进一步学科化和具体化。从这个意义上说,"语文素养"和"语文学科核心素养"的核心内涵是相同的,只不过使用时会因语境的不同而有所选择。例如,当评价一个人在语文方面的表现时,我们可以说"此人的语文素养很高",但不会说"此人语文学科核心素养很高"。与这种情况不同的是,在课程教

---

① 中华人民共和国教育部.普通高中语文课程标准(2017年版)[S].北京:人民教育出版社,2018:4~5.

学领域,作为专门术语,我们可以使用"语文学科核心素养"来指称本学科课程的教育目标和结果,用以明确通过学校的语文课程教学培养的学生的语文素养。

语文课程虽然从 2001 年就开始使用"语文素养"这一概念,但我们还是侧重对语文素养的构成要素进行描述。这次高中语文课程标准修订,在原有"语文素养"这一概念的基础上,使用了课程标准研制中的统一概念来指称学校教育的目标和结果,并从四个方面对语文学科核心素养的结构做出了说明,明确了其基本组成部分及其相互关系,使得作为学校课程目标的语文素养进一步具体化、结构化。

二、语文学科核心素养的建构性特征

2017 版课标在界定"语文学科核心素养"这一概念时说:"语文学科核心素养是学生在积极的语言实践活动中积累与建构起来,并在真实的语言运用情境中表现出来的语言能力及其品质。"这句话中使用了三个短语来解释语文学科核心素养形成的条件和机制,即"积极的语言实践活动""积累和建构""真实的语言运用情境"。这三个短语意在说明语文素养的建构性特征。

我们都知道,运用语言的能力不是人生来就有的,也不能从别人那儿简单搬到自己身上。每个人运用语言的能力都是在他自己语言运用的过程中逐渐形成的。通俗地说,假设一个人很少读书,从不写作,那么,这个人的阅读能力和写作能力就不会很高。有人说,多读多写,自然会读会写,但事实并不一定如此。因为语文素养的高下固然与知识的多寡、技能的熟练程度有关,但并不止于此,语文能力水平受多种因素的影响。其重要原因在于,人的语文素养是一个多维度的复杂结构,是人在语言运用过程中获得的语言知识与语言能力,思维方法与思维品质,情感、态度与价值观的综合体,其形成和发展是受多方面因素影响的。课程标准中提出的"积极的语言实践活动""积累和建构""真实的语言运用情境"三个方面,是在总结国内外已有相关研究成果的基础上,概括出来的影响语文素养形成与发展的关键性因素。

首先,我们来解释"积极的语言实践活动"。"积极的语言实践活动"可以通俗地理解为用语言交流、用语言思考、用语言做事、用语言获得文化、用语言审美。之所以在课程标准中使用"实践"这个概念,就是要强调,实践本身是人自觉自我的行为,是人的主体性、能动性的体现。实践是有意识、有目的和对象性的,是主体在一定条件下,从满足需要和实现一定目标出发,采用一系列动作,作用于活动对象,使对象发生合乎目标变化的过程。① 人在实践过程中认识世界、改造自然和社会,同时,也在实践中改造着自身。

语言实践是以语言为中介、以语言为工具的实践活动。在这类活动中,人不仅认识语言的特点和规律,更重要的是通过运用语言的过程,发展自身的言语经验,形成自己的语文素养。即使在学校教育情境下,教师要促进学生语文学科核心素养的发展,也必须以语言实践活动为核心,通过创设语言运用的情境,引发学生的需要和动机,提供必要的语文学习资源和有效的方法策略指导,引导学生在积极的语言实践活动中实现语文学科核心素养发展的目标。

其次,我们在语文课程标准中使用"积累"和"建构"这组概念,意在明确语文学科核心素养形成的核心机制。

"建构"一词的本义就是建造一个结构。在心理学和教育学领域中,使用"建构"这一概念来描述人的认知结构或经验结构的形成过程。其核心在于强调人的经验获得过程是主动的,并且,人所获得的新经验在与其既有经验相结合的过程中,原有的经验被不断地改组、重构,以形成新的经验结构。

对语文学习来说,积累当然很重要,就像盖房子,没有足量的砖瓦泥料盖不起高楼大厦。但需要指出的是,积累不等于记忆;且我们说的积累,不仅包括平常说的语文知识的积累,也包括言语活动经验的积累。从现代认知心理学的观点看,我们说的语文知识实际包括两类:一类是"字、

---

① ［苏］列昂捷夫. 活动·意识·个性［M］. 李沂,等,译. 上海:上海译文出版社,1980.

词、句、篇、语、修、逻、文",这类知识被称为"陈述性知识",它表征的是事实、概念、原理等,是关于"是什么""是什么样的"和"为什么"的知识;另一类知识被称作"程序性知识",是关于"怎么做"的知识,我们平时说的听说读写的方法和策略就是这类知识。现代认知心理学的研究表明,上述两类知识的性质不同,存储和调用的方式也不同。陈述性知识是以"组块"的方式存储的,可以有意识地提取;而程序性知识的使用要与具体情境相联系,通常不能被有意识提取。① 这一研究结果提示我们,语文知识的学习不能靠死记硬背,知识之间应形成联系,知识需要被结构化。听说读写方法和策略的掌握还需要与具体运用该类知识的情境相联系,脱离了运用情境,所谓的策略方法不仅不能真正掌握,也失去了意义。

同时,语文知识经验的结构化过程其实也就是所谓的建构过程。在这个过程中,学生总是通过"同化"和"顺应"这两种基本方式去实现其语文经验结构的丰富和重组。按照皮亚杰的观点,"同化"是指儿童对外部环境中的有关信息进行选择、改变,吸收并结合到已有的认知结构中;"顺应"是指当外部环境发生变化,而儿童原有认知结构无法同化新环境提供的信息时,所引起的儿童认知结构发生改造与重组的过程。也可以说,"同化"是认知结构在量上的扩充,"顺应"则是认知结构性质的改变。儿童就是通过"同化"和"顺应"这两种方式来达到与周围环境的平衡。当儿童能用现有认知结构去同化新信息时,他是处于一种平衡的认知状态;而当现有认知结构不能同化新信息时,平衡被破坏,儿童就会修改或创造新的认知结构,以寻找新的平衡。儿童的认知结构就是通过同化与顺应过程逐步建构起来,并在"平衡——不平衡——新的平衡"的循环中得到不断的丰富和发展②。学生语言经验的建构、语文素养的形成也是如此。由于语文素养是一个多维的复杂结构,其形成和发展过程不能像串珠子一样构成一个线性结构,而是有点像滚雪球。一方面,随着语文知识和言

① [英]迈克尔·艾森克. 心理学的国际视野(上)[M]. 吕厚超,等,译. 北京:北京大学出版社,2010:316.

② [瑞士]英海尔德,等. 学习与认知发展[M]. 李其维,译. 上海:华东师范大学出版社,2003.

语活动经验的不断积累,其体量不断增大;另一方面,在积累的过程中,其内部各部分之间的联系不断重组和改造,并发生质变,而这种质变才真正导致语文素养的提升。正是基于这种建构观,2017版课标把"阅读与鉴赏""表达与交流""梳理与探究"作为语文学习活动的基本方式。增加"梳理与探究"这一活动方式,就是为了促进学生言语经验的结构化。

也正如前面提到的,学生语文学科核心素养的建构,离不开真实的语言运用情境。课标里说的"真实的语言运用情境"既包括语言活动的对象和具体环境,也包括其所处的历史文化背景。这些因素都会影响到语文素养的形成和发展。同时,具体的语言运用情境也是语文素养表现的条件。平时我们常常把是否"得体"作为判断一个人语文素养高低的重要标志,也是因为是否"得体"因语言运用情境而决定。只有在具体的语言运用情境中,一个人的语文素养才能更好地表现出来。

三、语文学科核心素养的整体性和综合性

2017版课标对"语文学科核心素养"的界定,不仅强调了其建构性的特征,也强调了其整体性的特征,即"构成语文学科核心素养的四个方面是一个整体"。语文学科核心素养的整体性是由语言的性质与功能,以及语文素养形成发展的机制所决定的。

从语言的性质与功能看,语言不仅是重要的交际工具,也是重要的思维工具,还是文化的载体和组成部分,是重要的审美对象。因此,学生学习语言的过程,不仅是语言建构与运用的过程,同时也是思维发展与提升、审美鉴赏与创造、文化传承与理解的过程。这四个方面是统一于语言运用过程之中的。从这个角度强调语文核心素养的整体性,也进一步解释了"工具性与人文性的统一,是语文课程的基本特点"这句话的基本意思。同时,也强调了在语文课程的实施过程中,我们要注意语文教学目标的整体性,即不仅要重视学生语文知识的获得与听说读写能力的发展,同时也要重视学生思维能力的发展和思维品质的提升,重视学生审美鉴赏与创造能力的发展及审美品位的提升,重视学生对中华民族优秀文化的理解和传承、对其他民族和地区文化的理解和借鉴。

从语言、思维、审美、文化四个方面来描述语文学科核心素养的结构，并强调其整体性，也是为了进一步凸显语文学科自身的教育功能和教育价值，同时，也是依据学科特征对原有的"三维目标"作了进一步整合和完善。

2017版课标在解释语文学科核心素养时也指出，语文学科核心素养"是学生在语文学习中获得的语言知识与语言能力，思维方法与思维品质，情感、态度与价值观的综合体现"，即语文学科核心素养包含了知识与能力、过程与方法、情感态度和价值观等诸要素。但语文学科核心素养并不是这些要素本身，而是由这些要素构成的语文能力及其品质的综合体。它在运用语言的具体过程中形成，并在真实的语言情境中综合表现出来。简单地说，语文学科核心素养本身是综合性的。

在强调语文学科核心素养整体性、综合性的同时，我们还需要强调，从语文核心素养形成和发展的机制看，构成语文核心素养的四个方面并非简单并列，学生的思维发展与提升、审美鉴赏与创造、文化传承与理解都是通过语言建构与运用的过程实现的。因此，2017版课标明确提出，在语文核心素养的整体结构中，"语言建构与运用是语文核心素养的基础"。从这个意义上说，"语言建构与运用"是语文课程教学中培养学生语文核心素养的抓手，教师要通过语文教学，在指导学生用语言思维、用语言审美、用语言传承和理解文化的过程中提升语文素养。

从三个任务群看高中语文新课标之得失

人民教育出版社编审　　刘真福

《普通高中语文课程标准（2017 年版）》中有三个学习任务群"整本书阅读与研讨""当代文化参与""跨媒介阅读与交流"，非常新异且重要，在"普通高中语文课程结构及学分"表格中居于最上端——最引人瞩目之处：

必修（8 学分）	选择性必修（6 学分）	选修（任选）
整本书阅读与研讨（1 学分）	（整本书阅读与研讨、当代文化参与、跨媒介阅读与交流在选择性必修和选修阶段不设学分，穿插在其他学习任务群中）	
当代文化参与（0.5 学分）		
跨媒介阅读与交流（0.5 学分）		

这三个任务群在整个高中的必修、选择性必修和选修课程中是一以贯之的，余下十多个任务群无此等特殊地位（它们均与本文无甚关联，故忽略不述）。为什么它们居于特别重要的位置？如此特殊的定序排位体现当代高中语文课程怎样的新动向？是否有偏差？新教材安排各学习任务群所呈现的目标、内容和策略有何得、有何失？这是本文尝试探讨并解

答的问题。

一、高中新课标三大学习任务群解读

"整本书阅读与研讨"是引领群或首领群。高中新课标提示其宗旨是"引导学生通过阅读整本书,拓展阅读视野,建构阅读整本书的经验,形成适合自己的读书方法,提升阅读鉴赏能力,养成良好的阅读习惯,促进学生对中华优秀传统文化、革命文化、社会主义先进文化的深入学习和思考,形成正确的世界观、人生观和价值观"。其中关键词是"阅读"(复现5次,当然是语文的阅读),要求在必修课程的两个学期内,集中18课时,读一部长篇小说和一部学术著作。其新异之处在于,将中断了几十年的整本书阅读植入语文课程之中,开辟了高中语文教学新天地。近年来,中小学语文教学界越来越重视引导学生读整本书,但都是让学生在课外读书,而且是一般性的鼓励、督促和评价,并无统一的阅读书目、统一的阅读进度、统一的评价检测模式和标准,以及明确的教学理念和丰富多彩的课堂教学方式。如果各地、各学校、各个老师引导学生读名著或读整本书力度各不相同,或者有的老师认真引导阅读,有的老师不引导阅读,那么怎么落实、确立阅读目标?怎么管控阅读过程?无人知晓。如果我们断言课外读名著或读整本书是一种"放羊式"的粗放管理,也诚不为过。

从这意义上说,这一学习任务群的设置不仅引发高中语文课程和高中语文教学一场深刻的革命,而且给所有高中语文老师的教和所有学生的学带来严峻的挑战。因为整本书阅读既已列入课程体系,就必然引来一系列的课程变革——探讨课程性质与课程任务,确定课程目标和课程内容,实施课程计划与课程管理,管控课程结业与课程评估检测等,一切都学科化、规范化甚至标准化了,其间有大量的课题有待语文教学界共商策略,攻坚克难。

"当代文化参与"是一个让高中语文教学界颇感陌生的任务群。其宗旨是"引导学生关注和参与当代文化生活,学习剖析、评价文化现象,积极参与中国特色社会主义先进文化的传播和交流,增强文化自信"。其中关键词是"参与"和"文化"。对比一下,2003年版高中语文课标提出"增强文化意识,重视人类文化遗产的传承,尊重和理解多元文化,关注当代文化生活,学习对文化现象的剖析,积极参与先进文化的传播和交流",其中"参与"并非关键词,它仅是各项学习活动中的一个小项,而现在的新课标将它放大为一个大项。高中语文新课标之所谓"参与",不是"参读"或"参阅"一些文化类文本,或作为旁观者考察和评价文化现象,发现和总结文化本质、文化发展规律,而是实实在在地"通过开放式学习"(新课标语)走出校门,投身社会实践之中,与过去的仅读文本、研讨文本的室内活动有天壤之别。

细心的读者还会发现高中新课标不忘学科本色,给此任务群打上"语文"的印记,如提示"以参与性、体验性、探究性的语文学习活动为主""提高学生语文综合运用的能力""引导学生自主创建各类社团,开展各类语文学习活动"等,将此任务群的"参与"活动圈定在"语文"的范围内,防止非语文、反语文、消解语文的现象发生。正如课标制订专家所说的:"要保证学生自主学习的有效性,活动首先一定得是语文活动,落脚点一定要在语言文字上,也就是说,最后要回到语文素养上。"①因此语文活动——语言文字——语文素养,贯串在一条线上。

"跨媒介阅读与交流"也是一个让高中语文教学界颇感陌生的任务群。其宗旨是"引导学生学习跨媒介的信息获取、呈现与表达,观察、思考不同媒介语言文字运用的现象,梳理、探究其特点和规律,提高跨媒介分享与交流的能力,提高理解、辨析、评判媒介传播内容的水平,以正确的价值观审视信息的思想内涵,培养求真求实的态度"。其中关键词是"跨媒介""信息"和"交流"。对比一下,2003 年版高中语文课标全文无"跨媒介"之说,"信息"一词出现也极少,且无关宏旨,遑论跨媒介的"阅读与交流"。要达成这一学习任务群的目标,既要阅读不同媒介的文本,又要熟悉不同媒介的文本的特点,还要熟练地处理不同媒介的文本,这就必须培养学生的信息素养。信息素养在当今时代并非陌生词,它不仅包含认知

---

① 《语文建设》编辑部. 语文学习任务群的"是"与"非"——北京师范大学王宁教授访谈[J]. 语文建设,2019(1).

态度即信息意识、专门技术即信息技能,还包含文化基础或文化修养等诸多方面,如此说来这种学习任务已经延伸到语文之外了,成为富有时代特色的学习行为和修养行为。

细加分辨,高中新课标在描述这一学习任务群的性质和任务时,不忘本学科的基础,谨守"语文""语言"的边界圈:"观察、思考不同媒介语言文字运用的现象""辩证分析网络对语言、文学的影响,提高语言、文学的鉴赏能力""建设跨媒介学习共同体,并将其作为支持语文学习的手段""教师应主要引导学生理解多种媒介运用对语言的影响"等。可以看出此任务群与语文学习、与语言文字的亲密关联。

二、高中新课标的观念变革

从这三个任务群可以看出当今高中语文课程观念的巨大变革。下面将提炼出几个观念并做细化分析,从不同侧面描画当代语文课程的新面目或新形态。

1. 读书语文观。中国的语文教育历来有倡导多读书、读整本书的优良传统。古代私塾教学姑且存而不论,仅就近现代状况而言,20世纪初清政府实施"废科举,兴学校"的"新政",颁布了小学的《钦定蒙学堂章程》(1902)、《钦定小学堂章程》(1902)和中学的《钦定中学堂章程》(1902)、《奏定中学堂章程》(1904),要求在校小学生读"四书"、《孝经》《诗经》《礼记》《尔雅》《左传》等,在校中学生读《书经》《周礼》《仪礼》《周易》等,这就是古代学子读经(读整本书)传统的尾声。到20世纪20年代,吴研因、叶绍钧(叶圣陶)、胡适等人编订"新学制课程标准纲要"的小学、初中和高中国语课程纲要,提及"指导阅读浅易图书"(小学)、"略读整部的名著"(由教师拣定书本)(初中)、"精读和略读,每项暂定八种名著为最低之数"(高中),引领学生走出读经的陈旧樊篱,既读古书,又读今书,还读外国书;既保守传统,又开创新制。

中华人民共和国成立后,语文教育掀开新篇章,教学目标变得细化和泛化,阅读教学倚重于课本、课文,整本书阅读未纳入课程规划,甚至在近几十年来的很长一段时间里,语文教学不提读书,只重视应试做题。但是自 21 世纪以来风向大变,中小学语文教学越来越倡导读书。义教新课标(2001 年版)要求"培养学生广泛的阅读兴趣,扩大阅读面,增加阅读量,提倡少做题,多读书,好读书,读好书,读整本的书";高中课标(2017 年版)要求"好读书,读整本书",并将"整本书阅读与研讨"置于所有学习任务群之首,整本书阅读受到前所未有的重视,在一定程度上回复了语文教育的优良传统,又开辟了当代阅读教学新范式。

如今读整本书成为高中语文新教材必修部分的特定单元——必修上册读社科类学术著作《乡土中国》,必修下册读中国古典名著《红楼梦》。可以说当代语文教学进入了读书的时代,那种认为多读单篇文章再加上多做试题的做法显得陈旧了,那种认为不多读整本书就能学好语文的想法已经显得落后。

2. 实践语文观。传为孔子之孙子思所作《中庸》中有"博学之,审问之,慎思之,明辨之,笃行之"的说法,其核心要义是始于"博学"而终于"笃行"。这是一个由学及行、循序渐进,将知识、学问、事理等付诸实践之中的相对完整的学习序列和学成进程,体现古代教育既重视学习更重视社会实践的优良传统。中国历代士大夫普遍不满足于饱读诗书却无用于时世的修学行为,而怀有修齐治平、经世致用、利济天下的宏大理想和实践愿望。

当代语文课程更加重视实践过程、实践策略和实践精神。新世纪初的课标为语文课程定义——"语文是实践性很强的课程"(义教课标 2001 年版),但更多的是停留在理想宣传上,尚未落实在课程内容和教材内容中。如今高中语文新课标明文规定高中生"参与"当代文化建设,以及进行跨媒介的"阅读与交流",不仅指明了学习内容,还指明了学习方式——语文实践。高中语文新教材必修下册有"信息时代的语文生活"单元,活动细目为"认识多媒介""常用多媒介""辨识多媒介"——以利用多媒介活动为学习内容,一改过去仅以课堂的单篇文章阅读为主体的百年不变的教学模式,赋予语文课程以新的时代特色。正如专家所说的:"作为'互联网+'影响教育的缩影,'跨媒介阅读与交流'应正视时代变革,使学生通过本任务群的学习,熟练掌握跨媒介信息获取、呈现与表达的能力,具备适应未来生活挑战的关键能力。"①这就是说,实践语文的本质是让学生尽早具备适应未来社会工作和生活所需要的核心素养。高中语文课标研制组组长王宁给学习任务群定性为"任务""活动""情境"②,显然是在倡导实践语文的课程理念。

3. 文化语文观。中国传统语文教育历来与文化教育、文化传承和文化启蒙密不可分,语文教育是文化教育的重要组成部分。当今的"语文"仍旧与"文化"密不可分,但已经产生了新的关系意义,"语文"中的"文化"滋生出独立的品性,并被赋予了强烈的意识形态色彩。近二十年来的语文新课程对"文化语文"保持了持续的升温。新世纪初认定语文"是人类文化的重要组成部分"(义教课标"实验稿"2001年版)。高中语文新课标一字不改地承袭这一表述,同时更有发展性的表述,不仅要求"积累丰厚的文化底蕴,理解文化多样性",更要求"继承和弘扬中华优秀传统文化、革命文化,发展社会主义先进文化"。我们可从新课标对三种文化的宣讲中悟得宏观课程理念,还能从"聚焦特定文化现象,自主梳理材料,确定调查问题,编制调查提纲,访问调查对象""对社区的文化生活方式、风俗习惯、思想观念、生活演变等进行分析讨论"等表述中发现具体编写教材和实施教学的依据。

再看高中语文新教材对应新课标规定的"当代文化参与"学习任务群。必修上册设置"家乡文化生活"单元,单元的活动细目为"记录家乡的人和物""家乡文化现状调查""参与家乡文化建设",这就是将学生引入当代社会生活中,引入社会实践中,引入文化体验中,因此体现语文课程的当代精神、文化性质。可以说"文化"丰富了"语文"的内涵,扩展了"语文"的视界,提高了"语文"的品位和境界。

4. 大语文观。从20世纪初我国教育界举办新学制、创设新课程以来,语文教学界关于语文是什么、语文教什么、语文的核心定位是什么、语

① 任明满,郑国民,王彤彦."跨媒介阅读与交流"的内涵、实施策略与挑战[J].语文建设,2018(1).
② 《语文建设》编辑部.语文学习任务群的"是"与"非"——北京师范大学王宁教授访谈[J].语文建设,2019(1).

文的边界在哪里等种种问题聚讼不息,迄无定论。及至20世纪90年代末兴起一场语文大讨论,打破了语文教学界乃至整个基础教育界的沉闷局面,未料旧的辩诘话音刚刚休止,新的争论复又兴起,十多年来许多有识之士连续不断地呼吁捍卫语文的纯洁性,强调语文教学"理性回归"。那么这些有识之士在今天读了高中语文新课标和高中语文新教材,也许会呼叫"当今语文更不像是语文了"。其实当今语文仍是语文,是更新了核心理念和表现形态的语文,是强化了读书兴趣与能力的语文,是加大了亲身实践范围和力度的语文,是与当代文化发展紧密关联的语文,是扩大了内涵与外延的大语文。正如王宁所说的:"改变方向就是'把知识内容放到大的学科背景、社会背景、历史背景中让学生去感受它的价值、意义、局限'。用'任务群'来统摄零碎的学习内容和日常的教学活动,不仅有利于打破不同学习内容的分割,'融合听说读写,跨越古今中外,打通语文学科和其他学科、语文学习和学生生活世界的壁垒',引导师生将零碎的学习聚焦到'语言积累、梳理与建构''当代文化参与和探究''跨媒介学习与交流''文学鉴赏与创作'等整体目标上来。"①由此可见当代大语文课程具有扩大性、融合性、跨越性、综合性和整体性的特点。

三、高中新课标存在的问题分析

然而,就像任何新事物都兼有新异与怪异、领先与过头、矫枉与过正的两面性一样,高中新课标学习任务群在阐释理念与指导实践操作中隐伏着一些问题,而这些问题在新教材相关单元中则变成显性问题,其中最大的问题是学习任务的核心目标的偏失和学科边际的模糊。

1. 新课标学习任务群的目标定位有待商榷。"整本书阅读与研讨"任务群旨在引导学生建构阅读经验,形成读书方法,提升鉴赏能力,养成阅读习惯等——强调"阅读""鉴赏",以及阅读的"经验""方法""能力""习惯"等,还算扎根在语文园地的土壤中。而"当代文化参与"任务群旨在引导学生关注和参与当代文化生活,学习剖析、评价文化现象等,可以

---

① 郑桂华. 高中语文学习任务群的教学建议[J]. 中学语文教学,2017(3).

说强化了真实的文化实践情境,弱化了"真实的语言运用情境"(课标语)。对课标"当代文化参与"这一学习任务群的语言文字表述做词频统计:"文化"出现 22 次,"语文"仅出现 6 次,可以断言文化强势而语文弱势。不妨对比一下高中思想政治新课标——其中一部分学习目标就是"辨识各种文化现象,领悟优秀文化作品的影响力和感召力",两科的某些学习目标和学习内容颇为相似。

再看"跨媒介阅读与交流"。此任务群旨在引导学生了解和运用跨媒介的信息,梳理、探究不同媒介语言文字运用的特点和规律,以正确的价值观审视多媒介信息的思想内涵,培养求真求实的态度等。其中有的任务与语文的"真实的语言运用情境"相关,有的任务偏离语文的中心目标,倒是与高中信息技术新课程的学科核心素养和教学目标有交叉重叠之处。(该课程的学科核心素养是:信息意识、计算思维、数字化学习与创新、信息社会责任)

2. 新教材学习任务群的内容设计惹人质疑。高中新课标学习任务群目标定位只要稍偏离语文,那么根据新课标编写的高中新教材就难免掺杂进许多非语文元素。先看必修上册第四单元"家乡文化生活"。其"学习任务"包括:"记录家乡的人和物""家乡文化生活现状调查""参与家乡文化建设"。其中主要活动应该是"记录""调查""(参与)建设"等。以"家乡文化现状调查"为例,学生的活动成果是:①家乡文化遗产保护传承情况调查;②家乡群众性业余文化活动调查;③家乡图书室藏书与借阅情况调查;④家乡商家招牌体现的商业文化调查;⑤家乡文化习俗、生活方式的变化调查。这些内容是在激发学生文化参与精神,培养学生社会实践能力、社会交际能力,而非语言文字的理解和运用能力,印证了上文所说的"强化了真实的文化实践情境,弱化了'真实的语言运用情境'"。

再看必修下册第四单元"信息时代的语文生活"。其"学习任务"包括:"认识多媒介""善用多媒介""辨识媒介信息"。其中主要活动应该是"认识""善用""辨识"等,意在奠定、发展学生适应未来社会需要的信息素养或媒介素养。这些学习活动显然是非语文的,语文课有了与信息技術课相同的教学内容,同样弱化了"真实的语言运用情境"。

我们不妨开阔一下视野,查看高中《思想政治》必修1的活动例(P67):"可查阅资料、访谈家人,借助数据、图片等,了解改革开放以来特别是党的十八大以来,人民生活发生的变化……"必修2的活动例(P57):"可调查校园、社区、村庄采用的节约资源、保护环境的措施,对照绿色发展的先进经验,向有关部门和单位提出改进建议。"再看高中《历史》必修"中外历史纲要"上(P185):"家史探寻。通过访谈自己的祖辈、父辈,查阅家谱、地方志或其他资料,探寻自己家庭的历史,选择其中一位具有代表性的家族成员,以《我的家史——家国情怀》为题,撰写一篇历史习作,在全班交流。"

可以看出高中语文教材设定的教学内容与其他高中学科相缠绕,你中有我,我中有你。有人可能会说高中语文新教材的"家乡文化生活"和"信息时代的语文生活"学习任务群不言而喻地包含了语文的听说读写的教学要素,实施起来仍是语文课,照这么说来思想政治和历史的新教材是否也包含了听说读写和撰写总结报告等教学要素?高中语文学科的核心和边界在哪里?高中生学习语文的策略和规范是如何体现的?

还有人可能对本文的质疑进行反质疑:既然指出新课标和新教材某些不足之处,那么你认为应该如何编出具有当代宏阔视野又凸显语文特定素质的高中新教材?这是历史性、时代性的繁重任务,大家都在探索,笔者难于匆忙下结论,或许应当另撰专文论述。不过也可以就相关的学习任务群的理解和实施提些建议,算是描画一下愿景。

为了完成语文学科视野下的"家乡文化生活"和"跨媒介阅读与交流"学习任务群教学,先构想其教学元素:1.态度、热情、兴趣;2.自主、合作;3.访谈、讨论;4.书面作业;5.口语交际;6.方法、规则、效率;7.纪律、规矩、安全意识。笔者对如何具体操作提一些相关设想,以问题的形式呈现:

把握实用文体特点:与学习任务群相关的实用文有哪些类别?(即调查报告、资料综述、倡议书、建议书、活动进程纪实、活动图文花絮等)这些类别各有什么特点和写作要求?

尝试实用书面语体写作：实用书面语体有什么特点？与文艺书面语体有什么不同的要求？（高中生很少运用这类语体进行写作，有必要引导探讨。近年全国高考题有对实用书面语和口语的分辨题，值得关注）

激发交际的意识和愿望，提升口语交际的能力和品质：如何做到"树立自信，尊重他人，文明得体，仪态大方，善于倾听，敏捷应对"？如何"在讨论或辩论中积极主动地发言，恰当地应对和辩驳"（均为课标语）？（其中有些目标属于能力范畴，有些目标进乎技、近于道，超越能力而关乎品格修养）

培养语文信息意识，训练处理多媒介信息的能力：口语、书面语与网络语有什么不同？如何从网络海量信息中搜寻、整理、提炼有用信息？如何通过多媒介让语文学习活动变得丰富多彩？与图片、视频、音频等相配的文字有什么特点和写作要求？如何看待网络时新用语？

总的原则是将迷茫于多歧之路的语文课引入正确而明晰的轨道。正如论者所说："学习任务群涉及的言语实践活动并非'原生态'的语文生活，而是基于语文课程的总体目标，立足学生语文核心素养发展的基本过程筛选出的教学形态的言语实践活动。"①将这样的思考引入我们的语境，可以理解为不能简单直接地将社会文化或跨媒介的"原生态"的活动引入语文教材和语文课中，而要细加辨析，确立属于语文学科自身的学习目标、学习内容、学习方式、学习规范和评价模式等，最后学生获得的成果应是语文性成果，而有别于思想政治课要求写的建议书、历史课要求写的历史习作等非语文性成果。

---

① 吴欣歆. 学习任务群：高中语文课程内容的重构[J]. 教育科学研究，2018（11）.

中韩现行文学课程标准比较研究

————以教育目的、目标和内容为中心

北京大学外国语学院副教授　南　燕

一、文学教育比较研究的意义

在各国的母语教育中,文学教育都是不曾缺席的一个重要领域与环节。但随着文学概念和教育概念的不断演变,在各国也衍生出不同的文学教育体系。文学,从最初强调教诲作用的"文以载道",逐步发展为认识其艺术想象功能的"语言艺术",再到视其为一个动态的活动系统的"文学活动"(包括世界、作者、作品、读者在内的文学现象),再到视其为一种文化传承于实践的"文学文化"。教育也从强调知识的学问中心教育、学科主义教育到强调能力、过程的经验主义教育,发展为强调人性培养的人本主义教育。依据不同的文学观和教育观,也构建出了作品中心文学教育、属性中心文学教育,文学活动中心文学教育、对话中心文学教

育等几种不同文学教育体系①。不同的文学教育体系有可以相互借鉴之处。基于这种认识,本文以同为亚洲国家的中国和韩国为例,探求两国文学教育体系上的异同和相互借鉴之处。

有着共同汉文化基础的中韩两国的古代文学教育都强调文以载道,有很多相似之处。自近代以来,由于不同的历史文化背景,两国的文学教育也经历了不同的历史发展轨迹。最终,自 20 世纪末以来,两国的文学教育都回归正轨,遵从文学与教育的本然属性,强调人性(人文)教育,这为两国文学教育的比较研究提供了可能性。此外,韩国自第四次公布课程标准(1981年)以来,文学就成为国语教育中的独立领域,这种体系延续至今。这期间,文学教育研究逐渐成为国语教育研究中的一个独立而重要的研究领域,多个文学教育学会的成立也为文学教育的体系研究提供了良好的平台。韩国教育工作者广泛吸收西方文学教育理论及研究成果,结合韩国本土的特点,对韩国文学教育进行了较为系统的研究,关于文学教育理论研究的专著和论文层出不穷②。不可否认的是,韩国对于文学教育研究的关注要早于国内,其研究成果也要更为丰富。为此,笔者认为有必要以比较的目光,探求中韩两国文学教育体系的特点和相互借鉴之处。

二、中韩现行语文,国语课程体系及文学教育的定位

韩国第一个国语课程标准颁布于 1945 年,中国第一个语文课程标准颁布于 1950 年。从那时至今,两国各自经历了多次语文课程改革。最近的一次,是韩国于 2015 年、中国于 2011 年和 2017 年颁布实施的现行的

---

① 作品中心文学教育就是以作品阅读鉴赏为主要内容的文学教育;属性中心文学教育强调对文学原理知识的把握;文学活动中心文学教育关注作为文学活动和文学现象的文学观,关注世界、作者、作品、读者的各个环节;对话中心文学教育关注文学具有对话沟通作用,强调通过文学对话理解他人、省察自我。金大幸,等. 文学教育原理[M]. 首尔:韩国首尔大学出版部,2017:9～20.

② 以"文学教育"为关键词在韩国权威的学术资料搜索平台 www. riss. kr 上检索,可以检索到学位论文 12605 篇,学术期刊论文 17736 篇,专著 17527 本,相关学术刊物 23 种,研究调查报告 2150 份。可见韩国对文学教育研究的关注程度之高以及其成果之丰硕。

课程标准①。在现行语文课程标准中,中韩两国的课程体系和对文学的定位各有不同。

中国方面,在初中阶段开设必修科目语文,在高中阶段则将语文课程分为"必修""选择性必修"和"选修"三类,分别下设 7 个、9 个、9 个任务群。初中语文的内容体系为"识字与写字、写话或习作、阅读、口语交际、综合性学习",文学隶属阅读领域。高中设"文学阅读与写作""中国现当代作家作品研习""外国作家作品研习""中国现当代作家作品专题研讨"4 个与文学相关的任务群。韩国方面,作为必修课程,初中和高一阶段开设有国语科目,而且初高中的国语课程标准合二为一。高中二、三年级开设一般性选修②和有关前程的选修课程③。国语科目的内容体系为听、说、读、写、语法、文学,其中文学为一个独立的领域;高二、高三阶段单独设置"文学"科目。

可见,中韩两国的语文·国语教育中,文学处于不同的定位。中国初中阶段的语文课程里,文学隶属阅读领域。高中阶段课程中,有 4 个有关文学的任务群,但重阅读的倾向依旧明显,仍可以说隶属阅读领域。而韩国则不同,国语科目中,文学是与听、说、读、写等技能及知识领域并列的领域;高中阶段,文学则是完全独立的一个科目。与中国相比,韩国国语教育中文学教育的独立性和自律性相当明显。将文学隶属阅读领域,必然会只偏重对作品的解读;而将文学视为一个独立领域,则会更加立体、整体地看待文学,其教育内容体系也会更加多维化。

三、中韩现行文学教育目的、目标比较:定焦于客体"作品"和定焦于主体"人"的不同设定

教育目的是一种关于教育过程预期成果的价值趋向。教育目的包含

---

① 本文参考和引用的课程标准相关内容出自如下材料:中华人民共和国教育部. 义务教育语文课程标准(2011 年版)[M]. 北京:北京师范大学出版社,2012. 中华人民共和国教育部. 普通高中语文课程标准(2017 年版)[S]. 北京:人民教育出版社,2019. 韩国教育部. 2015 年版国语科目课程标准[S]. 2015.

② 一般性选修课程包括"语用和作文""读书""语言和媒体""文学"课程。

③ 选修课程包括"实用国语""深化国语""古典阅读"课程。

"方向"的意义,表现普遍的、总体的、终极的价值。教育目标包含"里程"的意义,表现个别(特殊)的、部分的、阶段(具体)的价值[①]。教育目标是为实现教育目的而被具体化的内容,通常我们以"通过提高/培养A来实现B"的形式来描述教育目的,这里的A就相当于教育目标。

文学教育的目的取决于对文学属性的界定。文学属性是多层面的,涉及多个领域。概括而言,文学是一门语言艺术,是一种文化,是思考的产物,亦是一种沟通[②]。根据这四个属性,文学教育的目的也大致被设定为如下四个:一是可以提升语言能力(语言属性);二是可以培养审美思维能力和想象力(艺术属性和思考产物的属性);三是可以对生活有一个整体的把握,实现自我反省、对他人的理解和构建共同体意识,培养人的品质(文化沟通属性);四是可以传承文学文化,参与文学文化的创造(文化属性)。

这是从宏观角度对文学教育目的的界定,我们可以依此来审视中韩两国语文·国语教育中文学教育的目的。中韩两国的文学教育的目的可以从语文·国语课程标准中的"课程性质"里得以窥看[③]。比较来看,中韩两国的文学教育目的在表述上有所不同,但包含一些共同因素,即都强调"语言使用能力的提高""创新性审美能力和思维能力的培养""促使学生的和谐成长(人性的培养、良好的个性、健全的人格、人文素养和科学素养兼备)"和"为母语发展和母语文化的繁荣贡献力量的志向的培养"。这些因素,正是前面理论研究中提到的四个方面内容。这也就是说,中韩两国语文·国语教育中的文学教育的终极指向是一致的。

所不同的是,中国更注重通过阅读文学作品实现人文熏陶,让学生从阅读中获得人生感悟、人生哲理,进而提高个人的人文道德素养。而韩国更强调通过文学学习实现人与人之间的沟通和文学文化的享有,即通过

---

① 钱忠启. 现代课程论[M]. 上海:上海教育出版社,2003:346.
② 禹汉镕. 文学教育和文化论[M]. 首尔:韩国首尔大学出版部,1997:33~58.
③ 受篇幅所限,有关课程标准原文将予以省略。

文学作品阅读和生产活动①来促使学生积极参与到文学活动的每一个环节中,了解文学活动的原理,体验文学活动的每一个环节,在这一系列活动中理解他人,反思自己,理解共同体文化,实现人与人、人与世界之间的沟通,理解社会,进而提高个人的人文素养。也就是说,中韩两国文学教育的终极目的一致,但实现"学生和谐成长"的途径和过程不一样,也就是说实现这一目的的具体目标不一样。

教育目标通常包括认知领域(知识、理解、应用、分析、综合、评价)、情意领域(接受、反应、价值判断、价值的体系化、价值观世界观的形成)和动作技能领域(运动技术、操作对象、神经肌肉的协调等)三方面的内容②。首先,在认知领域,中国小学、初中、高中阶段都没有对文学知识学习的明确规定,而韩国在"国语"科目中强调有关文学本质的基本知识学习,在高中的"文学"科目里增加了对韩国文学的性质和历史变迁的学习。众所周知,技能的培养离不开知识,知识只有转换为技能才能称之为有效、有用的知识,知识与技能是相互依存的。在文学学习上也是一样的。文学阅读能力和生产能力的培养,必然需要一定的文学知识为基础。因此,中国的文学教育也应当考虑纳入对文学知识的教育。

其次,在技能领域,中国虽在高中阶段也提出关注文学写作能力的培养,但相比而言更重视阅读能力的培养,强调通过阅读鉴赏能力的培养提高想象力、提高理性思维与探究能力。而韩国则同时关注文学阅读能力和文学生产能力的培养,并且注重通过文学阅读和生产活动培养创新性的思考能力、审美能力、自我省察和沟通能力。相比而言,中国的目标更注重"学习认知能力"的培养,而韩国的目标更强调"沟通能力"的培养。强调通过文学学习,培养阅读能力和生产能力,以此为基础进一步实现人与人之间的良好沟通,进而提高个人的人文素养。韩国的目标要更贴近人性的培养。可见,以"文学阅读鉴赏能力"为目标的中国文学教育,依旧将学习重点放在"文学作品"这个客体上,而没有转化到"学生(人)"这

---

① 这里使用"生产活动"而不是"创作活动",是为了褪去文学写作的专业性,让学生意识到文学写作不是作家的专有物,而是一般大众都可以随意参与的普通活动。

② 钱忠启.现代课程论[M].上海:上海教育出版社,2003:353.

个主体上,并没有很好地体现"人性培养"这一终极目的。中国的文学教育过于强调"学习能力",这样的目标设定不免还会使实际教育出现忽略主体人性培养的偏颇。

在情意领域,中国强调通过作品解读获得的各种认知,包括对多样文化的理解、对时代精神和时代走向的把握等,强调的是"作品"对个人层面的单向影响,焦点是"作品"。而韩国分个人与社会两个层面来关注"个人"的成长。一是通过作品与个人的双向沟通(自我省察和与他人沟通)获得的个人对整个人生的认知上的发展,二是培养个人积极发展文学文化的态度,强调对社会的贡献。尽管前面的文学目的的设定上,中国的文学教育也强调培养学生对文学发展的积极参与,但在具体的目标设定上没有体现。

综上所述,中韩两国的文学教育目的方向一致,但具体目标设置上有所不同。中国的文学教育目标以"文学鉴赏能力的培养"为核心,而韩国以囊括知识、技能和态度三大要素在内的综合多维的"文学能力①培养"为中心。中国的文学目标定焦于"文学作品"这个客体,而韩国的文学目标则定焦于"学生(人)"这个主体。究其原因,一是缘于中韩两国在设计文学教育

---

① 文学能力可定义为"学习者主动参与文学现象(活动)、创造文学文化时所必要的能力",具体包括文学性的沟通能力、文学性思考能力、文学知识、文学经验、对文学的价值认识和态度。文学能力的构成要素大体上可以分知识、实际技能、态度三大要素来看。知识是实际技能和态度形成的基本条件。但只强调文学知识并不能培养文学能力,只有当文学知识与学习者的经验相结合,通过具体的实践转化为学习者自己真正的所得时才能有助于培养文学能力。所以文学知识要体系化,并要有助于指导文学活动的实践。技能与文学的接受(包括享有、反应、分析、解析、评价等)与产出(包括创作、文学性写作、批评性写作等)密切相关。通过这些技能活动,作为文学能力构成要素的文学感受性、文学想象力、文学性的沟通能力、语言洞察力、创新性的思考能力、创新性的沟通能力等才得以形成与提高。态度是最深层次的能力,它包括动机、态度、判断、意志等情感要素和价值观、思维方式、社会思潮等意识要素。态度可以分个人和文化两个层面来看,个人层面的态度指的是个人对文学的重要性与价值的理解与接受,包括"通过文学实现对人与世界的理解""理解和享有文学之美和价值""对人与世界的整体把握""审美能力的培养"等。社会层面的态度指的是理解文学的价值与意义并积极参与民族文化、民族文学、共同体文化的发展。郑在瓒,等. 文学教育概论Ⅰ[M]. 首尔:韩国亦乐出版社,2014:64~67.

时依赖的文学观的不同。中国的文学教育依据的是"文以载道"和"文学是语言艺术"的文学观,看重"作品的审美性和教化作用(人文性)",因此偏重于文学阅读。而韩国依据的是多维的文学概念,强调包括阅读和生产在内的文学活动各个环节,强调阅读和生产过程中的相互沟通。二是缘于对于"以人为本的教育"本质贯彻程度的不同。中国的教育还没有彻底实现对"人的教育"的转换,相对更执着于作品本身。

四、中韩现行文学教育内容比较:旨在价值理念教育的经典阅读与旨在文学生活化的文学实践

教育内容是对教育目标的具体阐释,教育内容也如同目标一样主要包括知识(事实、说明、原理、定义等)、技能与过程(听说读写、计算、推测、批判性思维等)、价值与态度(善恶、正误、美丑等观念)三大要素①。

首先,从内容体系来看,中国小学、初中的语文科目中,文学隶属阅读领域。关于文学教育的内容,大体按照"鉴赏内容——诵读内容——积累词句"的体系予以描述。高中阶段,有4个与文学相关的任务群。其教育内容大体按照"鉴赏内容——读书笔记——写作内容"的体系予以描述。文学教育内容主要以技能为纲予以描述,没有知识领域的内容,态度领域的内容混杂在技能领域里。相比而言,韩国的内容描述要更为体系化、清晰化。

韩国国语科目的文学领域和高中阶段"文学"科目的内容体系相似,前者为"文学的本质——文学体裁分类和历史、文学与媒体——文学接受与生产——对待文学的态度",后者为"文学的本质——文学的接受与生产——韩国文学的性质和历史——对待文学的态度",每一个分领域都按照"基本知识——学段内容——技能"的形式予以具体描述。教育内容囊括知识(文学的本质、文学体裁分类和历史、文学与媒体、韩国文学的性质和历史)、技能(文学接受与生产)和态度(对待文学的态度)三大要素,体系清晰明确。

---

① 裴章吾.科目教育论[M].瑞贤社(音),2005:140.

其次,从具体内容上来看,韩国小学、初中、高中的"国语"科目的文学教育的知识领域包括文学本质(语言表达有价值的内容的形式、审美体验的沟通、有机统一的结构)、文学体裁变迁史和文学与媒体(抒情、叙事、剧、散文等基本体裁及随着文字、媒体的变化体裁的变化)等内容。高中"文学"科目的知识领域包含文学本质(文学是语言艺术、文学的真善美)、韩国文学的历史与特点(韩国文学的概念与范围、韩国文学的传统与特点、各体裁的历史变迁与具体作品、文学与时代、韩国文学与外国文学、韩国文学的变迁)等内容。可见韩国的文学知识领域囊括了从本质原理到历史变迁等全方位的体系化的内容。这非常有助于系统认知普遍意义上的文学和作为特殊现象的韩国文学的特质,以此为基础也有助指导学生具体的阅读与生产实践活动。对于没有囊括知识内容的中国的文学教育来讲,是值得借鉴的内容。

技能领域,中国注重经典文学的阅读鉴赏,强调对作品中的场景、人物、细节、语言、情景、主题、内涵等的理解与审美感受。韩国注重让学生参与到文学的接受与生产的各个环节。"国语"科目中包括对作品的内容与形式、作品赏析相关因素、作品与读者关系的学习等;"文学"科目包括作品的内容与形式、作品赏析相关因素(作家、社会文化背景、互文性等)、文学与临近领域的关系、作品的接受与沟通、作品的重构与创作、文学与媒体的关系等内容的学习。相比而言,韩国的技能教育要更为体系化和多维化,而且韩国不强调文学的经典性,强调的是文学的普遍性。中国的文学教育有深度,但略显单一。文学的经典化和大众化,文学的单一化和多维化,可谓是中韩两国文学教育内容的实质区别。

中国在初中阶段特别强调诵读和语感教育,这是中国的优良传统,至今也有了较为系统的研究成果,而韩国教育从未涉及,这是其值得借鉴的部分①。在高中阶段,中国强调经典文学的阅读鉴赏和研讨性阅读,强调阅读教育的深度。这也是区别于韩国的一大特点。韩国的文学教育强调文学的大众化、普及化,不免会让文学教育趋于简单化,而忽略文学的经典性和深度。中国的教育内容亦值得借鉴。

态度领域,中国偏重作品价值对个人的影响,包括受到优秀作品的感染和激励,向往和追求美好的理想,获得对自然、社会、人生的有益启示,获得审美体验,认识作品的美学价值等内容,强调的是文学作品的价值观影响教育;韩国注重将文学活动与个人生活相关联,注重个人积极参与到文学活动当中,让文学走进个人生活,强调的是在文学实践中获得个人的成长,包括兴趣的培养、愉悦赏析态度的形成、价值内化、自我省察、他者理解、能动接受、文学生活化等内容。价值理念教育和文学生活化态度教育,是中韩文学教育指向的态度领域目标的本质不同。

---

① 对于语言和文学学习,诵读和语感教育都有着非常重要的作用。(1)首先诵读教育有助提高学生的记忆力、想象力和思考力。其次,可以促进领悟与体验,进而使学生获得良好的语感。第三,有利于积累知识,进而提高表达能力。第四,可以丰富审美情趣,提高审美能力。第五,可以促进身心修养,形成健全的人格。第六,有助于传承和发扬传统文化,提高民族素养。(2)语感是一切语言活动的基础,其重要性和基础性可以从母语习得的过程予以窥探。人们主要通过在日常生活中的对语言的感知和体悟来习得母语,也就是说通过语感这一感性的学习来习得母语。语感教育有助于发展学生的思维能力、想象力、观察力等智力因素,是语文能力与一般能力协调发展。同时,语感教育强调积累、感悟,通过增加阅读丰富学生知识储备和表象经验,提高学生对语言的理解能力以及动作写作能力。语感教育还将枯燥的语言知识融入语言实践当中,让学生在实践中悟情晓理。语文(文学)能力的形成不能超越语感直接由知识转化而来,需要经过大量的言语对象反复作用于学生的感觉,从而附着于学生的心理结构,形成语感图示。以上内容参考如下文献:邓美娟. 论中学文言文诵读教学[D]. 江西师范大学硕士论文,2004. 谭莎莎. 浅谈传统语文教育对中学生语感培养的启示[D]. 曲阜师范大学硕士论文,2010. 李瑞生. 试论诵读教学在语文素质教育中的作用[J]. 广西教育学院学报,1999(5). 韩宗敏. 高中语文新教材中古诗文的诵读教学刍议[D]. 辽宁师范大学硕士论文,2004. 赵湘博. 诵读的复兴——提高古诗文教学效率的基本途径[J]. 湘南学院学报,2005(3). 陈叶桃. 中学古典诗词诵读教学的偏误与矫正[D]. 湖南师范大学硕士论文,2003. 刘晶. 中学语文教学中的语感问题研究[D]. 东北师范大学硕士论文,2006.

五、结论：中韩文学教育的互鉴之处

通过对中韩两国现行文学课程标准的比较研究，我们可以看到虽然中韩两国文学教育指向的终极目的基本一致，但在具体目标设定和内容设置上却又有很多不同。概括而言，中国构建的是作品中心的文学教育，而韩国构建的是对话中心的文学教育。中国强调经典作品的深度解读，而韩国强调学生与作品之间的对话，学生对文学活动的参与实践。这些不同也正是中韩两国可以相互借鉴和反思的部分。

对于中国的文学教育而言，首先需要重新审视文学与文学教育的概念，考虑是否需要纳入更为多维化的文学概念，同时重新审视对"人本主义教育"的理解，以及在实际教育目标和教学内容等实践过程中是否将其本质彻底贯穿，实际教育是否真的实现了"对人"的教育。其次，对于文学的定位需要予以再考虑。文学是否需要走出阅读领域，成为一个独立的领域，是一个值得重新探讨的问题。第三，文学教育内容上，强调文学经典阅读教育是中国的传统，有很深的教育意义，但强调文学实践的韩国文学教育可以让文学更加贴近学生的实际生活，让文学成为更为真实的存在，亦是值得借鉴的部分。第四，文学教育内容体系上，中国的描述相对模糊，而韩国的更为体系化、明确化，可以予以借鉴。对于韩国而言，中国的诵读教育、语感教育、研讨性的经典阅读教育都是值得借鉴的内容。

儿童文学与语文教育关系论

首都师范大学儿童文学教育研究基地副教授　王　蕾

文学教育历来是语文教育的重要组成部分。在基础教育中,由于学习者的接受特点,儿童文学在文学教育中占据着特殊位置,尤其是对于小学阶段的学习者而言显得尤为重要。在目前新一轮的语文课程改革中,儿童文学的重要性已引起了教育界的充分重视,在课程设计、教师培训、课程资源开发等方面都出现了一些令人鼓舞的现象。比如,北京师范大学出版社在编写小学语文教材时,将儿童文学理论家王泉根教授的《儿童文学与中小学语文教材选文工作研究》作为整个教材编写工作的理论支持,同时在教材中选入多篇中外儿童文学的名家名篇。又比如,北京师范大学、浙江师范大学的儿童文学专业"多渠道、多层次地开展相关的教师培训课程,为教师编写儿童文学教材,向小学教师普及儿童文学理论知识,介绍儿童文学的内容、特点、功能、作用,介绍中外儿童文学的发展历史、代表作家作品等,组织教师在实践中摸索儿童文学的教学方法,指导教师组织学生开展课外阅读活动,以全面提高小学教师的儿童文学修养"①。此外,依据教育部的新课标,在阶段目标中对小学一至二年级的阅读目标提出了 10 项要求,其中第 6 项明确指出学生的阅读文类为"浅近的童话、寓言、故事"。由此可见,儿童文学的重要文体之一的童话、寓言已经受到小学语文教育的重视与关注。目前统编版小学语文教材中,儿童文学在整个语文教材篇目中所占的比例明显提升,儿童文学作为一种重要的课程资源在小学语文教育中扮演着越来越重要的角色。

一、文学在学生发展中的重要意义

文学是最古老的艺术形式之一,它源于生活又高于生活,它是人类价值观的体现。学生通过阅读文学作品可以丰富自己的人生体验、了解人类的历史与文化、弥补自身经验的不足。

文学对基础教育阶段的学生具有德育、美育、智育等功能。具体地说:第一,文学作品是人的本质力量的具体化,优秀的文学作品具有高度的精神感召力,可以净化人的心灵,促进人与人之间的理解和信任;第二,文学作品是人类审美意识、审美理想和审美体验的集中体现,它可以传达给处在成长期的学生,并且经由学生自身的情感和经验内化为他们自己的审美体验;第三,文学是人类的精神创造,文学的欣赏需要调动学生的形象思维,需要丰富的联想力和想象力,它可以促进学生的智力发育。

由于文学教育可以促进学生德育、美育、智育多方面的发展,因此它应该受到教育工作者的重视。我们常常提到,21 世纪呼唤新的人才观,那么,新型人才的素养应该包括一定的文学素养。从人的全面发展的角度来看,文学素养也应该是一个健全的人的基本素养。

文学历来是语文教育的重要内容。人类早已认识到文学教育的重要性与必要性。在世界范围内,许多世纪以来文学课就是学校课程的一部分。以往,学生主要通过阅读经典文学作品学习识字,或者学习外语——例如拉丁语,或者获得宗教知识,或者学习阅读方法。直到 20 世纪,文学

---

① 王泉根.儿童文学与小学语文教学[M].广州:广东教育出版社,2006:255.

成为一门独立的学科,文学教育才走上关注文学自身的道路。学生通过阅读文学作品主要是为了体验、感悟和学会评价。

西方的母语教育一直有重视文学教育的传统,虽然随着社会生活的发展,人们日益感到应加强母语教学的实际应用,但文学教育仍然受到普遍的重视。一种共同的看法是在母语教学中把语言教育与文学教育加以区分,这和张志公先生提出的从初中开始在语文课之外增设文学课的看法是一致的。例如在美国,由全美英语教师委员会制定、对美国中小学的英语教学具有指导意义的《英语教学纲要》(1982)指出:"英语研究包括语言知识本身,包括作为交际手段的英语应用的发展,以及对文学作品所表现的语言艺术的欣赏。"这份纲要把语言应用与文学欣赏区分开来,要求通过文学教育,使学生认识到文学是人类经历的一面镜子,把文学当作与他人联系的方式,从与文学相联的复杂事物中获得洞察力。德国的母语教学分为德语课和文学课,法国也十分重视文学作品和文学史的教学。至于苏联,十年制的中小学语文教学一直采用两套教材,即俄语和文学。文学教材又分为《祖国语言》(一至三年级用)、《祖国文学》(四至七年级用)和《俄苏文学》(八至十年级用)。

中国有着悠久的文学传统,唐诗、宋词、元曲、明清小说等都是我们宝贵的文学遗产。中国传统语文教育也是十分重视文学教育的,能够吟诗作赋一直是一个人是否有文化的重要标志,不过,传统的文学教育是和历史、经学教育等糅合在一起的。21世纪以来,文学教育则是作为语文教育的一部分存在的,我国的语文教材中也选用了大量的文学作品。

20世纪50年代中期,我国一度曾经学习苏联母语教学的模式,把中学语文课分为语言和文学两科,并为此编写了两套教材——语言教材和文学教材。现在语文界一种普遍的看法是:这一次的分科教学改革是失败的。但是究竟失败在哪里,有没有合理的成分,却很少被研究。其实,即使那次分科教学不成功,也不能因此而否定文学教育在基础教育中应有的位置。目前在基础教育阶段应当重新认识文学教育的地位、功能,应当重视基础教育阶段的文学教育。

二、儿童文学在基础教育阶段的文学教育中承担着重要角色

不论是从文学在人的发展中所产生的重要作用这一角度出发，还是从中外母语教学的历史演变来看，文学教育都是教育的一个重要组成部分。那么在基础教育中，考虑到学习者的心理发展、审美趣味等特点，儿童文学应该成为文学教育的主要载体。

什么是儿童？1989 年 11 月联合国大会通过的《联合国儿童权利公约》界定："儿童是指 18 岁以下的任何人。"什么是儿童文学？儿童文学是指专为 18 岁以下未成年人精神生命健康成长服务并适合他们审美接受心理与阅读经验的文学。众所周知，中小学语文教学的教学对象正是18 岁以下的学生，因而在很大程度上，儿童文学与语文教学可以说是"一体两面"之事。儿童文学理应成为语文教学尤其是小学语文教学的主体教学资源。儿童文学作为语文教学主体资源所具备的特别优势，来自儿童文学自身的性质与特征。

1. 儿童文学是以儿童为本位的文学。儿童文学是指"在文学艺术领域，举凡专为吸引、提升少年儿童鉴赏文学的需要而创作的且具有适应儿童本体审美意识之艺术精神的文学"①。儿童文学独立于成人文学之外，从本质上是因为它将儿童当作首要的读者对象，对儿童文学的儿童中心、儿童本位立场，儿童文学作家们都有明确的认同并反映于他们的创作中。特别是现在的儿童文学作家经过长期的探索已经认识到，为儿童写作并不是把成人的思想、信条强加给儿童，儿童文学必须要让儿童读者能够理解和领会，儿童文学的内容和结构都应该符合并激发儿童的兴趣，儿童文学作家必须了解儿童读者的年龄特征、身心发展特征、思维特征与社会化特征，在具有文学才能的同时还需持有与儿童共鸣的思想和心绪。

作为儿童本位的文学，所有体裁的儿童文学作品，都会尽可能贴近儿童的生活和心理，反映儿童的现实生活和想象世界，表达儿童的情感和愿望，具有儿童乐于体验、能够接受的审美情趣，尤其对于学龄前期、学龄初

---

① 王泉根. 现代中国儿童文学主潮[M]. 重庆：重庆出版社，2000：551.

期的儿童,儿童文学具有天然的亲和力和吸引力,是其他品种读物不可替代、无法比拟的。

2. 儿童文学是具有教育性的文学。虽然儿童文学已不再被视为教化儿童的工具和手段,现在的儿童文学也摆脱了过去教育和想象的矛盾冲突的处境,但教育性还是隐含在儿童文学的内容和形式之中。当然,人类社会,包括儿童文学世界,对教育的理解业已发生了深刻的变化。

《联合国儿童权利公约》认为教育的目的应该是:最充分地发展儿童的个性、天赋、智能和体能;培养对人权和基本自由以及《联合国宪章》所载各种原则的尊重;培养儿童对其父母、自身的文化背景、语言和价值观、居住国的民族价值观、原籍国以及不同于本国的其他文明的尊重;培养儿童本着各国人民、族裔、民族和宗教群体以及原为土著居民之间的谅解、和平、宽容、男女平等和友好的精神,在自由社会里过有责任感的生活;培养对自然环境的尊重。

事实上,早在公约签订之前,世界儿童文学已经多样化地呈现了上述理念。与19世纪的儿童文学相比,20世纪的儿童文学明显更具有社会的、文化的责任感,注重沟通儿童与现实、历史、未来的联系,注重向儿童表达人与人之间的平等、友爱、宽容、理解以及人与自然的和谐相处,注重培养和增强儿童的审美意识和审美能力,以全面促进儿童精神和个性的成长。儿童文学之所以和先进的教育思想同步,因为它是人类提供给后代的精神产品,传达着社会的理想,也凝聚着人类最先进的文化和文明。即使儿童文学不再承担宣传成人的思想、向儿童进行直接的道德教育的任务而转向想象和娱乐,但其陶冶性情、培育心智的作用,对儿童审美的熏陶和浸染,对儿童情感、态度、价值观的潜移默化的正面影响,也是非常突出的。

小学的语文资源,需要直接呈现给成长期的儿童,对思想性、教育性有着很高的要求,在这一点上,儿童文学已经具有明显的优势。与此同时,由于儿童文学向儿童传达的多是人类社会的基本美德、共同理想,不会受到意识形态的专制影响,不同国家、不同民族、不同宗教信仰背景的儿童文学在传播、交流方面享有更为广泛的自由,儿童文学这一资源也因此更为丰富,应用上更为便利,可以很大程度上满足语文教学的需要。

3. 儿童文学是特别重视语言艺术的文学。儿童文学对于小学语文的资源优势还突出表现在语言方面。儿童文学和成人文学一样,都是语言的艺术。在文学中,语言是第一要素,它和各种事实、生活现象一起,构成文学的材料。文学中鲜活的人物形象、生动的故事情节,作者深刻的思想和感情、艺术风格和个性,都必须通过语言呈现和表达。由于儿童文学是以儿童为主要读者对象的文学,因而对语言美有着更高的要求。

俄罗斯著名作家列夫·托尔斯泰晚年专门为乡村儿童写作。这位语言大师吃惊地发现,他需要花在语言上的功夫比创作成人文学作品时更多。为了让故事字字句句都做到"精彩、简洁、淳朴,最主要的是明确",他转而向民间文学学习语言,努力让自己的故事语言"明确、清晰、美丽和温和"①。实际上,儿童文学的语言必须把简明、规范和鲜明、生动结合起来,同时还要符合儿童的审美趣味,这样才能吸引儿童,让他们感悟到语言的艺术魅力、感悟到文学语言的艺术美。从世界范围看,各个国家的儿童文学作品,都显示了本民族语言特有的个性,具有较高的艺术品质,成为儿童学习语言最理想的范本。

儿童文学在儿童成长的各个年龄段,都直接参与儿童的语言学习。学龄前期,儿歌、童话、故事,由教师或家长以口头讲述的方式提供给儿童;学龄初期、中期,儿童则自主阅读童话、小说,在口语、书面语言两个领域,儿童文学对儿童语言学习的影响都非常深刻。

小学语文作为为儿童开设的基础教育课程,致力于学生语文素养的形成和发展,特别强调语言学习中的工具性和人文性的统一。针对我们汉语言文字的特点,即使小学阶段,语文的学习也开始注重语感和整体把握能力的培养,为了实现这一目标,学生需要直接接触大量的语言材料,通过具体的语言学习活动,掌握本民族语言运用的能力。在语感、整体把握,在人文与工具的统一方面,文学作品尤其是儿童文学作品较之一般的语言材料,优势相当明显,也更形象、更生动,能够激发学生学习语言的热

---

① 韦苇. 世界儿童文学史概述[M]. 杭州:浙江少年儿童出版社,1986:159.

情和主动性。大量的调查证实,小学阶段语文素养较高的学生,都有从小阅读儿童文学的经验。要将小学语文建设成开放而有活力的课程,推动小学学生进行自主、探究的语文学习,全面提高小学生的语文素养,应该重视开发和利用儿童文学资源,以促进课程目标的最终实现。

4. 儿童文学是传递人类价值的文学。各国的儿童文学当然也具有意识形态性,"有着自己明确的美学原则",但同时也反映一些共同的国际主题,如亲近自然、保护环境、热爱和平、国际理解、种族和解,儿童文学比其他种类的文学更适宜表现,也更能表现这些主题。希腊儿童文学作家洛蒂·皮特罗维茨在 1986 年日本 IBBY(国际儿童读物协会)发言中强调,儿童文学是一座桥梁,是沟通儿童与现实、儿童与历史、儿童与未来、儿童与成年人、儿童与儿童之间的精神桥梁。在这个"桥梁"的概念中,包含了理解、抚慰、拯救、引导等不同的功能。在社会道德价值上,儿童文学传达的也多是人类共通的基本美德,如诚信、勇敢、合作、宽容等。

日本社会活动家池田大作说过,童话往往成为构建人性基础的重要方式,如果幼年时期受过相同童话的熏陶,那么在人格最根本的基础部分,仍保持着共同的成分。新课标中提出语文课程是工具性与人文性的统一,儿童文学在人文性上有着不可取代的作用,儿童文学在陶冶性情、增进美感,对儿童情感、态度、价值观产生潜移默化的影响方面具有十分明显的优势,从而在语文教育中占据越来越重要的位置。

语文统编教材与教师专业发展

北京大学中文系教授　温儒敏

一、谈谈语文新教材

"有什么样的教材，就有什么样的国民。"道德与法治、语文、历史三科教材统编，突出德育为魂、能力为重、基础为先、创新为上，在内容上强化中华优秀传统文化教育、革命传统教育、国家主权教育和法治教育等重要内容。总的来说，"统编本"语文教材有如下几个特点：

特点之一是体现多读书、会读书、读整本的书。"统编本"语文教材增加了"和大人一起读""快乐读书吧""名著导读"等多个版块，把课外阅读也纳入教学体制。为什么要重视读书？我们做过一个调查，中国人的阅读峰值是在小学，到了初中一二年级还算比较高，到了初三就一路下滑。这值得深思。现在很少人能沉下心来读书，这样下去，国民的人文素养如何提升？学生读书兴趣的培养，不能只靠学校，家庭是非常重要的。从一年级开始，就要让孩子养成多读课外书的习惯。"统编本"语文教材在这方面想了许多办法。比如，小学一年级就设置了

"和大人一起读"，意在和学前教育衔接，一开始就引导读书兴趣。小学中高年级几乎每一单元都有课外阅读的延伸。初中则加强了"名著导读"，改变以往那种"赏析体"写法，注重"一书一法"，每次"名著导读"课，都引导学生重点学习某一种读书的方法。激发兴趣，传授方法，是"名著导读"设置的改革方向。如浏览、快读、读整本书、读不同文体等，都各有方法引导。多数课后思考题或拓展题，也都有课外阅读的提示引导。这就把语文教学从课堂延伸到课外，形成"教读－自读－课外阅读"三位一体的阅读教学体制。

让孩子从小"海量阅读"，读些"闲书"，读些"深"一点的书。可以"似懂非懂地读"，鼓励他们"连滚带爬地读"。不要让孩子背负太多的阅读任务，如做旁批、做笔记、写读后感等。事实证明，管理太细，要求太多，孩子的阅读兴趣就会大大降低。"不动笔墨不读书"在一定情况下是必要的，但不能滥用。语文课不都要精读精讲，不要"抠"得太死，要教给学生各种实用的读书方法，比如快读、浏览、跳读、猜读、群读，还有非连续文本阅读、检索阅读等。

特点之二是重视经典选文，传统文化的篇目增加了。小学一年级开始就有古诗文，整个小学 6 个年级 12 册共选有古诗文 124 篇，平均每个年级 20 篇左右，占所有选篇的 30%；比原统编教材增加 55 篇，增幅达 80%。初中古诗文选篇也是 124 篇，平均每个年级 40 篇左右，约占所有选篇的 51.5%，比原教材也有提高。体裁更加多样，从《诗经》到清代的诗文，从古风、民歌、律诗、绝句到词曲，从诸子散文到历史散文，从两汉论文到唐宋古文、明清小品，均有收录。古诗词教学，重在让学生感受诗词的音韵之美、汉语之美，也许学生刚开始说不清美在哪里，但会慢慢沉淀。教古诗要让学生多吟诵，让孩子多读多背。吟诵不同于朗诵。吟诵是自主诵读，特别适合古诗词，即用自己觉得好的方式读给自己。而朗诵是众声和诵，有利于制造气氛，往往带有表演的性质，也容易形成程式化的腔调。要注意这二者的区别。

革命传统教育的篇目也占有较大的比重，小学选了 40 篇，初中 29 篇。鲁迅的作品也选有《故乡》《阿长与〈山海经〉》等 9 篇。

"统编本"语文教材的课文选篇，更加强调4个标准：经典性，文质兼美，适宜教学，适当兼顾时代性。这也是有针对性的。课改之后流行的各种版本语文教材，都把人文性放在最重要位置；另外，很重视引起学生的兴趣，甚至多选"时文"。这不能说不好，但不能偏了，新教材回到"守正"的立场，强调经典性、文质兼美和适宜教学。大家会发现，很多经典课文这次又回来了，尚未沉淀的"时文"相对少了。

特点之三是防止反复操练，不等于不要训练。在实际教学中语文教学知识体系被弱化，老师不好把握教学知识点，不敢放手设置基本能力的训练，教学梯度被打乱。有的老师课上得很"花哨"，有很多活动，有好看的课件，可就是没有把得住的"干货"。要重视"一课一得"，按照"课标"的学段目标要求来细化那些知识的掌握与能力的训练，落实到各个单元。有些必要的语法修辞知识，则配合课文教学，以补白形式出现。要明晰课程的知识点、能力点，重建语文教材的知识体系。每个年级和各个单元的课程内容目标、教学要点力图更清晰，让一线老师备课时了解有哪些"干货"。现在不是强调"语文核心素养"吗？"统编本"语文教材就已经在努力建构适合中小学的语文核心素养体系。但这是"隐在"的，不是"显在"的，在教材的呈现和教学中并不刻意强调体系，防止过度的操练。

特点之四是加大课型的区分。小学到了中年级和高年级，就开始分精读课和略读课。初中教材将"精读"干脆改为"教读"，"略读"改为"自读"，加上课外阅读，就构建了"三位一体"的阅读教学体系。精读课主要是老师教，一般要求讲得比较细，比较精，就是举例子、给方法，激发学生读书的兴味。而略读课主要让学生自己读，把精读课学到的方法运用到略读课中，自己去试验、去体会。很多情况下，略读课就是自主性的泛读。课型不同，功能也不同，彼此配合进行，才能更好地完成阅读教学。

教师怎样上好精读课呢？不要布置太多的作业，主要是以有趣的问题做铺垫，激发学生的阅读兴趣。重点是教方法，也教点写作的方法。课型要搞清楚，要区分。不能所有的课都上成精读课。另外要注意文体，不同的文体，讲的方法也是不一样的，甚至同一文体也要变通。现在很多老师备课，把不同的文体——散文、诗歌、童话、议论文等都讲得差不多，这很不好。譬如有的老师讲童话，也去分析人物形象，去讨论思想背景、思想意义，这是不对的，因为童话不是小说，是关于想象力的东西。

"统编本"语文教材很注意体现课程标准的原则——认写分流，多认少写，为学生尽快过渡到独立阅读阶段创造条件。认识字和学会写是两个不同的目标。小学低年级认识常用字 1600 左右（以前要求 1800），其中 800 字左右会写。注意：我们在教学中不要加码，不要回到过去"四会"的要求。认、讲、用、写不能齐头并进，同步发展。新教材有意安排了"多元认字"的内容，"拼音认字"只是其中的一种。还可以通过字形、结构、偏旁等去认字。一年级就要尽量照顾到"多元认字"，这样到二年级下学期，学生一般就掌握多元认字方法了。那时他们就不仅会拼音识字，还会根据上下文猜读，根据形声字构字规律猜读等。

二、对教师使用新教材的几点建议

如何上好古诗词课？有无必要让孩子学"国学"？ 怎样教好古诗文的课？最好的办法就是让学生反复诵读，读得滚瓜烂熟，而不必过度地解释，也不要太多活动，多读几篇最重要。小学生学古诗文是比较难的，要降低难度，不必在所谓主题思想、意义价值等方面讲太多。现在的语文课堂太"闹"，多媒体用得多，活动多，唯独读得少，自主性的诵读（吟诵而不是集体朗读）少，这都会干扰或"定格"孩子的想象。这些年张扬"国学"，有一定的现实意义，但其中精华糟粕纠缠，很复杂。我认为还是提"继承优秀传统文化"为好。"三百千"是古代开蒙的读物，主要是认字用的。现在让小学生读一读也无妨，但要注意"三百千"不是"经"，里面也有许多不适合现代人格发展的糟粕。

为何阅读教学要提倡"1＋X"？ 现在语文课最大的弊病就是不读书，读书少。教材只能提供少量的课文，光是教课文、读课文是远远不够的。新教材虽然也往课外阅读拓展，但阅读量还是不够。我主张加大课外阅读，不能都是为了写作或考试而读书，那样学生不会有长久的读书兴趣。

可以采取"1 + X"的办法，即讲一篇课文，附加若干篇泛读或课外阅读的文章。由北大语文教育研究所组织编写、人教社最近出版的《语文素养读本》，选文的经典性、可读性都比较好，还注意配合新教材各个年级、学段的教学目标，从小学到高中共24册，每学年两册，大家可以参考选用。

怎样设计"快乐读书吧"和"名著导读课"？"快乐读书吧"在小学阶段每个学期有一两次，每次安排一种阅读类型，如童话故事、寓言、民间传说、科普读物等，让学生对这一类型文章有一些基本的文体印象，然后激发他们对读这类读物的兴趣，掌握方法。比如二年级下册"快乐读书吧"安排了儿童故事；四年级下册安排了"十万个为什么"科普文章；六年级安排了读高尔基的《童年》，告诉学生怎样读小说。这些文章不要处理成一般课文的讲解，就是让孩子自由地读，教师点拨一些知识和读书方法即可，主要是激发学生的阅读兴趣，因为兴趣为王。初中的"名著导读"一改以前那种介绍作家作品的"赏析体"写法，改为"一课一得"。以示范读书方法为主，让学生每次重点学习一种读书方法。"名著导读"每学期两部是必读的，另外还有往课外阅读延伸的3到4部，属于自主选择阅读的。根据学生的普遍阅读能力，这个量可以灵活安排处理成"2 + 2"或者"2 + 4"。教师设计"快乐读书吧"和"名著导读"课的教案，一定要注意"激发兴趣"和"拓展阅读"，只要能让这8个字有效果就好。

不要滥用多媒体，要祛除烦琐病。滥用多媒体已成为语文课的"烦琐病"，这是一种灾难。多媒体为学生提供了各种画面、声音、文字，使课堂很活跃，但有可能挤压学生的想象力，特别是挤压他们对文字的感受力，定格孩子的思维。美国人做过一项实验，把一年级学生分成两组，一组读白雪公主的童话故事，读完后画一个白雪公主；另外一组先让他们看关于白雪公主的视频，看完以后再读故事，读完后也让他们画白雪公主。结果第二组孩子画出的白雪公主几乎都是一样的，而第一组孩子画出的白雪公主则是各种各样的。因此，多媒体的使用一定要适当，否则会限制学生的思维，而语文是很讲究想象力和语感的。现在老师过多依赖多媒体，许多老师得了百度"依赖症"，整个备课教学离不开百度。什么都依赖网上给结论，造成只有结论而没有过程，使思想碎片化、拼贴化。很多老师甚至不会记笔记，不会板书。这些现象必须引起重视。

三、读书与语文教师专业发展

最后，要专门再说说读书问题。这和教材的使用显然关系密切。

谁都知道，要教好语文，首先语文教师就要多读书。可是很多教师会说，如今工作繁重，生活压力大，没有时间读。这是事实，现在几乎所有人都很忙。但是否可以想办法挤时间读书？若真的想提升自己素质与业务能力，还是要"充电"，把读书看作"充电"，再忙也不能不读书，那么时间也就会有了。不能等待，别指望等到有一个很悠闲、无压力的时段再来读书。时间如同海绵里的水，可以挤出来的。每天少看点微信、电视，用这部分时间来读书，积少成多，就会很可观。

工作和生活越繁忙，压力越大，越烦躁，就越要有自己的精神空间，读书就是建构精神空间的办法之一。如果读书成为习惯，成了一种良性的生活方式，可以增添情趣，提升素质，让生活更充实，更有幸福感，这也可以帮助你对抗压力，减少"职业性倦怠"。

当读书成为一个人的生活方式，他的气质风范也会改变，这对教师来说很要紧。做教师，不一定要求知识非常广博高深，但气质风范必定是倾向博雅的，因为这会让教师在孩子们眼中成为值得崇尚的人，教师自己也有人生的成就感和充实感。在当今趋向物质化、功利化、粗鄙化的氛围中，提倡"博雅"是有现实意义的。而化育自己、导向博雅，很大程度上离不开读书。

其实现在很多教师也在读书，可惜往往拘泥于"职业性阅读"，是目标很实际、很功利的阅读。

　　我们已经很少自由地、个性化地阅读。不是说"职业性阅读"不重要，而是说光有这种阅读，很不够。过于功利性的或者娱乐化的阅读，可能还会降低我们的生活质量，和教师所需要的"博雅"相悖。所以还是要恢复和增加自由阅读的空间。除了读实用的书、专业的书，应多读点历史、哲学、自然科学及其他领域的书，视野拓展了，口味才纯正，也才能慢慢找到自己的所长所爱，让自己重新进入自由的个性化阅读境地。

　　当前社会文化有粗鄙化的倾向。"文化快餐"的阅读，特别是微信等新媒体信息轰炸式阅读，已经占去我们本来就很少的阅读时间。读书还是要有毅力的。年轻的教师可能在大学期间就未能好好读书，那么现在可以自己来"回炉"，我看这比许多培训更管事。怎么"回炉"？订个三年或五年读书计划，把大学期间应当读却未能读的书读一遍。这时你已经有了工作经历，读起来的感觉和收获会不一样的。

　　希望语文老师中有更多的"读书种子"，那么语文课就会好得多。有一篇报道说，"统编本"语文教材是"专治少读书、不读书的"，我很赞赏这个说法。对于使用新教材，推进教学改革，我说了很多，最重要的是什么？我看就是回到原点，请老师带头多读书。

新中国 70 年中学语文教材建设的反思

人民教育出版社编审　顾振彪

新中国 70 年来，中学语文教材建设经过不平凡的历程，取得辉煌的成绩，也有不少经验教训。回顾 70 年中学语文教材建设的历程，可获得下面一些认识。

一、正确处理"文"与"道"的关系

所谓"文"，指语言形式；所谓"道"，指语言蕴含的内容。用之于语文教材，"文"指语言形式训练，"道"指思想内容教育、人文教育。对于这二者的关系，应该说在 20 世纪上半叶就已经达成了共识。先有浙江一师的"形式和实质"说，接着有陈启天的"主副目的"说，后有朱自清的"独有和共有"说，都说得十分明确。可是在教材编写中却往往有偏差，乃至走极端。1950 年语文教材片面强调思想政治教育，课文提示侧重思想内容，欠缺语言训练的内容。1958 年语文教材过于强调配合当时政策的宣传，被称为"报章杂志的集锦"，近于政治性读物，这种"文"与"道"的失衡，引发 1959 ~ 1961 年的文道之争。争论结论是"文"与"道"密切联系，谁也离不开谁。学生学习教材，既要学"道"更要学"文"，学"文"怎样表达"道"。

确认了20世纪上半叶达成的共识，可惜的是，1963年语文教材没有完整体现这个结论的精神，它消除了1950年、1958年语文教材过分强调思想政治教育的片面性，突出了基础知识教育和基本技能训练的双基目标，却对思想政治教育有所忽视，连教学目的中都不提思想政治教育。"文革"十年中，"文道关系"就无从谈起，语文教材变质为政治课本。进入新时期后，重新提出"文道关系"，20世纪八九十年代语文教材强调语文能力训练，兼顾思想政治教育，不过过分钟情于知识点能力训练点的排列布阵，造成教材人文性有所流失。于是在世纪之交爆发一场语文的工具性与人文性之争，实质上是"文道之争"的翻版，不过用工具性替换"文"，用人文性替换"道"而已。争论的结果是再次确认20世纪上半叶达成的共识。21世纪初的义务教育语文课程标准实验教科书一概加强了人文性，以人文主题为线索组织单元，但是不久便被批评削弱了语文基本训练，导致泛语文、去语文的倾向。

语文教材发展史至少告诉我们下面两点。第一，"文道统一"是教材编写的根本原则，任何情况下应该坚持不动摇，语文教材既必须进行语言运用教育，又必须进行人文教育。人文教育必须在语用教育的过程中进行。语用教育是人文教育的基础，人文教育有助于语用教育。我们可以概括为四句话：即因文悟道、因道悟文、文道相符、不可偏失。语文教材如果违背了根本原则，必然出现问题。第二，过去一些语文教材之所以不能正确处理"文道关系"，往往是由于盲目跟风。例如1958年中学语文教材被批评为"报章杂志的集锦"，忽略培养语用能力，是因为盲目跟从"大跃进"的巨风，误信突出了政治就突出了业务，有了红就有了专，所以让放"卫星"、办大食堂、"跑步进入共产主义"的浮夸报道、新民歌等"霸占"教材；又如，21世纪初的语文义务教育课程标准实验教科书，被批评泛语文、去语文的倾向，是由于对当时劲吹的增强人文性的大风缺少辨别，没有警惕，其中还夹杂着否定工具性的不正之风，稀里糊涂被裹挟着跑。结果教材中语用能力的培养不同程度地遭到削弱。这告诉我们，当一股风刮来时要辨一辨风向，分析这股风与"文道统一"有什么利害关系。如果这股风对"文道统一"有利，就不妨乘着这股风；如果这股风对"文道统一"有害，就坚决顶住这股风。一句话，杜绝盲目跟风。

二、正确处理文学作品与实用文的关系

我国现代中学语文教材在很长时间内大致是实用文一统天下，直到20世纪八九十年代才开始改观。为什么造成这种现象？早在20世纪上半叶，刘半农、陈启天、宋文瀚、吕思勉等先生就主张，语文教材应以实用文为主，文学作品只能居于次席。叶圣陶先生说得最为明白，实用文在生活中、工作中常常用到，为适应生活和工作的需要，一般人应该掌握，而文学作品的欣赏与创作并非人之所必需。实用文易于剖析、理解，也易于效仿，全体学生掌握实用文的目标在中学阶段应该达到，而文学作品在方法的应用上繁复得多，只有先弄通了实用文才可以进一步弄文学①。当然，语文教材应以文学作品为主的主张，从20世纪初开始也一直有专家、学者提出。比如李广田先生直言"中学国文、英语、文艺性的语体文为主要教材"，因为文艺可以"启发青年的想象，丰富并平衡青年的感情，增强其生活意志，并可以造就其高尚的人格"。朱自清先生也说，文艺是语文教学的主要教材②，至于学生需要模仿的实用文，可以到当时的报纸上找。可惜李广田、朱自清等先生的主张长期未能成为主流。直到20世纪末的语文教育大讨论中，实用文统治教材的现象才激起一些学者的强烈反对。王富仁先生大声疾呼，语文教育的目的是情感的培养，情感属于审美的范围，语文教材毫无疑问应以文学作品为主；学生的说明议论能力应由其他学科培养，现在语文教材中非文学类课文太多③。"文学派"一时似乎处于上风。语文教材中的文学作

---

① 叶至善，叶至美，叶至诚．叶圣陶集：第16卷［M］．南京：江苏教育出版社，2004：61.

② 朱自清．朱自清语文教学经验［M］．北京：教育科学出版社，2007：191.

③ 王富仁．语文教学与文学［M］．广州：广东教育出版社，2006：84.

品选文也纷纷增加，但这又引起的"实用派"的忧虑：会不会影响实用语文能力的培养？那么究竟语文教材应该怎样处理实用文与文学作品的关系？

第一，实用文与文学作品应该并重，语文教材发展史已经证明两类文偏重哪一类都是不成功的。1956年《文学》课本偏重文学作品，排斥实用文，很快停用。1963年以后的语文教材，在很长的时间内偏重实用文，忽视文学作品，选一点文学作品，也往往做实用文用，因此饱受批评。原因是语文教材的目标指向人的全面发展，满足人生真善美的需要。实用文中主要有真，也有善与美，文学作品中主要有美，也有善与真，两类文中真善美的融合，富于人文价值与科学价值，有利于学生学业上、精神上的成长。当然文学作品比实用文难度大，因而在编排上，从初一到高三，实用文不妨从多到少，文学作品不妨从少到多。但整个说来必须并重，不能厚此薄彼。

第二，教材选用文学作品以培养文学欣赏能力为主，但须以培养语言运用能力为基础，在培养语言运用能力的过程中，培养文学欣赏能力。在培养语言运用能力这一点上，文学作品与实用文是一致的，只不过一是文学语言，一是实用语言。有一种意见认为文学作品应只管文学欣赏，不管语言训练，以免相互干扰，两败俱伤。这种意见恐怕欠妥。语言运用能力的培养有利于文学欣赏能力的养成。实用文与文学作品并重，可以相辅相成。

三、正确处理文言文与现代文的关系

自从五四新文化运动提出反对文言文、提倡白话文的口号以来，中学语文教材中，文言文到底要不要，如要究竟占多大比例，始终是个问题。五四新文化运动的新派人物朱自清先生直言："我可还主张中学生应该诵读相当分量的文言文，特别是所谓古文乃至古书，这是古典的训练，文化的教育，一个受教育的中国人，至少必得经过古典训练才成其

为受教育的中国人。"① 叶圣陶先生表示赞同，"说中国人虽然需要现代化，但中国人的现代化得先知道自己才成，而要知道自己还得借鉴于文言或古书"②。20 世纪上半叶的多数语文教材中，文言文在整个教材中所占比例大致为初一 30%、初二 50%、初三 70%，高中几乎 100%。到 20 世纪下半叶，1950 年语文教材和 1958 年语文教材中文言文却少得不成比例。"文革"时期语文教材中的文言文更是屈指可数。1956 年《文学》课本中，初中部分文言文占整个教材的 1/3，高中占 50%。1963 年语文教材中文言文占整个教材 40%。但前者被批评为太难，后者只出版到初中第四册。为什么 70 多年来多数时间教材中的文言文数量都在减少呢？主要的观点是文言文无用。叶圣陶先生说："在 30 多年后的今天，我对朱先生和我自己的观点这样考虑——就是经典训练，是中等训练里的必要项目之一——想有所修正了。现在绝大多数中学毕业生只要把现代语文学好学通就可以了，往后在工作中、在进修中都用不着文言文，因此中学语文教材可以少选，乃至不选文言文。"③

　　然而在 20 世纪末的语文教育大讨论中，语文教材中文言文占比小的情况，受到激烈抨击。那些学者教授还提出了他们的语文教材编制设想。刘锡庆教授主张古诗文在语文教材中的比例应是小学 70%，初中 50%，高中 30%。童庆炳教授更是主张小学、初中语文教材应 100% 是古诗文，通过吟诵使学生能够背诵 500 篇诗词，200 ~ 300 篇古文④；高中语文教材选现代文，"鲁、郭、茅、巴、老、曹"，因为高中生理解力强了，能读懂名家名篇了⑤。两位教授认为，只有这样才能解决教材"课文太水，含金量低，文化积淀稀薄"的问题。他们衷心期望学生

---

　　① 朱自清. 朱自清语文教学经验 [M]. 北京：教育科学出版社，2006：27.

　　② 刘国正. 叶圣陶教育文集：第 3 卷 [M]. 北京：人民教育出版社，1993：114.

　　③ 叶圣陶. 叶圣陶语文教育论集 [M]. 北京：教育科学出版社，1980：152 - 153.

　　④ 刘锡庆. 抛砖引玉，再说语文教改 [M]. 中学语文教学参考，2007（5）.

　　⑤ 季节. 语文课应从学习"己所不欲，勿施于人"开始——北京师范大学教授童庆炳访谈 [J]. 语文学习，2014（3）.

"多读古诗文，打好中国根，学做现代人"。

怎样正确处理语文教材中文言文与现代文的关系呢？第一，中学语文教材中，文言文与现代文二者同等重要，不能忽视其中任何一类，这应该已成共识。至于二者的比例，在排除畸轻畸重的情况下，可以不拘一格，以适应不同条件、不同水平的地区学校的需要。不过，有一点应该注意，小学与初中一、二年级应首先学好现代文。在基本掌握现代汉语的文学、词汇、句子、篇章之后，再在此基础上学习文言文，也许更符合语言的规律，因此小学、初中教材的现代文占比应大一些。过去景山学校的语文实验教材教学效果很好，小学教材主要是现代文，初中教材主要是文言文。第二，20世纪末语文教育大讨论中，批评当时语文教材"文化积淀稀薄"是有道理的，当时语文教材中的现代文大都是一般的记叙文、说明文和议论文，要求学生学习的是这些文章的主题思想、关键词句和写作手法，实际上是作为作文范文来学习的。可以说从《国文百八课》起一直到20世纪八九十年代的中学语文教材，多数是以写作为中心。这样的教材选文着眼于方便学生模拟，难于顾及蕴含多少文化，倒是有的文化含量大的文章，因为学生难于模仿，就要排除在外。做文范文只能归作文教材，做阅读教学用的现代文，就是要名家名篇，要文化含量大的作品。这样的现代文名篇、文言文名篇合在一起，才能构成文化厚重的语文教材。

四、正确处理知识教育与能力训练的关系

中华人民共和国成立以来的中学语文教材中，1956年的《汉语》《文学》课本，比较系统地介绍了文学理论、文学史知识、汉语语音、词汇、语法修辞、文字、标点符号知识，可惜不仅难学，而且用处不大。1963年语文教材强调基本知识和基本训练，重视"字、词、句、篇、语、修、逻、文"，语文知识比1956年教材大大减少，教学效果依然不佳。1987年初中语文教材，根据《中学教学语法系统提要（试用）》编排了十几篇语言知识短文，不料此举引起一场"淡化语法"的讨论，绝大多数人对语言知识短文持批评态度。2001年版的语文课程

标准提出"不宜刻意追求语文知识的系统和完整"。按照这个精神，语文教材中的语言知识只剩一点杂碎，聊胜于无。

而《义务教育语文课程标准（2011 年版）》把 2001 年版课标的那句话删掉，似乎意味着要提高语文知识在教材中的地位。语文知识到底应该怎样编写，它与能力训练的关系到底应该怎样处理的问题，始终未能妥善解决。那么，应该怎么办呢？

第一，教材中要坚持能力训练为主，教死知识为辅，切勿颠倒，喧宾夺主。吕叔湘先生说过，"学习语言不是学一套语言，而是学一种技能"①，学知识是为学技能服务的。1956 年《汉语》课本以知识教育为主，结果用了一年半就停用了。其实叶圣陶先生早有预见，在这套教材酝酿编写时，就在日记里写道："凡平日里留心语法者，如叔湘、莘田、声树诸君，咸谓语法非万应灵药，可以辅助，而不宜单独教学，使学生视为畏途，此大万注意也。"当然不少人认为知识是能力的基础，知识转化为能力，无知必然无能。一般来说这是不错的，但在语文教育中，知识与能力的关系比较特殊。常识告诉我们人们学习母语往往不是先学知识，再由知识转化为能力，而是在语文实践中直接获得一定的语文能力，再由知识巩固增强能力，知识只起辅助作用。鉴于 1956 年《汉语》课本的前车之鉴，1963 年中学语文教学大纲（草案）对此作了明确规定。从 1963 年中学语文教材起，一律打出了以语文能力训练为主的旗号。

第二，辅助能力训练的语文知识，应以程序性知识、策略性知识为主。现代认知心理学广义的知识观，把知识分为陈述性知识、程序性知识和策略性知识。陈述性知识主要用来描述一个事实或陈述一个观点，是静态的知识。程序性知识主要反映活动的具体过程和操作步骤，可以为实践技能定向，直接指导技能的训练、练习和形成。策略性知识指学习者对学习任务的认识，对学习方法的调用，如对学习过程的调控。70年来绝大多数中学语文教材中，不必讳言，多数是静态的陈述性知识，

---

① 吕叔湘. 吕叔湘语文论集［M］. 北京：商务印书馆，1983：314.

而程序性知识偏少，策略性知识更少。1956 年《汉语》课本如此，1987 年语文教材也如此，难怪有教师发出"淡化语法"的呼声。陈述性知识不能直接辅助能力训练确实应该淡化，而程序性知识、策略性知识不仅不能淡化，反而应该增加，利于能力训练的加强。张志公先生曾极力倡导汉语辞章学，这是介于基础理论知识与应用技术学科之间的"桥梁性"学科，旨在建立实用语言知识系统。实用语言知识其实主要就是程序性知识和策略性知识，与读写听说能力训练是融为一体的。

第三，辅助能力训练的语文知识，还应是综合性的。知识能力训练所需要的是运用语言文字的规律和方法，而不是文字学、词汇学、语音学、语法学、修辞学、逻辑学等许多相关学科分门别类的理论。1978 年《全日制十年制学校中学语文教学大纲（试行草案）》明确要求"语法、修辞、逻辑以及词句篇章，可以结合的内容尽可能结合起来教学"，"例如，辨别同义词，可以把概念的外延与内涵概念的相关关系这些因素渗透进去；又如，讲单句和复句，可以把关于判断的问题结合起来学等等"。

根据教学大纲的精神，1978 年、1982 年版中学语文教材中编进了《肯定和否定、全部和部分》等一批把语法、修辞逻辑结合起来的语言知识短文。由于它们是综合的，更加切合能力训练的需要，受到一些师生的欢迎。可惜这在教材史上，只是昙花一现。教材史上多数教材的语言知识不是综合性的，导致语言知识与能力训练是"两张皮"，这种状况亟须改变。

五、正确处理直线式编排与螺旋式编排的关系

1980 年，叶圣陶先生在语文教材改革座谈会上强调教材的编排体系："应该认真研究一下，中学的语文课必须教会学生哪些本领，这些本领有哪些项目。把它们排个次序，哪个该在前面，哪个该在后，哪些应该反复而逐步加深，哪些应该互相交叉或者互相渗透。依据这样的次序编出来的课本就踏实得多，不至于像现在这样东拼西凑，像不高明的

杂志似的。"① 于是，追求语文教材编制的序列化和科学化成了一大热点。其实早在 20 世纪 30 年代，就有夏丏尊与叶圣陶合编的《国文百八课》，采用直线式编排方式，用 108 个项目统领全书。叶圣陶先生发出口号后，就有多套教材借鉴《国文百八课》的编排方式。比如华东师大一附中《分类集中分阶段进行语言训练实验课本》，按照 140 个项目编排，口号是"一课一得，得得相连"。到 20 世纪 90 年代，义务教育初中语文教学大纲（试用）列出语文能力训练 48 个项目和语文知识若干个项目。当时所有的义务教育初中语文教科书无不按照这些项目采用直线式编排，不料这成为引爆 20 世纪末语文教育大讨论的导火索之一。有不少人批评按能力训练点、语文知识点直线式排列教材是伪科学，致使人文教育弱化。

吕叔湘先生主张语文教材采用螺旋式编排方式，因为无论是语文知识还是语文能力，都不是照一条直线前进的，说得形象一点就是循环着前进。起初讲得浅一点，怎么读呀，怎么写呀，字词句有哪些必要的知识，然后提高一步，还得循环一次，再循环一次，就这样螺旋式地上升②。这个看法已经获得大家的认同，至少无人提出异议。从世纪之交开始编写的语文教材，大都竭力把吕叔湘先生的看法付诸实践。

平心而论，直线式编排方式也不是一无是处，至少有两点值得螺旋式编排方式吸取。①螺旋式编排也要重视不断上升。它的全称应是螺旋式上升编排方式，这上升忽视不得。老是在原地踏步的教材教学效果肯定不好。过去曾有教材，初中是记叙文、说明文、议论文，高中是比较复杂的记叙文、说明文、议论文，似乎是上升了一步，但因步子不大还是遭到批评。②螺旋式编排也要重视项目的选用。过去直线式编排的教材的项目被批评为"鸡零狗碎"，搞纯技术训练，蒙上了恶名。可是螺旋式编排的教材虽然致力于整体推进，也不能避开项目，整体是由部分

---

① 刘国正．叶圣陶教育文集：第 3 卷［M］．北京：人民教育出版社，1994：214.

② 王晨．重读吕叔湘，走进新课标［M］．武汉：湖北教育出版社，2004：83.

组成的，没有部分就没有整体，关键在于科学地划分部分。螺旋式编排的教材就要通过一个部分的推进，达到整体推进的目的。这部分就可以是一个或若干个项目。项目不是要不要的问题，而是怎样确定的问题，螺旋式编排应为项目正名。

综上所述，直线式编排的缺陷，螺旋式编排尽量消除；直线式编排的长处，螺旋式编排充分发挥。不妨说螺旋式编排是直线式编排的升级版。2017 年颁布的《普通高中语文课程标准（2017 年版）》有语文核心素养、学习任务群、专题学习、学业质量水平等亮点，体现这些亮点的新编高中语文教材已经开始试用。语文教材改革似乎到了一个新的拐点上。

新中国70年小学语文教材建设的经验与思考

人民教育出版社编审　陈先云

中华人民共和国成立以来，我国的中小学语文教材建设大致经历了三个发展阶段：由全国通用教材到"一纲多本"教材，再到统编统用教材。中小学语文教材走过了不断探索改革的发展道路，教材编者也积累了丰富经验。

一、硕果累累：七套全国通用小学语文教材

（一）第一套：修订、改编老解放区《初级小学国语课本》《高级小学国语课本》

中华人民共和国成立初期，中小学校教材是亟待解决的中心问题之一。1950年12月，人民教育出版社成立，承担起编写、出版中小学教材的重任。由于当时要求供书的时间很紧迫，主要由刘松涛、德俯、黄雁星、项若愚等编写，以华北新华书店1948年3月出版的《初级小学国语课本》《高级小学国语课本》和由上海临时课本编审委员会编写、上海联合出版社1949年7月出版的《初级小学临时课本国语》《高级小学临时课本国语》为基础进行修订改编，供全国的小学生使用，以适应新生的中华人民共和国教育事业的发展需要。

1950 年修订改编的《初级小学国语课本》《高级小学国语课本》和《初级小学临时国语课本》《高级小学临时国语课本》同年开始出版发行，是第一套全国通用小学语文教材，虽然是过渡性教材，但开创了全国使用统一教材的格局。中小学语文教学逐步走向一个"教学计划"、一个"教学大纲"和一套"教科书"的"一纲一本"的时代。

（二）第二套：五年一贯制《小学课本语文》

五年一贯制《小学课本语文》主要依据 1950 年 8 月颁布的《小学语文课程暂行标准（草案)》和 1951 年 8 月颁布的《关于改革学制的决定》编写的。这套教材有如下两个重要特点：

一是教材内容丰富，重视思想教育内容安排的系统性。教材特别关注儿童思想教育的全面性和系统性。比如，第一册从指导儿童学生生活、家庭生活，健康生活，认识自然，热爱劳动和认识祖国、领袖，激发爱国、爱领袖的情感等六个方面进行设计。

二是编排形式多样，重视读、说、作、写训练，体现科学性和启发性。引导儿童通过对儿童文学的学习和实际生活的体验，加强对人民文学的认识与欣赏，培养他们丰富的想象力。

五年一贯制《小学课本语文》的内容和形式有创新之处，但仍存在着一些问题需要解决，如部分课文偏长，韵文过少。1953 年小学实行"四二制"，五年一贯制教材被暂缓推行。这套书只编写、出版了前三册，第一册 1952 年秋季开始使用，到 1953 年 11 月五年一贯制暂缓推行，教材编写工作也随之停止。这是第二套全国通用的小学语文教材。

（三）第三套：《初级小学课本语文》《高级小学课本语文》

1953 年小学实行"四二制"后，教育部开始制定适用于"四二制"小学各科的教学大纲，并于 1956 年颁发《小学语文教学大纲（草案)》。此大纲首次明确了"小学语文科的基本任务是发展儿童语言——提高儿童的语言能力和运用语言的能力"，并强调在发展儿童语言过程中进行思想政治教育。1956年小学语文教材进入实质性改革阶段，《初级小学课本语文》中阅读、汉语不分开编写，一、二年级以识字为重点，三、四年级增加了常识课文。《高级小学课本语文》中阅读课本和汉语课本分开编写。阅读课本以文学作品为主，汉语课本单独编写了《语文练习》。

1960年相关部门小学语文课本进行了修订，大幅调整了篇目，删去了1958年"大跃进""共产风"等相关新闻报道和以"生产劳动代替读书"的课文。新教材的编写、出版和修订工作，为以后的教材编写工作提供了宝贵的经验和教训。《初级小学课本语文》（8册）于1955年秋季试教试用，经修改于1956年秋季全国通用，历时十年多。《高级小学课本语文》（4册）1957年秋季使用，历时八年多，一直使用到1966年春季。这是第三套全国通用的小学语文教材，也是人民教育出版社编写、出版的第一套完整的小学语文教材。

（四）第四套：《全日制十年制学校小学课本（试用本）语文》

1960年下半年开始，根据"适当缩短学制，适当提高程度，适当控制学时，适当增加劳动"的指示精神，全日制中小学的年限缩短为10年。对十年制教材的编写，要求去掉重复、烦琐，"少慢差费"的内容；要改正脱离政治、脱离生活和生产实际的错误；要删除教材中陈腐落后、不科学的知识部分。

1961年12月《文汇报》发表了题为《试论语文教学的目的任务》的社论。社论中关于语文学科性质和"文道关系"的论述，对语文教材的编写和语文教学有着深远的影响。在此背景下，人民教育出版社编写《全日制十年制学校小学课本（试用本）语文》。此套教材的主要特点有：采用集中识字的办法编写识字教材，继承"先识字，后读书"的传统语文教育经验；贯彻多读多写原则；选材内容以培养小革命家为目标，教育学生爱祖国，爱党，爱人民，遵纪守法，热爱劳动等；选材面广，以期扩大学生的知识领域。这套教材于1961年秋季开始陆续出版发行，供全国实验十年制学校选用。这是第四套全国通用的小学语文教材。

（五）第五套：《全日制十二年制学校小学课本语文》

1961年2月，中央文教小组决定将出版的十年制教科书在各地试教试用一定时期后，再改编成十二年制教科书。

1963 年，在总结了 1958 年"教育大革命"的经验教训后，中共中央颁发《全日制小学暂行工作条例（草案）》（简称"暂行工作条例"）。同年 5 月教育部颁布《全日制小学语文教学大纲（草案）》（简称"教学大纲"），明确了语文学科的基本性质——工具性。"语文是学好各门知识和从事各种工作的基本工具。"规定小学语文教学的目的和任务，提出小学"一定要加强语文基本训练"，这是后来语文教学中"双基"提法的一个重要依据。教学大纲还首次提出"选材标准"，比如，课文必须是范文，一些经过教学实践证明效果良好的文章应该选入课本；语言文字必须合乎规范；课文的深浅难易必须符合学生的年龄特征；课文宜于短小精悍，读起来朗朗上口。教学大纲中的明确规定，为全日制十二年制小学语文教材的编写奠定了扎实的基础。

根据暂行工作条例和教学大纲编写的这套教材，显著的特色是根据教学大纲提出的"以培养学生的读写能力的顺序为主线"编写，重视基础知识传授和基本技能训练，注重知识的系统性，体现语文学科的工具属性。这是第五套全国通用的小学语文教材，于 1963 年秋季在全国使用第一册，但只出版了 6 册，就随着"文化大革命"的爆发而夭折。

（六）第六套：《全日制十年制学校小学课本（试用本）语文》

1978 年 2 月，教育部颁布《全日制十年制学校小学语文教学大纲（试行草案）》。依据此大纲编写的《全日制十年制学校小学课本（试用本）语文》，总的指导思想是正确地反映思想政治教育和语文知识教学的辩证关系，使学生扎扎实实地学好语文，以适应四个现代化的需要。教材将课文分成讲读、阅读、独立阅读三类，逐步提高学生的独立阅读能力。编排的"读写例话""习作例文"，由具体到抽象、提高学生的读写能力。每个单元之后"基础训练"的安排，突出加强字、词、句的训练和听说读写的综合训练，注意各个项目之间的联系，引导学生从语言现象中掌握语言规律，发展语言运用能力。

这套课本的第一册于 1978 年秋季开始在全国十年制学校中使用，1980 年编写基本完成。这是"文化大革命"结束后的第一套，也是新中国成立后第六套全国通用小学语文教材。

（七）第七套：《六年制小学课本（试用本）语文》

1981年3月，教育部颁发《全日制五年制小学教学计划（修订草案)》，又于1984年8月，颁布《关于全日制六年制小学教学计划的安排意见》。由此，我国的小学校形成新的五年制和六年制并存的局面。

1981年以后，教育部对五年制小学语文试用本教材进行修订，即《五年制小学课本语文》。依据教育部1984年颁布的《全日制六年制城市小学教学计划（草案)》和《全日制六年制农村小学教学计划（草案)》，开始编写六年制小学语文教材，即《六年制小学课本（试用本）语文》。这套教材是在五年制教材基础上改编的，两套教材教学要求和编排体例大致相同。编者总结了十年制小学语文教材的编写和使用经验，进行适当的调整和改进。从选材内容上，消除了"紧跟形势"的痕迹；从编排体例上，教学内容安排更加科学，识字教材、各种类型的课文和基础训练、读写训练点，都更符合小学生学习语文的规律；从装帧设计上，更加科学美观；从教材配套上，出版了一系列辅助教学的材料。可以说，这两套教材为教师更好地进行语文教学，为学生更有效地学习语文，提供了较好的基础。这两套教材是第七套全国通用小学语文教材，也是全国通用小学语文教材最后的版本。五年制教材1982年秋季开始使用第一册，一直使用到1995年春季；六年制试用本教材1984年秋季开始使用第一册，一直使用到1999年春季。

二、精彩纷呈：一纲多本教材多样化

这一时期从1986年到2016年，主要分三个阶段。

（一）第一阶段：教材走向"审定制"

1986年4月，原国家教委批准成立全国中小学教材审定委员会，负责教材的初审和审定工作。从此，中小学教材的编写、出版正式进入"一纲多本"、教材"审定制"时代。

1988年国家教委对中小学教材的编写提出了规划，决定在义务教育阶段编写四种类型的教材：供全国大多数地区学校使用的五四制、六三制教材；供沿海发达地区学校使用的"沿海版"教材；供欠发达地区学校使用的"内陆版"教材。由人民教育出版社编写面向全国大多数的五四制、六三制两套教材，广东省牵头联合福建省、海南省相关机构编写"沿海版"教材；北师大组织编写一套五四制教材，四川省相关机构编写"内陆版"教材，八大院校联合组织编写一套教材，上海市、浙江省相关机构各编写一套教材，河北省相关机构编写农村复式教材（俗称"半套"），这就是经常提到的小学语文"八套半"教材。除八大院校不能完成教材编写任务，上海、浙江两地教材暂时不用教育部审查仅在本地使用外，其他各套教材依据1988年教育部颁发的《九年制义务教育全日制小学语文教学大纲（初审稿）》于1989年开始着手编写。

人民教育出版社编写的五年制、六年制两套小学语文教材，在编写指导思想、编写理念和体系结构等方面保持一致。其主要特点有：一是重视教材的思想性，新选了一批时代气息强、体现爱国主义教育和贴近学生思想、生活实际的文章；二是实现语文基本功训练的整体优化，将听说读写各项语文基本功训练及观察、思维、想象能力的培养融为一体，最大限度地发挥语文学科综合训练的整体效益。这两套教材是人教版第八套小学语文教材，虽然不再作为全国通用教材，但使用范围仍然很广。

（二）第二阶段：普及九年义务教育，推进素质教育

1992年教育部颁布《九年义务教育全日制小学语文教学大纲（试用）》，人民教育出版社开始在九年义务教育五年制、六年制小学教材的基础上修订、编写两个学制的试用本教材。原教材的特点之一是"体现时代精神，重视教材的思想性"，试用本在此基础上增选了对学生进行革命传统教育和爱国主义教育的课文；降低难度，放缓坡度，增加弹性；注意体现训练过程，继续加强学习能力的培养；与教材配套品种更加齐全，实现了以教科书为基础的教材系列化；改进装帧设计，提高插图质量。

为贯彻教育部"关于减轻中小学生过重课业负担"，克服中小学教

材中的繁、难、偏、旧问题，进一步深化教育改革，全面推进素质教育，2000 年教育部颁布《九年义务教育全日制小学语文教学大纲（试用修订版）》，并要求各出版单位组织力量根据调整后的教学大纲精神，对小学语文教材进行全面修订。修订后的教材克服了原教材中的繁、难、偏、旧问题，增加了富有时代气息的课文，力求体现教育教学新理念，贯穿深化课程改革思想，全面推进素质教育。

（三）第三阶段：人文性引领下课程标准小学语文实验教材

2001 年 6 月，教育部印发了《全日制义务教育语文课程标准（实验稿）》。按照教育部的统一部署，人教版、北师大版和苏教版课程标准小学语文实验教材率先进入 38 个国家级基础教育课程改革实验区，供小学一年级新生使用。此后，语文 S 版、西师大版等 9 个版本的小学语文实验教材也陆续使用。各套教材综合起来有以下一些特点：一是教材内容能够与时俱进，有时代性；二是注重探究发现，注重对学生语文综合实践能力的培养；三是重视弘扬传统文化，凸现人文内涵；四是地方特色鲜明。

20 世纪末语文教育大讨论和建构主义课程观，对各套小学语文教材产生了深刻的影响。这个时期的各套语文教材主要以人文主题组织单元内容，没有突破文选型教材的编排模式。特别是在选文方面，单元课文主旨难以充分阐释所属的人文主题。教材地方特色具有一定的局限性，这也使得一些地方教材很少在其他地区使用。

三、新时代新教材：统编《义务教育教科书语文》

从 2012 年 3 月开始，根据中共中央关于加强义务教育道德与法治、语文、历史三科教材建设的要求，教育部组织专家编写义务教育三科教材。2016 年 9 月秋季学期，三科统编教材在起始年级开始使用。2019 年秋季，全国所有地市的小学语文教材全部一次性更换为统编教材。

统编语文教材突出德育为魂、能力为重、基础为先、创新为上的编写理念，主要表现在以下方面：一是以马克思个人全面发展理论为指导，将十九大报告精神融入教科书中；二是创新教材编排体系，改变传统的完全以阅读为中心的教材编排体系，科学地安排语文策略与能力序列，在重视培养阅读理解能力的同时，加大语言表达，特别是书面表达在教材内容中的比重；三是采用双线按单元组织课程内容，即以宽泛的人文主题将单元课文组织在一起，将语文训练的基本要素作为主线、明线，分成若干个知识或能力训练点，由浅入深、由易及难地分布在各个单元；四是增加语文学科内容的系统化设计，合理安排总体内容，将选文、活动、知识等有机结合，用少量的课文示范，让学生学会阅读，对阅读产生兴趣。

四、思考与启示

（一）启示一

国家教育政策的支持是语文教材建设稳定发展的根本保证。全面贯彻执行党的教育方针，为提高国民素质打下良好的文化和精神基础，是语文教材编写的根本目标和基本方向。新时代语文教材统一编写，统一审查，统一使用，确保了国家意志在教材中的体现和落实。

中小学教材是提高国民素质，培养国家经济建设和文化建设所需人才的重要载体与凭借。70年中小学教材建设发展实践表明，国家制定正确的教育方针、政策，保证了课程教材政策的稳定性和方向性，是教材建设能够顺利进行的前提，是中小学教学秩序能够有序开展的保障。新中国成立后相当长的时期内，我国中小学教材实行全国通用，是与当时的社会经济、文化发展水平相适应的，是历史的必然，起到了维护国家稳定和民族团结的重要作用。20世纪80年代中后期我国中小学教材实行"一纲多本"，是改革开放后教育改革的客观需要，也是教育改革成果的体现。中小学教材多样化的政策，适应了当时经济发展的要求和各地教育发展的需求，一定程度上提高了教材质量和服务水平，满足了不同地区学校多样化的要求。教材审定制、教材多样化，是国家教材管理制度的一大进步。新时代语文教材的"统一编写，统一审查，统一使用"，是事关我们国家未来的基础工程，是教材体现国家意志、发挥育人功能、彰显价值引领、服务国家发展战略的客观需要。

（二）启示二

语文学科的性质、任务和培养目标决定着教材编写方向，左右着语文教材建设，影响着语文教育教学改革。加强语文教材建设，最重要的是精选教育教学内容，解决好教师教什么、怎么教、为什么教，学生学什么、怎么学、为什么学的问题。这是语文教材建设的核心问题，也是语文教育教学改革的核心问题。

依据课程计划、教学大纲的规定，将语文学科的性质、任务和培养目标作为指导思想和编写原则，是语文教材编写首先必须明确的问题。一要面向全体学生，保证基本的教育质量，教材内容的选择与确定要充分地体现教学目标，具有基础性、实用性和可操作性，有效引领教学；二要年段目标、要求与分量适合，难易程度适中，满足不同地区学生的需要，使教材的统一性、弹性和适应性在一定程度上结合起来；三要精心选编课文，选文符合"文质兼美"的标准，不仅思想内容好，语言还要合乎规范，能体现教学价值，实现语言文字训练价值，真正起到"典范"的作用；四要处理好传授知识和培养能力两者相互依存和相互促进的关系，着眼于学生的听说读写能力培养和思维发展。

（三）启示三

教材编写必须建立在科学研究的基础上，这是提高语文教材编写水平和教材质量的保证和前提。语文教材的编写要逐步走向科学化，"继承发展，守正创新"是语文教材建设的基本要求与发展途径。

一套高质量的语文教材要适应我国经济、社会、文化发展和时代需要，适应学生身心发展的要求，同时也要适应当时教师的知识和能力水平。因此，高质量的教材建设要加强理论研究。要重视对教材的政治方向性、体系结构合理性、前瞻性与现代化进行研究。"继承发展，守正创新"是教材建设的基本要求和发展途径，应该得到认真贯彻与落实。语文教材在吸收人类社会最新成果、最新成就的同时，对传统语文教育内容也要认真研究，正确对待。相当多的传统内容、经典内容，是千百年来人类智慧的积淀与结晶。

（四）启示四

加强教材编写队伍建设，建立专业的高水平的编写队伍，确保教材建设的权威性和严肃性。注重传承语文教材编写实践中积累的宝贵经验，保证教材建设可持续发展。

新中国教材建设的历史经验表明，建立专门从事语文教材研究和编写的队伍，对提高教材质量、保证教材建设可持续发展至关重要。语文教材建设应有理论与实践相结合的队伍：以专职的教材编者为主体，这是教材建设的中坚力量；聘请知名语文教育、文学、语言学等方面的专家担任顾问、主编或编者，确保教材建设的权威性和严肃性；吸纳教学经验丰富的教研员、优秀教师参与编写，增强教材的教学适切性。中小学语文教材既具有稳定性，又有着发展性特点。教材建设需要随着国家教育政策、社会经济发展和知识更新的变化，及时对相关内容做出调整。客观上需要稳定的、专业的教材建设队伍，有稳定的时间专心致志地从事教材编写工作，并具有专业的教材编写知识与经验，能够掌握国家方针、政策，捕捉社会的需要、时代的发展和科技的进步，及时地改进、完善教材，确保语文教材政治导向、价值取向的正确性和教材知识的科学性、准确性和合理性。同时，教材建设队伍具有开放性、包容性，不断吸收不同领域的专家和优秀教师参与，不断提高自身理论与实践水平，不断总结经验与教训，担负起国家统编教材建设的重任。

统编初中语文教材的阅读教学理念和设计思路

人民教育出版社编审　　王本华

阅读教学是语文教学的重中之重。编写语文教材，阅读内容设计是重点。2017 年 9 月，统编初中语文教材开始在全国统一使用。那么，这套教材的阅读教学理念是什么？阅读内容的整体设计思路又是怎样的？

一、时代赋予语文课程和教材的使命

这里所说的"时代"指 21 世纪第二个十年以后，选取这个时间节点，是因为教育部在 2001 年颁布的《全日制义务教育语文课程标准（实验稿）》的基础上，2011 年颁布了修订后的《义务教育语文课程标准（2011 年版）》。那么，自 2010 年至今，国家出台了哪些与教育特别是语文教育密切相关的方针、政策呢？

2010 年 7 月 29 日，中共中央、国务院颁发《国家中长期教育改革和发展规划纲要（2010 – 2020）》，从总体战略、发展任务等不同角度确定了未来 10 年国家教育改革和发展的大政方针。其中在总体战略部分提出了坚持德育为先、能力为重、全面发展的战略主题。

2012 年，党的十八大召开，报告中的两项内容引起教育工作者的高度重视。一是提出倡导富强、民主、文明、和谐，倡导自由、平等、公正、法治，倡导爱国、敬业、诚信、友善，积极培育和践行社会主义核心价值观；二是提出要把立德树人作为教育的根本任务，培养德智体美全面发展的社会主义建设者和接班人。前者是国家的大政方针，后者是就各级教育提出的最高目标，两者密切关联。

为落实十八大关于教育方面的基本精神，2014 年，教育部颁发《关于全面深化课程改革落实立德树人根本任务的意见》，总体目标可以概括为：坚持立德树人导向，形成教书育人大格局。其中立德树人的主要内涵和要求应该包括以下几点：加强社会主义核心价值观教育，加强和完善中华优秀传统文化教育；形成爱学习、爱劳动、爱祖国活动的有效形式和长效机制；增强学生的社会责任感、创新精神、实践能力的培养等[1]。

同年，教育部颁发《完善中华优秀传统文化教育指导纲要》。《纲要》指出：加强中华优秀传统文化教育，是深化中国特色社会主义教育和中国梦宣传教育的重要组成部分；是构建中华优秀传统文化传承体系，推动文化传承创新的重要途径；是培育和践行社会主义核心价值观，落实立德树人根本任务的重要基础。

此外，还有多年坚持的革命传统教育，随着依法治国理念的深入而要求进行的法制教育，国家安全教育（环境、资源、粮食、信息安全等）、领土主权意识教育（海洋权益等）等，也都进入基础教育的视野。

所以，围绕这些要求，教育部又组织专家启动"中国学生发展核心素养"研究课题，围绕"全面发展的人"，明确学生应具备的适应终身发展和社会发展需要的必备品格和关键能力。2016 年 9 月，课题组发

---

① 田慧生. 落实立德树人根本任务　全面深化课程教学改革 [J]. 课程·教材·教法，2015（1）：3-8.

布研究成果，将中国学生发展核心素养概括为文化基础、自主发展、社会参与三个方面，综合表现为人文底蕴、科学精神、学会学习、健康生活、责任担当、实践创新等六大素养①。

在一系列重大举措下，2012 年 12 月，中办、国办联合下发《关于加强和改进新形势下大中小学教材建设的意见》，其中几次说到道德与法制、语文、历史三科教材，提出三科教材统一编写、统一审查、统一使用的"三统一"方案。

以上种种，可以说是国家的要求，大的背景、总体形势是对教育、课程、教材等提出了更高的要求，特别是呼唤语文在内的三科教材更多体现国家意志，更好地将主流价值观有机渗入到学科教育之中。

二、语文自身的独特价值

另一方面也要看到，各学科有自己的学科特点。语文作为一个最古老的传统学科，它的独特价值是什么？语文教育发展到现在，至少以下几个理念与本文论述的核心——阅读教学密切相关，庶几可以成为我们的共识。

1. 语文即生活。看到这个命题，教育工作者可能立刻会想到杜威的"教育即生活"，以及陶行知的"生活即教育"。它们正是这里所说的"语文即生活"的理论基础。

杜威曾来中国讲学，其"教育即生活"的思想，影响可谓至深至远。在他看来，教育的本质即生活。因为，儿童的生长是在生活中进行的，生活即是发展，没有教育就不能生活。教育是为着眼前的生活，而不是为未来生活做准备，因此教育要与儿童当下的生活融合，教会儿童适应眼前的环境，过好当前的生活②。

受杜威教育思想的影响，并结合中国国情，陶行知提出"生活即教育"的主张。他认为："生活教育是生活所原有，生活所自营，生活所

---

① 核心素养研究课题组．中国学生发展核心素养［J］．中国教育学刊，2016（10）：1－3．

② 康桥，杜威．教育即生活［M］．上海：上海辞书出版社，2014：37．

必需的教育。教育的根本意义是生活之变化。生活无时不变，即生活无时不含有教育的意义。"①

其实，无论是杜威提倡的"教育即生活"，还是陶行知提倡的"生活即教育"，实质都是主张教育与生活的一致性，教育源于生活又服务于生活。而在这一点上，语文学科特别突出，所以我这里说"语文即生活"。

语文即生活，一方面，语文学习的素材源于生活。从传统语文教育走过来，我们长期重视的可能是文学的、文化的、思想的经典。这些经典中蕴含着广泛的社会生活，但多是以文学手法表现出来的。从九年义务教育开始，语文教学也在悄然变化，学会读报、走进图书馆、开展语文课外活动等，将语文教学的视野延伸到课堂以外。九年义务教育语文课程标准更从课程建设层面提出教学资源问题，使语文的视野扩展到了更广阔的社会生活领域。

另一方面，语文即生活，即语文应用于生活，服务于生活。试想正常的人有谁不说话，不与人交流，不发表观点？但是传统语文时代的语文教育基本上是为了科举考试，民国及以后虽然在读写能力之外也强调听说能力，但并未真正树立起语文是为了生活的观念。2000 年以后的语文课程改革，确立综合性学习的内容和方式，可以说让我们的语文学习与在生活中运用的语文取得了密切的联系；非连续文本的融入，也将语文的视野不断扩大。今天，特别是统编教材的编写，将语文和生活建立起广泛而密切的联系。

2. 阅读即分享。分享，与他人分着享受。"阅读即分享"也包括两个方面。一个方面是，阅读者通过阅读分享作者提供的信息、内容、观点、思考等。在所有的语言文字材料中，除了私人日记、备忘录等极少数材料外，大部分记述下来的文字都是为了让别人了解，与别人沟通交流，也就是为了与人分享。阅读者阅读这些材料时，很自然地分享到了作者记录、表达的种种，虽然阅读者感受到的和写作者表达的可能不一

---

① 董宝良. 陶行知教育论著选［M］. 北京：人民教育出版社，2011：377.

致，但并不影响其分享的特性。

阅读即分享的另一个方面，阅读者在将阅读所得沉淀为自己素养的同时，还要学会与他人分享。这种分享可能是各种方式、各种途径，有时候是自觉的，有时候又是无意识的。对于阅读和写作我们有一个惯用的表达："阅读是吸收，写作是表达。"总体上看，这个表述是没有问题的，但仔细推究我们就会质疑，阅读仅仅是为了吸收吗？吸收的目的又是什么呢？仅仅是为了自己了解、自己懂得吗？假如你不将自己了解的、懂得的"说"给别人听，与别人分享，其意义又何在呢？通过这样的追问，我们就会进一步明白，其实阅读的第二个方向——与他人分享，也是极为重要的。

3. 兴趣与能力是"并蒂莲花"。若干年来，特别是语文作为一门独立的学科以来，语文教学基本是文选式体制。按照现在的学制，学生在高中毕业时，已经阅读了相当数量的作品，学习了很多阅读技巧、方法，但是很多学生却不喜欢阅读，不愿意阅读。一本新语文教材发下来，有些学生可能一口气就把那些文章读了一遍，虽然可能囫囵吞枣，可能不求甚解，但他们是怀着极大兴趣来阅读的，是愿意读的。可一旦进入课堂，老师一开讲，学生们往往就对这些文章失去了兴趣，甚至对语文学科望而却步。2005年，《光明日报》曾经对温儒敏先生做过一个访谈。温先生在访谈中说到，他曾经在北京大学中文系的新生中做过两次调查，一次是"你怎样看待中学语文教学"，一次是"你怎样看待鲁迅作品教学"，要求以小论文形式呈现。调查的结论是：大多数学生不喜欢语文课，甚至讨厌上语文课。试想，面对这样一门最有可能让学生产生兴趣的学科，这样一个考上了全国顶尖大学中文系的群体，调查得出的结论居然是这样。这难道不应让我们这些语文教育工作者深思并反思吗？

因此在阅读教学中，阅读能力的培养固然重要，但阅读兴趣的养成更不容小觑。能力与兴趣像两朵并蒂莲花，像鸟儿的双翼，任何一个都不可或缺。特别是在大力倡导全民阅读的今天，培养学生的阅读兴趣和良好的阅读习惯，对他们未来的生活和工作，对他们的精神和品格，都将产生巨大的影响。

4. 提高语文核心素养是归宿。从语文知识，到语文能力、语文素养，一直到今天的语文核心素养，可以看到语文教育研究永不停滞的脚步。

语文知识时期，大概是学科初建的时代。语文是个古老的学科，从2000多年前传统语文教育的识字启蒙、读经讲经、辞章作文等，到1904年《奏定学堂章程》的制定，语文学科开始单独设科，为语文教育的学科化发展奠定了基础。从学科初建到短暂的汉语、文学分科时期，再到20世纪七八十年代，基本是学科知识建立及发展时期，语音知识、汉字知识、词汇知识、语法知识、修辞知识、逻辑知识、文章学知识、文学知识等，都逐渐进入到语文教学的视野。

20世纪80年代后期至90年代，听说读写等语文能力的培养受到前所未有的重视。语文教学大纲在教学内容中将能力训练分解为阅读训练、写作训练、听话训练、说话训练四大方面48个能力点，可以说是语文学科多年探索的经验总结和具体实施。

进入21世纪以后，语文的人文性得到语文教育工作者的广泛认同。义务教育语文课程标准也适时地提出"全面提高学生的语文素养"这一教学理念。语文素养在知识与能力的基础上，更多地指向情感态度与价值观的培养，同时也包括21世纪特别需要的过程与方法的领会和学习。

2016年9月，《中国学生发展核心素养》对外发布，明确了学生应具备的适应终身发展和社会发展需要的必备品格和关键能力。在这样的顶层设计下，语文学科也研制出本学科的核心素养，统编初中语文教材也以此为契机进行了新的探索和尝试，下面讲到的阅读教学设计思想可见端倪。

三、阅读教学的内容设计与终极目标

为了更好地体现国家意志，最大程度地呈现语文教学的独特价值，统编语文教材在哪些方面创新了阅读教学理念、进行了独特的阅读教学设计呢？

1. 从阅读内容单元设置上说，利用双线组织单元，使工具性与人文性成为阅读素养的坚强的两翼，目标是强化能力，沉淀语文素养。

所谓"双线"，即按照"人文主题"与"语文要素"两条线索组织单元。

所谓人文主题，即按照内容类型进行课文组合，形成完整的单元。如七年级上册的六个单元分别是：四时美景、挚爱亲情、学习生活、人生理想、生命之趣、想象的翅膀。这些主题均与生活密切相关，形成一条贯串整册教材的显在线索。

所谓语文要素，包括基本的语文知识、必需的语文能力、适当的学习策略和学习习惯等。将这些要素分解成若干个知识或能力训练的"点"，由浅入深，由易及难，体现在各个单元的预习、阅读提示或习题设计之中。语文要素的确定，目的是保证语文综合素养的基本训练，使教学有一条大致可以把握的线索，也有层级序列较为清晰的梯度结构。

关于语文要素的落实，统编教材在不同年级有不同的设计。七年级以培养学生一般的语文能力为主，关注具有普遍意义的阅读方法和阅读策略。八、九年级则以文体阅读为核心，力求培养学生某一类文体的阅读能力。八年级以实用性文体为主，如新闻、传记、科普作品、演讲词、游记等，交叉安排说明性文章和散文等文学作品的阅读。九年级集中学习诗歌、小说、戏剧等文学作品，交叉安排议论性文章的阅读，旨在培养学生阅读说明性文章、议论性文章、实用类文本以及初步欣赏文学作品的能力。

2. 从阅读组织上说，建设"三位一体"的阅读教学体系，强化阅读能力与阅读习惯的养成，目标是扩大阅读面，提高阅读兴趣。

阅读是运用语言文字获取信息、认识世界、发展思维、获得审美体验的重要途径，是语文教学最重要的组成部分。新编教材的阅读教学，以各单元课文学习（分"教读课文"和"自读课文"）为主，辅之以"名著导读"和"课外古诗词诵读"，共同构建一个从"教读课文"到

"自读课文"再到"课外阅读"的"三位一体"的阅读体系，以更好地贯彻课程标准提出的"多读书，好读书，读好书，读整本的书"的倡议，并达到课程标准提出的课内外阅读总量400万字的要求。

教读课文，由老师带领学生，运用一定的阅读策略或阅读方案，完成相应的阅读任务，达成相应的阅读目标，目的是学"法"。比如在七年级，一般每个单元有2～3篇教读课文，通过这些课文，渗透本单元的语文要素，进行方法、策略、技能方面的学习和实践。

自读课文，学生运用在教读中获得的阅读经验，自主阅读，进一步强化阅读方法，沉淀为自主阅读的阅读能力，目的是用"法"。比如在七年级，一般每个单元有1～2篇自读课文，通过这些课文，学生可以用前边学到的经验实习，使自己的能力得到检验和巩固，沉淀为一定的语文素养。

课外自读，在本套教材中主要是强调由课内到课外的拓展阅读、整本书阅读、古诗词积累等，是课堂教学的有机延伸和有效补充。其中拓展阅读与单元教学相配合，是由某一篇文章向一组同主题、同题材、同作家或与之关联的整本书的拓展，在教材中部分课文就配有相应的阅读提示和要求。整本书阅读是这部分中非常重要的内容，教材既有"1＋2"的名著推荐供学生自由选择，也提供了文本的简要解读和针对该文本的阅读方法，力求使整本书阅读成为课堂教学的一部分，使课外阅读成为学生们课外生活的一部分。

3. 从教学处理来说，加大两类课型的区分力度，体现由教师引导学习到学生自主学习的理念，践行叶圣陶先生一贯倡导的"教是为了不需要教"的教学思想。

关于教读和自读，上文有简单的解释，要达到这样的目标，到底需要怎样的教学辅助系统的支撑呢？在以前，我们往往用练习量的多少、有无阅读提示等加以区别，统编教材则体现出更大的区分度。

教读课文，强调教师在场，强调教师的指导地位，指导学生通过一定的方式完成一定的阅读任务并建构出自己的阅读体验和阅读方案。这个过程中教师的引导、学生的自主都应得到充分的体现。基于这样的思考，教材设计了从课前"预习"到课后"思考探究""积累拓展"的课文助读系统。

在教材中，"预习"的设计兼有助读和作业的双重功能，或激发阅读兴趣，或调动阅读期待，或与以前所学进行关联，或提供必要的文本解读需要的背景知识，或照应单元重点提示必要的阅读方法，或指出阅读中需要思考的问题等，目的在于引导、铺垫、提高阅读兴趣。"思考探究"和"积累拓展"两个层次的练习设计，目的在于体现思维的渐进性以及由课内到课外的延伸拓展、由理解把握文本到积累梳理语言材料内化为语文素养的过程。"思考探究"，重在引导学生理解课文内容，感受作者情感，思考作品主题，学习写作技巧，品味精妙语言，解决疑难问题。"积累拓展"，重在品味语句，积累文笔精华，并侧重拓展延伸，或仿写、续写、改写，或课外实践，或讨论话题，或比较阅读，力求让学生将文本与文本以外内容建立起广泛的联系。

自读课文，强调学生学习的主体地位和学生的自主学习，自主运用教读课文中获得的阅读经验、阅读策略，独立地、个性化地完成阅读任务。为了达成这样的目标，教材编者设计了"旁批＋阅读提示"的组成样式。"旁批"随文设置，内容丰富，形式多样：或针对课文的关键之处、文笔精华以及写作技法做精要点评，或强调启发性和引导性，以问题的形式呈现，力避直接给出结论。这一版块的设置，主要是为学生自主阅读时提供思考或点拨重点、疑难、精妙之处。"阅读提示"配合单元重点或选取文章的独到之处进行指导，既指向学生的自主阅读、独立阅读，同时尽可能向课外阅读和学生的课外语文生活延伸，增加阅读量，培养阅读兴趣。

4. 从学习方式上说，尝试构建以任务驱动为重要形态的自主探究交流活动，真正实现自主学习、合作学习、探究性学习的学习方式的转变。

语文是综合性、实践性很强的学科，忽视这一特点，语文教学会更多地陷入课文分析、知识讲解、机械训练中。随着课改的深入，人们越来越多地认识到培养听说读写综合能力的重要，培养在特定情境中完成

特定任务、解决特定问题的重要。为此，统编教材在八、九年级新增 4
个专门的"活动探究"单元，以培养学生的语文实践能力。活动探究
单元以任务为轴心（设计单元任务单），以阅读为抓手，整合阅读、写
作、口语交际，以及资料搜集、活动策划、实地考察等项目，形成一个
综合实践系统，读写互动，听说融合，由课内到课外，培养学生的语文
综合运用能力。其基本设计思路是：文本学习—实践活动—写作。

文本学习是为了让学生了解某一文体的特点，把握阅读策略，为活
动的开展奠定基础。无论是怎样的探究、怎样的活动，语文教学中最重
要的阅读都不能缺位，因此，文本学习应该是活动的起点，是任务的抓
手，也是探究活动的基础。为此，教材编者根据每一类不同文本——新
闻类、演讲类、诗歌类、戏剧类，设计了不同的阅读任务和阅读方案，
以便为下一个任务"铺好路、搭好桥"。

实践活动，引导学生从课内拓展开去，开展各种与生活实践密切关
联的活动：或实地采访，或模拟演讲，或朗诵鉴赏，或深入揣摩排演剧
本。实践活动的开展，需要充分利用文本阅读中学到的知识，比如借助
戏剧知识揣摩人物台词，把握人物形象，以更好地代入角色等。

活动的落脚点是写作，或者将活动搜集的素材整理成文，或者根据
活动要求撰写文稿，或者进行文学创作，或者记录活动中的点滴感
悟等。

5. 从阅读资源说，选文注重经典性、多样化，文质兼美，尤其重
视中华优秀传统文化的理解和传承，目的是增加学生的文化积淀，培养
文化尊严感。

课程标准在教材编写建议中有这样的表述："教材选文要文质兼美，
具有典范性，富有文化内涵和时代气息，题材、体裁、风格丰富多样，
各种类别配置适当，难易适度，适合学生学习。要重视开发高质量的新
课文。"

据此，统编教材将经典性作为选文的重要标准。语文教学必须让学
生接触人类智慧的结晶，让学生对中外经典文化有尊严感。所选课文大
部分必须是文学史、文化史上有定评的作品，包括那些沉淀下来、得到

广泛认可的作品。以经典为主，可以使学生打破时空的界限，与文学大师、思想大师进行心灵的沟通、生命的对话，以便学生在生命与语文学习的起点就占据精神和语文的制高点，为终身发展奠定牢固的基础。

经典文章需要经过时间的淘沥，虽然其传达的人文精神并不过时，但其写作年代距今较远，为此，统编教材也特别注重时代性，编入了一批富有时代气息的高质量的新课文。如《一着惊海天》，记述我国航母舰载战斗机首架次成功着舰的过程，对于提升民族自豪感、振奋民族精神等具有重要意义。

语文性、适用性也是选文的重要标准。所选文章既要思想格调高，有利于核心价值观培养，又要语言形式优美，满足"语文素养"这条线的教学需要，并能激发阅读兴趣，提升审美能力。同时，还要注意以学生为本，难易适中，适合特定年段学生学习，适合教学。

此外，选文强调多样性，尤其重视古代优秀传统文化作品的选取和学习。以现代文为主，精选古代诗文，外国的作品也占一定比重，同时还选收一些科普文、新闻报道、应用文，以及非连续性文本。

我们有理由相信，通过教材编者的认真编写、精心设计，特别是对阅读教学的思考，将会有更多的学生在未来的学习和生活中越来越喜欢语文，越来越喜欢阅读，阅读将成为他们的一种重要的生活方式。

语文教材传统文化教育内容体系化探讨

北京师范大学文学院教授　任　翔

党的十八大以来，我国传统文化教育取得明显成效。为更好地落实立德树人根本任务，传承与弘扬中华优秀传统文化，尚需在传统文化教育内容体系化上着力。关于语文教材体系化问题，早在 20 世纪 30 年代夏丏尊和叶圣陶就已提出并试图改革，为此躬身编写了《国文百八课》。该教材编写目的很明确："想给国文科以科学性，一扫从来玄妙笼统的观念"①。至 20 世纪 80 年代叶圣陶再次强调语文教学体系化，他指出："现在大家都说学生的语文程度不够，推究起来，原因是多方面的，而语文教学还没有形成一个周密的体系，恐怕是多种原因之中相当重要的一个。语文课到底包含哪些具体的内容；要训练学生的到底有哪些项目，这些项目的先后次序该怎么样，反复和交叉又该怎么样；学生每个学期必须达到什么程度，毕业的时候必须掌握什么样的本领，诸

---

① 夏丏尊，叶圣陶. 国文百八课 [M] . 北京：生活·读书·新知三联书店，2012：1.

如此类，现在都还不明确，因而对教学的要求也不明确。"① 语文教学体系化的前提是教材体系化，而教材体系化最重要的是内容体系化。因此，如何选择与编排语文教材传统文化教育内容，使之形成循序渐进的内容体系，以符合各学段学生的认知规律与认知特点，提高学生的道德修养与文化素养，尚需沿波讨源，了解传统教育的内容，吸收传统教育的经验，为语文教材传统文化教育内容体系化寻找适切的路径。

一、语文教材传统文化教育内容的来源

中国传统文化以儒家为主体框架，儒家与道家、佛家互相批判又相互融合，铸就了中华民族的思想观念、道德规范和人文精神。这些思想观念、道德规范和人文精神蕴含在传统典籍里，是语文教材传统文化内容的源泉。语文课程传统文化内容主要是古典诗文，在古诗文学习中，含括了经、史、子、集等多方面内容。这些内容可从《三字经》里得到启示。经典蒙学教材《三字经》记载了传统教育的内容及学程。"为学者，必有初，小学终，至四书。""孝经通，四书熟，如六经，始可读。""经既明，方读子，撮其要，记其事。""经子通，读诸史，考世系，知始终。"② 由《小学》到"四书""诸经"，再到"诸子"和"诸史"，古诗文学习贯穿始终。

《小学》由南宋理学家、教育家朱熹编纂而成，其核心内容是教育儿童如何为人处事，如何孝顺父母，如何尊敬长辈。《小学》内容上承《论语》，下启《弟子规》，既识字又学文，是传统蒙学教育的重要教材。从张志公《传统语文教育教材论》可知，历代蒙学教材繁丰，流传最广、影响最大是《三字经》《百家姓》和《千字文》，合称"三百千"。③《三字经》由南宋王应麟著就，全书共一千余字，用三言韵语编

---

① 刘国正. 叶圣陶教育文集（3）［M］. 北京：人民教育出版社，1994：218.

② 钱逊，扬明. 三字经［M］. 济南：济南出版社，2016：12~13.

③ 张志公. 传统语文教育教材论：暨蒙学书目和书影［M］. 北京：中华书局，2013：26.

成，取材典范，朗朗上口，内容广博，包括文学、历史、哲学、天文地理、人伦义理、忠孝节义等，阐发了为学和为人的道理，有丰富的文化内涵和教育价值。如："人之初，性本善，性相近，习相远。苟不教，性乃迁，教之道，贵以专。""子不学，非所宜，幼不学，老何为。玉不琢，不成器，人不学，不知义。"既教儿童识字、写字、阅读，也对儿童进行道德启蒙。《百家姓》成文于北宋初，共有五百多个姓氏，其中三十多个复姓，采用四言韵语编成，不但让儿童学习知识，增广见闻，还可通过寻根提高儿童对姓氏文化的认识，增强民族文化自豪感。《千字文》由南北朝周兴嗣编纂，以"天地玄黄，宇宙洪荒。日月盈昃，辰宿列张"开篇。全书四字一句，共二百五十句，对仗工整，体例明晰，典故荟萃，文采斐然，内容涵括天文、地理、自然、社会、历史等多方面的知识，是语文学习的佳作。蒙学教材影响较大的还有《声律启蒙》《笠翁对韵》《增广贤文》《格言联璧》《弟子规》等。这些蒙学教材因受时代局限，有些内容已不再适宜，可从中节选文质兼美的语篇。如《声律启蒙》开篇："云对雨，雪对风，晚照对晴空。来鸿对去燕，宿鸟对鸣虫。三尺剑，六钧弓，岭北对江东。人间清暑殿，天上广寒宫。两岸晓烟杨柳绿，一园春雨杏花红。"朗朗上口，声韵和谐，内容博雅，从中既可学习语音、修辞，也可积累词汇、训练语感、丰富想象。又如《格言联璧》："日日行，不怕千万里；常常做，不怕千万事。""事到手，且莫急，便要缓缓想。想得时，切莫缓，便要急急行。""见事贵乎理明，处事贵乎心公。"再如《弟子规》："唯德学，唯才艺，不如人，当自砺。若衣服，若饮食，不如人，勿生戚。""读书法，有三到，心眼口，信皆要。方读此，勿慕彼，此未终，彼勿起。宽为限，紧用功，工夫到，滞塞通。心有疑，随札记，就人问，求确义。"《易经》云："蒙以养正，圣功也。"小学阶段是语文学习的黄金时间，这些蒙学经典选篇是滋养儿童心灵的甘露。既可让儿童感知汉语的音韵美，又可潜移默化地受到道德熏染，从而达至教文育人。

"四书"，指《论语》《孟子》《大学》《中庸》，是中国传统教育必读之书目。《论语》由孔子弟子及再传弟子编纂而成，内容包括德行、言语、政事和文章，是儒家首部论著，集中反映了孔子有关进德、修业的主要思想与言论，是儒家文化的根基。《孟子》亦为儒家经典，由孟子及其弟子共同编写而成。《孟子》不仅是儒家的重要学术著作，也是中国古代极富特色的散文专集，其思想主要包括施仁政、性善论和教育论。《大学》《中庸》原为《礼记》中的两篇，亦是儒家经典。《大学》提出了成人、修身之步骤与方法的"三纲八条"："三纲"——明德、亲民、止于至善；"八条"——格物、致知、诚意、正心、修身、齐家、治国、平天下。所以"《大学》有似建筑房屋之蓝图及其施工程序"①。《中庸》在教育上不仅提出智、仁、勇三者是"天下之达德"，还阐明了"好学近乎智，力行近乎仁，知耻近乎勇"，并进一步提出"博学之，审问之，慎思之，明辨之，笃行之"由知到行的学习序列。

"四书"之后读"诸经"。"诸经"主要指《诗》《书》《礼》《易》《春秋》，总称《五经》。"《五经》是全部儒家典籍的精华，最能代表儒家的思想、理论和精神实质。《五经》以外的儒家其他典籍，基本上都是对《五经》的解说、阐发和补充。"②《诗》也称《诗经》，是中国最早的诗歌总集，收集了西周初年至春秋中叶的三百零五首诗歌，分为风、雅、颂三部分。"风"是各诸侯国的乐调，"雅"是宗周地区的正乐，"颂"为宗庙祭祀之乐。孔子对《诗》推崇备至，"《诗》三百，一言以蔽之，思无邪。""小子，何莫学夫《诗》？《诗》可以兴，可以观，可以群，可以怨，迩之事父，远之事君，多识于鸟兽草木之名。"《诗经》为之后的诗歌发展奠定了重要基础。《书》也谓《尚书》，是儒家之经典，也是中国最古老的史书，记载了尧、舜二帝和夏、商、周三代的一些史事，有典、谟、训、诰、誓、命等方面的内容。《易》也称《周易》，包括《易经》和《易传》，是我国最古老的一部筮占之书，后来发展成为一部哲学著作。《周易》首先应用于天道，例如天干、地支、天文、气象、季节等。孔子将人道与天道配称，如乾卦，"天行健

---

① 陈立夫．四书道贯［M］．北京：中国友谊出版公司，2016：6.
② 李军，董辅文，吕文郁．五经全译：上册［M］．长春：长春出版社，1992：5.

（天道），君子以自强不息（人道）"，其他六十三卦都如此，遂有了"天人合一"之称。《周易》对中国几千年来的政治、经济、文化等领域产生了极其深远的影响。《礼》是《礼经》的简称，为古代礼学的经典，包括《周礼》《仪礼》和《礼记》，其中《礼记》是儒家的主要经典之一，内容含括礼制、礼仪和礼论等。《春秋》是鲁国的一部编年史，记述了春秋时期各国的主要事件及其代表人物等，言简意赅，只作纪实，为后世史学创立了"春秋笔法"。此外，还有一部为历代所重视的儒家经典——《孝经》，相传为孔子所作。《孝经》集中阐发了儒家的伦理思想。"夫孝，天之经也，地之义也，人之行也。"指出孝是诸德之本，认为"人之行，莫大于孝"。"夫孝，始于事亲，中于事君，终于立身。"将孝道渗透在修身、齐家、治国、平天下的全部修己与治人之中。

"诸经"之后读"诸子"。"诸经"是以书见人，"诸子"则是以人见书。诸子百家代表人物有管子、老子、庄子、荀子、韩非子和孙子等。管子是春秋初期思想家、政治家和军事家。《管子》一书包含了其深刻的思想和主张，具有朴素的唯物观点和辩证方法。老子是春秋时期思想家，在《道德经》一书中提出"道法自然"的宇宙观，在政治上提出"无为而治"和使民"自化"等治国安邦的策略和方法。庄子是战国时期的思想家，老子思想的主要继承者。所著《庄子》将老子的"无为而治"发展为绝对的"无为"，将老子的辩证法发展为极端的相对论，其中的《逍遥游》《齐物论》《养生主》等篇章，要求人们去追求"无己""无功""无名"的境界，以彻底摆脱私欲的束缚，达到精神上的绝对自由。墨子是战国时期的思想家和政治家，在《墨子》一书中提出"兼相爱，交相利""官无常贵，而民无终贱"的平权思想；主张"非攻"，在《公输》一文里有详细的记述。荀子是战国晚期的思想家、政治家和教育家，《荀子》一书不仅内容丰富，说理透彻，而且包含了许多历史典故。荀子极为重视教育，主张学与思、知与行的统一，强调"学不可以已"。韩非子是战国末期法家集大成者，《韩非子》中多寓言故事，如"守株待兔""自相矛盾""郑人买履""买椟还珠"

“滥竽充数”等，这些寓言富含深邃的哲理，历久弥新。孙子是春秋末期军事家，《孙子兵法》一书论述了用兵的战略和战术，充满了辩证的思维方法。其战略思想不仅应用于军事，而且广泛应用于社会生活的各个领域。

“经子通，读诸史。”“诸史”主要指《左传》《国语》《战国策》《史记》《汉书》《后汉书》《三国志》《资治通鉴》《通鉴纪事本末》等。其中影响深广当属司马迁的《史记》。《史记》是中国第一部纪传体通史，记载了上至黄帝下至汉武帝共三千多年的历史，分本纪、世家、列传、书、表五类，共计130篇。《史记》不仅是一部宏伟的史书，也是一部杰出的文学著作，对后世史学和文学的发展影响甚巨。

以上根据《三字经》给出的学习路线，对蒙学教材和“四书”“诸经”“诸子”“诸史”的原典做了简要梳理。这些文化原典，自成体系又彼此关联，形成了中国传统文化原典图谱，是语文教材传统文化教育内容的源头活水。

根据传统经、史、子、集分类，集部主要是诗文总集和专集等，包括楚辞、总集、别集、诗文评、词曲等。中国最早的一部诗文总集是《文选》，由南朝梁昭明太子萧统主持编纂而成，所以也称《昭明文选》。《文选》收录了上起周代，下迄南朝梁代的130多位作者的700余篇作品。按赋、诗等分为38类，各类编排以作者年代先后为序。从作品时代看，除屈原、宋玉、李斯等人的作品外，《文选》主要选录汉、魏、晋及南朝宋、齐、梁各代的作品；从思想内容看，既有政治教化的作品，也有日常生活中的写景抒情之作；从艺术形式看，多为骈偶之作，选文富有文采，以“事出于沉思，义归乎翰藻”[1] 为艺术标准，即只有意旨与文辞并茂方可入选。因经史诸子多以立意纪事为本，所以《文选》基本未选入这些文章。《文选》内容赡博，选录精审，成为后世学习汉魏六朝诗文的主要读物。语文教材里魏晋南北朝时期如曹操、曹植、曹丕、陶渊明、谢灵运、郦道元等人的诗文均出自《文选》。继

---

① 张启成，徐达．文选译注：一［M］．北京：中华书局，2019：10.

《文选》之后，一些编选各体诗文的重要总集如《文苑英华》《唐文粹》《古文辞类纂》《经史百家杂钞》等，还有专集《古文观止》《唐诗三百首》等，这些诗文集是语文教材传统文化教育内容取之不尽的富矿。那么，如何从浩瀚的经史子集里选择语文教材传统文化教育内容，还需追本溯源，寻求学理依据。

二、语文教材传统文化教育内容体系化的依据

探讨语文教材传统文化教育内容体系化，还要明确传统文化教育目标与语文教材结构。传统文化教育旨在培养青少年对中华民族文化的自豪感和认同感，提升道德修养和文化素养，使其成长为人格完整、心灵润泽、刚健质朴、美善相谐的一代新人。现代语文教材经过百余年改革发展，已逐渐形成独具特色的语文教材结构。语文教材由若干个系统组成，最主要的是知识系统、文选系统和活动系统。据此，语文教材传统文化内容体系也应包括传统文化知识系统、传统文化文选系统和传统文化活动系统。追溯传统教育源头，可从《论语》里找到依据。

《论语·述而》曰："子以四教：文、行、忠、信。""四教"指四项教育内容或修业课程。"文"谓《诗》《书》《礼》《易》《春秋》等先代之遗文，可以理解为文化知识与文选。"行"谓德行修养，即把所学知识付诸实践，提升个人修为。"忠"，忠诚、竭尽全力而为。"信"，信念、信仰。"忠""信"合一，即人在践履中要诚实守信、忠于信仰、坚定信念。孔子教导弟子应"文、行、忠、信"并重，博学多闻（文）、身体力行（行）、尽忠职守（忠）、执着信念（信），力求成为德智兼修之人，体现了孔子对人的全面发展的深刻认识。根据孔子教育思想与语文教材特点，可将语文教材传统文化内容归纳为"文、行、信"三位一体的内在结构。"文"是传统文化知识与文选，也是传统文化教育的立足点；"行"是传统文化教育实践活动，是传统文化教育的关键，也是传统文化教育的着力点；"信"是在传统文化教育过程中形成的道德品格与理想信念，也是传统文化教育之落脚点。这三者相互贯通并

互相融合，构成传统文化教育的核心内容。

"文"，即传统文化知识与文选。中国传统文化知识广博深邃，融会儒、道、佛，贯通文、史、哲。在浩瀚的文化知识里，最重要的是语言知识、文学知识和历史知识，这三种知识是学习传统文化的重要基础，尤其是语言知识最为重要，如果没有语言知识，就无法迈入传统文化的大门。中国传统文化教育最根本任务是中华民族精神教育。根据中共中央办公厅、国务院办公厅印发的《关于实施中华优秀传统文化传承发展工程的意见》和教育部印发的《完善中华优秀传统文化教育指导纲要》，可将中华民族精神概括为天人合一的人本观念、自强不息的进取精神、厚德载物的博大胸襟、贵和尚中的价值取向和爱国主义的民族情怀。① 这五个方面可以说是中华民族精神教育的基本内容，也是中华民族伟大复兴的历史文化基础。这种民族精神蕴藏在文化典籍里，渗透在每一篇经典诗文里，是中华民族自信的底气，也是砥砺前行的根本力量。

"行"，即对"文"的践履。中国传统教育强调知行合一。《中庸》云，"博学之，审问之，慎思之，明辨之，笃行之"，就是由"知"到"行"最凝练的总结。传统文化教育不仅要引导青少年读而知、读而思，而且要读而习、读而行；蕴含于语文教材选文里的思想观念、传统美德和人文精神，不仅要让青少年知道、悟道，而且要守道、行道，把道理内化为精神追求，外化为实际行动。因此，语文教材传统文化教育内容要体系化，要坚守树人为本、立德为重、践行为要的理念，根据青少年认知规律与认知特点，整体设计各学段语文教材传统文化内容，强化其对传统文化的实践体认，促进语文教材传统文化内容的创造性转化和创新性发展，使中华民族精神融化为青少年身上的血液，不断增强民族文化的自豪感和认同感，成为中华文化的真正传人。

"信"，即对"文"的信念与"行"的坚信。《论语·雍也》曰："君子博学于文，约之以礼，亦可以弗畔矣夫！"君子只有广泛研习六

---

① 任翔. 中国传统文化教育的目标与内容初探［J］. 中国教育学刊，2019（1）：58 – 63.

艺，并以礼仪约束自己，才能合乎君子之德行。这句话充分阐明了孔子的教育理念与方法。在孔子看来，人应当广博地学习先贤留下的六艺之文和典章制度，汲取一切可贵经验，在学习中树立信念，在实践中忠于信仰，让自己的学识惠及家庭、社会乃至全天下，并使人人拥有完善的知识与完美的人格，否则博学对个人生命毫无益处。所以，孔子又提出"约之以礼"，君子应赤诚守信，将言行举止安顿于行为规范中，进而躬身践行，达至依循正道、忠诚良知。只有这样，才能发挥博学于文之目的，达至立己立人、达己达人之境界。

由此可见，"文、行、信"是传统文化教育的内容，也是传统文化教育的宗旨。此三者亦是语文教材传统文化内容的标准，为语文教材传统文化教育内容体系化提供了依据。

三、语文教材传统文化教育内容体系化的构想

通过上述分析，了解了语文教材传统文化内容存在的问题，知晓了传统文化教育内容的来源，找到了传统文化教育内容体系化的依据。在此基础上，以语文课程目标和传统文化教育目标为指向，按照一体化、分学段、有序推进的原则，整体设计语文教材传统文化教育内容。语文课程负有独当的使命——引导学生阅读经典，从中感知语言、品味语言和运用语言，培养入耳能撮意、出口能达辞、提笔能成文的语用能力，不断提升其文化传承能力和审美鉴赏能力。据此，提出语文教材传统文化教育内容体系化的构想：小学学段古诗文兼学蒙学选篇；初中学段古诗文兼学"四书""五经"选篇；高中学段古诗文兼学"五经""诸子""诸史"选篇。在整体设计中，古诗文学习贯穿始终，文化原典选读循序渐进，"文、行、信"活动相互融合。

其一，古诗文学习贯穿始终。这里的古诗文专指经、史、子、集分类的集部诗文。为使内容选择与编排更明晰，将古诗文分为"诗"与"文"两类。"诗"主要指诗、词、曲等。古诗词由易到难编排，能力目标逐步提升。小学学段诵读浅易古诗词，体会其音韵美和情感美，获得初步的审美体验；初中学段诵读古诗词，了解诗词格律，体会其情感

美和意境美，获得审美体验；高中学段诵读古诗词，理解诗词格律，体会其意境美和哲理美，获得审美体验和人生启迪。"文"包括"文学"和"文章"。"文学"主要指故事、寓言、神话、游记、散文、小说、戏剧等。文学阅读随学段增高而拓展，小学以故事、寓言、神话为主；初中以神话、游记、散文为主；高中以散文、小说、戏剧为主。"文章"主要指记叙性、说明性、议论性等实用文类，文章阅读由浅入深逐步提高。小学以记叙性为主兼学说明性文章；初中以记叙性、说明性为主兼读议论性文章；高中以议论性为主兼学记叙性、说明性文章。通过系统学习，感受作品的语言美、艺术美和意蕴美，体会作者的志趣、情怀与抱负，不断提升语言能力和人文素养。

其二，文化原典阅读循序渐进。从"四书""五经"到"诸经"和"诸史"，文化原典阅读依次展开。从文化原典中选取最能反映中华民族精神，又能体现时代价值的篇章，分类有序编排，使义理相近的篇章得以相互阐发，以深入领会蕴含其中的思想观念、传统美德和人文精神，提高道德修养和文化素养。如《论语》，依照孔门四科：德行、言语、政事和文章分类，在各类之下，选择义理相近的内容编成一组。"德行"可分为"道德""仁爱""友善"等，将德行章句按照这几个类别组成专题。又比如"仁爱"，"仁爱"是孔子思想之核心，也是道德修养最为重要的一环。《论语》里有一百多处提到"仁"，但没有一章特别明确地为"仁"下定义。在孔子看来，每个人的天赋秉性、才情气质都不同，成德的方向也不一样，孔子因材施教，从多个角度阐述人应如何行"仁"。以"仁"为纲，采用循序渐进的教学方式，先由弟子问"仁"，逐步引出孔子对"仁"的阐发。这样编排不仅能使教材内容成系统，还可以逐步理解"仁"的原意，从而引发对"仁"的思考。仁爱思想要从小培养，也即始于孝悌。《论语》云："君子务本，本立而道生。孝悌也者，其为仁之本矣！"文化原典篇章的选择与编排，既要符合学生的认知特点和成长规律、又要遵循传统文化教育教学规律。须精审选择，精细编排，精确理解。

其三，"文、行、信"活动相互融合。只有"文"与"行"合一，方能实现"信"的自觉。因此，在系统选择与编排"文"时，同时要系统落实"行"。只有这样，才能使"文"内化于心，外化于"行"。如小学语文教材在系统编排中秋节、重阳节、春节、元宵节、清明节、端午节等重要传统节日古诗词时，可系统设计传统节日活动课。从诵读节日古诗词，到探讨节日的由来，再到讲述家乡过节的习俗，最后汇编传统节日古诗词，写下活动的过程和体验。这种"文""行"合一的教学方式，既可激发学生学习古诗词的兴趣，又可培养热爱家乡、热爱祖国的感情。

语文教材传统文化教育内容体系化是一项复杂的系统工程。内容选择与编排是不可分割的整体，教材中的知识系统、文选系统和活动系统都需要统筹安排、科学设计，各学段语文教材内容的呈现方式，如文白比例、文白合编、文白分编等都是影响传统文化教育的重要因素。只有各项内容自成序列又相互融合，各种因素统整协调，才能真正形成文行信贯通、中小学衔接的语文教材传统文化教育内容体系。

中国现当代文学经典与语文教材选文

——以"北京市高中课程改革实验版"教材为例

北京联合大学师范学院中文系教授　　王德领

中国自古就有文选的传统。譬如千百年来流传至今的选文经典《昭明文选》《唐诗三百首》《古文观止》等。毫无疑问的是，这些文选，体现了选编者的慧眼，入选的都是经典文本，所以才经得起时间的检验。

语文教材和文选虽然目的不同，但在本质上是一致的——遴选传世经典，以文化人。只不过语文教材具有鲜明的时代特色，更多地承担了民族国家以塑造合格公民为目的的教化功能，是根据不同的年龄段，选择适合学生接受的经典作品。问题是，经典的形成，有赖于时间的检验。对于中国古典文学经典，我们遴选起来是毫不费力的，因为有漫长的时间已验证，有一代又一代的研究者的成果作为证明，譬如李白、杜甫、苏轼这些诗人的代表作，怎能不是经典？但是中国现当代文学作品就不同了，它们大都诞生不过百年，最近的不过几年的时间。在如此切近的时段产生的作品，选择进入语文教材，带有极大的冒险性，对编选者提出了巨大的挑战。因为，从文学史的角度看，一篇优秀的作品在发表时引起轰动，往往几年后即销声匿迹，成为明日黄花，最终隐没在时间的长河里。可以说，当代的一些所谓经典是"伪经典"。选入中小学语文教材的文本，意味着被千百万学生学习、吟诵，如果是"伪经典"，岂不是误人子弟，浪费少年儿童的大好年华？

不幸的是，我们频犯这样的常识性错误。因为过分强调教化功能，强调紧跟政治意识形态，将一些契合当下要求的时文选入课本，时间一长，这些文章变得不可卒读，回望不免唏嘘感叹。譬如在 20 世纪 80 年代初期的高中语文教材选入的一些现当代作品只适合作为政治课、思想品德课的材料，作为语文课的范本就显得牵强。当然，当时的选文标准具有历史局限性，在当时注重政治意识形态和教化功能的教育理念下，对经典作品入选标准的把握难免失之偏颇。

进入新世纪，语文教材的编撰思路发生了较大的变化。对中国现当代文学作品，编者更注重经典性，要求文质兼美，具有教育意义。但不可讳言，编者为教材中选择的近百年来产生的作品欠严谨，对经典的认知有差距，把一些不成熟的作品选进了教材，这是需要改进和调整的。

本文主要以 2006 年版北京市高中课程改革实验版语文必修教材为例，结合具体案例，谈一下教材在选文问题上的得与失。这套高中必修教材的特色在于实验性，将高中语文定位为"阅读与写作"，可谓抓住了语文学习的核心问题，可以说，这是一套有特色的教材。在阅读选文上，古今中外均有，以文学体裁分，分为小说 4 个单元，散文 6 个单元，诗歌 3 个单元，戏剧 2 个单元。这是一个较为合理的阅读框架，符合古今中外文学的实际。总的来看，教材在文本选择上还是具有经典意识的，并注意到了立足北京，具有地域观念。从中国现当代文学的角度来看，多是选择文学大家的代表作品，做到了对经典的尊重。

这套教材必修部分入选的中国现代文学作品，既有传统的"鲁、郭、茅、巴、老、曹"的作品，也有一些 20 世纪 90 年代以来被文学研究界热捧的作家的作品，如萧红、废名的作品。鲁迅的作品，选入的小说有《范爱农》《祝福》《铸剑》，郭沫若的作品入选的是诗歌《天狗》，老舍的作品选入的有散文《想北平》《断魂枪》。废名的《竹林的故事》是平和冲淡的，入选的缘由大约是京派的缘故。朱自清的《荷塘月色》自 20 世纪 80 年代以来一直是高中教材课本的必选篇目。这套教材保持了作品的原貌并将原先删节的部分恢复。

中国当代文学作品，入选的有王蒙的散文《葡萄的精灵》、余华的小说《许三观卖血记》（节选）、汪曾祺的散文《故乡人》、老舍的话剧《茶馆》（节选）、锦云的话剧《狗儿爷涅槃》，以及公刘的诗歌《上海夜歌》、舒婷的诗歌《致橡树》，海子的诗歌《面朝大海，春暖花开》。

从以上的篇目可以看出，这套教材的编选者基本上是按照中国现当代文学史进行遴选的。如果与 20 世纪 80 年代初期的高中语文教材相比，可以很清楚地看到新世纪的语文教材更多地向语文学科本身靠拢。在考虑到教育意义的同时，作家作品的经典性是最为突出的标准。1983 ~1985 年的高中语文教材选入的中国现当代作品的作家如下：第一册，朱自清、刘白羽、李健吾、鲁迅、夏衍、魏巍、茹志鹃、穆青；第二册，吴伯箫、秦牧、峻青、谢雪畴、李瑛、李季、叶圣陶、孙犁；第三册，碧野、茅盾、杨朔、孙逊、唐弢、姚雪垠；第四册，翦伯赞、秦牧、朱自清、峻青、曹禺、吴晗、孙犁、郭沫若；第五册，鲁迅、吴晗、孙犁、郁达夫、郭沫若、闻一多、臧克家、赵树理、叶圣陶、贾平凹、秦牧；第六册，周立波、茹志鹃、柯岩、何其芳、宗璞、艾青、贺敬之、茅盾、马烽、鲁迅。从这个长长的作家名单可以发现，选入教材的作家清一色的是中国现代文学史上的左翼作家和革命作家，鲜有例外。选择的标准过分倚重政治意识形态的教化作用，削弱了作品的艺术性。这自然会遮蔽一些真正靠作品实力取胜的经典作家。经过比较可以清楚地看到，入选 2006 版北京市高中课程改革实验版语文必修教材的作家，基本上是中国现当代文学史上最具实力的。

诚然，中学语文教学不是文学史教学，不一定按照文学史认定的作家等级次序来选择相应的作品，但是不可否认的是，文学史的规则是一个潜在的标准，是一个基本的框架，选文应该在这个大框架中进行，才不至于偏颇。从这个意义上说，这套北京市高中课程改革实验版语文必修教材在选文上存在着一些问题。

问题之一是重点作家有遗漏。曹禺是公认的中国现当代话剧第一人，但是高中必修教材并没有选入他的代表作《雷雨》，也没有选入他的其他剧作。这是很遗憾的，曹禺的缺席使教材减色不少。同样，中国现代文学史上公认的文学大家茅盾、巴金、沈从文、穆旦的作品也没有选入。尤其是沈从文的作品，必修教材和选修教材都没有出现，这是很让人遗憾的。我们对此质疑的是，既然某些二流作家的作品都可以入选，为什么著作等身的大师级作家的作品就落选了呢？就中国当代文学而言，最为著名的三位作家莫言、贾平凹、王安忆的小说没有入选必修教材，这也是很让人遗憾的。

问题之二是在坚持"文质兼美"的经典作品入选标准时有所偏颇，选入了不合适的作品。一个最突出的例子是选入样板戏《红灯记（节选）》。这个剧本完全可以作为思想政治课的课外读物，把它作为经典选入教材，是不恰当的。"文革文学"的价值是宣传意义上的，倒是"文革"时期出现的"地下写作"，如食指的诗歌、白洋淀诗群等具有文学意义。因此，选入教材的应该是文质兼美、经得起时代淘洗的经典作品。

问题之三，有些选入的作品并不是作家最具有代表性的作品，显得过于随意。譬如，必修教材第一册选入了萧红的《一条铁路的完成》，这是一篇赞美筑路工人的文章，叙述的是哈尔滨一个女子中学的学生发动游行请愿，抗议日军对吉敦路的占有。这一篇反抗日本侵犯我国东北主权的散文，思想价值很高，但是并不能代表萧红的创作成就，从中很难看出这位女作家出众的文学才华。众所周知，《呼兰河传》是萧红最为著名的作品，也是最能体现萧红的创作风格的，为什么不从中节选一段呢？同样，汪曾祺的作品，最有名的是《受戒》《大淖记事》。作为京派的传人，汪曾祺的静穆、悠远，散文化、诗化的风格，鲜明地体现在这些作品中。而这套教材选入的却是汪曾祺的《故乡人》，这篇文章显然难以代表汪曾祺的创作风格。

问题之四，教材要及时关注到经典的变动问题，编选者要具备非常

专业的甄选眼光，及时选入被忽视的经典作品。经典并不是一成不变的，经典的形成是一个动态的过程。从整个中国文学史的角度可以清楚地看到这一点。譬如陶渊明，他在世时声名不彰，同时代的文学评论家刘勰在《文心雕龙》里对陶渊明只字未提，而钟嵘的《诗品》仅给陶渊明以中品的评价，至一百年后，萧统才推崇陶渊明，在《文选》中给以高度评价。至唐代，陶渊明受到了应有的重视，但是陶渊明的伟大诗人的地位，到了宋代才真正得以确立。可见，经典的形成，时间能给予最公正的评判。自20世纪80年代以来，左翼文学的垄断地位被打破了。原来处于边缘地位的作家，如沈从文、张爱玲、穆旦等，地位在急遽上升，他们的作品也进入了现代文学经典的前列。它们理应选入中小学语文教材，供千千万万的学子传诵。尤其是穆旦，是一百年来中国新诗现代主义诗歌的集大成者，其文学史地位之高，已得到研究界的确认。

语文教材的选编，在语文教育中的重要性不言自明，直接关系到语文教育的成败。中华人民共和国成立70年以来，对语文教材的编选我们确实走了许多弯路，有很大成绩，更有诸多教训。但是，如果我们始终恪守经典性这一选编底线，我们就会少走许多弯路。而有了选入教材的真正的经典作品，我们千千万万的少年儿童才不会虚度光阴，中华最为优秀的文化才会得到真正的传承。

略论语文教材选文的修改加工

北京师范大学文学院研究员　曾然非

文章入选中小学语文教材后能不能改动？此问题曾经有过一定的争议，现在已基本达成共识，那就是：必须改动。因此，我们这里讨论的不是能不能改动，而是：文章入选语文教材后为什么须改动？主要在哪些方面改动？改动时遵循什么原则？

一、文章入选教材须进行修改加工

文章入选教材的时候，应该根据实际情况进行必要的修改加工。理由明摆着：国家语文教材编写是一件严肃的事情。从出版物中选取文章编入教材，是按照"文质兼美"的原则来选择的。也就是说，入选的文章应思想内容好、语言文字好、适合教学。然而，作者当初写文章，并不是专门为中小学语文教材而写，因此难免有不符合语文教材特殊要求的地方。当这些文章被教材编者"相中"之后，即将成为青少年这个特定阅读群体的精神食粮，就很可能要对文章进行不同程度的加工和修改。小学阶段的入选文章对其加工修改更为常见。多数情况下，年级越低，改动越大。除极个别文章，现代白话文往往需作删改。"教材体"文章确实不宜多，但小学教材很难根除"教材体"文章，特别是在小学中低学段，适量的"教材体"文章有利于学生模仿和学习。

关于选文的加工与修改，叶圣陶先生的态度很明确："选定之文，或不免须与加工。"并进一步解释："加工者，非过为挑剔，俾作者难堪也。盖欲示学生以文章之范，期于文质兼美，则文中疏漏之处，自当为之修补润色。"① 这句话的意思是，修改加工并非挑剔作者，让其难堪，而是因为，课文是学生学习的范文，本着文质兼美的要求，必须对选文进行修改润色。1962 年，人民教育出版社中学语文编辑室的同志要将茅盾、潘梓年等人的七篇文章选入教材，为此征求叶圣陶先生的意见。叶圣陶先生回复，这些文章"仅为粗坯，尚待加工，如其原样，实未具语文教材之资格"②。"小有疵类，必为加工，视力所及，期于尽善。"③ "必反复讽诵，熟谙作者之思路，深味作者之意旨，然后能辨其所长所短，然后能就其所智囊者而加工焉。"④ 即一个字一句话都不能放过，甚至连作者自己都认为没有毛病的地方，编者也能发现。课文修改加工是态度问题，其实也是水平问题。"欲求加工得当，必深知读书为文之甘苦。"⑤ 叶圣陶先生要求教材编者善读善写，切实提高自己的学养。

叶圣陶先生这么说，也这么做。20 世纪 30 年代他曾编写开明小学国语课本，共四百多篇课文，"大约有一半可以说是创作，另外一半是有所依据的再创作，总之没有一篇是现成的，抄来的"⑥。他主持编写的新中国第一套初中语文教材，"选的课文大都加了点修润工夫：有些材料从长篇作品里节选，前后接榫的地方不得不稍稍变动一下；有些材料一部分的句法和词汇跟口语距离太远，不得不改换一个说法"（《编

———————————

① 叶圣陶 . 叶圣陶集：第 16 卷 ［M］. 南京：江苏教育出版社，1993：157.
② 叶圣陶 . 叶圣陶集：第 16 卷 ［M］. 南京：江苏教育出版社，1993：155.
③ 叶圣陶 . 叶圣陶集：第 16 卷 ［M］. 南京：江苏教育出版社，1993：156.
④ 叶圣陶 . 叶圣陶集：第 16 卷 ［M］. 南京：江苏教育出版社，1993：158.
⑤ 叶圣陶 . 叶圣陶集：第 16 卷 ［M］. 南京：江苏教育出版社，1993：158.
⑥ 叶至善 . 叶至善集·编辑卷 ［M］. 北京：开明出版社，2014：413.

辑大意》）。20 世纪五六十年代，他亲笔加工和改编《最后一课》《孟姜女》《牛郎织女》《凡卡》等课文。法国作家都德的《最后一课》的译本，自民国入选以来一直不理想，他召集教材负责人和教材编辑、通晓法文的同志以及熟悉北京话和普通话的老北京三方人员，共同参与这篇课文的修改加工工作。大家把这篇作品的法文原本和汉语译本都摆出来，逐字逐句推敲，改了三四天，终于成为表达简洁顺畅、本土味十足的《最后一课》。半个多世纪以来，这篇经典名文在各套初中教材中一直沿用。《孟姜女》《牛郎织女》根据有关材料改编，文字干净简洁，表达以一当十，显示了叶圣陶先生深厚的语言文字功力。

　　1954 年 10 月，时任教育部副部长兼人民教育出版社社长的叶圣陶先生，主持讨论通过《改进小学语文教学的初步意见》，就选编适合小学生阅读的课文提出六点解决办法，其中有 "就现有出版物选择，入选的材料如有不适当的地方，商请原作者修改" "入选的外国作品的译文如有不适当的地方，商请译者修改或请人另译" "一部分教材，尤其是初级小学一、二年级的教材，由课本编者自己撰写" 等表述。1963 年《全日制中学语文教学大纲（草案）》规定："入选的文章，除了经典著作、党的文件和早有定评的名作以外，可以根据教学的需要作适当的加工或改写。" 世纪之交颁布的《中华人民共和国著作权法》也规定，教材编者有权对入选文章做适当修改（但必须征得原作者同意），这就保证了语文课文在语言文字上的规范性。

二、选文的修改加工主要在三个方面

　　文章一旦被选中，就得根据教学需要进行全面修改。修改主要包括以下方面：

　　1. 由于时代发生变化，文章中的一些说法或表述必须修改。一个时代有一个时代的话语体系，时代变了，语言也得跟上。例如，1991 年秋开始使用的中国香港地区《中国语文》，中四年级第七册《蓦然回首》一课，课文作者白先勇写的原文里使用了 "戡乱" 一词："暑假，有一天在纽约，我在 Little Carnegie Hall 看到一个外国人摄辑的中国历史片，从慈禧驾崩、辛亥革命、北伐、抗日到戡乱，大半个世纪的中国，一时呈现眼前。"原文是 1976 年写的，持的是国民党政权的政治立场，编入香港地区中学语文教材的时候，经与有关方面协商，把不利于海峡两岸关系正常化的"戡乱"一词改为中性词"内战"。再如，某版小学语文教材中曾编入琦君的《桂花雨》，原文中有"赶紧吩咐长工提前'摇桂花'"一句，编入课文中的时候，把"长工"改成"人"。因为随着时代的变迁，小学生难以理解"长工"一词。还有，阶级斗争年代的作品中一般用"蒋匪"来指国民党，现在最好不用这种污辱性词语。过去的教材中一直都是"八年抗战"，现在必须全部改为"十四年抗战"。

为了对青少年进行政治思想教育，可以对原作进行适当的加工改造。多个版本的小学语文教材都编入《家》这篇课文："蓝天是白云的家，树林是小鸟的家，小河是鱼儿的家，泥土是种子的家。我们是祖国的花朵，祖国就是我们的家。"这是一首小诗，原作者其实只写了前面四句。选入教材时，编者加上了最后两句，这就扩展和深化了这首诗的内涵，突出了爱国主义主题。这样的修改是成功的。

但也有删改得过了头的情况。不过，随着时代的进步，人们观念的改变，后来又恢复了原貌。如朱自清《荷塘月色》中"如刚出浴的美人"一句，在革命年代里编者认为这样的描述有小资情调，有可能让青少年陷入不必要的联想，便删掉了这句。现在看来没必要，于是复原了。再如魏巍《谁是最可爱的人》中有这么一段："当你往孩子口里塞苹果的时候，当你和爱人一起散步的时候。朋友，你是否意识到，你是在幸福之中呢？"20 世纪 50 年代入选中学语文教材的时候，这句话被删去了。被删除的原因，说是这样的话显得软绵绵的，与当时整个昂扬上向的时代风气不合，与志愿军的钢铁意志不符。现在看来，这段文字健康、积极，其实并无不妥。

2. 对一些科学性、知识性差错进行的修改。语文教材被称为百科全书，因为各个学科的知识在教材里都有不同程度的呈现，这就必须对知识的准确性进行把关，否则可能误导青少年。如初中课文《人民英雄纪念碑》原文的一处修改。原文是这样的：

第一幅浮雕是"焚烧鸦片烟"，记述鸦片战争前夕，1839 年 6 月 3 日，群众在虎门烧毁鸦片的事迹。浮雕上，愤怒的群众正在把一箱箱毒害中国人民的鸦片运到海边，倾倒在放有石灰的窑坑里焚烧，一股股浓烟从石灰池上升起。（《人民日报》1958 年 4 月 23 日）

该文选入课文时做了如下修改：

第一幅浮雕记述鸦片战争前夕，1839 年 6 月 3 日，群众在虎门销毁鸦片的事迹。浮雕上，愤怒的群众正在把一箱箱毒害中国人民的鸦片运到海边，倾倒在放有石灰的窑坑里销毁，一股股浓烟从石灰池上升起。

众所周知，"虎门销烟"是用石灰加水产生高温销毁鸦片的，而不是点火"焚烧""烧毁"。修改删去"焚烧鸦片烟"，把"烧毁"改为"销毁"，纠正了原作在科学性方面的错误。类似这样的修改完全正确，也是必要的。

科学性和知识性差错易出现在科普选文中，需格外谨慎。如某版语文教材曾入选《宇宙里有些什么》《卧看牵牛织女星》，里面的天文知识，包括一些数据，当时并无不对，但随着天文探索的深入，原来的数据就出现偏差了，这就需要修正。叶至善的《卧看牵牛织女星》写于 20 世纪 40 年代，21 世纪初选入义务教育初中语文教材，编辑特意请教北京天文馆的专家，就课文中的一些天文数据进行核实、修改。某版小学语文教材曾选入《爱迪生救妈妈》，写七岁的爱迪生用大镜子反射煤油灯的光，帮助大夫给妈妈做阑尾炎手术。有读者考证，爱迪生的童年时代还没有阑尾炎手术这一医疗技术，这就是知识性错误。这样的文章教材没法修改，只能在修订的时候整篇删去。

3. 为符合国家的语言文字规范化要求的修改。五四白话文运动取得了很大的成绩，但它只是现代白话文改革的开始。现代汉语的规范化是一个过程，至今虽然已有百余年的发展历史，却远远没有完成。过去的语言表达，今天看来总有这样那样的不足。即便当代的作者，也因各人的语言水平有高有低，存在表达是否规范和到位的问题。因此，入选的文章，特别是旧时代的文章，在语言表达方面难免有修改之处。如小学教材中有一篇传统老课文《燕子》，节选自现代作家郑振铎写于 20 世纪

30 年代的散文《海燕》。随着时代的发展，其中有些词语如"积伶积俐""轻飔""隽逸"，今天已很少使用。还有一些文言词语或句式，如"皆如赶赴市集者""粼粼如縠纹"等，也不符合今天的语言习惯和行文习惯。这就需要修改。某版初中语文教材选入 20 世纪 60 年代新华社记者郭超人撰写的体育通讯《登上地球之巅》。这篇作品的语言表述不符合教科书规范的地方有不少，选入教材时编者对原文进行了文字删节和多处修改。例如，原文有这样一句："……只携带了氧气筒、防寒睡袋和登山队委托他们带到顶峰的一面五星红旗，一尊高约 20 厘米的毛主席半身石膏像，以及准备写纪念纸条用的铅笔、日记本和电影摄影机。"这样的表达显得凌乱，改为："……只携带氧气筒、防寒睡袋、铅笔、日记本、电影摄影机和登山队委托他们带到顶峰的一面五星红旗，一尊高约 20 厘米的毛泽东半身石膏像。"这样一改就显得简洁、清楚。

小学语文教材对选文结构上的起承转合要求较高。比如有起始段、有过渡句，每段开头第一句话或最末一句话最好是该段中心句，最后还要有收尾的句段。而有些选文的"粗坯"是不具备这些元素与构件的，教材编者就得将它们加进去。

三、课文修改加工要遵从三个原则

课文的修改加工是全方位的，但不是随意乱改，修改须遵循以下基本原则。

1. 尊重作者原意原则。教材编辑对作家的创造性劳动须持敬畏之心。出于对作者的尊重，原作可改可不改的地方尽量不改，尤其要避免对原文"伤筋动骨"。叶圣陶先生告诉我们："他则作者文笔，各有风裁，我人加工，宜适应其风裁，不宜出之以己之风裁，致使全篇失其调谐。"[①] 课文要尽可能按原作的风格修改。这对小学教材尤其重要，因为小学教材中的选文有不少改编甚至重新创作的。如果修改力度大，一篇文章被改得面目全非，却要强迫原作者"认领"，署上名字，其实不

---

① 叶圣陶. 叶圣陶集：第 16 卷［M］. 南京：江苏教育出版社，1993：158.

妥。近几年来，随着政府对原作者著作权保护力度的加大，小学教材中的课文全部被要求有明确的出处和作者。有的教材编者便"炮制"假作者，明明是他们七拼八凑出来的"教材体"课文，却署上某作家的名字，还往往张冠李戴，这就是对作家的不尊重。

中小学语文教材编写历来有个不成文的规定，即古代作品一般要选择最权威版本，不做文字修改。现当代作者，鲁迅和革命领袖（主要是毛泽东）的文章一般不轻易改动，有个别用字、用词不规范的以作注的方式解决。如鲁迅《一件小事》中的"伊"，页下可这样注解："她。五四时期的文学作品通常用作女性第三人称代词。"但有些人认为，鲁迅和革命领袖的文章该修改的地方也得修改，比如鲁迅《为了忘却的记念》一文中的句子："算是只有我一人心里知道的柔石的记念。""那时我还没有知道被捕的也有白莽。"今天看来，这两个句子的表达显然是不规范的。以前选过毛泽东《人的正确思想是从哪里来的》一文，"哪"原文写作"那"。因此不少师生给编者写信，指出应该使用现代汉语规范写法。人民教育出版社便通过教育部专门向中央有关部门打报告，才得以把"那"修改成"哪"字。

总之，尊重作者是对课文修改加工的基本原则，在此前提下编者要根据具体情况灵活处理。

2. 规范化原则。上面提到的鲁迅作品和革命领袖作品的文字修改的例子，涉及语言文字的规范化问题。语言文字表达在当时可能是规范的，时过境迁，现在来看就不规范了，这是语言发展进步的表现。教材中的选文是青少年语言学习的范例，表达须十分规范，马虎不得。文章入选教材就要严格按照现代汉语表达规范进行修改。这就要求教材编者除自身文字功夫过硬，还要了解国家最新发布的语言文字规范文件，包括标点符号的最新用法，才能保证加工修改的正确性，而不至于越改越错，误导学生。当然，编者也要把握一个尺度，不能为了一味追求规范，戴着"规范"的眼镜，按照僵化的语法规范来衡量每一个句子、每一个用词，将富有个性的作家的语言表达风格尽数消灭。对某些尚有争议或某些两种格式暂且并存的语言现象，对体现作家个人语言风格的新颖写法，不宜想当然地妄加改动。

3. 有利于教学原则。课文与一般文章不同，一般文章是提供读者阅读的，课文不仅提供给学生阅读，还提供给教师教学。就是说，教师要拿课文当范文向学生讲解，这就需要有教学价值。教学价值主要体现在思想内容、布局谋篇和遣词造句等方面对学生具有示范性。有些选文，有比较突出的教学价值，在其他方面比较平庸，这就需要对其进行修改加工。有的选文的思想内容不适合学生，就得进行修改，增加其教学价值。如某版小学语文教材中曾有一篇《月光启蒙》，这是作家孙友田的作品，原题是《月光母亲》。入选时，编者删除了开头和结尾母亲患老年性痴呆失去记忆的内容，凸显了作者对慈母感激、怀恋、尊敬的亲情，突出了教材积极温馨的情感基调。这一情感基调，正是对学生进行思想教育的教学价值所在。又如，有的选文结构不太清晰，就可能需要调整，使学生便于理解模仿。有的语言不符合学生学习要求，就需要加工润色，特别是小学中低年级，为配合小学生的识字任务，编者不得不把选入的文章进行加工，去掉一些难字，增加另一些教学要求的字。如某版小学教材二年级上册《萌萌和桐桐》一课，原文入选时有这样一句话："下课的时候，萌萌不小心碰翻了桐桐的铅笔盒，他连忙帮桐桐整理，可桐桐硬说萌萌是故意碰的。萌萌赌气跑了。"为配合本册教材原计划安排的学生会认、会写"刀"字，这句话改为："下课的时候，萌萌不小心碰翻了桐桐的铅笔盒，铅笔、橡皮、尺子、卷笔刀散落一地。萌萌连忙帮桐桐整理，可桐桐硬说萌萌是故意的。萌萌赌气跑了。"这就巧妙地把"刀"字嵌入课文中。

叶圣陶先生曾经说过，编辑教科书不能捡到篮子里的就是菜①。确实，捡进篮子里的未必都是菜，中小学语文教材编写也是这个道理。文章须精心挑选，严格把关，反复修改，认真加工，才能成为学生精神餐桌上的"美味佳肴"。

---

① 叶立群. 我们敬爱的好领导好老师——沉痛悼念叶圣陶先生［A］. 课程教材改革探索［C］北京：人民教育出版社，1997：340.

小学汉语拼音教材研制与70年建设

——以人民教育出版社出版的教材为例

哈尔滨市双城区教师进修学校语文特级教师　　白金声

汉语拼音，两千年孕育，三百年成长。1958年2月11日全国人民代表大会审定批准，正式颁布推行《汉语拼音方案》。从此，汉语拼音就一直被编入小学语文教材，成为基础教育不可或缺的组成部分，并发挥了重要的作用。

一、小学汉语拼音教材的历史沿革

（一）新中国初期小学语文教材的注音工具

我国1913年制定注音字母，于1918年由国家正式公布。注音字母的形式全部都是笔画简单的古汉字，如声母ㄅ、ㄆ、ㄇ、ㄈ、ㄉ、ㄊ、ㄋ、ㄌ等，韵母ㄚ、ㄛ、ㄜ、ㄞ、ㄟ、ㄠ、ㄡ等。音节的拼写采用声、介、韵三拼法，声调则另加标记。这种具有民族形式的注音字母，目前在我国台湾地区，小学生在学汉字书写之前，都要先学习。

1949年，中华人民共和国成立。1950年，中央人民政府决定成立人民教育出版社（以下简称人教社），承担编写和出版全国通用的中小学教科书的工作。

新中国成立初期，我国小学语文课本还是沿用注音字母。例如，1956 年秋季，人教社编辑出版的六年制小学语文教材（蒋仲仁主编），自第二册开始，在每篇课文后面，列出生字并加注注音字母，还在全册课本后面，列出分课生字表，加了注音字母，便于集中识字、复习巩固①。注音字母优于传统的反切法注音，对统一汉字读音、推广国语起到了很大的促进作用。但是，它本身也有着一定的局限性，不仅在字母数量和拼音方式上存在着某些不合理性，而且在书写与符号设计上也存在着很多缺陷，更不便于跟国际接轨。

（二）1958 年的汉语拼音教材内容

1958 年 2 月，全国人民代表大会通过决议，正式批准《汉语拼音方案》在全国推行。同年 3 月，教育部根据全国人民代表大会通过的《关于汉语拼音方案的决议》，印发了《关于在中小学和各级师范学校教学汉语拼音字母的通知》。通知说："从 1958 年秋季起，小学一年级应该尽可能教学拼音字母，利用拼音字母帮助识字，学习普通话。"②因此，人教社所编的全国通用教材——小学语文课本第一册，在汉字之前，编入了汉语拼音，这是有史以来汉语拼音第一次进入小学语文教材。

当时的第一册教材为了减轻儿童的学习负担，只教《汉语拼音方案》的基本内容：21 个声母（b、p、m、f、d、t、n、l、g、k、h、j、q、x、zh、ch、sh、r、z、c、s）、35 个韵母（a、o、e、ai、ei、ao、ou、an、en、ang、eng、ong、i、ia、ie、iao、iou、ian、in、iang、ing、iong、u、ua、uo、uai、uei、uan、uen、uang、ueng、ü、üe、üan、ün）以及拼音、声调等。暂不教三项拼写规则，即 y、w 的拼写规则，iou、uei、uen 的省略规则，ü 上两点的省去规则，这些内容留

---

① 顾黄初. 中国现代语文教育百年事典［M］. 上海：上海教育出版社，2001：377.

② 费锦昌. 中国语文现代化百年记事［M］. 北京：语文出版社，1997：251.

待第三册补学。

把汉语拼音教学纳入小学语文教材之中，最初的目的是利用汉语拼音帮助学生识字和学习普通话。但由于《汉语拼音方案》刚刚公布，人们对方案还缺乏认识，加上经验不足，在教材内容安排上出现了一些问题。如先教方案规定的基本内容，不教 y、w 以及它们的拼写规则，不教 iou、uei、uen 及 ü 上面两点的省写规则，这样，就有 68 个音节与方案规定的不同：i、ia、ie、iao、iou、ian、in、iang、ing、iong、u、ua、uo、uai、uei、uan、uen、uang、ueng、ü、üe、üan、ün、miou、diou、niou、liou、jiou、qiou、xiou、duei、tuei、guei、kuei、huei、zhuei、chuei、shuei、ruei、zuei、cuei、suei、duen、tuen、nuen、luen、guen、kuen、huen、zhuen、chuen、shuen、ruen、zuen、cuen、suen、jü、qü、xü、jüe、qüe、xüe、jüan、qüan、xüan、jün、qün、xün。辛辛苦苦学了一年，之后又要改成：yi、ya、ye、yao、you、yan、yin、yang、ying、yong、wu、wa、wo、wai、wei、wan、wen、wang、weng、yu、yue、yuan、yun、miu、diu、niu、liu、jiu、qiu、xiu、dui、tui、gui、kui、hui、zhui、chui、shui、rui、zui、cui、sui、dun、tun、nun、lun、gun、kun、hun、zhun、chun、shun、run、zun、cun、sun、ju、qu、xu、jue、que、xue、juan、quan、xuan、jun、qun、xun。这种做法，这无异于先教错别字，然后再一一把它改正过来，学生要花费很大气力才能学会，而又极易混淆。

（三）1963 年的汉语拼音教材内容

1963 年，我国颁布了《全日制小学语文教学大纲（草案）》。大纲规定："学会汉语拼音，作为识字的辅助工具。先教拼音字母，再教识字。"这一年，人教社根据大纲的精神，重新编写了小学汉语拼音，并做了较大的调整与改进。其特点是：

1. 一年级学生只学声母、韵母、声调和拼音方法。把大写字母、字母表、隔音符号等内容，分散在以后的各册教材中。

2. 避开头母 y、w 的使用规则。把 y、w 当作声母教，用它们和韵母相拼，不便拼的整体认记。

3. 带介音的音节，采用声介合母拼读的方法（就是声母先同介音拼，然后再同韵母拼。如 hua 先拼成 h－u→hu，再拼成 hu－a→hua）。少教齐齿呼、合口呼、撮口呼三类复、鼻韵母 14 个（ia、iao、iou、ian、iang、iong、ua、uo、uai、uei、uan、uen、uang、üan），减少了学生认记韵母零件的单位。

4. iou、uei、uen 直接教省写式 iu、ui、un 和声母相拼。1963 年的汉语拼音内容虽然比 1958 年的汉语拼音内容有了改进，但仍然存在着内容多、教学时间比较长的缺点，比如声介合母拼读就是一个例子。采用声介合母拼读法，必须要求比较熟练地掌握全部声介合母（bi、pi、mi、di、ti、ni、li、ji、qi、xi、du、tu、nu、lu、gu、ku、hu、zhu、chu、shu、ru、zu、cu、su、nü、lü、ju、qu、xu、yu），甚至要把声介合母当作零件来教。这样一来，势必延长教学时间，增加学生负担。

再比如，教材中要求学习隔音符号，这就比较难了。毕竟，语文教学的着力点并非在于培养语音理论的研究者，而在于培养正确使用语言的社会公民。我们的小学语文教学，如果能够帮助学生学会拼音，能够引导学生借助拼音识字、阅读，借助拼音学习普通话，就已经为学生打下了相当坚实的语文基础。除此之外，汉语拼音的其他知识和功用，没有必要纳入基础教育阶段语文教学的范畴。

（四）1978 年的汉语拼音教材内容

"文革"后，1978 年，全国试用人教社编写的小学语文第一册教材。小学语文教材第一册中的汉语拼音在总结 20 多年来各地拼音教学经验的基础上，做出了新的设计。其特点是：

1. 内容简练。根据教学目的，教材只教《汉语拼音方案》的最基本的内容：（1）学习 63 个拼音"零件"（声母 23 个：b、p、m、f、d、t、n、l、g、k、h、j、q、x、zh、ch、sh、r、z、c、s、y、w，韵母 24 个：a、o、e、i、u、ü、ai、ei、ui、ao、ou、iu、ie、üe、er、an、en、in、un、ün、ang、eng、ing、ong，整体认读音节 16 个：zhi、chi、shi、ri、zi、ci、si、yi、wu、yu、ye、yue、yuan、yin、yun、ying）；（2）会读四声；（3）会拼音；（4）会默写声母和韵母，抄写音节。先不

教《字母表》，不教隔音符号，不要求拼写音节。因为教材内容简练，学生能较快地掌握拼音这套工具，为识字教学作好准备。

2. 分段要求。汉语拼音 1 至 15 课为第一阶段。集中安排汉语拼音最基本的内容，突出字母和拼音方法的教学，达到会拼读音节的目的。拼音识字为第二阶段。这一阶段将拼音与识字联系起来，起相互促进的作用。也就是说，在运用拼音帮助识字的同时，继续复习、巩固汉语拼音，逐步达到熟练拼读的目的。

3. 方法简便。为了便于儿童学习，教材对《汉语拼音方案》的内容作了适当调整，教学方法简便了。例如，y、w 当声母教，不教 y、w 的拼写规则；少教 11 个鼻韵母（ian、in、iang、ing、iong、uan、uen、uang、ueng、üan、ün）、韵母（iou、uei、uen）直接教省写式；采用三拼连读法（就是拼音时，由声母连介音再连韵母，由慢到快，连成一个音节，如 ch－u－ang→chuang）等。

4. 插图适用。教材中的插图，绝大部分都是直接表示声母和韵母的字形和读音的。因为音、形统一于一幅图里，所以学生利用图画不仅可以学会字音，同时又能掌握字形。

（五）1993 年的汉语拼音教材内容

1993 年，人教社根据《九年义务教育全日制小学语文教学大纲（试用）》编写了新教材。低年级教材在编排方式上与以前的教材有两点不同。第一，从第一册到第三册全文注音，第四册过渡到难字注音。第二，在开始识字阶段，安排有纯拼音句群。这样编排的意图在于先学习汉语拼音的基本内容，然后一边识字，一边阅读。先读纯拼音句群，而后读汉语拼音加汉字的看图学词学句，再逐步过渡到读带注音的看图学词学句、看图学文以及课文。这样以汉语拼音开路，既提前进入了阅读阶段，又在阅读中巩固和熟练了汉语拼音。由于新教材不再受生字的限制，所以，编排的内容比较丰富，加大了阅读量，学生可以结合阅读，充分利用汉语拼音受到听、说训练，发展语言，发展思维。教师在教学中采用拼音带汉字的办法，让学生把想说的话写下来，给他们增加了写作练习的机会，既达到早期开发学生智力的目的，又使学生的读写能力得到义务教育提前的培养。

（六）2017年的汉语拼音教材内容

2011年，国家颁布了新修订的《义务教育语文课程标准》（2011年版）。新课标对汉语拼音教学的要求是："学会汉语拼音。能读准声母、韵母、声调和整体认读音节。能准确地拼读音节，正确书写声母、韵母和音节。认识大写字母，熟记《汉语拼音字母表》。"

2017年，根据中央的决定，全国统一使用教育部组织编写的义务教育语文教科书，即统编教材。统编教材一年级语文把拼音学习推后，先认"天、地、人、你、我、他"6个楷体大字，接下来是"金、木、水、火、土"，"云对雨，雪对风"，然后再学汉语拼音。汉语拼音编排2个单元，共13课，每课都配有整合的情境图，以图提示字母的音或形，帮助学生借助形象的事物建立字母与形的联系，培养学生的观察能力，增加学习的趣味性。另外，在汉语拼音和"语文园地"教学中，还要认37个汉字，学拼音结合认字，彼此融通。这样安排可以使孩子们对语文的"第一印象"不再是拼音 ɑ、o、e，而是汉字"天、地、人"，这个顺序的改变是把汉语、汉字摆回到第一位，拼音只是辅助学汉字的工具，不是目的。这种改变还有一个目的是幼小衔接，放缓坡度。对于刚上小学的孩子而言，一上来就是拼音，比较难，不利于培养对语文课的兴趣。

二、小学汉语拼音教材的编制特点

自从《汉语拼音方案》颁布以来，汉语拼音教学取得了巨大的成绩，汉语拼音已经成为亿万小学生的背景知识，是他们学习语文的有效工具。作为汉语拼音教学的载体，60多年来，随着"大纲"和"课标"的变化，小学汉语拼音教学内容也发生了一些重大的变革，逐渐形成了一个贴近小学生特点、切合教学规律的"汉语拼音小学教学版"。如今，日臻完善的小学汉语拼音教材已经形成了以下四个编制特点：

（一）在编写思想上体现简约化

学习者的低幼化，拼音字母的复杂化，一定会给汉语拼音的学习带来难度。大道至简，放弃是一种智慧。如何化难为易，化繁为简，使小学汉语拼音教材进一步简化、实用、便捷、高效呢？

1. 从教学要求看，小学汉语拼音教材降低了难度。现行的小学汉语拼音教材与以往的教材相比，我们可以看出有如下变化：（1）在拼读音节方面，由"熟练"降低为"能准确地拼读"；（2）在写的方面，由"默写"降低为"正确书写"；（3）在《汉语拼音字母表》方面，由"能背诵"降低为"熟记"。

2. 从教学内容看，对《汉语拼音方案》进行了变通。现行的小学汉语拼音教材是按照《汉语拼音方案》的系统编写的，包括了"方案"的基本内容，同时在不违背"方案"的原则下，做了一些变通。

第一，在小学汉语拼音教材中，出现了 16 个整体认读音节（zhi、chi、shi、ri、zi、ci、si、yi、wu、yu、ye、yue、yuan、yin、yun、ying），这些音节的形式在"方案"里是没有的。这 16 个音节，虽然也是由声母和韵母两部分拼成的，但是，这些音节的韵母和发音要领不容易掌握。还有一些音节，"方案"规定要按拼写规则拼写，但是，这些规则不容易理解和记忆。对于这类音节，在小学汉语拼音教材中，既不单独教它的韵母，也不学有关的拼写规则，而是作为一个整体直接认读。这是小学汉语拼音教材的一大创造。

第二，小学汉语拼音教材在学习单韵母 i、u、ü 的时候，就学习了声母 y、w。把声母 y、w 和整体认读音节 yi、wu、yu 的学习内容提前了，与韵母 i、u、ü 的学习整合在一起。这样安排有几个好处：一是简化头绪，节省时间；二是便于发现声母 y 与韵母 i 和整体认读音节 yi，声母 w 与韵母 u 和整体认读音节 wu 之间的内在联系，一次性地解决了它们的读音问题，有利于分清它们在书写上的不同；三是有利于在接下来的学习中提早安排带有声母 y、w 的常用音节或带有整体认读音节 yi、wu 的常用字和常用词语。

第三，在学习 z、c、s、zh、ch、sh、r、ie、üe、an、in、ün、ing 韵母时，同时学习 zi、ci、si、zhi、chi、shi、ri、ye、yue、yuan、yin、yun、ying 整体认读音节，从而减少步骤，化难为易，便于记忆。

3. 从拼音方法看，将传统的数调法改为定调法。最早汉语拼音进入课堂，拼读音节开始时用的是数调法，即在拼读音节时，先从平声数起，直至数到要拼的音节为止。如拼"快"，先是 k—uāi—kuāi，继是 k—uái—kuái，再是 k—uǎi—kuǎi，最后才是 k—uài—kuài。三呼成音这种教法，不利于拼音识字，教学效果"少慢差费"，后来改为韵母定调法。所谓韵母定调法，就是拼音时，先确定韵母的声调，然后再用声母跟定了调的韵母拼合，读出音节，如 b—ái—bái。

另外，将声介合母拼读法改为三拼连读法，最大程度地适应低年级学生的心理特点，只要掌握了"声母轻短韵母重，介音一滑猛一碰"的要领，就能很顺利地拼读带有 i、u、ü 的音节了。

（二）在编写原则上体现科学化

小学汉语拼音教学内容科学化主要就是指先教学 6 个单韵母。

在现行的小学汉语拼音教学内容中，第一课为 a、o、e，第二课为 i、u、ü。先教学 6 个单韵母，并让学生认识声调符号，会读四声。接着教学 23 个声母，从学声母开始就教声母和单韵母相拼的拼音方法。然后教 8 个复韵母（ai、ei、ui、ao、ou、iu、ie、üe）、一个特殊韵母（er）、9 个鼻韵母（an、en、in、un、ün、ang、eng、ing、ong），同时教声母和复韵母、鼻韵母的拼读方法。在学习拼音方法的同时，还要认记 16 个整体认读音节。

为什么先学 6 个单韵母呢？这是由汉语拼音教学的内在规律所决定的。第一，单韵母发音方法简单，易于教学。"a、o、e、i、u、ü" 6 个单韵母是由元音充当的，它们的发音只是由舌位的前后高低和嘴唇的圆扁程度所决定的，气流在口腔内不受阻碍，比声母的发音容易得多，所以易教，也易学。第二，在运用第一声即阴平声教发音的同时，可以操练"四声"，令学生体会汉语声调的抑扬顿挫之美，常常得到激发学生学习兴趣的特别效果。例如，教"a"，我们完全可以在教"ā、á、ǎ、à"的四声操练中让学生从教师的面部表情和四种声调的变化中体会这四个"a"所表达的不同感情和语气。第三，认识四声的标调符号，为日后与声母相拼做好铺垫。这就是说，在教字形简单、发音容易的 6 个单韵母的时候，又用极富音乐美感的四种声调刺激并吸引了学生，使他们初步感受到汉语语调的韵律美。第四，在学生掌握了单韵母之后，再引入声母教学，这样便可以给每个声母都能配上一个相应的韵母，进行四声的拼读练习。这种练习都是一个个有声有色的、有意义的、实实在在的音节，而不是空泛地诵读那些缺乏语义内涵的"b、p、m、f、d、t、n、l"。

（三）在编写体系上体现儿童化

小学汉语拼音教学内容，顾名思义应当而且必须姓"小"，为什么呢？因为汉语拼音字母对一年级小学生来说，是抽象的发音符号，干巴巴，死板板，是毫无表情的。针对汉语拼音枯燥乏味和初入学儿童的身心特点，现行的小学汉语拼音教学内容更加体现了儿童化。

首先，教材由原先的 32 开本变成了 16 开本，精致的装订、舒朗的版式，精美的图画、鲜艳的色彩，很容易让一年级小学生产生兴趣。

其次，小学汉语拼音教学内容在教材中是字母体式，不采用罗马体而采用哥特体，这种体式的字母线条单一，不带装饰线，与小学生手写接近，便于掌握。

再次，小学汉语拼音教学内容每一课的下面都附有四线格书写的生字母，其笔顺则在所学字母的顶端，作为一个需要被掌握的知识点单独罗列出来，在描红过程中，进一步规范学生的书写。

另外，教材精心设计了汉语拼音字母的表意表形图和与之相配的情景图，使一组组抽象的汉语拼音符号活了起来。如第一课，学习 a、o、e，就配有一幅情景图。画面表现了乡村的清晨，一个小女孩儿正在小河边练唱"啊，啊，啊"。"啊"提示 a 的音，小女孩儿的头部和小辫子构成的图形提示 a 的形。一只大公鸡正在打鸣，公鸡打鸣的声音"喔"提示 o 的音。一只大白鹅正在欣赏自己美丽的倒影，"鹅"提示 e 的音，水中的倒影提示 e 的形。

（四）在编写方法上体现整体化

翻翻以往的教材，可以看到多个版本的小学语文教材在起始阶段都是先学拼音再学汉字。拼音教学与识字教学单摆浮搁，拼音归拼音，汉字归汉字，二者毫无联系。现行的小学汉语拼音教材不但变动了汉语拼音内容的位置，理顺拼音与识字的关系，开篇见字，让学生在学习汉语拼音之前就识了 40 个汉字，而且在学习汉语拼音过程中再认 37 个汉字。这样设计，不再将拼音作为唯一的学习内容，而是把学拼音、识汉字、积累词语、发展语言、培养观察能力等诸多方面有机地结合在一起，使学生初入学就受到比较全面的语文启蒙教育，为他们今后的学习和生活打下坚实的基础。这个基础，不仅是知识的、能力的基础，更是兴趣的、习惯的基础，情感、态度、价值观的基础。

新世纪初中语文教科书建设概述

华中师范大学语文教育研究中心研究员　何永生

2000～2015 年，中国开启了改革现行基础教育课程的工作①，主要围绕课程标准重建、教科书制度改革重启和教科书结构重组展开。课程标准体现国家教育意志，教科书制度是国家教育制度的重要组成部分，教科书建设属于国家事权。课程标准明确教学价值选择，教科书制度决定教材的生产形态和面貌，教科书作为落实课程标准的重要载体，是关联师生教学行为的重要资源和工具。教科书建设中出现的看似形而下的问题，反映出来的都是课程观和教科书制度等形而上的问题。本文拟对三者关系简要梳理，请教于大方之家。

一、教科书的生产形态和面貌取决于教科书制度的选择

教科书制度即教科书的审定出版发行制度，它包括教科书编制准

---

① （1）1999 年 6 月，全国第三次教育大会批转教育部《面向 21 世纪教育振兴行动计划》；（2）1999 年 9 月，中共中央国务院颁布《中共中央国务院关于深化教育改革全面推进素质教育的决定》；（3）2001 年 1 月，国务院颁布《国务院关于基础教育改革与发展的决定》；（4）2001 年 6 月，教育部印发《基础教育课程改革纲要》；（5）2001 年 6 月，教育部印发《中小学教材编写审定管理暂行办法》。

入、认可、出版、采用和供给等诸多方面。世界上现行教科书制度主要有五种，分别是国定制（由国家或地区教育行政部门决定）、审定制（内容方面必须接受政府审查的前提下，由民间编写，经国家或地区教育行政部门审查批准）、认定制（内容方面不受政府管控，由民间编写，经国家或地区教育行政部门认定）、选定制（国家或地区教育行政部门按照一定的规则选定多种教材，制成目录，供学区或学校选择）、自由制（教科书的编写发行自由，使用也由学区或学校自主选择）①。按照这样一个划分，中华人民共和国成立后，我国的教科书制度在国定制的制度框架下，大致出现过两种不同的情形。20 世纪 80 年代中期以前基本上属于国定制，即由国家新闻出版总署编审局和教育部教材审查委员会（教材局）指定人民教育出版社编辑、出版，由全国新华书店统一发行，学校使用。这期间虽然经历了立国之初六大解放区教材的统整过渡，又经历了"大跃进""文化大革命"、新时期等几个特殊的历史时期，出现过统编教材几度中断发行而临时由各省市地方教育行政部门自行编辑出版发行，或由其组织编写教材的情况，但就其本质而言，教材制度仍然是国定性质的。

1986 年，《中国教育改革发展纲要》指出："中小学教材要在统一要求、统一审定的前提下实行多样化"；1986 年 9 月，全国中小学生教材审定委员会成立；1987 年，《全国中小学教材审定委员会工作章程》《中小学生教材审定标准》《中小学生教材送审办法》发布。完成了审订制教科书制度从制度、组织到标准的建设。实施"一纲多本"为教材建设引入竞争机制和优化动力，但这种多元化、多样化和可选择性只限于初中语文教材②。

20 世纪末国家深化中小学教科书编审分离的改革，教材多渠道、多样化建设由义务教育范畴向普通高中扩展。2001 年 6 月，教育部印

---

① 中外母语教材比较研究课题组.外语文教材评介［M］.南京：江苏教育出版社，2000：21.

② 课程教材研究所.新中国中小学教材建设史（1949 – 2000）中学语文卷［M］.北京：人民教育出版社，2010：344 ~ 346.

发《中小学教材编写审定管理暂行办法》，明确指出："国家鼓励和支持有条件的单位、团体和个人编写符合中小学校教学改革需要的高质量、有特色的教材。"审定制之外，在某种程度上为自定制留下了一定空间。随着2001年《基础教育课程改革纲要（试行）》的实施，"课程多样化，以及相应的教科书多样化时代来临"①。

打破教材建设"一纲一本"的初衷是为了促进语文课程改革，其目的在于实现教师、学生、教材、教学环境资源的有效整合，走出把教师和学生当作单一课程实施者的误区，实现教师和学生作为课程开发者角色的转变，打破单一权力主体垄断课程改革的局面，实现国家、地方、学校三级权力主体通过交往合作共同推进课程改革的目标。但由于师资准备不足，培训缺乏系统性，更重要的是评价制度和考试机制尚未做出相应的调整，致使长期迷失了课程意识而习惯于"一纲一本"教材模式的社会大众、家长、学生，甚至语文教师，面对教科书多样化的局面或多或少出现了"少见多怪"，甚至"叶公好龙"的现象，导致了"语文教科书事件"的层出不穷。

二、21世纪之初"语文教科书事件"的概观与评述

21世纪前后关于语文教育的讨论和教科书建设争鸣形成了互为呼应的情形。一方面是全社会对语文教育的普遍质疑，出现了诸如《中学语文教学手记》《女儿的作业》《文学教育的悲哀》《中国语文忧思录》《直谏中学语文教学》《审视中学语文教育》等一系列极具情绪性的批评，表达对语文教育以及下一代人语文素养、阅读取向与阅读能力的极度担忧。《光明日报》《中国教育报》的加入，也使得这场由《北京文学》肇始的语文教育大讨论在社会舆论上造成了很大的影响。指向语文教材的批评则相对具体明确，从选材陈旧到教育理念、价值导向、知识序列的确立、能力要素的选取以及编辑体例、编辑手段、出版路径等，

---

① 钟启泉，崔允漷，张华. 基础教育课程改革纲要（试行）解读［M］. 上海：华东师范大学出版社，2001：331.

应有尽有。舆情普遍的期待是希望教材能够多元化、多样性，具有可选择性。语文教科书制度变革正好适应了这样的思潮。

新的教科书制度调动了社会参与语文教科书建设的热情，促进了教科书生产的繁荣。数十家出版单位争相申报，投入人力物力参与竞争，仅获批进入实质性生产的单位就有九家之多①。除这些以教材形式立项生产面世外，更有众多补充性质的教学资源进入师生的视野。有些地方教育行政部门甚至鼓励有条件的学校不同年级、不同班级选择不同的教材。日渐丰富、令人目不暇接的语文教科书既滥且乱，又引发了几乎全社会参与的教材大讨论。

2003年国家《普通高中语文课程标准》（实验）颁布之后，人民教育出版社在第一时间推出"语文新课标必读丛书"，搅动整个中学生阅读市场；同年广西教育出版社的《新语文读本》在语文阅读市场掀起了千堆雪；同年华夏出版社的"华夏阅读黑马"、北京大学出版社的《新人文读本》、华东师范大学出版社的"新课标语文学本"、商务印书馆的《青春读书课·新课标素质教育必读书》等，潮水般涌向中学校园。

2003年3月，香港启思社出版的中级中国语文课本里，影星周润发的事迹和岳飞、孙中山等民族英雄一道进入课本的"自习篇章"中，由此引发了"发哥"进教科书是否有道德风险的争议。臧否双方各持其理，互不相让。同样的忧虑在2005年再度出现，印有奥运冠军刘翔彩色照片的新闻特写选入上海教育出版社五年级第10册《语文》（试验本）。问题争议的焦点并不在于入选者此前和当下的事迹够不够入选标准，担心的是入选者后来可能会发生反向的人生变化，坚持的是盖棺定论的传统评议观。

2003年9月，《尘埃落定》进入人民教育出版社的"语文新课标必读丛书"。小说中的涉性描写引起了家长们的忧虑。同年上海教育出版

---

① 分别是人教版、沪教版、苏教版、鄂教版、鲁教版、北师大版，闽教版（后被北师大出版社收购）、粤教版、湘教版等。

社的初中语文课本设置了"甜蜜的爱情"单元。

2004 年 1 月，商务印书馆出版深圳语文教师严凌君的《青春读书课》中学生系列人文读本，选取了崔健的《一无所有》、王小波的《一只特立独行的猪》以及《读书》的一篇编辑手记《请国人温习常识》等篇目。丛书不仅成了深圳南山区、宝安区多所中学的选修课教材，而且还被国内 20 多所名校选作实验教科书。

2004 年 7 月，广东教育出版社的新语文课本，新篇目占到 54%，还特设"走进经济"单元，收录了《钱》《市场经济中的新道德和法治》等大胆说"钱"的文章。"新闻"单元，反映邓小平南行谈话《东方风来满眼春》、"神五"载人航天飞船和袁隆平事迹等新闻报道入选，以鲜明的时代性凸显了广东改革开放的先锋特色。

2004 年 9 月，云南人民出版社另类语文读本《Q 版语文》，收录《愚公移山》《卖火柴的小姑娘》《孔乙己》《荷塘月色》等传统经典篇目 31 篇，但仅取其篇名而已，内容情节和叙述话语则采用变形、夸张、反讽、置换等手法全部进行了荒诞性地改写，以期达到拆卸经典、解构神圣、颠覆崇高、虚无传统、重建精神的目的。不仅如此，书中"机器猫""MM""晕菜"等动漫网语频频出现。封面更是反讽：醒目标示"全国重点幼稚园小班优秀教材""全球神经康复医院推荐读物"字样。有评论说这是"语文革命"，也有评论说这是"误人子弟"。

2004 年 11 月，人民教育出版社的全日制普通高中《语文读本》第四册的"神奇武侠"单元，选编了《天龙八部》《卧虎藏龙》两篇武侠小说，再度引起语文教科书革新还是媚俗的争议。四年前，关于金庸武侠小说能否进入语文教材曾经引发过激烈争议，最后教育部回应金庸武侠小说不会进入必修教科书。武侠虽然在中国传统政治哲学里有"侠以武犯禁"的定论，但古代同类史传题材《唐雎不辱使命》《荆轲刺秦王》都曾进入过不同时代的初、高中课本。陈平原《千古文人侠客梦》认为，行侠仗义是专制统治制度时代文人们伸张正义的一种无助的想象，是理想主义者逃避现实的另一番精神天地，其中是非可以辩论。入选的素材及所包含的内容有可供模仿者，也有可供审辩，甚至批判者。

语文教科书编者执意让当代武侠小说进入中学生阅读视野，主要考虑19世纪末20世纪初社会上风行武侠小说和影视，语文阅读不应该与时代和现实的阅读生活有隔阂，是基于生活阅读的教育价值和阅读教育生活价值的双重考量。

这场近乎全民参与的教科书大讨论，碎片式议论多，系统性论证少；情绪性评价多，事理性评价少；经验性评价多，学理性评价少；教育外评价多，教育内评价少；泛意识形态评价多，学科主体性评价少；非专业评价多，专业评价少；定性评价多，定量评价少。争鸣看似热闹，实则冷清；看起来炮火连天，其实没有焦点。争鸣终结于全国高考分省命题取消、学校引导和市场评价走低。如何评价教科书既是一项理论性、政策性强的专门性工作，也是一项学术性和实践性强的专业性工作，需要有专门机构做专业的研究。喧闹过后，并没有建立起真正有效的教科书评价机制。有关学术团体尝试建立的"教科书评价""框架"①也没有成为争鸣者知晓或认可的学术资源。

三、"语文教科书"纷纭背后的课程观透视

语文是一种文化，语文学科是一种延续、培育、传播文化的制度管道和课程机制。延续主要是对于语文传统的继承；培育是发掘、催生新的语文要素；传播则不仅意味着光大传统语文的知识经验和智慧成果，实现语文传统的当代阐释和未来转换，而且还担负着为新语文拓展发展空间的使命。语文这种文化在延续、培育和传播文化的时候，主要通过语文教育制度和濡化两种方式。

濡化是"借助无意识、无计划的教育来构筑其基础的"，但"仅仅凭借生活中（潜移默化）的习得母语是永远不够的"，不仅如此，"这里面还会掺杂偏颇或者错误的成分，未经学习的部分也肯定不少②"。其不足之处还有可能在于，社会上绝大多数成年人都希望引导、敦促，

---

① 钟启泉，崔允漷，张华.基础教育课程改革纲要（试行）解读［M］.上海：华东师范大学出版社，2001：331～343.

② 钟启泉.外语文教材评介·序［M］南京：江苏教育出版社，2000：4.

甚至强迫下一代重复老一代人的行为，奖励符合他们经验的行为，惩罚那些不符合他们经验的行为，以此来维系其认同的价值观。语文教育一直存在学科本体失语的问题，总是被作为承载各种"道"的"器物"。在传统社会一般人的眼里，语文学科的主要任务是用来知书识字、通情达理的。判断一个人语文水平的高低大致的标准只有一个识字与否。知书识字是手段，通情达理是目的。"通""达"既可以做动词，也可以做形容词。所谓"通情"即"普通的、一般的人情"。"达理"也可以视为"讲得通、说得过去的事理"。这样的"情理"从某种意义上来说多属于民俗意义、道德层面，后来又被赋予意识形态色彩上的要约。按这样的见识，语文教科书正是被用来系统塑造下一代价值观的工具。进入教科书的材料不仅要起到辅助语言文字认知表达能力培养的作用，而且要潜移默化地影响学习者的情感、态度、价值观和趣味。诚然，过分的关注也不排除大凡识文断墨者皆可评头品足这一参与门槛较低，且信口置评无须负责的轻松一层原因。网络时代更是为这种碎片式的即兴而论提供了极大便利。社会参与固然重要，但总体上属于一种自发的方式，具有非课程因素的性质。无奈"现代生活中的每一个部分都是一种有学问的专业，需要一种或几种学科作为其专门技能基础"[①]，语文生活亦当如此。

语文界对语文教科书变动而频频产生争议甚至于上升到"革新还是媚俗""要培养什么样的人格"这样大是大非的高度上来，除了如前所述对教科书制度改革的意义缺乏了解之外，还有一个对新的课程观缺乏理解和认同的问题。从某种意义上说，语文教科书问题的是是非非，可能正是因为对新课程观的认同缺失所致。主导课改、具有话语权力的实施者对于课程的理解，与社会上、教学一线的管理者和教学人员本身不在一个"观"上，没有形成同谐共振，同情共鸣的课程理念。既然如此，通过了解，弄清楚不同课程理念产生的背景、差异，以及转换的必

---

① ［英］怀特海．教育的目的［M］．庄莲平，王立中，译注．上海：文汇出版社，2012：83.

须与必要，方能有沟通不同课程理念、形成谅解、达成理解的可能。

历时性地考察从近代夸美纽斯提出百科全书式的课程观到当代课程发展的情况，汗牛充栋的课程理论虽说歧见纷纭，但基本上都是围绕着所谓"圈养"式课程、"游牧"式课程和"传记"式课程①的路径展开的。每一种课程理论的产生，都是杰出教育家们对当时社会发展趋向的预告，以及当时社会对人的生存现状的审视和未来性的展望，由此而对未来理想人生养成目标的规划。每一次课程理论的更生，都意味着社会的发展和人对自身认识的拓展所能达到的一个新的阶段。虽然其间不乏反复与曲折，但总的方向无疑却是前瞻的。这不仅说明了新课程理论的繁杂性、建构的前瞻性和问题的复杂性，而且说明课程理论科学的时效性、相对性和课程观念更新的必要性和难为性的特点。

具体来说，现在已经深入人心的课程理论是以预设知识为中心、人为学科为体系的课程理论。它主要包括百科全书式的课程观和功能主义的课程观。由于其总体的精神是在特定的社会或教育机器等外部环境的作用下，把受教育者当成静态驯养的对象，以期他们能够在事先安排好的"养圈"里获得知识与经验，并为以后走出学校打下生活的基础。这种教育很有些类似今天保护濒危物种先圈养后放归的方式。所以又被称为"圈养"式课程，具有如下鲜明的特点：第一是封闭性。学生进入学校课程以后，如同被豢养的"牲畜"被撵入"养圈"，课程把学生与生活完全隔绝开来，学习内容脱离现实生活，学习方式以机械训练为主。第二是强制性。学生是否入"圈"，入什么样的"圈"，入"圈"之后学什么、怎么学，没有多少自主权，基本上受制于社会的经济结构、意识形态，甚或特定时代背景下的道德规范等无形的力量。第三是二元性。在"圈养"式的课程中，不仅存在一系列的诸如社会与学校、教师与学生、课程与生活、知识与经验、能力与素养等相互对立的二元结构，而且这种二元关系常常是不平等的，往往是前者凌驾于后者之上，致使课程领

---

① 熊和平．课程：从"圈养"到"游牧"再到"成长传记"［N］．中国教育报，2004－10－2.

域的诸多关系变得十分紧张。

这种课程观强调课程的知识组织和积累以及保存功能，其优点是看得见、摸得着。尤其是在 20 世纪 30 年代以后，随着课程本质论研究的日益成熟，经过旨在反对新起的实用主义教育思潮和进步主义教育思潮的永恒主义、要素主义等教育思潮课程观的辩护和修缮，其体现教育继承人类生存和发展智慧这一功能合理性和科学性方面得到进一步的彰显。这也是其拥有持久生命力和深入人心的原因之所在。然而，这一切并不能改变其将学生视为"饲养"对象、将教师看作"饲养员"，把学校当作"养圈"，把知识变成"饲料"这一总的价值取向的局限性。这一取向的直接的后果则是破坏了知识内在的完整性，造成和加深了学科之间的分离，不利于课程与学生实际生活和社会实践的联系。深远的影响则是妨碍了学生完整精神世界的养成，以及主体精神的丧失。这种课程在语文学科上的表现是"我国的语文教学走的仍然是古人认字、读书、作文，着重掌握文字的老路，语文训练严重脱离实际，学生的实际语言能力不强"①。这种判断是在一个国际母语教育课程发展的比较视界下获得的，具有一定的合情性、合理性。然而有关权威专家关于问题的归因，却并不能完全获得认同。他们认为，我国语文教育模式几乎一成不变的关键正是"在于一线的教师受'应试教育'的束缚，缺乏国际母语教育的视野；同时也缺乏革新创新的热忱，去实践具有自身特色的母语教学"②。教改的事业就是教师的事业，语文教学因为师资方面的原因导致的问题肯定是存在的，但这种归因在何种程度上经得住推敲，只要看看前述教科书制度改革后出现的情形，就多少能做出合理的评判。问题是造成教师素质问题的深层原因不能单纯从教师自身上去寻找。

新的语文课程诉求的合理性是毋庸置疑的。第一要改变的正是学生、教师、学校单纯围绕知识运转、服从知识权威、饱受知识支配、忍

① 钟启泉．外语文教材评介·序 ［M］．南京：江苏教育出版社，2000：6.
② 钟启泉．外语文教材评介·序 ［M］．南京：江苏教育出版社，2000：7.

受不合理精神痛苦的现状。它以关注人的成长为旨归，认为课程是人生传记的过程，是教师和学生共同参与的生活。它希望追求一种以体验性、过程性和不可还原性为特征的教学，重申教育的实践性诉求。强调通过生活来达成内心体验，感悟知识。强调通过学生的想象力来超越日常生活中被视为真理性的知识。它反对不合理的预设和期待，强调课程的价值即在学生对生活意义和生命价值主动追求的过程之中。目的即在过程中，或说教育之外无目的。这种课程是一次性的，不可重复，更无法还原。

对于学生而言，课程就是为自我立传，在体验描述学校知识、生活过程和思想情感发展关系的过程中实现自我的成长。承载这样一种教育理念的教科书，必然要求在广泛的社会、政治、经济、文化、科学、历史、种族等背景下，在充分关注学生主体深层的精神世界和生活经验的基础上来建构和实施。这也许就是为什么上述所列语文教科书从形式到内容，从编辑体例到设计风格，各个不同而都以"新"自命的原因所在。应该说，都体现了教科书编者们各自对新课程的一种理解。对于编著者是一种"创新"，对于师生自然也不失为一种"尝鲜"。至于此外无更多的意义，当时可能还难以言语，而时隔20年后再回首，对于亲历期间的人们难免"只是当时已惘然"。但有一点则是毋庸置疑的，它正是国家改革教科书制度，开放教科书市场，希望通过准入的竞争，经过一个时期的"混乱"，达到优胜劣汰，最终形成多元经典格局的中期战略所期待的。这种制度设计的初衷是良好的，但在市场的裹挟下出现了一些不尽如人意的现象："热衷语文教材者多，潜心研究语文教材尤其是以现代科学研究方式开展工作的研究者少；临时性、松散的编写组织多，长期性、承续性的语文研究机构少；简单模仿者多，系统创意者少；急功近利、追求短期效益者多，高瞻远瞩者、大力投资语文基础性研究者少"，甚至"胡乱编写、违规发行、危害学生者也不鲜见。"[1] 真

---

① 语文课程标准研制组. 语文课程标准（实验本）解读［M］. 武汉：湖北教育出版社，2002：129.

正的语文教材建设不仅需要假以时日，而且需要科学的精神；不仅需要高量金元支持，而且需要智慧头脑加持；不仅需要勇气，而且需要责任心；不仅需要教育立场，而且需要平衡政治社会的能力。总之，专业的引领、制度的保障、市场的鼓动和社会的参与，一个都不能少。绝不是几个淘得资质许可的出版机构，东拼西凑几个"专家"，三天两个早上就能济事的。事实上通过审查获准的九家出版单位，在日后的竞争和实践中留下来的终是凤毛麟角。

"课改"背景下语文教学方式的改革

——任务引领·多元自学

北京四中语文特级教师　顾德希

新中国成立 70 年来，语文教学改革不断推进。20 世纪 80 年代出现一波高峰，21 世纪初启动的"课程改革"进一步深化了语文教学改革。在改革不断深化的背景下，语文教师的渴望——让语文教学生机勃勃，让语文课成为学生特别喜欢的课，让语文教学质量大大提高——越来越多地变为现实。

语文教学改革，涉及教育观念、相关政策、课程设置、教材编写、教师进修、环境设施、资源技术等多方面问题。而一线教师，则离不开日复一日地上课、备课、处理作业、学生工作……一言以蔽之，与教师关系最直接的是"怎样上课"。可以说，深化教改，对一线教师来说，主要意味着不断优化教学方式，提高上课质量。

与其他学科教学一样，语文教学改革的最终目的是更好地立德树人，区别在于过程。语文教学是帮助学生在"对别人的表达，理解得更准确，而不是相反；使自己的表达更到位，而不是相反"的实践中，实现立德树人这一根本目的。这种实践是语文课的基本内容，也是从事任何重要工作都不可或缺的文化修养。而所谓语文教学方式，其实也就是怎样帮助学生进行这种实践的方式。所以，大而言之，语文教学方式的优化，会影响学生一生的成长发展。

一

十几年前启动的课程改革，突出强调了教学方式的转变——使学生由被动学习向主动学习转变，提出自主、合作、探究等学习方式。这意味着课程改革须以教学方式的进一步改革为支撑。这是中华人民共和国成立以来70年间对语文教学方式改革最强烈的呼唤。

教学方式，除与教师主观因素相关，还与师生数量、质量，教学设施，社会发展，资讯传输等诸多因素相关。这些因素都会对应用怎样的教学方式产生巨大影响。

中华人民共和国成立初期，20世纪五六十年代，我从听老师讲课的中学生到成为给学生上课的语文教师，体验到那时候语文教学方式的不断演进。起初，语文教学以教师"讲"为主，海阔天空，随意性极大。1956年前后，语文教学的规范性要求增多了。我见到最早的"语文教参"是1956年以后编写的。"教参"在一定程度上可看作语文教学方式的隐性载体。语文教师上课不能过分随意，除让学生读课文外，就是围绕课文来"讲"，"语文教参"则为此提供支持。那大概可算"课文讲授"方式形成时期。但"讲"的太多，势必侵占学生读写时间。针对此种弊端，便有了"精讲多练"口号，但"讲风太盛"的弊端很难克服。不过，"课文讲授"易于入门，在当时教师学生数量激增的情况下，这种不难掌握的方式，自有其存在价值，更何况讲授也多种多样。即使都是文学分析或文章串讲也并不相同。或能发挥感悟，或能联系写作，或娓娓而谈，或犀利幽默，或激情感染，或智慧启迪。"课文讲授"中也有许多值得继承的宝贵经验。

20世纪80年代，以于漪、钱梦龙、宁鸿彬等一批前辈的课堂教学范本为标志，语文教学方式由"课文讲授"向"课文导读"迈进了一大步。"导"指教师引导，使学生在阅读中不断有所发现。在重视"启发性"这一点上，"导读"与优质"讲授"相通，但"导读"要求把"启发"更切实地落脚到学生的阅读、表达之中。这样的好课极大增强了学生对语文课的满意度。一大批前辈为语文教学方式的这种转型做出了巨大贡献，值得借鉴之处很多。

一般来说，"导读"比"讲授"难。"导读"要求教师不仅要"吃透"课文，还要能根据学生情况对课文做详略处理，做"问题化"处理，使学生的阅读形成某种不断思考并相对完整的解读过程。许多优秀的"导读"课例睿智四射，令人叹为观止。

不过，进行"导读"在学生自主性释放这个问题上仍存在不易克服的瓶颈。

1983 年，我请钱梦龙老师到我教的班上来上观摩课，导读《故乡》。他让我把课安排在上午三、四节，要求第四节不要铃响下课，要等他宣布下课才下课。为什么呢？原来，钱老师必欲使学生的提升达到他的预期。他并不要求学生掌握有关问题的结论，而是让学生在相关文段的理解上确实得到启迪，有所发现。在钱老师的引导下，这个预期实现了。几个上课开始时很木讷的学生，下课前的确在主动性和认识水平上都有令人振奋的表现。真是听君一次课，胜读十年书！这种真正落脚于学生的精彩导读令我终身受益。但问题也来了。课后，一位老教师给赞不绝口的同行们泼了瓢冷水：人家钱老师能这么"玩得转"，你能行？而钱老师宣布下课时，铃已响过近十分钟。

在让学生主动参与学习这一点上，钱老师坚定不移，不打折扣，并且能把素未谋面的学生调动起来，成功实现了这一目的，导读能力实在高超。但水平高如钱老师仍受困于"时限"，这说明"导读"对教师的机变能力远超一般要求，也反映学生主动性与课时规定性存在不易克服的矛盾。如果是知识讲授，那么严格规定时限很合理。而如果追求学生主动性的发挥，那么严格规定时间就未必合理。因为作品的长度、难度和学生水平的参差度都存在太多"变数"，硬性规定时间就可能产生很大矛盾，要么抑制学生的主动性，要么即使激活了学生主动性，也只得不了了之。启而不发，"导"而无果，越俎代庖，匆匆收场，这些情形屡见不鲜。我的体会是，所有的课都去"导"，很难，但每学期有若干节课"导"得兴致淋漓是完全可能的。如果真如此，语文教学质量便能有很大提高。

学校上课不能不统一规定时间。教师在规定时限以内的言传身教、耳提面命、潜移默化，对立德树人有着不容低估的作用。因此我认为，严格限时的"讲授"应高度重视，"导读"则应大力提倡。

而在语文课程改革的进程中，我们还应鼓励大胆创新，加大对语文教学方式进一步改革的力度。

二

十几年来的课程改革呼吁教师要把学生自主学习的潜力进一步释放出来。广大语文教师为此不畏艰辛，付出极大努力，在教学实践中进行了许多充满活力的创造。我视野有限，但管见所及，许多教学案例确实令人欣喜不已。教师们从实际出发，激励学生自主学习，效果突出，反响强烈，凸显了对语文教学方式改革的进一步探索。

有些案例，以课文为"抓手"，为学生读写活动营造了非常广阔的天地，如北师大附中邓虹老师关于鲁迅作品的教学，北师大实验中学汪文龙老师关于古代诗歌的教学。有些案例以写作为抓手，组织全班甚至全年级学生开展十分成功的专题写作活动，如北京四中韩露老师的《和某人的一次偶遇》，高一年级"传统节目"——《身边陌生人》的报告文学创作。有些案例围绕某文集或某些经典作品开展专题阅读，如北京五中王屏萍老师的《史铁生散文》阅读，张婷老师以《乌江水边忆项羽》为题，组织对《项羽本纪》《高祖本纪》《淮阴侯列传》等名篇的阅读，贾琳老师以《浸润古朴诚美的民族精神》为题，进行《诗经》的专题阅读。又比如清华附中张彪老师，结合初一学生特点，以知识竞赛、人物题咏，自行编排、摄制"八十一难"影视剧，开展全年级竞赛等多项活动，进行《西游记》阅读。有些案例设计没这么庞大，但学生参与的广度与质量也很可观，比如北京十六中龙文娟老师，教初中二年级学生，学生多为外地打工子弟，她紧扣学生特点，从"诗歌鉴赏"入手，引导学生广泛参与诗歌写作，课上分享创作成果，不少诗歌抒写真情实感，水平很高，二十多位听课老师无不为之动容。

限于篇幅，以上所谈案例不到我所见的五分之一，但已可看出，在转变学生学习方式上，教师们善于整合资源，巧于为学生创设"平台"，使初、高中学生在阅读写作上均可获得前所未有的成功。这很值得深思。教师们的这些创造，无疑是推进语文教学方式改革进一步深化的宝贵资源。

在教学方式上，这些案例与"课文讲授""课文导读"方式迥异。教师们不局限于课文解读，力求把学生"读写听说"活动开展得更充分，让更多学生更有成就感，使学生作为学习主体的角色得到更充分体现。教师们在"课改"精神启示下，以扎扎实实的实践，推动着语文教学方式的进一步转型。

十几年来的这些案例多冠以"双课堂"之名。因为这些教学都借助网上"虚拟课堂"的工具软件。该软件利用信息技术"实时、多向、多层互动""多元多层设置任务""全息记录""自行统计"等功能，使学生广泛开展的自主性学习得以持续推进，使学生的主动性不断得到激发，且便于引导。所谓双课堂，即"虚拟课堂"与"现实课堂"优势互补所构建的一种"时空域"，事实上这也是一种新的学习共同体。不过，"双课堂"所表达的主要是如何运用信息技术的理念，回应的是信息技术怎样用的问题——让信息技术帮助语文教学做"早就该做，而过去不好操作"的事情。

若从语文教学方式演进上看，这些案例明显反映了"课文讲授""课文导读"方式的蜕变，不妨称之为"任务引领·多元自学"方式的探索。如求简练，也可名为"引领自学"的语文教学方式。

引领，即以某项任务引领，也就是说，为了开展读写活动，必须设置某项或某几项任务来引领。任务的提出可从作品解读的需要入手，但不以重复"专家解读"为归宿，而以使学生得以开展兴致盎然的读写实践为依归。任务的提出是个由头，在执行过程中则具灵活性，可从学生实际出发及时调整，学生也可参与调整。为了便于各类学生积极参与，确保自主性学习的质量，任务的设置宜多元、多层呈现。如果仅为"一元"，势必难以调动各类学生的主动性。

自学，指在某个学习共同体中的自主性学习，即读、写、听、说等多维度的语文学习实践。或诵读，或课文延伸阅读，或专题阅读，或专题写作，或研究某类语言现象等，这种自学与"多读多写"紧密结合，可兼容探究学习与合作学习。这种自学不同于纯个人的"自学"。

这种"引领自学"的教学方式，一般不把对作品全面、深度的解读视为重中之重，而把作品或相关资料的阅读看作引发学生自主学习的契机，把学生走近作品并开展多姿多彩的自主性学习视为重中之重。为此，既要在任务设置以及灵活调整上多下功夫，使学生的"闪光点"不断发扬光大，又要高度重视学生之间的相互激励作用。引领者始终坚信：学生之间"正能量"的激励往往比教师作用大得多。

这种"引领自学"以学生自主性学习"开花结果"告一段落，而拒绝走过场。教师要充分尊重学生，倾力于发动学生。而这也就很难像过去"课文讲授""课文导读"那样，在规定几课时以内完成作品解读。某一任务引领下的自主性学习，可能时间跨度较长，但所占用的现实课堂时间不用很多。比如五中王屏萍《史铁生散文》阅读，读的是一本散文集，学生写作的文字总量近三十万字，时间跨度超过两个月，但现实课堂只用了三节课，都是在发动学生的"节点"上，解决了课下难以解决的共性问题。时间跨度较长，是"引领自学"与过去"讲授""导读"方式较明显的不同。

引领自学与讲授、导读，作为不同的教学方式，其"数学模型"很不相同。这里所谓的数学模型，指教师学生在某"时空域"里的行为轨迹所形成的模型。讲授、导读基本上是围绕某个共同线索推进，该线索上的某些焦点可呈发散态，发散度愈高，效果可能愈好；引领自学则是在多元引领下的多线索推进，形成的焦点可能很多很多，发散度则更要高得多。

三

为了进一步推进语文教学改革，有必要加大对"引领自学"这种教学方式进行实验探索的力度。

语文教师的敬业精神，对文本的深入理解，与学生的良好关系，对教学基本原则的掌握，永远都是搞好教学的前提。语文教师的品德素养和人格魅力随时都会产生重要作用，有时会影响学生一生。这些，无论探索何种教学方式都不容忽视。

但对教学方式本身的探索仍须充分重视，因为它毕竟与广大语文教师的职业行为紧密相关。长期以来，特别是高中的语文课，学生不感兴趣，认为语文课没给他带来什么帮助，这是语文教学大面积上的沉疴痼疾。其所以很难疗治，应当说与语文教学方式不适应学生母语学习需求有很大关系。因此，加大语文教学方式改革的力度，尊重学生学语文的实际需求，开展自主性学习，是非常必要的。上面所举案例证明，"引领自学"取得一次较大成功，学生的语文学习生态必会得到明显优化。或者说，"引领自学"方式的成功运用，对根治痼疾，有显著疗效。

目前，人们普遍关注语文课程标准中所提出的"整本书阅读""任务群学习"。无论是"整本书"还是"任务群"，都不是过去"单篇课文"的概念。在这样的背景下，尝试推进"引领自学"（任务引领·多元自学）教学方式实验，有很大现实意义。

为了加大语文教学方式探索的力度，在策略层面，我有两点建议：一是"下场透雨"，二是"并行不悖"。

第一，下场透雨。如果把教学比成种庄稼，那么有点雨，庄稼就死不了，而若能适时下一场透雨，则必是另一番景象！下透雨与有点雨，优劣自明。学生的语文自主性学习也如是。有一点自主性学习肯定对学生有益，但何如让更多学生充分感受自主学习的愉悦？何如让他们在自主学习中创造出前所未有的成就？

语文自主性学习对提高语文教学质量意义重大，应下决心把这件事做好。不少教师在"引领自学"方式上已经初步"趟"出成功的路子，这说明在大面积上适时多下几场"透雨",完全可能。

从策略上说,"下透雨"有"打歼灭战"的意味。让语文教师把每堂课都上成自主学习的"样板"并无可能。"讲授""导读"我们已经搞了半个多世纪,语文课生动、主动的自主学习局面似乎还很遥远。那么我们为什么不在"引领自学"上下点功夫,在语文自主性学习上"动点真格的"?

上面举的案例说明,语文自主性学习的成功,并不是名校名师的专利。北京十六中是五环路外的"一般校",但在语文学习上,那里初二学生资源的潜力难道不令人刮目相看吗!类似情形还出现在朝阳区其他几所一般校。昌平一中远在六环路以外,但最近开展"引领自学"的研究课,学生们自主学习的状态也是可圈可点的。这说明"引领自学"方式具有普适性。

水过地皮湿,不如下一场透雨。一位语文教师,如果每学期都能让学生的语文自主性学习下一两场透雨,那么这位老师的语文教学质量一定会提高,再提高,路子会越走越顺。

第二,并行不悖。进行"引领自学"方式的实验,强调的是在学生自主性学习上,"把雨下透"。与此同时,还有大量的教学任务要完成。怎样去完成?完全可按教师自己熟悉的方式去完成。在总体策略上这就是并行不悖,或者叫多种方式并举。"引领自学"的实验不能"单打一"。"讲授""导读"包括语文教师所熟悉而行之有效的其他方式、方法,都值得进一步探索,完善。

"讲授"要不断改进。"讲授"不等于"填鸭"。文道统一、深入浅出的讲授,其启发性不容低估。应不断积累成功的"讲授"经验。而"导读"方式用得好,师生积极互动,有效互动,更是十分难得的课堂教学佳境,这样的课,什么时候都不嫌多。所谓加大语文教学方式改革的力度,不能"一刀切",不能是此非彼,否则就会胶柱鼓瑟,很难演奏出好曲子。

只有"并行不悖"才利于"引领自学"方式的实验,利于在学生自主学习上取得突破性成果。这种实验,在各类学校的各个年级都可开展。但要把实验搞好，就一定不要被"一课书几课时"的习惯束缚住。成功的自主学习绝不可能"齐步走"。激发自主性所必需的"预热""互动"，既要抓紧，又不可操之过急。课下需要多少时间，就须投入多少时间。而这并不妨碍其他教学内容的讲授、导读。也就是说，语文教学任务是多元化的，多元化推进语文教学应是改革的常态。

加大教学方式改革的力度，要对不同教学方式所适宜解决的问题、教学任务设置的各自特点、各自的发力点、各自追求的"闪光点"，以及各自所借助的手段，都有比较清楚的了解。但在教学实践中不一定要把教学方式都搞得泾渭分明，井水不犯河水，重要的是努力"做"起来。在语文教学方式、方法上，应支持鼓励教师结合不同实际情况积极创造。

讲读、导读、引领自学，它们之间可以有哪些结合方式？在错别字问题、诵读问题上能不能采用"引领自学"方式求得突破？许多问题都要通过广大教师的实践，在语文教学改革中不断创新，不断获得新的认识。

总之，推进语文教学方式改革，只要"咬定青山不放松"，就一定会让语文教学生态更优化，语文教学质量更高。

教师的成长发展是推进语文教学改革的关键。而践行教学方式改革，则是教师成长发展的一个重要平台。十几年来，一批教师在实践中所创造的"任务引领·多元自学"方式，无疑是70年来这个重要平台上一个新型资源品种，希望它对优质教育资源共享、对广大教师共同实现语文教学的梦想，提供助力！

语文学习，如何由浅读走向深读

南京师范大学教育科学学院教授　黄　伟

　　阅读，因人因文而有不同的读法。仅就读解程度而论，大致可分为浅读和深读。所谓浅读，就是读懂文本所表达的基本的、表层的意思，一般用浏览、略读、粗读的方法即可。所谓深读，就是进入文本内核，领略思维的光华和写作的机杼，找到渡津而得其要义，是读者与作者深刻的对话。深读的方法有细读、研读、审读等。对于浅读，大多持否定鄙弃的态度，实则大可不必。实际上，浅读亦有它的价值在，且有它的特别需要处。比如，浅读可以让我们的阅读通向广博处，浅读可以让我们获得轻松愉快的阅读感受，浅读可以迅速获得资讯信息常识常情。况且，有的文本因特质功能所限，浅读足够，无须深读，深读则为所囿；有时因阅读需要而不必深读，深读则浪费精力，得不偿失。当然，对读者最有效用的还是深读，只有深读才能真正有效地提升读者的智性、德性和诗性，且有的文本则必需深读，比如《红楼梦》非深读不能玩其味，浅读非但不能得其妙，反而或可受其误。有时因特殊需要面对特定文本更应深读，比如学生对于课文。对于课文，学生几乎都应深读，因为课文是他们语文生活的主粮和精粮，必需细嚼慢咽，好好消化。

为此，本文以课文阅读为研讨对象，谈谈如何由浅读走向深读，重点谈谈深读常用的方法。

一、由浅读走向深读的三条基本路径

由浅读走向深读，大体有三条路径：

其一，以浅读为深读的前提和基础。若想实现深读，必以浅读为前提。我们通常所说的"初读感知"便是浅读，即通读一遍，大致了解课文内容、主题和思想情感。一般来说，学生预习（预读）课文，浅读即可。钱梦龙先生把课文精读概括为"六步"，这"六步"是：1. 认读。通过对字词句段的认读初步感知课文。能够找出关键性的字词和重要的句子，能够使用工具书，根据课文的语言环境，选择恰当的义项，明确词句的含义。2. 辨体。在初步感知课文的基础上，辨明文章体裁。3. 审题。审明题目的语言结构、题目的含义以及作者命题的意图。4. 三问三答。三个问题是：这篇文章写了什么？是怎样写的？作者为什么要这样写？5. 质疑。质疑就是发现问题，提出问题。6. 评析。这是阅读中的鉴赏活动，要求对文章突出的特点做出评价，或口头评价，或形成文字。在钱梦龙先生的精读六步中，1~3是浅读，4是由浅入深的过渡，5~6是深读。这是一个由浅入深的阅读过程。

打好浅读的基础，才可进入深读。这本是浅显的常识，但我们的语文常常无视常识，在学生还没弄懂课文基本意思的时候便追求深刻和新锐，热衷于深挖和拔高。这对于学生的思维发展来说无异于拔苗助长。

其二，深读一篇为主，浅读多篇为辅。我们可以围绕一篇课文，再选相类相关的文章进行对读和辅读。既可以以内容、主题为中心伸展开去，也可以以艺术形式为焦点而逐步深入。值得注意的是，这里的深浅结合、主辅并用不同于专题阅读。专题阅读固然有它的优势与价值，但专题阅读可能疏忽于对单一篇章的精读和深读，把阅读过程甚至把精读、深读的过程完全变成了专题的探究和任务的完成，窄化成实施项目的工具和手段。这里所倡导的"深读一篇为主、浅读多篇为辅"，仍是

实现对某篇文章的深度的、多角度的、多层面的理解，实现对该文本的深透把握以达到融会贯通的目的。为了深读这篇文章（课文），我们才配以多篇文章来从不同的立场、视角来打量和考察它。一篇文章是有生命的整全存在的，过度项目化、任务化的阅读会破坏文章的有机整全性，会败坏阅读时交心知己般的神交意会。辅读多篇、主读一篇，可以在学生心中培植一棵鲜活、完整、立体的树苗，而不是到不同的大树上砍伐相同的大枝丫。

其三，浅读深读不断进阶，良性循环。阅读的可深可浅、是深是浅都是相对而言的，因文而异、因人而异。但纵向上看，阅读总是由浅入深的，且深浅是可以螺旋循环、相互转化的。深浅的螺旋循环、相互转化表现在两个方面：一是阅读到某一阶段是深读，但再进一步，前一阶段的深读便是下一阶段的浅读，阅读素养的提升正是体现为这种深浅阅读的叠加效应。二是浅读与深读可以相互滋养，互补共进。即浅读做得充分，则便于走向深读，深读亦可反哺浅读，深读之后当初的一些朦胧的、浅显的感受会变得清晰而深透，进而从常识常理中会悟哲思与妙趣。我们在语文教学中可以充分利用这一规律，让阅读成为层层进阶的过程；阅读教学不应是一条直线独进，不是越深越远越好，而是复线回环，往复递进，在不同的层级获得不同的滋养。

二、深读常用的方法

浅读并无过错，但我们不能止步于浅读。止步于浅读，是思想的懒汉，长期唯浅读而无深读，不仅所获甚少，而且还会让思维退化和钝化，像那种睡眼惺忪的阅读，只有催眠效果，绝无思维长进。那么，面对一篇课文，我们如何做到深读呢？对于课文深读有人可能有一些误解，以为会做课后习题了，就是深读了。不是的，课后练习并非都是需要深读才能完成的，教科书中的课后习题诚然有一些是需要深入思考和探究的问题，但多半是基础性的练习。仅是弄懂了课后练习，其阅读理解显然是不深入、不到位的。要想深度阅读，以下几种方法不妨一试。运用这些方法来阅读相信你会有新的收获和长进，至少能让你走在通向深读的路上。

1. 提问法。这是最常用到的方法，也是最有效的方法之一。比较而言，有问题的阅读是有目的的阅读，比无问题无目的的阅读要高效得多。有问题的阅读如同在阅读过程中张开了思维之网，是主动打捞文本信息。而无问题的阅读则是等待信息的浇灌。提问法可以分为三个层次，用于阅读过程中的不同阶段。第一，置疑——带着问题阅读。当我们拿到一篇课文或一篇文章时，先向文本提出几个问题，比如：这篇文章的题材和体裁是什么？作者想表达怎样的思想感情？用了什么样的结构来处理题材？用了怎样的表达方式来表达作者的思想感情？不仅在阅读之前可以带着问题读，在阅读过程中也可不断提问，比如，我们阅读《精神的三间小屋》时，便可问一问：精神有小屋吗？为什么要有三间小屋？这些看上去简单的问题，会让你的阅读更加专注，也更加有效，可以避免那种无目的随意浏览式的阅读。第二，质疑——向文本提问。比如，阅读茅盾的《白杨礼赞》，我们可以这样向文本发问：白杨有什么值得礼赞的？赞美白杨是为了赞美北方的农民，那为什么不直接赞美北方农民而要赞美白杨呢？这样一问，便深入到对文章的主旨和艺术特色的理解。第三，追问——对已有解答再审问。比如，我们在读懂了《愚公移山》之后，可以进一步追问：为什么热情参与移山的壮举竟然都是儿童、妇女、老头而没有青壮年劳力呢？为什么最后真正把山移走的不是愚公所率领的团队而是天帝所派的夸蛾氏呢？这不是与文本要表达的主题相悖吗？这样一追问，你就在深究作品的独特意蕴，甚至可以进一步证实或证伪长期以来对作品正统解读的合理性。

2. 结构法。所谓结构，就是文章中内容安排所形成的逻辑关系，具体体现为作者的行文思路，行文思路表现在文章中则为文本理路。我们常说，读书不仅要读懂它写了什么，还要读透它怎么写的，理清文本理路则是读透读深的基本指标。叶圣陶先生在《语文教学二十韵》中说："作者思有路，遵路识斯真。作者胸有境，入境始与亲。"只有把作者的思路弄清了，才能真正进入作者所营建的世界。作者的思路一般表现为文章段落的逻辑安排，通常有：总分式，并列式，对比式，渐进式，引申式，回环式。在叙事性作品中，有时为了增强其对比、渐进性，往往安排双线并进或明暗交织的复线结构，如鲁迅的小说《药》便安排了华夏两家的不同命运遭际而又殊途同归的悲剧结局，这种双线结构大大深化了小说主题，使其具有特别悲愤深沉的启思张力。再如，朱自清的《荷塘月色》是明暗双线交织的，最后又实现了交接回环。我们阅读文章作品，不要满足于简单的划分段落、总结大意，而要更多地考察、探讨段落之间的内在联系，从内容构成或内容结构中去寻求文章作品的构思之巧、表达之妙。我们还可以把文章作品的内部结构用导图把它们清晰地表达出来，这样就使内部思维可视化，既可以帮助我们理解，也可以帮助我们记忆。如，在学习高尔基的《海燕》时，我们在阅读理解的基础上，给它画个思维导图，如下所示。

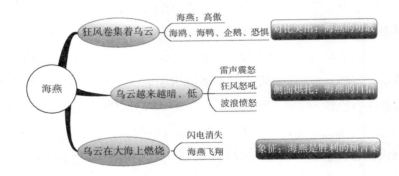

这样的思维导图，既是深读课文的结果，也是研读课文的工具。

3. 比较法。比较法是常用的研究方法，也是深读文章的有效方法，运用这种方法可以拓展阅读视野，活化思考维度，提升思维品质。常言道：有比较才有鉴别。通过对照互参，可以分析异同、凸显特色、辨识优劣；对于学习者来说还拥有了多种选择的可能，可以择趣而往，择善而从。比较方法有很多，有求同比较与求异比较，有单一比较与综合比较，有横向比较与纵向比较，有内容比较与形式比较等。这里针对学生的课文阅读理解，重点谈谈两种比较方法：互文比较和文内比较。所谓互文比较，就是将两篇以上的文章放在一起阅读，辨识、鉴赏它们的同异、特色，特别是从比较中获得思想的启迪和写作的借鉴。互文比较可分为同类比较和跨类比较。同类比较既可以做主题思想的比较，也可以做艺术风格的比较，如，可将吴敬梓的《范进中举》与鲁迅的《孔乙己》做比较阅读。通过比较，我们可以更加深刻地认识到科举制度对知识分子的戕害，更能欣赏二位作家高超的讽刺艺术以及在辛辣讽刺下对知识分子别样的情怀。也可将高尔基的《海燕》与茅盾的《白杨礼赞》进行比较，由此可以透彻地理解衬托和象征手法的运用及其艺术效果。我们既可以将贾谊的《过秦论》与苏洵的《六国论》进行议论文的类文比较，也可以将《过秦论》与杜牧的《阿房宫赋》进行跨类比较。所谓文内比较，是指在同一文本内部寻找可比较的因素，或做人物形象比较，或做不同人物个性化语言比较，或做叙述语言先后变化、情境变化的比较等。如，阅读《刘姥姥进大观园》一文，我们可将刘姥姥的形象与贾母的形象做个比较，还可以伸展开去，将刘姥姥三次进大观园的情形进行比较。通过比较，我们不仅更加全面、立体、深刻地理解了刘姥姥这一独特形象，还可以由此从一个侧面来深入理解《红楼梦》。

4. 透视法。透视法导源于数学，因常用于绘画艺术而成为绘画技法的术语。"透视"一词源于拉丁文"perspclre"，是"看透"的意思。这一点正好契合深度阅读。深度阅读特别是语文学习者的深度阅读就是要把文本看透。我们常说：读书先要把书读厚。读厚的意思是要在读书时有自己的见解、有自己的心得和体验，甚至要有圈点、笔记和补述。这无疑是需要的。但读厚了之后呢？我认为，是读透。什么是读透？就是看到文本背后的东西，不仅读懂了文本的奥妙，更要读懂了文本奥妙的构成。如何才能做到"目"透纸背呢？

（1）细察文章的关节点。我们知道，文似看山不喜平。写作高手常常能尺水兴波。文章中的波澜曲折虽有很强的审美效果，但也给阅读理解带来困扰。我们的阅读理解正是要利用这一行文特点来"沿波讨源"，在曲径通幽处学会幽会，在山重水复处看取柳暗花明。这里最为关键的是要能找到情节或情感发展变化的节点，在节点处细察明辨，切中肯綮才好剖机析理。如，阅读苏轼的《前赤壁赋》，如果能够抓住作者心境变化的三个节点（欣喜－悲伤－开释），便能深入理解这篇作品的丰富意蕴。

（2）透过艺术技法读出作品的神韵。这种读法要做好两个层面的事情：一是知晓文本中艺术技法的运用；二是该文本运用艺术技法所达到的效果。好的文章一定有其运用得娴熟的艺术技法，这些艺术技法既是构成文章的要素，也是构成文章审美性的特质。我们阅读《背影》深受感动，我们也常常让学生在学习《背影》之后写一个关于亲情的故事，但总是难以达到我们所期望的感人效果，这里有一个重要的问题是我们阅读《背影》只是沉浸于感动，而没有抓住它动人的奥秘所在。再如，我们常常惊叹于莫怀戚的《散步》竟然把日常稀松小事写得如此富有情趣，但我们更应玩味、品咂它是如何实现的——如何构建和叙述一个个小故事？如何设置散步的情境？如何建构家庭人物关系、矛盾冲突并让其完美化解？阅读《精神的三间小屋》，如果不能读懂其中的博喻所指和联喻之妙便是没有读透这篇课文。

（3）看清行文价值预设和逻辑理路。无论什么文章，里面都隐含着作者的价值预设，哪怕是"零度写作"也有作者的是非标准；即便向来以真实客观为生命的新闻报道，也有作者的立足点、观察点和选择维度与尺度。因此，阅读纪实性作品时，我们不仅要考察它的真实性，还应思考它选择了哪些"真实"？为什么选择并传达这样的"真实"？他（她）立于何处而见，立足点正当吗？选取的"真实"可靠吗？特别是阅读议论性作品，决不可简单盲信他人的观点，要思考文中预设的立场是什么？是否借助了不可靠的假设前提？是怎样论证和推论的？如，我们阅读《富贵不能淫》这篇课文，不能止步于读懂，而要进一步探查：孟子为什么不同意景春的观点？孟子是怎样反驳景春的观点的？孟子的"大丈夫"标准是什么？（孟子认为，"大丈夫"符合三个标准：第一，居天下之广居，立天下之正位，行天下之大道；第二，得志，与民由之，不得志，独行其道；第三，富贵不能淫，贫贱不能移，威武不能屈。）在读懂孟子"大丈夫"三个标准的基础上还可探讨：这三个标准具有怎样的层次或各是针对怎样的境况而提出的？你认同孟子"大丈夫"的价值观和人生格局吗？这样层层深入的阅读，不仅读懂了文意，更读透了文理，还可内化为气质。

三、对于阅读教学，深读究竟意味着什么

我们谈论浅读和深读，恐怕要将阅读教学中的浅读和深读与普通阅读中的浅读和深读区别开来。普通阅读，读到什么程度是自便的，而阅

读教学中，引导学生读到什么程度应该是有度的，有坐标系的。

如何处理课文的浅读和深读，一般来说，考虑三个因素：学生的实际水平和需要，文本的难易程度，课程与教学的目标。背离或僭越了这三个基本点，无论读到什么程度皆不可取。比如，对于一篇难度较大的课文，可能在浅读上就要多下功夫，甚至浅读就够了；如果学生文化水平和生活经验与课文思想内容相距较远，可能需要在二者之间做好搭桥铺路的工作。这些本是阅读教学的常识，但我们的阅读教学常常罔顾常识甚或反其道而行之。主要表现在一味地求深求奇，而不是致力于为学生的阅读打好扎实的基础。对此，我想就阅读教学中的深读提出几点建议，亦可谓笔者对阅读教学中的深读的理解。

1. 对于课文学习的深读，主要不是获得高大的思想和高深的情感，而是让学生学会在阅读过程中训练思维，学会思考，学会自我滋养。要让学生的阅读成为一种思维训练——通过语言训练思维是最好的思维训练方式。让学生在阅读文本的过程中悉心学习作家的思考视角与表达方式。让学生在品读文本的过程中不断调适自己以形成最佳的情感接口——点滴的滋养胜过大水漫灌。简言之，课文深读，不是让学生获得一堆外在的、高大上的思想与情感，然后转述给他人，而是让课文思想与情感在学生心灵深处扎根，融入自己的精神世界。过度的拔高和求深会远离学生的思维与心灵，其效果可能适得其反。

2. 课文的深读应体现为掌握程度与运用水平。前面谈论的是深读要"深入人心"，不能"走心"的高大上都不能叫深。除此之外，还有另一种"深"，就是对文本中的语文知识和隐含的语文能力的掌握以及运用这种知识、能力的水平。也就是说，语文学习中的课文深读，不是单面地、直线地走进课文的深处，而是在沉潜课文过程中汲取课文的营养，内化为自己的素养，转化为自己的能力。

我们并不否定对课文深挖细掘的教学价值，但对于语文学习者来说，以上两点才是深读课文的要义。因为，对于语文学习者来说，深读不应只是深入课文文本的深，而应是深入阅读主体的深。

阅读教学：精要的内容与适宜的形式

华东师范大学教师教育学院教授　张心科

教学内容指"教什么"，包括课文的内容与形式以及借助课文学习所获得的语文知识与技能等。教学形式指"怎么教"，包括教学过程、媒介和方法等。教学内容与形式孰轻孰重，还是同等重要？二者之间是决定与反作用之间的关系，还是吁求与加工之间的关系？

下面，将从历史和学理两方面，对阅读教学的内容与形式的地位及关系问题进行探讨。在评析四十余年来我国阅读教学研究与实践中存在的问题的基础上，试图提出新的解决思路。

一、20世纪末语文教学模式重构运动："怎么教比教什么重要"

20世纪八九十年代，为了改变产生于五十年代并长期流行的"红领巾"教学法，而开启了精彩纷呈的教学模式探索运动，出现了数十种以"某某法"为名的教学模式，如上海育才中学的"读读、议议、练

练、讲讲"八字教学法①、钱梦龙的"'三主''四式'语文导读法"②、
魏书生的"定向、自学、讨论、答疑、自测、自结"课堂教学六步法③
等。更准确地说，这些"法"其实就是不同的"教学过程结构"。

那么，当时的教学改革为什么侧重在教学形式的探索，而不是教学
内容的改革呢？其原因有三。

一是因为"双基"时代的语文教学大纲已经规定好了相应的知识
点和能力点，这些知识点和能力点在语文教材中有明确的规定与呈现，
而当时的教学主要任务是落实教材编者所设定的教学内容（"教教
材"），即所谓"以纲（大纲）为纲""以本（课本）为本"，教师创生
教学内容的自主意识不强，于是纷纷在教学形式上求新求异。

二是认为内容与形式不仅可以相互独立，而且一种内容可以采用多
种形式，或者一种形式可以普适任何内容。认为一种内容可以采用多种
形式者称："比如同是讲读一篇课文，教学结构便可多样化。既可用顺
向式，即按照注音释词→划段分层→讲析全文→归纳总结的顺序，从头
至尾，逐步展开，又可用逆向式，即先讲全文大意，再细读全文，逐段
讲析，同时落实字词，也可用跳跃式，即在教学中，根据需要抓住几个
关键处……这里讲的是一篇课文的讲析教学结构，至于推而广之，整堂
课的结构，就更可以变幻无穷了。"④ 很显然，论者认为形式是可以独
立于内容之外的，而且相同的内容可以用多种不同的形式来表现。

认为一种形式可以普适任何内容者，只考虑教学内容而不考虑教学形
式，认为形式是无关紧要的。如教小说主要分析情节、人物、环境，有时
探究主题；教诗歌就分析意象、意境、情感、语言。基本不考虑形式，而
是按照这些内容要素逐一教学，如：教小说先梳理情节，再分析人物，最
后联系环境来探究作者的旨意；教诗歌就是先选择分析典型意象，再欣赏
意境，再体会情感变化，最后鉴赏语言特色。这种不考虑要素之间的联系，

将要素机械割裂然后简单地逐一呈现的形式，其实不能算是"形式"，因为根本就没有思考过这种只是简单排列要素所呈现的"形式"是否能够将要素有机地统一起来，能否让学生在学习时更容易获取这些要素。

认为一种形式可以普适任何内容者，只考虑教学形式而不考虑教学内容。以前设计的诸多教学"过程模式""结构艺术"，可能是依据某个教学理论推演或教学经验提炼而成的，通过设计将其转化成依次呈现的不同环节，如"自读——教读——练习——复读"，如"讲解规则——示范引导——完善实践"，如"启——读——练——知——结"等，都是一些独立于教学内容之外的教学形式，基本上不考虑其针对的教学内容是否不同。

三是认为教学形式应主要依据学生的一般认知规律（学习过程）而非特定的教学内容来确定。这些认为教学形式应主要依据学生的一般认知规律（学习过程）者，基本上不考虑教学内容，更不要说进一步考虑根据特定文体、语体的教学内容开发出特殊的教学形式。如"自读——教读——练习——复读"过程模式，主要依据的是学生学习的一般过程，而非阅读（教学）过程，更不要说特殊文体课文阅读（教学）的过程了。在小说教学中是这样用，在诗歌教学中也是这样用，在散文和剧本教学中还是这样用，更不要说说明文、议论文、应用文等信息类文本以及文言文的教学了。或者可以进一步说，上述诸多教学"过程模式""结构艺术"没有根据这些特定的文体、语体的要素及其联系，并通过某种教学形式将这些要素组织成一个与学生认知过程相契合的结构。例如小说、诗歌、散文、剧本等文学类以及说明文、议论文、应用文等信息类文本的特点不同，白话文与文言文的特点也不同，其教学内容不同，教学形式（过程与方法）也应不同。总之，上述这些"过程模式""结构艺术"可能符合学生的一般认知规律，但未必适合语文教学，更不要说适合特定文体、语体的教学。

二、21 世纪初语文教学内容重构运动："教什么比怎么教更重要"

与 20 世纪末侧重教学形式的重构不同，21 世纪初至今，语文界掀起了一场声势浩大的语文教学内容（语文知识）的重构活动，"教什么比怎么教更重要"的说法颇为流行。这种认识导致了两个与之相关的不当倾向。

第一，认为语文教学低效主要是因为知识陈旧，而又偏狭地理解了语文知识。如语文教学内容（语文知识）重构者认为，"语文课程与教学内容的建设，很大程度上可以归结为语文知识的除旧纳新"[①]。首先，在课文内容、形式及语文技能三者之间，他们主要从课文的形式出发，重构了大量的静态的文本形式知识，而忽视了课文内容与语文技能在语文能力形成中所担负的重要作用。其次，在重构静态的文本形式知识时，他们没有很好地遵循在选用语文知识时所应遵循的"精要""好懂""管用"的原则，而建构了大量繁复、难懂、无效的知识。

据我们的初步考察，已有的语文知识确实需要重构，但是不能完全摒弃，在多数情况下应该对已有的语文知识进行细化或补充。例如"人物、情节、环境"是小说的基本要素，掌握了这些基本要素就能够获取小说文本中的主要信息。不过，随着小说文体的发展，确实出现了一些论者所说的情节小说、心理小说、荒诞小说之类，但是这些小说的要素并没有完全脱离过去所说的"三要素"的范畴，而只是其中某一两个要素在某类文本中体现得很明显，而其他要素显得较隐蔽而已。可能要针对其这某一类的小说归纳出相应的文体知识，但是并不是要去否定"三要素"。另外，问题还在于过去的教学将这些各种文体、语体知识抽象出来、独立开来，没有考虑到这些知识在文本中的关系，更没有思考针对其在文本内部的有机联系通过何种教学形式将其呈现出来，也让学生依据这种形式学习时会觉得自然而然。

第二，认为语文教学的高效与形式的关系不大，而将教学形式偏狭地理解为教学媒介（多媒体等）和方法（如诵读法、讲解法、讨论法、活动法等），没有关注到其中的教学过程。或者说，没有意识到以前教学的低效可能不仅是内容（知识）本身出了问题，而且内容（知识）的组织形式也存在着问题，甚至问题更大。也就是说，以前一直没有采

---

① 王荣生，等. 语文教学内容重构［M］. 上海：上海教育出版社，2007：5.

用一种合理的结构将教学内容有效地组织起来，让学生依据这个结构去高效地获取教学内容。

　　教学内容重构者视教学内容为本而视教学形式为末，所遵循的理据是内容比形式更重要。如称：关于教学内容与教学方法"何者为主导的问题，答案几乎是不言自明的，当然是以教学内容为主导"，就像巴班斯基说的，"是教学目的和内容'选择'方法，而不是其相反"①。这种说法自然有一定的合理性。如赵廷为认为："一种良好的方法，如果入于不善用者之手，便要发生危险；但一种良好的课程，虽为无经验的教师所用，也可产生差强人意的结果。"② 不过，对此我们应从两方面来看：首先，他并没有否定形式（"制""法"）的重要，而主要是批评教师对形式的误用而已。他更强调要善于选择和运用方法（"谙练的教师去做聪明的处理"）。至于说形式的运用在教学实施的过程中有时会流于机械，那么内容的选择又何尝不会这样？所以，并不能以形式在实施过程中有时会流于机械而否定形式的重要。其次，当内容已经建构完善，接下来要做的事便是选择适宜的形式（"组织"）。或者说，当教学内容建构完善时，教学形式便比教学内容更为重要。同样的教学内容可以采用不同的教学过程与方法，但是这些不同的教学过程与方法本身有合理与不合理、适宜与不适宜的区别，所以根据教学内容来开发、判断、运用与之紧密相关的合理、适宜的教学过程与方法显得更为重要。进一步说，如果以前建构起来作为教学内容的语文知识并不过时，或者说基本上可以满足教学，那么还在宣称"教什么比怎么教更重要"显然是不当的。

三、重建阅读教学：精要的内容与适宜的形式之间的相互征服

　　关于形式与内容的关系，有人认为内容与形式是相互独立的，内容起主导作用，决定着形式，形式起次要的作用，只是反作用于内容；还有人认为内容与形式是一体两面的关系，难以截然分开，任何内容都存

---

① 王荣生. 听王荣生教授评课［M］. 上海：华东师范大学出版社，2007：10.
② 赵廷为. 课程改造［J］教育杂志，第 16 卷第 8 号（1924）：2.

在于一定的形式之中，形式是表达内容的形式，和内容一样渗透着创作者的情感、思想、意图。后一种认识较为恰当，但是他们并没有揭示出内容与形式是怎样生成的，也就是说没有揭示出一个作品产生的机制。内容与形式之间到底是什么关系？

（一）潜在的教学内容吁求适宜的教学形式

童庆炳在其主编的《现代心理美学》中提出的文艺作品的内容与形式的矛盾辩证关系及其揭示的二者生成机制，可为我们思考教学内容与形式之间的关系及其生成提供参考。他说："题材（作为潜在的内容）吁求形式，形式征服题材，并赋予题材以艺术生命，从而在形式与题材的辩证矛盾中，生成内容与形式和谐统一的艺术作品。"[①] 假如我们把一堂课或者一篇课文的教学当成一篇"艺术作品"的话，那么其"题材"相当于生成教学内容前的材料，包括课程专家规定的课程内容（教学大纲、课程标准、课程指南）、教材编者预设的教材内容（教科书、教学参考书）以及教师在备课前准备的其他资料。这些题材吁求教师采用一种适宜的教学形式（教学过程、教学方法）来对其加工、改造，并最终形成教学内容。也就是说，在题材与内容之间有一个中介，这就是形式。题材与形式之间的关系，是吁求与加工的关系。特定的题材吁求某种适宜的形式去加工它，这种适宜的形式可以将题材加工成一件特殊的产品。形式在某种意义上就成了一种加工的工具，也是内容最终呈现的基本形态，所以形式与内容的关系是工具与结果的关系。"吁求"不是"强求"，"征服"不是"消灭"，也就是说，要求执教者在选取表达形式（教学过程与方法）时，首先要弄清题材的基本要素，然后寻找要素之间的组织关系，在加工的过程中只是根据要素本身以及学习者的心理特点对要素及其联系稍微改造，而不是全盘破坏，只有这样才能让这些要素驯服于形式。

相同的题材可以用不同的形式加工、表现，而教学设计就是要寻找其中最适宜于表达这些题材的教学形式，最终生成恰当的教学内容。我

---

① 童庆炳. 现代心理美学［M］. 北京：中国社会科学出版社，1993：508.

们看三位老师针对《烛之武退秦师》中秦晋围郑紧迫形势的介绍所采取的不同的教学形式：

教学内容	秦晋围郑紧迫形势的介绍		
教学形式	解题时展示"秦晋围郑"形势图（分为手绘和PPT展示两种）。	在"夜缒而出"等关键词的讲解中渗透。	导入后教师借助史料口头说明形势危急。

就讲授时机的选择来说，背景介绍的主要目的是促进学生的理解，或者说当学生的理解出现障碍时适当地通过背景的介绍使其理解变得准确而深入，所以无论是在解题时还是在导入后介绍背景，虽然都可以，但是显然不如在分析"夜缒而出"时呈现。试想一个老人要乘着夜色，顺着绳索，沿着城墙出城而不是在光天化日之下大摇大摆地通过城门出城，到底因为什么？"夜缒而出"反映出形势危急。是什么原因导致形势危急，又到底危急到何种程度呢？此时学生急切想知道，而且适时地介绍秦晋围郑的形势，也会使学生对"夜缒而出"这个行为乃至全篇中烛之武的言论及其结果有深切的认识。就讲授方法的运用来说，介绍秦晋围郑的形势，可以图示，也可以口讲，但最好的方法无疑是图示和口讲相配合。图示有两种，一种是用PPT展示的历史地图，一种是教师手绘的形势图，很显然后者更好，因为它呈现了形势发展的过程，而且教师可以边讲边绘。

（二）特定的教学内容吁求特殊的教学形式

目前的阅读教学内容和形式都存在不少问题，例如说明文阅读教学的内容往往是分析说明对象的特征、说明顺序（结构）、说明方法、说明语言，不过掌握这些对于我们日常读懂说明文并无多大的帮助；小说阅读教学的过程往往是先梳理故事情节，再分析人物形象，再结合环境分析探究作者旨意，然而我们平时根本就不会这样去阅读小说。所以，应该重构语文（阅读）教学内容和形式。

在重构语文（阅读）教学内容和形式时应注意：不同文体、语体的课文，其教学内容不同，其教学形式也应该不同。教学形式是将基本要素用某种结构呈现出来，这个结构既包含了基本的要素，又是一个教学过程，同时这个结构的形成过程又符合学生的认知规律、教学规律。所以，形式的研究主要是寻找要素之间的有机联系，然后将其合理地呈现出来。

当我们说语文（阅读）教学内容重构或者语文知识重构时，还需要进一步思考几个问题。

首先，在重构语文教学内容时要不要重构语文知识？语文知识是语文教学内容的重点，但是目前要进一步讨论的是，在重构语文教学内容时要不要重构语文知识，或者说，目前的语文知识够不够用？考察后发现，有时是够用的，有时是不够用的；有些是够用的，有些是不够用的。不够用的，如新的事物出现需要新的知识去认识和解决，例如非连续性文本、学习任务群，这些学习对象是新的，那么就应该有相应的新的阅读知识；以前建构的有些知识如果过于粗疏，那就需要细化，如过去提出的"阅读作品要学会抓关键句"，其中哪些是关键句，抓关键句有哪些具体的方法（位置、表述、内容、体裁等），这些细化的知识就需要进一步建构。目前，语文知识重构的倾向有二：一是重构言语形式知识而忽视言语技能知识，没有建构文本阅读技能，最典型的就是文本体式论者所关注的，那种进一步将诗歌、小说、散文、剧本等各自再细分，并总结细分后的各类文本的体式特征，而不是各类文体的特殊读法。二是引入西方的一些文学理论知识，如叙事学、阐释学、隐喻理论等，没有意识到，已有的有些特定的语文知识其实是基本够用的，如掌握了小说"三要素"就基本能获取小说文本的主要信息。他们错误地将语文教学的低效，一味地归咎为知识的陈旧，而从目前重构者的努力结果来看，他们并没有解决低效这个问题。他们根本就没有意识到小说教学的根本问题是没有弄清楚"三要素"之间的关系以及如何根据这些关系重构解读过程，并在此基础上重构教学过程。如果认清这一点，那么小说教学内容所要重构的就不是"三要素"，而是如何通过"三要素"获取文本内容，换句话说，就是重构教学过程和方法，即如何组合"三要素"。或者说，当我们说"阅读教学要有文体意识"时，并不是像目前很多人认为的那样，以为阅读教学的内容是掌握不同文体的静态的言语形式特征（形式知识），而是根据不同文体所含的基本要素来寻找将这些要素组织起来、呈现出来的特殊的方法（阅读技能）。

其次，重构教学内容时是否需要将语文知识分项。我在《论言语形式在阅读与写作教学中的归属》及其他多篇文章中提及①，目前的语文课，从教学内容上看，既不是阅读课，也不是写作课或口语交际课。我常举的例子是议论文《拿来主义》的教学内容的确定。目前，一般老师在教《拿来主义》时，既要教"昏蛋""孱头""废物"等词语含义，又要教"放出眼光，运用脑髓，自己来拿"等句子所指，还要带领学生分析、判断作者在文中所表达的对待中外文化遗产的各种态度。此外，还要分析先破后立的论证结构、比喻论证方法、幽默讽刺的语言风格等。这些既不是阅读教学的内容，也不是写作教学的内容。说其不是阅读教学的内容，是因为如果是阅读教学，那么主要教的应是获取信息的技能和策略，也就是说教授学生各种获取词义、句意以及篇章旨意的方法。说其不是写作教学的内容，是因为如果是写作教学，那么除了应教一些静态的文本样式等文章学知识，还应设置问题情境，以变式练习（具体任务）的形式让学生将知识转化为能力。如学习了比喻论证方法，接着就应该设置一个片段写作练习，要求学生在其中运用比喻论证方法。总之，同样是教一篇选文，需要明确是在教识字、写字，还是在教阅读，教写作，教口语交际。教学内容不同，教学的过程与方法也不同。

将这两个问题大致讨论清楚后，需要做的就是将小说、诗歌、散文、戏剧、议论文、说明文、应用文、文言文各种文体、语体教学的主要内容所涉及的可以凭此获取文本信息的核心要素提炼出来，再寻找这几个要素之间的有机联系，并将这种有机联系用某种结构表现出来。特定的教学内容吁求特殊的教学形式，最后达到二者的有机结合。这个结构就既包含了教学内容（要素），本身又是一种教学形式（体现了教学

---

① 张心科. 论言语形式在阅读与写作教学中的归属 [J]. 课程·教材·教法，2016（8）：60~68. 张心科. 当前语文阅读教育中"高耗低效"乱象 [J]. 名作欣赏，2018（5）：108~111.

过程和方法）。我们据此建构了多个阅读教学模型①。

（三）教学内容与教学形式的关系重建

根据上述设想建构的各种新型教学内容与教学形式结合体（教学模型），与以往的内容与形式不可分论者对内容与形式的关系的认识不同。内容与形式不可分论者认为，没有脱离形式的内容，也没有脱离内容的形式，两者是依附与表现的关系，内容依附于形式，形式表现内容，或者说是用一定的方式来组织、呈现内容。不过，通过以上的分析可以发现，在建构这些新的阅读教学模型时，形式是要素（题材）的组织方式和呈现方式，要素是环节，多个环节如果采用不同的组织方式和呈现方式，便构成不同的形式（动态的过程和静态的结果）。这个形式包含了要素及其组织、呈现方式。如果再从内容的角度来看，这个形式本身就是内容，教学就是围绕各要素及其组织与呈现方式来进行的。其中的要素相当于陈述性知识，即解读的对象；要素的组织与呈现方式相当于程序性与策略性知识，即解读的方法和策略。也就是说，内容与形式不可分论者把要素等同于内容，而我们是将要素及其组织、呈现方式一并作为内容。

总之，如果我们据此建构出不同文体、语体的阅读教学模型，既可以改变20世纪50年代的"红领巾"教学法及八九十年代语文教学模式建构运动没有根据各种文体、语体的不同来确定不同的教学内容或没有根据不同的内容来采用不同的教学过程与方法的弊端，也可以改变21世纪初语文教学内容重构过程中虽然注意到特定文体、语体教学内容的针对性但是忽视了教学形式的重构的弊端。这种针对特定的文体开发出的特殊的结构模式，是将特定的文体、语体的特殊要素、特定的教学过程、特殊的教学方法三者紧密联系在一起，其中教学过程、教学方法是教学形式，而文体要素、教学过程与教学方法三者在一起又构成教学内容，从而达到教学内容与教学形式的完美统一。

---

① 张心科. 重回"三要素"：小说教学的问题与对策［J］. 语文建设，2018（5）. 重建"诵读"：诗歌教学的问题与对策［J］. 重回"形散而神聚"：散文教学的问题与对策［J］. 重回"空间·会话·冲突"艺术：戏剧教学的问题与对策［J］. 抓住"五要素"：议论文阅读教学的问题与对策［J］. 语文教学通讯·高中刊，2019（2~5）.

提升课堂应有品质是改进
教学效果最重要的途径

北京市教育科学研究院语文特级教师　　连中国

一、课堂教学改进必须突破简单应试的钳制

毋庸讳言，现实是十分尴尬的。曾任北京阅卷领导小组副组长的漆永祥教授不止一次抨击过"高考体"。他说："高中生作文的弊端在今年（笔者注：2012 年）北京高考作文中体现得淋漓尽致。今年没有满分作文，在阅卷头三天，我们就预感到了——千篇一律，大同小异，写得好的作文实在太少。考生作文中宿构、默写、套用的情况严重；模板化、程式化与假大空的现象更为普遍。这种'高考体'文风，疲弊到了谷底，亟待扭转，甚至可以说到了非改变不可的程度。"① 他进而又说："'高考体'狭义是针对高考作文的文风与弊端而言，广义指高考

---

① 陈恒舒．振聋发聩的阅卷者言——读漆永祥教授《欲觅金针度与人》［J］．中学语文教学，2018（5）：83.

的各种命题类型与答题方式，其特点是无论从命题形式还是答案内容，都显现出标准化、模块化、套路化的特征，铁板一块，毫无生气。"①以我做中学老师多年的经验，漆老师的话切中要害，而且说的绝不只是北京的问题。

分数，当然是学校、老师、学生都很需要的东西，但分数似乎已经压弯了我们的膝盖，也几近摧毁了我们的思想。应试不能说不对，但简单机械、压抑破损"人"的应试就不对了。每年，我都在高一新入学的学生身上嗅到浓重的简单应试的气息。得分技巧、答题规律等与考试相关的经验技能已经充分占据了学生们青春的头脑。为此，我都要与学生进行一场长期的"较量"，方可获得一部分"校正"。我想，遮住了学生的分数，也必然遮住教师自己。我们教师在教学生的同时，何尝不是在教自己呢。一节节课里，自然"诞生"了学生，但同时更"诞生"了我们教师自己。很大程度上，我们教师其实是被自己教出来的。

二、优质的课堂提升"人"的同时，也帮助学生获得应有的分数

博尔赫斯说，图书馆应该是最接近天堂模样的地方。我想说的是，课堂也是最接近天堂模样的地方。因为课堂应该是师生无忧无虑的地方，是精神充分成长的地方，是探求未知、开启未来、升腾内心、走向无限可能的地方……课堂是师生充分成长的地方。课堂自然应该深系现实，脚踏实地，自然也应该为学生谋求需要的分数，但它不会屈从于逼仄的"现实"，更不会臣服于简单的甚至是荒诞的"现实"。课堂的豪迈与勇气在于，它仿佛是一位巨人，擎起身躯，努力冲开现实坚硬的层层封锁，让宽阔的头颅高耸入云，天外万道天光攒射而下，它满身霓霞。

有人言，有高考在，就什么也别说。应试最紧要、最残酷、最压抑、最难缠……应试，少不了做题，自然也应该做些题。那我们就从现

---

① 漆永祥. 高考作文怎么写，北大教授这样说. 来源：https：//gaokao. eol. cn/news/201701/t20170129_ 1485854. shtml

实的一道高考古诗鉴赏题说起。

初见嵩山

张　耒

年来鞍马困尘埃，赖有青山豁我怀。

日暮北风吹雨去，数峰清瘦出云来。

【注】张耒：北宋诗人，苏门四学士之一，因受苏轼牵连，累遭贬谪。

（1）作者初见嵩山是什么样的心情？这样的心情是怎样表现出来的？请结合全诗简析。（5分）

（2）"数峰清瘦出云来"一句妙在何处？"清瘦"有何种精神内涵？（6分）

万法之法，莫过真读，但简单应试，恰恰避开、绕开了这一点。我们在读诗上用很少的一点时间，甚至几乎不用什么时间。我们将整节课的重心放在古诗鉴赏题答题要领和方法的总结上。甚至细化到答"心情"题的答题模式是什么，答品味词句题的答题模式是什么……这样的课堂枯窘的岂止是学生！

我们改变不了普遍的现实，但或许能改变的是我们课堂里的师生相处。无论是高一、高二还是高三，始终激动人心的一定是作品本身，是阅读本身。张耒的这首小诗，秀丽开阔，刚健爽朗，意蕴丰富，读过清新难忘。因此，我的课堂更愿意指向作品本身。我们师生于此过程中，都获得了巨大的快乐与收获。

在古诗文的阅读当中，我们更容易看到汉字的气质与精神。一个个汉字，只要处在自己恰当的位置上，它们个个都可以成为真正的英雄。一个"困"字，四面封堵，毫不透气，足见内心的压抑与沉重。一个"豁"字，将意想不到突遇的明快爽朗、光明希望一下子就表现出来了。所以"豁然开朗"是多么让人赏心悦目、终生难忘的事情啊！用"清瘦"状写山峰，不仅是拟人的手法，更重要的是朴字见色，如此一用，突破后的雨后的山峰显得更加神采奕奕，意气勃发。"清瘦"二字里，没有丝毫的慵懒与懈怠，仿佛一个对世界充满向往、朝气蓬勃的青年人一般，一点也不"油腻"。汉字是我们民族文化的基石。传承与理解文化，需要从对汉字品认开始。对母语的学习，绝不仅仅只是认识一些字，而是要将这些汉字结交为自己的朋友和知己。从阅读与写作中，我们要能不断感受到汉字的力量，产生对汉字内在的信仰。

在这首诗中，我们可以清晰地看到自然与人类的关系。正是开阔秀美的自然，给予了落魄失意的张耒以浩大明朗的力量。自然是人类永远的导师。数峰从顽积厚黑的积雨云中秀挺而出的状况，给了诗人多么重要的人生启迪与精神力量啊！一个人，只有他的精神富有了力量，内心突破了，他才能完成真实意义上的"站立"。这是一首诗歌的创作，又何尝不是一个人从现实严酷的围堵困缚中冲杀而出的一场生命的突围呢。当诗人的精神得以在自然的感召下又一次清朗屹立于雾霾浊世之中的时候，诗人的这种突围便愈加震撼人心。美好的生命与美好的自然，恰如其分、恰到好处、自然而然地融为一体，生命的画卷与自然的画卷彼此佐证，相互映衬，这样的画面将永远朗润如新，给人以无尽的美感与力量，给人以永恒的启迪与召唤。美，从来就不是仅仅供人消遣的对象，甚至也不是仅仅供人欣赏的对象。美从来都不是软弱无力的，更不是轻靡消沉的。美是无言的竞争力。美是一种力量，更是一种智慧。

凡此种种，其实难以言尽，一首小诗，可以产生无尽的威力。以上这些内容还只是这首诗的部分意蕴。只要我们的真诚的生命体验无限，一首好诗的意蕴也便无限。我们今日读此诗，虽无贬谪之累、奔波之苦，但一部好作品恰恰能切中人类共同普遍的命运。我们会觉得它与我们当下的现实也产生了极大的相关性。因此，我们从中受到的教益，获得的启发，自然也是深刻的。

真正的成长，带给师生的快乐，是难以言说的。真正的成长，内在而磅礴，对于读和写都会产生深远而宽广的意义，而读与写，是语文得分的两个关键。

三、有"人"的课堂一定也会有分

我知道，如若我们耐着性子读到这里，有一种反问已经压在我们的舌底，直欲破口而出。理想很丰满，现实很骨感，是我们常用的托词。但我想，"荡胸生层云"的课堂，在现实中不能也不该是软弱的。我强调"不能"，是因为"高贵"如若战胜不了"屈从"与"臣服"，甚至"甘愿"，那么我们无论怎样提倡强调，都将会是软弱无力。我强调"不该"，是因为学生真实的前途，我们作为老师，决不可以掉以轻心，大袖一挥。课堂这位巨人，从来就没有离开过脚下的大地。因此，我们有必要在严酷的、"提高一分干掉千人"的现实中，验证一下丰富与高贵的力量，验证一下真正成长的力量。

篇幅所限，仅举写作数例，野人献曝，权以"引玉"。写作，诚如上文漆永祥老师所言，"疲弊到了谷底，亟待扭转，甚至可以说到了非改变不可的程度"。学生长期缺乏内在的成长，面对题目，只剩下了所谓写作技巧。而不重真正内在成长的写作技巧，其实就是各种各样的"生憋"。

[2014 年·天津卷]

也许将来有这么一天，我们发明了一种智慧芯片，有了它，任何人都能古今中外无一不知，天文地理无所不晓。比如说，你在心里默念一声"物理"，人类有史以来有关物理的一切公式、定律便纷纷浮现出来，比老师讲的还多，比书本印的还全，你逛秦淮河时，脱口一句"旧时王谢堂前燕"，旁边卖雪糕的老大娘就接着说"飞入寻常百姓家"，还慈祥地告诉你，这首诗的作者是刘禹锡，这时一个金发碧眼的外国小女孩抢着说，诗名叫《乌衣巷》，出自《全唐诗》365 卷 4117 页……这将是怎样的情形啊！

读了上面的材料，你有怎样的联想或思考？请就此写一篇文章。

要求：①自选角度，自拟标题；②文体不限（诗歌除外），文体特征鲜明；③不少于800 字；④不得抄袭，不得套作。

题目所言的"智慧芯片"，其实只能称作记忆芯片、知识芯片。在读诗的过程中，真正起到关键作用的是人的生命体验与个性特征。这样的读者，会将作品读得花团锦簇，读得异彩纷呈。在《初见嵩山》的阅读过程中，我们管中窥豹，可见一斑。优质的作品，需遇到优质的读者。读者个性化的体悟，是无法像百度"知道"那样，作为固化的知识来存储的。这也正是阅读永恒的挑战与趣味。

[2015年·湖北卷]

泉水在地下蓄积。一旦有机会，它便骄傲地涌出地面，成为众人瞩目的喷泉，继而汇成溪流，奔向远方。但人们对地下的泉水鲜有关注，其实，正是因为有地下那些默默不语的泉水的不断聚集，才有地上那一股股清泉的不停喷涌。

请根据你对材料的理解和感悟，自选一个角度，写一篇不少于800字的文章，文体自定，标题自拟。要求：立意明确，不要套作，不得抄袭。

如若我们只关注到了张耒的这首诗，只在艺术上评价这首诗的好处，那便是我们只看到了"喷泉"。"喷泉"的下面是有"地下的泉水"的，那便是张耒的心路历程。没有张耒精神的崛起，没有他内在的心路历程，就不会有这样秀丽而挺拔的诗篇。杰出的作品与作者内在的心魂之间，皆是这样的关系。当我们能够关注到一座"喷泉"下面的"地下的泉水"的时候，我们的阅读一定富有更深广的力量。

[2017年·山东卷]

阅读下面的材料，根据自己的感悟和联想，写一篇不少于800字的文章。（60分）

某书店开启24小时经营模式。两年来，每到深夜，当大部分顾客离去，有一些人却走进书店。他们中有喜欢夜读的市民，有自习的大学生，有外来务工人员，也有流浪者和拾荒者。书店从来不驱赶任何人，工作人员说："有些人经常看着看着就睡着了，但他们只要来看书，哪怕只看一页、只看一行，都是我们的读者；甚至有的人只是进来休息，我们也觉得自己的工作是有意义的。"

要求：①选准角度，自定立意；②自拟题目；③除诗歌外，文体不限；④文体特征鲜明。

我赞成书店的做法，因为阅读关乎一个人的精神世界，关乎一个民族的未来。阅读是一场拯救，阅读也是一场修复，将我们沉霾的心再一次濯洗干净，防止我们在尘世里沉沦得太久太久，滑落得太久太久，坍塌得太久太久。如若我们能够善待每一次的阅读的话，我们的生命就是遇到了一场拯救与修复。我们刚才在阅读《初见嵩山》时所获得的收益，便可见一首小诗都可以有无穷的意蕴。我在这里以《初见嵩山》为例，是想说明，一首小诗的成长便可如此，那么我们师生如若胸中有个二三十首作品又当如何呢！

读与写，除却所谓的"方法"之外，最重要的是我们的情怀与思考能与作品、题目相匹配。这些"匹配"都需要扎实的课堂，都需要"荡胸生层云"的课堂，都需要在课堂上获得我们真实而内在的成长。

四、课堂在成就学生的同时，也完成并实现着教师自己

潜进去、读进去、用心去感受文字，忠实于自己的内心，这些都是非常重要的。没有脚踏河岳、昂首云霄的巨人般的课堂，比现实更窘迫的还有未来的窘迫。只有一些固化的知识、只能适应屈从于现实的人群，难堪大任。没有内心的成长与充实便无法抗拒外界的简单与荒诞——这是语文这个学科之于我们师生最关键、最重大的意义。

锁住了学生的课堂也必然将教师锁住。矮小的、侏儒似的课堂，长不大的不仅是学生，长不大的更是教师。

语文，是我们灵魂深处的风景。上语文课，首先是我们灵魂的旅行与探险，是我灵魂的构建与出窍。我们必然知道，我们对语文搅动与酿造越是秀丽无边，我们生命的风景便越是浩荡舒展。

在成就学生的同时，我们也完成并实现着我们教师自己。

"实用性阅读与交流"任务群的理解与实施

北京市西城区教育研修学院教研员　吴　东

《普通高中语文课程标准（2017 年版）》（以下简称"高中课标"）提出语文学科的核心素养，即：语言建构与运用、思维发展与提升、审美鉴赏与创造、文化传承与理解四个方面。提出 12 项课程目标。同时提出达成课程目标的途径——以语文学科核心素养为纲，以学生的语文实践为主线，设计"语文学习任务群"。"语文学习任务群"不是可有可无的点缀，而是应有的课程内容。课程由必修、选择性必修、选修三类课程构成，每一部分安排若干任务群，共计 18 个任务群。"实用性阅读与交流"是必修课程中的 7 个任务群之一。

一、什么是"实用性阅读与交流"任务群

（一）通过明确"高中课标"的相应要求，把握"实用性阅读与交流"任务群的特点。

"高中课标"规定"实用性阅读与交流"任务群只安排在必修部分，为 1 学分，18 课时。

　　"实用性阅读与交流"任务群指向实用语文的理解与表达（口头的和书面的），旨在提高学生在社会中与他人交流的水平，增强适应社会、服务社会的能力。

　　"高中课标"指出"实用性阅读与交流"任务群的教学内容主要包括三部分：

　　1. 社会交往类：在社会调查与研究过程中学习。

　　2. 新闻传媒类：在分析与研究当代社会传媒的过程中学习。

　　3. 知识性读物类：自主选择一部介绍最新科技成果的科普作品或流行的社会科学通俗作品阅读研习。

　　教学方法主要"以社会情境中的学生探究性学习活动为主，合理安排阅读、调查、讨论、写作、口语交际等活动"。

　　（二）通过与其他任务群的关系，把握"实用性阅读与交流"任务群的特点。

　　18个任务群中，有的是从内容上界定的，如"文学阅读与写作""思辨性阅读与表达"；有的是从形式上界定的，如"整本书阅读与研讨""跨媒介阅读与交流"。由于分类标准不同，就会造成交叉的情况。如"文学阅读与写作"与"整本书阅读与研讨"多有交叉，"思辨性阅读与表达"与"跨媒介阅读与交流"也有交叉。而"实用性阅读与交流"既不完全是内容上的，也不完全是形式上的，与"当代文化参与""思辨性阅读与表达""跨媒介阅读与交流"等任务群多有交叉，而侧重点又有所不同。如"高中课标"在"中国革命传统作品研习"任务群中的"学习目标与内容"中明确提出："阅读关于革命传统的新闻、通讯、报告、演讲、访谈、述评等实用性文体的优秀作品，联系思想实际和亲身见闻，以正确的价值观，深入理解其内容，学习其写作手法。"这里就涉及实用性阅读，但是内容上仅限于"中国革命传统作品"，强调价值观的培养；而"实用性阅读与交流"则侧重于阅读与交流的达成。

　　"高中课标"在"必修课程学习要求"中对口语交际的要求是："增强人际交往能力，在口语交际中树立自信，尊重他人，文明得体，仪态大方，善于倾听，敏捷应对。注意口语的特点，能根据不同的交际场合和交际目的，恰当地进行表达。借助语调和语气、表情和手势，增强口语交际效果。学会演讲，做到观点鲜明，材料充实、生动，有说服力和感染力，力求有个性和风度。在讨论或辩论中积极主动地发言，恰当地应对和辩驳。"在18个任务群中涉及口语交际的有"汉字汉语专题研讨"任务群和"实用性阅读与交流"任务群。在"汉字汉语专题研讨"任务群中，要求"结合汉字、汉语普及读物的阅读，进行归纳梳理，验证汉字、汉语的理论规律，例如汉字的表意性质、汉语的韵律特点、词汇意义的系统性、文学语言的灵活性、口语与书面语的不同特点等，提高对语言现象的理性认识"，这里强调的是对口语特点的理性认识。在"实用性阅读与交流"任务群中，要求"教学以社会情境中的学生探究性学习活动为主，合理安排阅读、调查、讨论、写作、口语交际等活动"，这里则强调口语的实践活动，口语交流的实践活动主要落在"实用性阅读与交流"任务群上。

任务群之间的比较有助于我们把握每一个任务群的特点，完整地实现任务群的整体教学效果，形成一个学生的整体语文素养。

二、为什么要设置"实用性阅读与交流"任务群

2019年8月16日，在澳大利亚南澳大学发生了中国留学生在表达爱国情感的时候使用不文明语言的现象。北京语言大学教育测量研究所所长谢小庆教授评论这一现象凸显了中国语文教育的"欠账"问题。与此同时，英国爱丁堡和法国巴黎的中国留学生表达爱国情感时，则表现了较好的交流沟通能力。谢小庆教授认为："最重要的核心职业胜任力有三项，第一是交流沟通能力，主要是口头和书面的表达能力。第二是逻辑推理能力。第三是审辩式思维。不具备交流沟通能力，谈不上发展逻辑推理能力。不具备交流沟通和逻辑推理能力，也谈不上发展审辩式思维。"[①] 国家劳动和社会保障部提出职业技能的8种核心能力，即

---

① 谢小庆. 审辩式思维［M］. 上海：学林出版社，2016.

交流表达、数字运算、革新创新、自我提高、与人合作、解决问题、信息处理和外语应用。"这8种能力，是劳动者面对产业变革和职业变革，应对市场竞争和社会挑战，实现个人职业生涯的成功所必备的最基本的技能。"（《国家职业汉语能力测试大纲》，法律出版社，2004年版）核心技能中，交流表达能力居于首位。这里所说的交流沟通能力或称交流表达能力在18个任务群中主要对应"实用性阅读与交流"任务群。有些学生做了硕士、博士，与人沟通交流的能力还是成问题，看来沟通交流能力并不与学历成正比。

"高中课标"提出"实用性阅读与交流"任务群的学习有助于"丰富学生的生活经历和情感体验，提高阅读与表达交流的水平，增强适应社会、服务社会的能力"。在"实用性阅读与交流"任务群中"学习多角度观察社会生活，掌握当代社会常用的实用文本，善于学习并运用新的表达方式"。这是社会的要求、时代的要求，也是学生的需求。

三、如何实施"实用性阅读与交流"任务群

对"实用性阅读与交流"任务群的认识和理解不是教学中的主要问题，主要问题是"实用性阅读与交流"任务群的实施。

"实用性阅读与交流"任务群实施的几个基本原则：

（一）注意任务是手段，学习阅读与交流是目的

叶圣陶先生早就讲过，课文无非是个例子。任务群也是这样，无非就是个例子，是个手段，而不是目的。把任务群作为目的的实质就是又走到讲课文的老路上了，不过是把课文换成了任务，甚至换成了班会。搞调研、做演讲、写新闻、研习科学小品，都是在诸多实用性语文实践活动中培养学生的语文素养。

没有丰富多彩的语文实践活动，就没有多种多样的语文实践能力的养成。这里一要强调"语文"，二要强调"实践"，三要强调"丰富"，缺一不可。不指向语文的实践活动再丰富，也不能高效率地提升学生的语文能力，语文能力的提升就成了活动任务的附属品，而不是语文课程

的专业培养。

（二）注意在真实情景中进行阅读与交流的实践活动

这一点就是强调"实践"。所谓"真实"指的是在学生生活中、在社会生活中真实存在的，学生今天和明天会遇到的。这时培养的才是实际生活需要的实用语文能力，而不是屠龙之术——练了半天，生活中根本遇不到。

真实情景中的阅读与交流才能唤起学生的实践意识和实践动力，换句话说就是兴趣和热情。这是实践活动的基础，缺少这一点，活动任务的大厦就没有了地基，活动任务的大树就失去了根本。要知道语言信息的传递首先要有信息的产生和传递的愿望，才会有信息传递的过程。

此外，重视实践而不是重视文体，不一定非是说明文不可。

（三）注意阅读与交流过程中信息传递双方的关系

阅读与交流，就有阅读对象和阅读者的问题，就有交流对象和交流者的问题。自己说的话别人听得懂吗？别人说的话自己听得懂吗？由于各种原因，语言信息的传递不是百分之百被对象接受的。由于信道的障碍，由于语言信息发出者和接收者在语言能力、文化背景、生活阅历等诸多方面的差异，造成语言信息传递中的信息缺失或扭曲，这往往是不可避免的。但是注意了这一问题，注意了交流对象的特点，信息的减损就会少一些，就会更接近信息发出者的本意，这是我们在阅读与交流中需要提醒学生有意识注意的。

（四）注意阅读与交流实践活动的时代特点

对"实用性阅读与交流"任务群的实施，"高中课标"提出了具体建议："如自主选择、分析研究一份报纸或一个网站一周的内容。分析其栏目设置、文体构成、内容的价值取向，撰写文字分析报告，多媒体展示交流。推荐最精彩的一个栏目、不同体裁的精彩文章1～2篇，并说明理由。尝试选择传统媒体和新媒体写作。"网站、多媒体、新媒体都体现了时代特点。比如微信就成为了我们这个时代不容忽视的新媒体，就是真实的实用性阅读与交流。再比如图表等非连续性文本在实用文体中的大量使用，就使得非连续性文本的阅读与写作成为学生语文能力中不可或缺的一部分。再比如PPT也是现代实用交流中经常使用的辅助手段，甚至主要手段，在PPT中如何抓住关键词突出重点也是语文能力。不体现时代性的实践活动就会远离学生生活和社会生活，在"实用"上就会大打折扣。

（五）注意学生在任务进行中的交流与总结

每个环节都要让学生之间进行交流，这种交流不仅有助于促进学生的学习，也是最真实的交流活动。

每个环节都要让学生有意识地注意总结阅读与交流的态度、方法。学生的学习要不断小结，就像竹子，每生长一段就要做一段小结。

通过交流与总结，学生要自能学习，不是自能学习任务群，而是自能学习语文。

（六）注意在活动过程中的表现性评价

每一个环节都要有评价，评价和任务实施过程要联系起来，评价要镶嵌在过程之中。评价可以由教师和学生共同完成。评价标准的制定往往就是学习成果的总结提升。

下面我们以演讲为例，具体说说"实用性阅读与交流"任务群的实施。

以往在以议论文为教学单元的设计下，演讲单元实际上是作为议论文单元呈现的。是学习演讲中的论点、论据、论证，学生写演讲稿也是按照如何写议论文来训练的。比如，我们讲议论文观点和材料要统一，写演讲稿也要求观点材料要统一，通过写演讲稿来巩固课上所学。这是以语文知识为模块的教学。这还是好一些的，比这更糟的就是一篇篇讲课文，也不管课文之间的联系，更不管课文与学生的关系。

有人对此加以改进。不按照知识体系来教学，而是按照听说读写的能力体系来教学。首先是阅读演讲稿，这是写的部分；然后是写作演讲稿，这是写的部分；最后是演讲展示，这是说的部分。三者相对独立，各自完成读、写、说的教学任务。

以上关注的是课文，是语文知识，是语文能力，就是没有关注学生。任务群教学则是以一个需要语言来完成的真实的总任务贯穿始终为主线，在任务驱动下，使学生体会语言的实际运用，学习完成这一组任务所需要的语言能力。任务群设置真实的演讲情境，通过真实的演讲需要来培养学生所需要的语言能力，锻炼表达能力、思维能力。

在"实用性阅读与交流"任务群的实施初期，教师可以先布置一个总任务，比如，录制题为《我有一个梦想》的演讲视频。这样一个题目比较宽泛，学生好入手。

第一步，是学前调研。比如，（1）做调查问卷，包括：是否读过演讲稿？是否听过演讲？哪些演讲给你留下过深刻印象？为什么会留下这样的印象？你自己是否写过演讲稿？是否做过演讲？你觉得一篇好的演讲稿应当具备怎样的条件？（2）阅读名家名篇演讲。（3）你最喜欢哪一篇？最喜欢哪个段落？把理由写出来。（1）、（3）阶段，学生交流。大家归纳出一篇好的演讲稿应当具备的条件，为下一步学习奠定基础、指明方向。这一步需要注意学生回答的问题要写出来，每个学生都要写。我们在教学中常用的是学生口头回答问题，口头回答有两个问题：一是个别人回答问题，不回答问题的是沉默的大多数；二是口头回答不大讲逻辑，口头语多。书面回答可以解决上述两个问题。

第二步，是设定演讲主题。布置录制题为《我有一个梦想》的演讲视频任务。提示学生：演讲不仅是自己说自己感兴趣的话题，更是自己要别人听到的话，演讲是交流，要考虑交流的双方，要引起听众的共鸣。可以让学生读一些演讲稿，看看这些演讲主题的设定；也可以说说某演说家先确定了主题，后来忽然发现这个主题不合适，又换了另外一个主题。这里有一个演讲的目的和意义的问题，也就是实用性阅读与交流的价值问题，任务驱动的任务积极性主要体现在这里，我们为什么演讲，这个目的性问题必须予以回答，这与演讲主题的确定密切相关，也与后面的演讲活动密切相关。主题的确定要体现学生对生活的认识、理解、表达、参与和评价。这个教学目的可以通过阅读名家名篇演讲来实现，比如阅读政治家丘吉尔在"二战"的演讲、教育家胡适在学生毕业典礼上的演讲等，也可以由学生推荐读物。

学生展示自己的演讲主题，质疑，讨论，修改，最终确定自己的演讲主题。讨论过程可以做视频录制，以备后期活动使用。后面的各步骤也做视频录制。

第三步，是完成演讲提纲。可以让学生阅读名家名篇，看看人家的文章结构，写出思维导图或段落结构图，从中提炼出提纲框架，看看主题是怎样通过这种层次结构表达出来的，想想这对自己写演讲提纲有什么帮助。然后，写自己的演讲提纲初稿。展示提纲初稿，大家讨论，互相提问，相互启发，然后一次次修改提纲，确定提纲。

第四步，是完成演讲稿。这步是往骨架子里填肉，是由薄变厚的过程。这时再读名家名篇，感受语言的力量，分析其中的修辞运用、人称表达、句式选择，甚至标点符号的使用。同样的主题如果自己写会写成什么样子？与人家有什么差别？然后，完成初稿。展示初稿，大家讨论，互相提问，相互启发，然后一次次修改初稿，确定演讲稿。

第五步，是演讲的录制展示。这步可以先看怎样演讲的书籍，也可以看演讲类电视节目，如《一席》《开讲啦》《超级演说家》等。可以由学生推荐。学生写读后感或观后感，初步总结演讲技巧。学生在家录制演讲视频。这里就有口语交际的问题。学生在这一步要设计口语表达和体态语言。比如语音语调上，轻重缓急、抑扬顿挫的设计；动作表情上，一颦一笑的设计；录像背景上，图像颜色的设计；与演讲相配的PPT的设计等。这看似跟语文脱节，但是阅读这类演讲书籍就与语文相关，与实用阅读相关。教师要指导学生如何阅读此类书籍。

第六步，小组交流演讲视频，选出代表参加班级展示，同时设计出展示评比标准。大家讨论评比标准，讨论的过程就是进一步总结演讲技巧的过程。然后班级展示评比，有条件的还可以年级交流。展示交流的过程中，学生可以重新录制演讲视频，可以重读名家名篇。

第七步，做活动专题纪录片。学生使用视频软件将之前学习过程的视频和学生的演讲视频做成此次任务群活动的纪录片，记录学习过程，其间还可以采访教师和同学。留下语文学习任务群的宝贵资料，教师也可以从中进一步反思任务群教学。这一步，学生要设计片头、片尾和旁白，这就需要纪录片有个主题，围绕主题完成纪录片的剧本。

任务群就是教师找事给学生做，教师设计学生做。任务群着眼的是一组任务的设计，而不是一堂课的设计。学生用到什么，就要学什么。这里所举的例子不是样板，只是以这样一个例子引发大家对"实用性阅读与交流"任务群实施的思考。

思考之一就是在整个"实用性阅读与交流"任务群的实施过程中，要贯穿"阅读"与"交流"。

活动中的"阅读"是多次的，每次的目的是明确的。比如或是为了确定主题，或是为了写提纲，或是为了写初稿……明确的阅读任务使学生对同一文本从不同角度阅读，达成不同的阅读目的，这更接近于我们日常为完成实用目的而进行的阅读行为。（这不是说语文教学只有"实用"目的，这只是 18 个任务群之一）阅读的内容也是多样的，应包括非连续性文本、PPT、微信。有时读与听这两种接收信息的方式还需要综合起来，比如看电视，看多媒体网络。

活动中的"交流"是多次的，交流的对象、目的都有所不同。有演讲者和听众的交流，有教师和学生的交流，更有学生之间的交流。有思想信息的交流，有学习方法的交流，有学习成果的交流。所有的交流都注意到了交流的双方，注意了交流信息的正确性和完整性，注意了如何接收信息、如何在接收信息后产生新的认识。信息的交流不仅在于互通有无，还在于相互提升。

"实用性阅读与交流"任务群的实施还应注意课时的安排，要考虑任务群实施的可能性和可操作性，可以考虑与其他学科教学，与学校活动、社区活动的配合，最好不要另起炉灶加重学生的课外负担。

总之，"实用性阅读与交流"任务群应贴近学生生活和社会生活，在语言实践活动中提升学生的语言实践能力。

基于"课"的结构进行单元任务群教学的探索

——以新教材"自然情怀"单元设计为例

北京师范大学二附中高级教师　陈立今

这轮课程改革提倡任务群教学。根据以往的经验，我认为任务群教学在一线最可能呈现出两种样貌：一种是俯瞰统合单元教学内容，进行宏观架构的大任务设计；一种是仍然一篇一篇地教与学，最后在总结阶段依靠对教学活动的诠释，去贴合任务群理论。应该说前者的设计方式最符合任务群教学理念，但对广大教师而言存在理念上跨度过大的问题，对教学而言存在课堂把控与落实检测困难等问题。后者倒是方便教师掌控教学，但不能有效统合单元教学内容，不仅保守，且有消极应对之嫌。

教师要和教改一起成长，任务群教学就必须要探索尝试。山高万仞，不可能一步凌顶，但拾级而上定优于徘徊望岳。

那么能否基于"课"的结构形式切分任务群，最后再整合实现单元教学目标呢？下面以统编版语文新教材第七单元为例，谈谈我的一些尝试。

统编版语文新教材高一上第七单元人文主题是"自然情怀",主题任务目标指向为:体会民族审美心理,提升文学欣赏品味,培养对自然的热爱之情。对应的学习任务群为"文学阅读与写作(三)"。语文任务目标指向为:关注作品中的自然景物描写和人生思考,体会作者观察、欣赏和表现自然景物的角度,分析情景交融、情理结合的手法;反复涵泳咀嚼,感受作品的文辞之美。

该单元教材共三课五篇文章,分别为:14.《故都的秋》《荷塘月色》;15.《我与地坛》(节选);16.《前赤壁赋》《登泰山记》。课文编排,有单独成"课",也有组合编排。教材编写者解说这样编排意在强调群文阅读的两种方式——单篇延伸阅读与篇章对比阅读。我曾询问教材编写者:此种编排是否有通过简单的篇章归类将学习任务进行初步分解,以便于教师引领操持,完成篇章学习向任务群学习过渡的策略考量。编写者不否认这种认识,并鼓励创造性使用教材。故而我在认真学习任务群理论和仔细研读单元教学内容的前提下,先将单元的主题确定为"自然与心灵的映射",然后将学习任务分解为四大项,每大项任务又由若干子任务组成,具体见下图:

第七单元学习任务与学习活动设计示意图

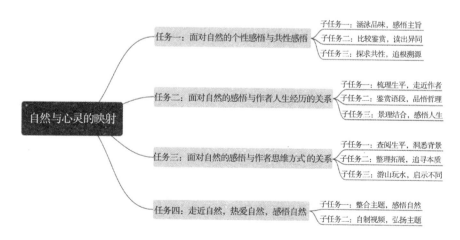

这其中前三项大任务分别针对三课教学内容,以期缩小学习范围,减轻学习压力,实现学习的深化;第四项学习任务在完成前三项学习任

务基础上，针对全单元的教学目标进行设计，是前三项学习任务成果的总结提升及树德立人目标的内化。下面将设计思路与意图分条阐述如下：

学习任务一之主题：面对自然的个性感悟与共性感悟。

任务表述：《故都的秋》与《荷塘月色》都是借景抒情、寓情于景的散文典范，但朱自清借荷塘、借月色抒发的"淡淡的哀愁"有很强的个体性，而郁达夫借破屋、借秋草表达出的对秋日"颓败"生命形式的审美体验，则既有其独特性，又具有鲜明的民族审美共性。仔细品读两篇文章，做好批注，学习两篇文章各自的抒情方法，体味两篇文章各自展现的审美特性，并尝试探究为何中国文人多热衷歌颂秋日颓败的悲美。

子任务一：仔细品读两篇文章所蕴含的思想感情，尝试配乐朗诵；于班级内进行展示互评。互评标准：对文章情感把握是否准确，语调语速处理是否合适，配乐是否恰当。

子任务二：写景散文对景物的展开主要有纵式结构和横式结构两种，请研读两篇文章各自结构特点，体会文章各自的景与情的对照关系，即借什么景物抒发了什么感情，在此基础上比较两文所采用的抒情方式的异同。自行设计图表完成该学习任务。

子任务三：郁达夫喜爱北国之秋清、静、悲凉的特点，对秋的这种悲情意识是中国旧时代文人的共性审美体验。联系自己读过的中国古代文学作品，思索中国旧时代文人为何多"悲秋"，完成一篇小论文（不超过 2000 字）。

设计思路与意图阐释：本任务设计意在引导学生学习情景结合的散文写作手法基础上，完成教材要求的"体会民族审美心理"的主题任务。其中子任务一侧重在品味、涵泳，感知作者于文中寄寓的情感，同时解决由于时代差异而产生的语言的审美隔阂问题，为进入分析研读做铺垫。子任务二意在借梳理文章结构引入对情与景映射之特点的学习，并了解常用的写景抒情方式。子任务三为该任务群的核心任务，是完成"体会民族审美心理"目标的主要环节。

学习任务二之主题：面对自然的感悟与作者人生经历的关系。

任务表述：史铁生的人生感悟是独特的，这和他承受着因残疾而导致的苦难有关。文中在景物描写中穿插了许多富有哲理性的思考,请找出来,思考是怎样的经历使作者由所见之景物而悟出所释之哲理的。

子任务一:搜集梳理史铁生的生平资料,完成作者生平年表。

子任务二:每人摘出一段富有哲理性的语句进行鉴赏,形成文字,小组内分享互补。

子任务三:思考由景悟理的过程中,作者自身经历可能的作用。完成下表:

	所见景	自身经历	所悟理
1			
2			
...			

设计思路与意图阐释:本学习任务意在引导品悟作者自身经历对其触景悟理的影响,完成单元目标中有关体会"景理"关系的要求。子任务一在梳理作者生平的同时,也有了解作者相关作品、扩大视野的考量。子任务二意在使每位同学对文本,对学习内容有"点"的深入,又能相互借鉴有"面"的视野。子任务三为本学习任务的核心,意在探寻人生经历与面对自然的感悟之间可能存在的关系。

学习任务三之主题:面对自然的感悟与作者思维方式的关系。

任务表述:姚鼐游山,苏轼乐水,他们在人生的困境中,通过对自然山水的观照,各自获得了怎样的生活启示呢?这些启示的根本区别是什么呢?对其人生之路的影响是怎样的?

子任务一:查阅两篇文章作者的生平及文章写作背景,疏通两篇文章文字,体会二者语言风格差异。

子任务二:整理《前赤壁赋》典故,思考这些典故的选取与文章主旨的关系。推荐阅读《超然台记》《宝绘堂记》相关段落,与《前赤壁赋》的内容相比较,体味苏轼思想的本质。

子任务三:指导同学用多种方式查阅整理黄州后苏轼的生活履历和登泰山后姚鼐的生活履历,品悟二人于山水中寄寓的情怀有怎样的不同。

设计思路与意图阐释：本教学任务设计意在通过综合运用延展性阅读与比较性阅读方法，落实群文阅读理念，了解苏轼与姚鼐在与自然的交流中所获得的人生体验的不同，及这种人生体验对自身发展的影响，借以完成本单元语文教学目标所要求的"整体感知文学作品，涵泳品味，领悟作品的内涵，把握作者情感态度，获得审美体验"的任务，并完成"从不同角度、不同层面鉴赏文学作品，对作品的表现角度和艺术价值有独到的感悟和思考"的学习任务。子任务一意在落实文言阅读的基本知识，扫清阅读障碍。子任务二意在引导对苏轼思想的深入开掘。子任务三是本学习任务的核心，最终落实对"面对自然的感悟与作者思维方式的关系"的分析。

学习任务四之主题：走近自然，热爱自然，感悟自然。

任务表述：五位文人用不同笔触写下了自己眼中的山水，从不同的角度抒发了自己心中的情愫。这对我们的学习与生活有多方位的启发。建议同学们认真思索，选择恰当方式，把自己所获得的启示整合起来，传递出去，使我们的学习效益最大化。

子任务一：本单元五篇文章从不同角度阐释了面对自然获得的人生哲理，请整理这些文章各自阐释了怎样的人生哲理，从主题方面入手为本单元写一篇阅读导引（600字以内）。

子任务二：同学们在生活中，一定有很多走进自然，亲近自然的机会。在与自然相对视中，你获得了怎样的心灵启迪呢？请自己创作一个视频脚本，并制作一个小视频，表达自己于对自然的观照中获得的人生感悟。脚本要求能有哲理性阐释，文辞精美具有感染性；视频要求配以声乐，制作用心，结构完整，不超过五分钟。

设计思路与意图阐释：本任务群是站在单元的角度俯瞰教学全部内容，也是对前三个任务群的总结与提升。在完成巩固单元语文知识学习的前提下，更侧重立德树人目标的落实，提升学生对自然之美的感悟力，激发起他们对自然的珍爱和对生活的热爱，树立与自然和谐相处的正确观念。两项子任务并非学生必须选择的，只是为完成学习任务四提供的参考路径，学生可以选取其他适合自己的语文方式来完成此任务。

在任务群教学中，切分到子任务往往也还不够。要保证学习收到实效，对子任务的学习，教师也应用心为同学搭梯子。尤其在任务群教学起始阶段，如果没有具体的指引，学生的学习活动就会失之于粗放，随之而来的就是教学的低效甚至无效。那么，如何有效呢？如在进行任务一的子任务三教学时，可尝试为同学构建如下探究学习步骤：

1. 梳理初中学过的关于秋的诗文和自己曾经接触过的中国古代关于"秋"之主题的诗文。

2. 推荐阅读：《诗经·秦风·蒹葭》、曹丕《燕歌行》、杜甫《登高》、欧阳修《秋声赋》、范仲淹《苏幕遮·怀旧》、李清照《醉花阴》、柳永《雨霖铃》《八声甘州·对潇潇暮雨洒江天》，并鼓励扩大阅读视野。对推荐的八篇诗文，要查阅相关写作背景，了解作者身世，疏通文义，形成批注文字，并找出每篇诗文中对自己触动最深的语句进行简单赏析。

3. 在完成前两项任务的基础上尝试将古人悲秋原因进行初步梳理，形成笔记。

4. 组织交流，教师指导学生集思广益，补充思考角度，如：自然气候、生理感应、政治制度、哲学思想、科举制度、婚姻情感……在此基础上，完成小论文。

这样，学生瞻前顾后，取长补短，相互启发，再去完成2000字的论文，往往不会觉得字数太多，而是字短情长，难以尽兴。

八年前专题教学兴起时，面对一线教学困惑，我尝试微专题教学，并进行了相关概念界定，获得了同行首肯；三年前碎片化阅读是常态，整本书阅读难以推进也是常态时，我探索了"拼图式"阅读教学，也小有收获……相信，在新一轮课改中，基于"课"的形式开展任务群学习的探索也一定不会无功而返。

从"交给"学生到"吃透"学生

——我对语文教学科学化的期待与追求

北京师范大学二附中语文特级教师　何　杰

从中国"语文"独立设科以来，语文教学"少慢差费"一直被教育界诟病。直至今日，概念混乱、教学随意、实效性差普遍存在。

语文学科很容易出"名师"。有的教师自认口才不错，众人面前亦有些表现力，于是把自己当作演员，展示个人魅力，沉浸在综艺明星的幻象中。有的教师自认学富五车，于是炫卖自己的"学识"——无非是把一些专家学者的话转发给学生罢了。讲《胡同文化》，就大谈中国的乐感文化与实用理性；讲《中国艺术表现里的虚与实》，就大量举事例，告诉学生什么是虚实相生；讲《在马克思墓前的讲话》，就大量介绍马克思与恩格斯的思想与故事。更不必说更多的教师学养与口才都不理想，语文课上得学生昏昏欲睡，学生真实的学习根本无法发生。

以至长期以来，中学语文教学一直面临着一种尴尬，就是学生听不听语文课没什么不同。尤其是白话文，高中学生已经没有了文字障碍，教师除了文外拓展，并不知道应该给学生讲些什么。于是，教师只会将一些表面信息告诉学生，学生懂的反复讲，学生不懂的教师又讲不了。长此以往，没有获得感的语文课就成为了写其他学科作业的时间。

所以，我们必须回答的问题是：如果没有教参，我们还能不能上课；如果没有课外内容介绍，我们课上能够讲什么。

事实上，课文文本有丰富的内容资源可以挖掘。学生可以在文本细读中理解语言文字的意蕴，理解文本的生成规律，训练科学的思维方法，进而提升读写能力以至提升应试能力。

比如，在鲁迅的小说《药》中，一般师生都会关注它的明暗双线结构，会关注鲁迅对中国人愚昧、麻木的批评，喜欢分析华老栓、夏瑜等人物形象，但更多的是停留在表面信息的重复上。鲁迅对笔下人物的态度、作品是如何塑造人物形象的，都缺少真切认识。

我们可以引导学生细读文本，以小说开头为例：

"秋天的后半夜，月亮下去了，太阳还没有出，只剩下一片乌蓝的天；除了夜游的东西，什么都睡着。华老栓忽然坐起身，擦着火柴，点上遍身油腻的灯盏，茶馆的两间屋子里，便弥满了青白的光。"在这寂寞的夜中，什么都睡着的情况下，华老栓忽然坐起身，可见其为儿子取药的精心与辛苦。

"'小栓的爹，你就去么？'是一个老女人的声音。里边的小屋子里，也发出一阵咳嗽。"屋里边的咳嗽声，交代了家里有一个病人，作者这样一点一点交待华家的情形。

"老栓一面听，一面应，一面扣上衣服；伸手过去说，'你给我罢'"——一句"你给我罢"到底给什么，没有多交代，但华大妈明白。这一方面说明夫妻二人的默契，另一方面，引导读者自己去填补空白点，读者需要自己在填补叙述中进行二度创作。

最让人感怀的是老栓听到小栓的咳嗽声时"候他平静下去，才低低的叫道，'小栓……你不要起来。……店么？你娘会安排的'"。这个细节说明父子两人对家的关心。华老栓一句"店么？你娘会安排的"，说明小栓也关心店的安排，而老栓更知道小栓的心思，由此可见这三口之家的亲情与默契。

以上这些细节如果没有教师的精准讲解，学生并不会自动明白，而这恰恰是学生认知的增长点。

由此可见，口才与学养固然重要，教师的文本解读能力才是所有教师专业基本功中最为重要的。当学生在教师的解读中发现看似平易的文字原来有未曾想见的意蕴时，学科本身的魅力就彰显出来；当发现的快乐充于内心，学生的学习动力就会大大加强。这对于优秀学生的激发有极大作用。

但是，如果教师只是故意追求精深的解读，甚而特意发出惊人之论，对于多数学生的认知成长却并没有太大帮助。因为严格意义上说，这只是把知识或自己的结论"交给"学生，而不是"教给"学生。

"学生的精彩才是教师的精彩。"这句话大家都耳熟能详，但心中认同、实际践行可能又是另一个样子。

具体到教学来说，想做到学生精彩必须让学生找到会学的路径，只有这样，才能不待教师教，学生自能读书、写作、思考。教师，特别是有才学的教师一定反复告诉自己，课堂固然要展现自己的才学、彰显学科的魅力，但如果讲解只是为了自己说得痛快，学生听得带劲，学生的真实学习没有发生，我们只能算一个好"讲者"而非好教师。

当然也不能走向另一个极端，那就是以激励学生自主为名，搞些合作讨论的形式，这样，教师只起到了一个传话筒的作用——那同样没有真实的学习发生。

教师要讲，关键是讲到位。何谓到位？于有疑处点拨，于无疑处生疑。点拨什么？不是直接将结论告诉学生，而是点拨思路，使学生在情境与路径中自主发现结论。即使是将结论告诉学生，也要讲清楚这些结论得出的依据与逻辑，不能只把结论性的东西交给学生，让学生无从领会。

比如教学《齐桓晋文之事》，学生在翻译"齐桓晋文之事，可得闻乎"时，把"你能说来让我听听吗"翻译成"你知道吗"，教师固然可以直接告诉学生结论，但因为这个结论不是学生自主建构出来的，难免印象不深。教师可以先不着急纠正学生的错译，而是继续向下翻译，当学生明白这是齐宣王向孟子请教王霸之道时再看这句话，"可得闻乎"中的"闻"就是"让我知道"，"得"就是"能够"。学生理解了"可得闻乎"的实际意思，亦使用到其中的使动用法，意识到词语含义要在语境中依据表达意图来确定。此时教师并没有直接告诉学生结论，而是引导学生自主建构，这需要教师综合运用学科知识、认知理论、教学理论来实现。

再说生什么疑。生疑是为了激发学生深入思考。许多白话课文看似浅易，学生很容易以为"得矣得矣"，教师提出一些挑战性的问题，会使学生认识转向深入。

比如，《在马克思墓前的讲话》中恩格斯说"马克思首先是一个革命家"，按理说应该写马克思的革命实践，却从马克思的理论贡献谈起，这是为什么？这个问题既涉及对马克思一生贡献的概括，又涉及文章的行文安排知识。

恩格斯在演讲中指出，"马克思首先是一个革命家。他毕生的真正使命，就是以这种或那种方式参加推翻资本主义社会及其所建立的国家设施的事业，参加现代无产阶级的解放事业"，这里边提到的"这种或那种方式"，是指马克思有自己的方式——理论研究的方式，马克思用他对社会发展规律和资产阶级剥削的秘密的揭示，"第一次使现代无产阶级意识到自身的地位和需要，意识到自身解放的条件"，这是马克思的革命方式。由于马克思的革命性，"任何一个领域他都不是浅尝辄止"，把科学看作"是一种在历史上起推动作用的、革命的力量"。恩格斯从马克思的理论贡献——马克思的革命方式开始，深入分析马克思身上体现出的革命性、斗争性，最终总结马克思的人生观：斗争是他的生命要素，使读者在极短的篇幅中对马克思的伟大有了全面的了解。这就是恩格斯设计行文的基本考虑。

教师以上的引导意在使学生理解伟大理论家的革命贡献方式，理解文章行文安排要由写作意图确定并围绕写作意图展开。这其中既有社会科学知识，又有文章写作知识，归根结底是为学生思考同类问题时有路径可循。

此时，教学就由"交给"学生而变成了"教给"学生，教的是让学生自主学习的路径。

因而，语文教学绝不能忽视对语文知识的发掘、讲解与运用。知识是思维的支架，语文学科知识是语文学科思维的支架。合宜的知识如果不能确定或没有体系，学生的思维就不能确定且没有路径，进而学生的理性思考能力就不能形成。

前述"明星型"教师的课堂评价标准是学生快乐，前述"学者型"教师的课堂标准是学生新鲜，前述"解读型"教师的课堂评价标准是学有收获，那么"指导型"语文教师的课堂评价标准就是学会思考。

可以说，新中国70年语文教育理论获得长足发展，语文教学实践也有丰富成果，上述四种教师都各自做出了自己的贡献。

但是，所有这一切还是站在教师怎么教的视角，学生学习视角贯彻得还不够彻底，因而离学生自主学习、自觉学习还有很长一段距离。所以，探索学生的认识规律应该是语文教学未来的方向。

语文教师在师范读书时，老先生经常告诫他们教学要吃透教材、吃透学生。吃透学生，主要是吃透学生的认知状态和认知过程。

美国心理学家奥苏贝尔有句名言："如果把我所有的教育教学理论归结一句话，那就是知道了学生已经会了什么，在这个基础上进行教学。"

学生的认知积累，就是"已经会的了东西"。当学生对一个问题思考产生误区，教师要研究其产生误区的原因是什么；当学生对新知识能够掌握时，教师要研究影响其认知的因素。

前文提到的"学生的精彩才是教师的精彩"，从认知角度讲，如果不研究学生的认知特点，学生的精彩就不能自觉实现。

如果了解学生认知特点，科学分析学生的认知状况，教师依据学生的认知特点设计相应的学习方案，学生的个性化学习就会大大进步，教师教学的针对性就会大大加强。

从"交给"学生到"教给"学生再到"吃透"学生，这一切离不开语文教学科学化。

语文学科必须完成人文传承的任务，语文学习自然有无法确定、无法量化、无法复制的成分，但作为一门学科，它必然有可以量化、可以确定、可以复制的部分，否则，它作为学科的科学性就不存在了。我们要做的是既要弘扬语文学科的人文性，又要强化语文教学的科学性。

从教多年，我和我的同行都有一种共同的尴尬：学生不听我们的课成绩也很好，学生获得优异成绩后往往不认为是教师教得好。家长问起语文学习方法时教师只会说"多读多写"四个字，甚至语文应该如何训练也不甚明了。归根到底，语文教学离科学化还差得很远。

作为一名普通的一线教师，我深知语文教学科学化实现之难，深知自己能力有限、力量微薄。但既然走上这条路，自然就希望语文教学能够更科学、更高效，因而我们的探索，永不能停止。

基于"双课堂"的语文创新教学设计

北京师范大学附属实验中学高级教师　汪文龙

　　"双课堂"即"利用网络构建'虚拟教室',以'虚拟教室'与'现实课堂'互为补充、互为延伸所形成的教学环境为依托,组织学生开展语文学习活动"的教学组织形式,是顾德希老师2002年提出的概念设想(《语文教学的信息化——谈"双课堂"》)。"双课堂"能够借助信息化手段,弥补传统课堂教学的一些弊端,如课时限制,实体课堂容量有限,教学难度难以满足学生个性化需求等,从而为语文课堂教学带来了全新的优化方式。从2002年"双课堂"概念提出以来,笔者一直在此领域坚持探索。在分析大量案例的基础上,总结出以下三种基于"双课堂"的语文创新教学模式。

　　语文教学要进入"核心素养时代",借力数字化工具资源的"双课堂"能够实现"核心资源、拓展资源和工具资源一体化",把诸多资源有效整合起来,"用教材教"而不是"教教材"。所谓的"核心资源"是指传统意义上的语文教材资源,所谓的"拓展资源"是在学习任务群实施中根据教学任务需求配套的教材以外的所有资源，所谓的"工具资源"是指把两者结合起来的平台等。有了一体化的资源平台，有了"双课堂"，才能实现语文的创新教学设计。

语文教学进入"核心素养时代"，单篇教学升级为专题教学，单元任务变身"任务群"，单文本阅读变为多文本阅读，单元阅读升级为"整本书阅读"，这就要求教师组织有序、丰富、高效的读写交流实践活动。对学生有更强的思维挑战和更高的审美要求，这就要求教师设计多元学习任务，设置长线学习活动，学生要有更多的言语实践和更大的阅读体量。要承担以上教学新任务，必须升级传统课堂为"双课堂"，才能实现语文的创新教学设计。

语文教学进入"核心素养时代"，呼唤具有连续性、实践性和互动性的语文"创新课堂"。传统的语文课堂，受制于班级化教学模式，语文课往往被切割成断点，连续性不够；受制于传统教学重知识传授、技巧训练的功利主义，实践性不足；受制于大班额，互动性不理想。要解决传统语文教学的积弊，必须构建"双课堂"才能出现语文的创新教学设计。

一、"主题阅读写作"模式，利用"虚拟课堂"实现在线即时"写作"

主题阅读写作是使学生养成良好的读写习惯的一种网络与现实结合的教学模式。其特点是：把话题（即某个主题）作为进行具有一定深度与广度的阅读的抓手，使各类学生从不同层次、不同角度对话题加以解读，从而进行写作。这样的写作，是与阅读紧密联系着的。具体做法：一是从教材单元中生成一个或几个话题，每个话题下辅以若干阅读材料，可以有教材内的，更多的是拓展开来的；二是每个话题的支撑材料，学生自行安排时间阅读，可以自由交流；三是适当时候统一安排两课时，利用"虚拟课堂"完成写作任务，提交、交流；四是若干话题的阅读写作，形成学年规划，高中三个学年不间断。

下面以"勇者""信仰"这两个主题读写为例，看一看这种模式的具体操作过程和教学效果。

在必修三第二单元（古今应用文）学习完毕之后，我们依托该单元的文章《禀父书》生成话题"信仰"。在"信仰"这一主题下，以《禀父书》里方声洞为理想不惜牺牲的事例素材为核心，补充《朝圣路上散尽家财》《阿米绪青年拒服兵役》《大悲寺坚守佛教道义》《切·格瓦拉为理想拼搏一生》《得到神之召唤的特雷莎》《"非洲圣人"史怀哲》《＜潜伏＞剧中余则成、李涯的信仰》这七则素材，形成 3891 字的主题读写资料。

在落实读、写和读写结合方面，阅读有话题做引导，学生的网络发帖就是学生在线即时"写作"过程，读是写的前提，写是读的升华。写的过程中还可以与同伴及时交流，相互启发，互相碰撞，能够推动对材料阅读由粗到细，能够实现对话题认识由浅入深，从而形成一个动态的"主题读写磁场"。数据统计如下：材料字数：3891 字；发帖总量：15589 字；阅读时间：15 分钟；讨论时间：25 分钟；平均发帖：3 人/次。

生成"信仰"这一主题基于这样的想法：作为黄花岗七十二烈士之一的方声洞，为了理想不惜献出自己的生命，没有革命信仰的支撑，这样的勇气与决心是很难想象的。正赶上当时谍战电视剧《潜伏》的热播，剧中男主角余则成有这样一句台词："我一次次的潜伏，是因为革命是我的信仰，因为潜伏的背后有我热切期盼的幸福。"又提到了信仰的话题。在这个教学单元的前一段时期，正好给学生推荐了关于切·格瓦拉的作品，里面正好涉及信仰问题。在更早的一段时间，我们又做过关于河南少林寺和辽宁大悲寺的讨论，这里面也有宗教信仰的话题。于是，我们把"信仰"这一主题确定下来，根据以上的线索又补充了一些资料。考虑到两节"虚拟课堂"的读写效果，我们把资料做了一些整合处理，精编成 3891 字。

所以，主题读写资料的生成是需要有宽阔的"教学视野"的，而这样的主题读写又能够把教材的文本话题、当下的社会热点和过去的教学铺垫在一个主题之下并有机地整合起来，利用"虚拟教室"的平台有效地完成阅读写作任务。

在读写资料的选择上，也有一些讲究，基本考虑：（1）内容要有一定的新鲜度，能够给学生阅读的新鲜感。（2）主题要有一定的冲击力，能够给学生的心灵以撞击力。比如《朝圣路上散尽家财》这则材料：去拉萨朝圣，这是每一个藏人心中的愿望，他们从青海出发，从甘孜、阿坝出发，或者从迪庆出发，甚至从尼泊尔和印度出发，三步一叩拜，然后一个全身匍匐，再以额头叩击大地，他们就是这样用血肉之躯丈量着与拉萨之间的距离。一路上他们经历暴雨、狂风、洪水、烈日，翻过无数座垭口仍然看不到山的尽头，即使走了一年也依然无怨无悔，不会退缩，更不会有丝毫的懈怠和偷懒。（3）选材尽量贴近社会热点，把话题引入现实。如《<潜伏>剧中的余则成与李涯》这一则材料。（4）主题尽量从教材中引出，实现对教材的阅读延伸。比如《方声洞的信仰》这一则材料。（5）主题的切入要有多个角度，给学生留下足够的探索空间。

这样的"主题读写"活动贵在系统化、成系列，我们依据以上的一些基本原则，在新一轮的"整合"试验中开发设计了一系列主题读写模式的资源：（1）勇者/守护（高一上）（2）信仰（高一上）（3）境界（高一下）（4）异化（高一下）（5）说"智"（高二上）（6）说"义"（高二上）（7）自然的启示（高二上）（8）孔孟的启示（高二下）（9）说"争"（高二下）（10）说"孝"（高二下）（11）国学传承（高三上）（12）共享单车（高三上）（13）诗词大会（高三上）（14）文化自信（高三下）（15）铭记历史（高三下）（16）知识付费（高三下）。

二、"泛读整合精读"模式，整合泛读虚拟教室和精读实体课堂

泛读整合精读是立足于充分发挥学生的主动性，把一定量的泛读和精读作品有效整合的一种网络与现实结合的教学模式。其特点是：围绕某篇精读作品，配套若干泛读材料，在精心的教学安排下，使精读材料与泛读材料形成互为补充的有效教学链条。引导学

生以泛读为精读充分铺垫，再由精读顺畅地走向泛读，以期形成对精读作品解读的"螺旋式上升"的过程。

具体做法如下：一是选定一篇精读作品，该作品或者解读难度较大，或者联系着一位重要的作家，需要学生对作品或作家做深度解读。传统的教学方式费时费力，且在这种方式下学生参与度很低。二是分析精读作品的重点难点，组织若干配套泛读材料。三是有效整合"泛读虚拟教室"和"精读实体课堂"，使之形成合理的教学链条。四是从单元教学中组织若干类似课型，形成学年规划，使学生养成习惯。下面以《登高》教学为例，介绍这种模式的操作及特点。

对学生而言，杜甫《登高》是一首难度很大的七言律诗，理解这首诗往往需要补充大量佐证诗篇与背景资料。传统教学解决这一问题费时费力，为解决这一难点，借助与北京版新课程高中语文教材配套的"虚拟课堂"平台，我设计了"精读结合泛读"古诗教学的课型，精读《登高》教学是这种课型的一个典型案例。

具体做法是：九首古诗、一则生平资料，分两节课完成。第一节在"虚拟课堂"泛读杜甫的生平资料和配编在一起的八首诗，引导学生自主合作探究；第二节课在"现实课堂"引导学生精读《登高》，理解杜甫；最后回到"虚拟课堂"，布置作业固化全部过程的学习成果。

为什么要做这样的设计呢？一是因为教学内容太难，二是因为学生对古诗的学法不太感兴趣，三是因为"虚拟课堂"整合"现实课堂"的优势。

语文教学的核心是"让学生有效地多读多写"，古诗教学尤其应该如此。对于古代诗坛最重要的诗人之一的杜甫，如果不能有效地多泛读一些他的作品，走进他的精神世界，让学生就他或其作品发自肺腑地写一点东西，恐怕不能说我们完成了教学任务。然而，最关键的问题是：课时是有限的，教学任务却是繁重的。

所谓"虚拟课堂"，形象地说就是我们把语文课放在了一间能上网的计算机教室来上，学生每人一台电脑，同时在线，以类似于"BBS"

聊天的方式，根据老师提供的资料和预先设定的讨论问题和研究方向，展开研讨，并最终形成共识。

提供给学生的资料有两个，888 字的杜甫八首古诗和 1996 字的《杜甫年谱简编》。我设定了三个问题组织学生讨论，学生的自由合作研讨分为三个环环相扣的步骤：1. 泛读《杜甫年谱简编》，初识杜甫；2. 泛读《杜甫诗作八首》，再识杜甫；3. 整合年谱和八首诗，走近杜甫。整个环节用时 40 分钟，正好一节课。

所有同学都参与了学习讨论，数量和质量上均完成了预期的泛读研讨任务。全班 43 名同学，共计发言 135 次（发帖 135 帖），平均每人发言超过 3 次（发帖超过 3 帖），以平均每人发言 50 字计算，学生发言共计 6750 字（相当于学生在"虚拟教室"40 分钟共同完成了 6750 字的写作量）。

学生的发言质量参差不齐，但不乏高质量的发言，在"虚拟教室"引起了同学的关注和认同。在话题范围内几个同学的发言引发了同学间热烈的讨论，不断有同学加入进来，不断有同学转入别的组的研讨，不断有同学提出新的见解和观点。几个小组讨论同时进行，老师在其中关键处予以点拨，均收到较好的效果。

"虚拟教室"的最大优势在于互动，在于学生之间自主探究与合作，同时在线多人交互的便捷发挥了巨大作用，因而可以提高效率、节约课时。最关键的是，平等的参与权与发言权极大地释放和激发了学生的热情，从而保证了学生学习的主体地位。设定的任务与清晰的方向则最大限度地防止了学生放任自流的问题。

"双课堂"的优势在于大数据的积累，把以前的"想象主观经验教学"升级为"数据客观经验教学"，这是传统的语文"经验性课堂"无法比拟的优势。

比如，依据学生在"虚拟课堂"的发言建立评价数据的"规则库"，形成可拖拽、可定制的评价标签，每个标签背后映射到 SOLO 的不同思维层级。在创建学习任务的同时定制生成评价表（如：学生预期获得的能力），通过教师评价、学生互评、学生自我评价等半自动化方式，完成对学生 SOLO 的取值。如以下标签：A. 学生有自己的思考，观点清晰明确；B. 学生的论证结构完整，逻辑合理；C. 学生思考问题比较全面；D. 学生思考问题不够深入、具体、透彻……根据"评论观点类型统计"和"学生回帖质量统计"，根据学生回帖得分，将其分为高、较高、中、较低、低五个等级，帮助老师快速了解学生活动表现情况（点击各个等级可查看具体的学生分布）。根据 IAM 评价模型，统计学生评论时持有的观点类型，直观地了解学生的参与情况及活动中学生的表现。

比如，研究"互动关系网络"，基于学生个体、讨论专题、时间等维度构建学生学习交互网络图，量化学生交互参与贡献度。在此基础上，添加学生发言质量权重（IAM、SOLO 值等），呈现良性的学生学习社交网络图，能够根据图的结构特性及相似性衡量学生的社交能力、角色空间等。

通过查看各活动学生的思维水平表现，根据统计结果和活动具体表现分析学生的学习情况与学习习惯，从而调整优化教学设计。

在这一模式下，我们探索了以下两大案例群：（1）以重点篇目为主体的案例群：《范爱农》《药》《祝福》《铸剑》；《斗鲨》《林黛玉进贾府》《哈姆雷特》；《白马篇》《烛之武退秦师》《游侠列传》。（2）以重要作家为主体的案例群：①走近杜甫；②走近李白；③走进陶渊明；④走近苏东坡；⑤走近辛弃疾；⑥走近李清照。

三、"多样化生活化写作"模式，依托网络平台做好栏目设计

多样生活写作，是充分利用发挥网络平台的交互与信息记录优势实现写作的多样化、生活化、经常化、个性化的教学模式。其特点是：依托"虚拟教室"，做好写作栏目的设置，实现对学生写作的规划与引领，给学生提供多样化的写作选择。这样的写作，是与学生的生活实际紧密联系着的。具体做法：一是根据班级写作教学实际确定写作训练的基本思路，制定好三个学年的基本规划；二是在网络平台相关栏目下做好栏目设计以及栏目说明。比如：开设"主题札记""精品札记""名

著读后"等栏目，引导学生随笔的多样化和经常化；开设"个人专栏""作品连载""电子札记"等栏目，引导随笔的个性化和生活化；开设"专题拓展"栏目，引导学生深入思考文学现象及人物促成随笔与写作的一体化；开设"作文驿站"栏目，实现对大作文前的审题训练及作文片段练习；开设"电子作文"栏目，实现长假期作文的电子化并组织学生互阅作文；开设"范文长廊"栏目，实现大作文的大范围及时共享及保存参考。

在写作教学中，我们面临这样的现实：学生的写作能力是有差异的，学生是需要及时的写作交流的，学生是需要多样化的写作要求和写作指导的。在"虚拟教室"提供的便利条件下，只要转换观念，就能够实现写作的多样化、生活化、个别化和经常化的写作教学设计。这就是所谓的"多样生活写作"的模式。

"主题阅读写作""泛读整合精读""多样生活写作"这三种模式，是笔者在新一轮"语文课程信息化"教学实践中总结出来的，它基于大量的案例积累，能够有效提升学生课堂活力，助推语文教学的信息化。

生态美学视角下中学语文教学研究

衡水学院中文系副教授　樊东宁

　　中华人民共和国成立 70 周年，祖国发生了翻天覆地的变化，但是在经济和科技急速发展的今天，生态危机已经成为当下世界各国面临的重大问题，其出现的一个重要思想来源就是认识论哲学的出现，认为人类可以根据自我意志改变自然。自从西方现象学产生以后，学术界开始反思认识论哲学的理论缺陷，生态美学作为一门交叉学科应运而生。它从产生就具有极强的实践性特点，否定西方主客体二元对立的思维模式，强调以"共生"观念处理审美主体和对象之间的关系，将生态学和美学原则合二为一。主张人的能力是有限的，这种有限性促使了人类以平等的态度对待人和自然的关系。不同于生态学，生态美学研究人与自然、人与人、人与社会如何处于生态平衡的审美状态，将生态哲学的宏观与美学的人文性结合。如果运用生态美学理论指导青少年教育生活，就可以让他们以一种整体观念认知世界，既要尊重自然，又要友爱他人，更要与社会共生。语文课应该是树立人生价值观的重要学科，但是在中国应试教育的背景下，语文课仍然是偏重工具性，注重对语文教学内容实际价值的挖掘，而忽视美感体验和审美趣味的渗透，自然教育的缺失，人生价值观的树立面临社会环境的挑战，这些都值得语文教学者反思。

一

生态美学视野下语文教育目标应是真善美的融合，既有认知体系中对"真"的追求，又有伦理体系中对"善"的评价，还有美育体系中对"美"的探索，语文就是育人的教育。事实上，我们传统的语文观念、授课方式、师生关系，以及培养目标都存在很大的问题。就语文性质而言，语文教学实践历来重知识轻内容，重分数轻能力，语文教学过分注重方法、手段，搞单项训练、题海战术，都是些碎片化的知识学习，这些都是把语文价值置于工具性层面，由此突出了功能而弱化了价值。为了纠偏，语文的人文性被提出，语文教学又转向了另一个极端，伦理道德、思想内容、文化风俗等成为教学的重点，语文课似乎成了文化课、表演课，结果学生也并未从中得到真正的文化熏陶。

生态美学倡导平等共融的理念，不仅仅反映在人和自然的关系上，在语文教学领域同样适用，正确处理工具性和人文性的关系，以方法为基础，以内容为支撑，将培养学生崇高的审美精神和健康的人格作为育人目标。当前教育部提出核心素养，明确提出要落实立德树人的根本任务，培养全面发展的人，分为文化基础、自主发展和社会参与三个方面。如果利用生态美学思想来重建语文教学观念，指导语文教学内容，无论是对教师还是学生都不无裨益。

二

结合核心素养的内容，对语文教学进行改革首要解决的就是正视以往的错误理念，改变认识论哲学中提出的人的能力是无限的认知，摒除主体客体二元对立思想。教育青少年要尊重自然、爱护自然，要有审美态度和观点，让孩子们在青少年时代就要树立人与自然是平等的意识。比如统编版教材四年级课文《呼风唤雨的世纪》这篇文章，歌颂了科技给人类文明带来的伟大变革，这些变革是当代青少年都可以感受到的。但是，人和自然的关系是征服和被征服的关系，科技在推动人类物质发展的同时也要尊重自然，欣赏和赞美弱小的生命。启发学生建立整体生态观、人与自然共生共荣的认知理念，以后才能承担起保护环境的社会责任。利用生态美学视角观照语文教学主要表现在以下三个方面：

第一，语文课程走向美学化。新课改之后的中学语文教学注意将美学知识和语文内容结合起来，利用美学理论进行学科思考。审美心理要素包括感觉与知觉、想象与联想、情感、理解等几大要素。在分析语文课文的时候几个要素互相渗透，缺一不可。目前很多语文教师在语文课文的讲授，尤其是古文教学中过于重视字词的解释和文章结构的梳理，却忽视了对教材的分析以及文章的审美意蕴，而这正是激起学生学习兴趣的重要内容。举例说明：

首先，教材分析注重单元主题的解读。统编版语文教材充分发挥了单元教学的优势，注重整体思维，以单元主题作为主线，设置单元训练项目、归纳阅读方法、延伸课外阅读。明确单元主题，整体把握课文情感最为重要。九年级上册第三单元都是游记类散文，在本单元的学习中，应教会学生如何阅读该类文学作品，在领略山水之美的同时感受古人寄托于山水名胜中的思想情感与志趣抱负。《岳阳楼记》是第一篇课文，通过作者描写所看景物，抒发政治抱负和内心情感，传递出一种古往今来仁人志士都秉承的忧乐情怀，表达出作者"先天下之忧而忧，后天下之乐而乐"的政治抱负和"不以物喜，不以己悲"的旷达胸襟。欧阳修的《醉翁亭记》是通过对醉翁亭秀丽风景的描绘，抒发了作者的政治理想和娱情山水以排遣抑郁的复杂感情，表达出作者倡导的"与民同乐"的政治理想。这一单元的文章大都是叙事、抒情、议论写作手法兼备，教师在讲课的时候一定要注意从单元导语入手整体分析主题，不能仅限于教教材，而是让学生用好教材。

其次，文章审美意蕴的感悟需要调动审美心理六大要素。在预习阶段，可以调动感觉与知觉要素揣摩文章的立意，通过反复的诵读感受山水名胜之美和文章的节奏情感美。在进入到课程讲授环节，通过对课文写景、抒情、议论等描写手法的学习进一步理解作者的情感表达方式。教师还要通过自己的阅读经验帮助学生多角度分析情感。《岳阳楼记》通过两种情景和情感的对比，理解人的情感会受环境的影响，并引出古代文人的人生志趣和政治情怀，这即是崇高美的表现，由此可以延伸与之类似的情感表达。杜甫"安得广厦千万间，使我不得开心颜"，屈原"路漫漫其修远兮，吾将上下而求索"，顾炎武"天下兴亡，匹夫有责"等，这种忧国忧民的主题正是崇高精神的体现，对中学生进行爱国情怀的渗透也是十分有必要的。

再次，语文教学不可忽视对学生思维的培养。教师可以利用拓展性阅读来补充，比如岳阳楼的建筑历史、范仲淹的生平背景、各篇文章创作缘由等内容，都是帮助学生更好地学习这篇文章的资源，帮助学生建构立体思维。批判思维也是中学生应该具备的一种思维方式，任何一位作家的创作都未必能赢得所有人的肯定。根据学情分析，教师还可以为学生提供一些批判性文章，以培养学生的问题意识，例如施蛰存的《先忧后乐》一则小文，就对范仲淹的爱国主义思想提出质疑，这时可以让学生们各抒己见，进行讨论，平等交流。

第二，语文课程需要构建对话关系。传统课堂的师生关系是教师传授，学生接受，现代师生关系变成一种对话关系，在宽松的课堂氛围中，学生的思考被重视。对话理论既是一种哲学理论，也是一种文艺理论，同时还是一种教育理论。

俄国文艺理论家巴赫金认为，人类情感的表达、理性的思考乃至任何一种形式的存在都必须以语言或话语的不断沟通为基础，对话无处不在。马丁·布伯认为个体"我"不应当把他者视为客体而形成"我—他"关系，而是应当建构平等的"我—你"关系，使人与世界、与他人之间构成平等的相遇，这种"我—你"关系和敞开心怀便被称之为"对话"。教育家保罗·弗莱则指出教育和教学应该是对话式的、创造性的活动。

生态美学是建立在人的有限性基础上构建理论体系，人要正视自己的有限性，进而突破有限，倾听外界，与之对话。这里的对话包括人与自我、人与人、人与自然的三个层次。海德格尔曾说，"当我们归属于被传呼者时，我们就听到了"①，所以，对话的前提即是倾听，在倾听中理解人的有限性，进而突破有限，与他人对话。对话理论引入到教育理论中，鼓励学习者能够有创造力和改革精神，能够主动参与社会，每一个人要有批判意识。

在教学关系中教师并不是万能的，也有自己的知识盲区，在学习情境中，学生是学习的主动者，当代信息传播途径和速度的变革，师生在信息获取上是平等的。若想处理好师生关系，应正确把握语文教学的特点以及教学目标，处理好自主合作探究学习方式的关系，倾听学生的想法，平等交流与对话，在语文教学中重视感情熏陶，注重语文学科在文化引领和价值导引方面的作用，鼓励学生多元思考，参与社会文化问题的思考与讨论，扩展教学资源，努力构建开放多元的课堂教学环境。举例说明：

普通高中语文必修2课文《荷塘月色》，在课后的研讨与学习部分的第三题，要求学生分析文人关于朱自清散文写作的评论。余光中的《论朱自清的散文》可谓一枚重磅炸弹。余光中对朱自清散文的写作方法、想象力、语言风格、文章结构提出了批判，否定了朱自清在中国文学中散文大家的地位。这属于唱反调的，朱自清在中国文学史上的地位尤其是在散文创作中的地位众所周知。教师在讲这篇课文的时候，早已把朱自清的文学地位和高超的写作技能讲给学生，并要求学生达到背诵的水平，学生们在接触异质声音之前，早已先入为主地肯定了朱自清的地位。当看到这个论点的时候，学生是不同意的，而这很大程度上并非学生主动思考的结果，而是被动灌输的结果。暂且不论朱自清散文的优劣，单就教学实际来讲，很多教师对于这部分内容是不讲的。一是怕浪费时间，二是无法去佐证这一观点。这既有教师教学能力的问题，也有教学态度的原因，但归根结底这样的教学结果就是把学生视为被动接受

---

① ［德］海德格尔. 演讲与论文集［M］. 孙周兴，译. 北京：生活·读书·新知三联书店，2005.

者，而非坚持对话理论，给学生以思考的自由。

对话理论并不能肤浅地认为是给学生发言的自由，这种自由必须是建立在教师指导基础之上的。教师可以为学生提供相关的佐证材料，让学生通过自己所学得的知识来进行辨别和思考：朱自清的散文写作在文学史上的地位的确很高，但是他的创作是否完美无瑕？余光中为何会做出这样的评价？还有没有相似的观点出现？其他人为何会有相似的观点？教材编写者为什么要在这里抛出这个观点呢？其目的是什么呢？只有领会了编者的想法，教师才不会在教学目标上有偏差。这个观点的出现既是为了启发学生要有批判意识，同时也是从对话理论出发，完善学生的人格世界，增强能力和提升境界。这一切有赖于扩充材料的及时提供。

利用生态美学视角关照语文教学，突破应试教育中只注重分数而忽视个性，只注重知识而忽视情感的现象，应强调教学内容的丰富性，从人物形象、情感意蕴、语言思维等方面体悟教材选篇，在解决知识性问题的前提下，提升人文价值和审美情感的教学比重，鼓励学生多角度探究问题，培养学生审美判断能力，课堂教学要适当留白，这也是美学研究范畴中虚实结合的观点。利用生态美学指导教学实践，建构的是师生共建课堂的良好局面。

第三，语文教学要构建生态审美价值观。站在人文教育的立场看，美育就是发展完满的人性，它并不是理论和知识的教育，而是引导受教育者在感性活动中体验人生意趣，提高人生境界的教育。中学生正是处在建立价值观的人生阶段，他们对事物有自己的看法，也会有质疑，心理和行为都表现出很大的不稳定性。急速发展的社会呈现出不同的价值观念，为了能够培养全面发展的人，就需要承担人生审美价值观引导职责的语文教师进行正确的引导。《学记》把教育的作用概括为"建国君民，教学为先，化民成俗，其必由学"。国家管理和民风民俗都需要教育的力量，教育的核心素养其实是对"培养什么人"这个问题的拷问，试想我们培养的都是一个个精致的利己主义者，我们的世界将会变成怎样？

生态审美价值观是将生态问题、美学问题和价值观问题放在一起，从审美的角度去思考人与自然的关系。随着科技文明的发展，曾经被广为歌颂的美景如今已变成了废墟，曾经被人们奉若立身之本的信条如今早已成为迂腐，曾经被人类追求的生活样式如今已弃为敝屣。青少年审美价值观急需正确的引导。学校是承担教育的场所，语文也是引导青少年树立生态审美价值观的重要学科。青少年的生态审美价值观可以通过诵读文学作品、品味汉语言来提升，也可以通过开放、包容、和谐、亲善的教学环境来获得，还可以通过多元化的评价手段来感悟，分数不能作为评价学校教学效果的唯一手段。

统编版语文教材目前已经完全应用于义务教育阶段，这一版的教材设置依照立德树人的育人观念，将古今中外文学作品和语文课程结合起来，大力弘扬传统文化，同时还将社会主义核心价值观融入教学的全过程，并将革命教育、安全教育、生态环境保护、民族团结和国家安全等主题融合在教材之中，可以极大增强学生的社会责任感，培养爱国主义情怀，树立良好的世界观、价值观、人生观。在教学实践中，语文教师要合理安排教学内容，努力发掘教材中具有启发生态思想的内容。特别是对古典文学作品，既要发掘其生态美学思想，又要和当代现实结合起来。对于以自然景物为主要内容的文章更要注意将课本知识和自然环境相结合，研学旅行政策的发布为学生走出课堂提供了保障。统编版教材八年级上下册共有14篇描写生态美和自然环境的课文，可见初二年级对学生进行生态审美教育非常关键，所以这个阶段的教师要实施积极的生态审美教育策略。比如竺可桢的《大自然的语言》一文为学生们带来了自然现象和人类生活的关系问题，提出了物候学这门学科，是一篇典型的说明性文本。如果利用传统的说明文教学，就会注重知识性和科学性，按照说明顺序、说明结构、说明方法等知识来讲解，课堂就会变得枯燥无味。所以教师在备课的时候应该注意本篇文章除了要说明物候学之外，还蕴含了什么样的情感趋向。既然题目不是物候学，而是《大自然的语言》，作者是想要通过对大自然声音的记录告诉读者人和自然交流的方式、生命的平等和伟大。如果能提前对竺可桢的人生经历做些功课，就能体会到作为一名科学家，在接管浙江大学校长职务之后，战乱期间为保全学校经历六次搬迁，在山沟里继续办学的执着精神。他主张"求是"精神，对自己的研究始终如一，这篇文章就是他治学精神的一种体现，这也是生命意识的彰显。学生由此对人和自然的关系就能深入了解，并给自己的学校生活带来启发。

三

中华人民共和国成立 70 年，我国科学发展的车轮飞速向前，但是人们的精神价值观念却未随之提升。在网络媒体主宰信息的时代，网红经济、游戏经济、手机视频霸占流量等现象都在深刻地影响着青少年价值观的建立。在与自然疏离的现代社会，学生对大自然失去了欣赏的能力，遗失了对自然美欣赏的感受，人与人的交往淡漠，这不能不为中国的基础教育敲响警钟。中小学语文教育要重构教学目标，不能再仅限于知识和技能的教学，还负有引导学生树立审美价值观的责任。核心素养的提出就是对这一呼吁的有力回应，同时也为新时代教育事业指明了方向。生态美学倡导共生理念，主张对话理论，都对语文教育实践提供了可行的视角。希望随着生态美学的成熟发展，该学科还能够在其他学科教育中同样发挥指导作用。

谈语文教育中阅读习惯的养成

河北师范大学教师教育学院副教授　罗文平

关于习惯，有如下定义："习惯是指积久养成的生活方式。"① 习惯是"一个人经常性的行为特征，以及因适应环境而产生的惯性行为倾向。包括：显性的行为特征与隐性的心理倾向。"从中可以窥见习惯的共性在于经常性的行为、长久性的行为。所以，阅读习惯就是经常性地、长久性地进行阅读的行为，正如吃饭、睡觉一样，必不可少，甚至持续终身。"因此，良好的阅读习惯，不仅是阅读教学中重点考察的项目之一，更应该成为贯穿人的整个一生的学习过程中的重点培养目标。"②

一、影响阅读习惯的主要因素

学生阅读习惯的形成是一个长期、复杂的过程，影响其形成的因素

---

① 网址：https：//baike. so. com/doc/5390900 – 10402773. html
② 晨玮. 浅谈初中生良好的语文阅读习惯之养成［J］. 学周刊，2018（25）：133.

可以分为内部因素和外部因素。内部因素主要是学生的阅读兴趣和阅读意志，外部因素主要是环境和制度，了解这些影响因素才能更好地帮助学生养成阅读习惯。

内部因素是起决定作用的因素，因为阅读习惯能否养成关键在于学生个人。即使外部因素再有利，如果学生不爱阅读、不愿阅读，也是不可能养成阅读习惯的；反之，如果外部因素不利，但学生痴迷于阅读、坚持阅读，他也是能养成阅读习惯的。

首先是阅读兴趣。阅读兴趣是阅读习惯养成中的基础性因素，缺乏这个因素，阅读习惯也将是遥不可及的。阅读兴趣就是对阅读喜爱的心理倾向。它从何而来？主要是源于学生从阅读中获得了愉悦感。在识字之前，通过听大人读书，学生从中了解了各种有趣的、吸引人的故事，这使得他们产生了愉悦感，继而学生自己能读书了，通过读书了解了更多奇妙的故事，感受到了丰富的情感、深奥的哲理，大大丰富了人生经历、提升了人生境界，他们获得了更加深刻的愉悦感。这样的阅读愉悦使得学生有越来越强的兴趣进行阅读，从而推动阅读活动的持续进行。离开了阅读兴趣，一味强制性的阅读是很难奏效的。其次是阅读意志。阅读意志是指阅读过程中的决心、坚持读完的意志力。"阅读意志是构成阅读心理活动的一个重要的激发、维持和调节的因素。"① 阅读虽然能给人带来愉悦感，但很多时候也需要付出艰苦的努力，才能深入理解、领悟，这就需要有意志力的参与。尤其在阅读习惯养成的初期，学生的阅读行为可能存在摇摆性，既有可能坚持下去，也有可能放弃，在这个时期，意志力具有决定性意义。"事实上，仅靠兴趣来维持，阅读是不长久的，也难以取得良好的成效。"② 所以，有必要使学生明确阅读的目的，有必要让学生坚决按阅读计划执行，不能半途而废。当学生跨越了这个危险期，能自如地坚持阅读，到了不阅读就不行的程度，学

---

① 安鑫，赵敏，段好宁. 中学生阅读意志的调查研究［J］. 图书馆界，2012（1）：28.

② 中国教育教学丛书编委会. 中华教育理论与实践科研论文成果选编（第3卷）［C］. 北京：学苑出版社，2010：361.

生的阅读习惯才算真正养成。

外部因素是起辅助作用的因素，同样不可小觑，对学生阅读习惯养成有独特作用。外部因素主要是阅读规范的制定、阅读活动的开展、阅读环境的影响等。青少年学生都是未成年人，他们受周围环境的影响较大，在阅读习惯方面，如果只是学校着力，而家庭、社会不给力，反而施加破坏力，那么，学校的付出可能就会前功尽弃，至少是收效甚微。为此，学校、家庭和社会形成一致的、积极的阅读环境将对学生阅读习惯的养成产生巨大的推动作用。在养成阅读习惯的过程中，阅读规范能起到一定的制约作用，有助于学生坚持按阅读计划进行，克服松懈心理。阅读规范须是师生共同制定，在尊重学生意愿的前提下制定，避免脱离学生的实际，成为学生苦不堪言的负担。阅读活动的开展也是非常有益的，既能营造浓厚的阅读气氛，又能使学生相互影响，共同在阅读的道路上走得更远。

阅读习惯的养成对学生阅读能力的提高、语文素养的提升都有不可替代的作用，将使学生终身受益。阅读习惯的养成既非短期能实现，也非简简单单的过程，需要内外因素结合，既要充分发挥个人的内在因素，又要尽一切努力营造积极的外部因素，汇聚内外的有利条件，坚持不懈地朝一个目标前进，才能最终实现这个目标。

二、阅读习惯养成的有效方法

针对上述影响因素，采取有效的应对办法，就能对学生阅读习惯的养成起到一定的积极作用，一旦这些因素形成一股正向的合力，将产生·巨大的推动力。

（一）阅读兴趣的激发

阅读兴趣贯穿一个人阅读的始终，对于正处于阅读习惯养成过程中的学生来说，阅读兴趣更是教师在阅读教学中需要考虑的首要问题。

在课内阅读教学中，教师应注重对学生阅读兴趣的激发。可以通过设置情境激发学生的阅读兴趣。比如写景的散文，可以利用多媒体呈现出一幅幅与文中景物相匹配的景色，使学生有一种身临其境之感。同时，利用音乐渲染环境，进一步使学生融入情境中，让学生真切体会到文章的美，就能把自己从中获得的美感转化为对文本阅读的兴趣。也可以通过情感激发学生的阅读兴趣。用于阅读教学的文本大多是文学类文本，情感很丰富。教师可以利用情感的感染作用，引起学生的共鸣。有了情感的触动，学生就会被文本吸引，就会愿意主动阅读。教师还可以通过设置问题激发学生的阅读兴趣。教师利用其中的一些问题，引起学生的好奇，引导学生的思考，最终达到释疑的目的，使学生获得思维上的成就感，他们就会乐于进行阅读。还可以通过课本剧表演，使学生获得表现的满足感，既对学生起到多方面的锻炼作用，也能激发学生的阅读兴趣。其实，利用课内的阅读教学激发学生阅读兴趣的方式是多种多样的，只要教师紧紧抓住学生的阅读兴趣开展阅读教学，就能找到最合适、最有效的办法，就能使学生的阅读兴趣越来越浓。

在课外阅读指导中，教师也应注重对学生阅读兴趣的激发。比如，结合课内的教学，引导学生阅读相关文本，帮助学生丰富知识、增长见识、提高认识，学生有了收获，就会对阅读有更多兴趣。在课外阅读中，教师引导学生写读书报告，或是读后感，把优秀作品展示出来，这样会给学生带来莫大的荣誉感，激发他们更大的阅读兴趣。

无论是课内的阅读教学还是课外的阅读指导，教师都应把学生的阅读兴趣摆在重要的位置，激发他们的阅读兴趣、保护他们的阅读兴趣、维持他们的阅读兴趣、加强他们的阅读兴趣，因为这是学生养成阅读习惯的基础。

（二）阅读目标的导引

由于阅读兴趣的不稳定性和易变性，加之阅读内容的难度具有差异性，所以完全依赖阅读兴趣也是有很大不确定性的。因此，发挥学生阅读意志的作用就很有必要。利用阅读目标就可以起到这样的作用。

阅读习惯需要有一定的持续性，让学生习惯于阅读整本书是培养阅读习惯的最好方式。因为要读完整本书，至少要花费几天到十几天的时间，这就是阅读的持续性。而阅读单篇的文章，几分钟或十几分钟就能读完，这样短时间的阅读还不能算是阅读习惯，只有在一段时间里都在读，甚至天天都读才能养成阅读习惯。因此，确立阅读目标对于学生养成阅读习惯是有利的。比如，规定一个月要读几本书，这样，就可以把阅读目标分解到每一天，学生每天要完成一定的阅读量。或者规定一本书学生要在几天内读完，也是同样的道理。有了目标，学生就会有一定的压力，就会调动自身的意志力对阅读加以控制，使自己即使在阅读兴趣匮乏的情况下，依然能够按照既定的目标进行阅读。

当然，阅读目标导引的效果取决于它的可行性和适度性。为此，在确定阅读目标时就要在了解学生阅读情况的基础上，要使这个目标为学生所接受、所认同，他们才会心甘情愿、全力以赴地去为之努力。当学生感到这样的阅读目标是合理的，是通过努力能达到的，学生就会信心百倍，激发出最大潜能，否则阅读目标就可能形同虚设。当学生通过努力，最终达到了预期的目标，就会更加坚定阅读的信心，坚定阅读的信念，养成阅读习惯就拥有了牢固的意志力的保证。

（三）阅读规范的制定

阅读作为一种需要认真对待的学习活动，也要有一定的规范。这既有利于阅读活动的顺利进行，又有利于学生更好地养成阅读习惯。

首先，要求学生爱护图书。自己的书要爱护，别人的书或是图书馆的书更要爱护。这就要求学生阅读借来的书时，不能在上边写、画等，更不能损坏。其次，要求学生按时还书。学生阅读时，很多时候是借阅同学的书或是学校图书馆的书，学校图书馆的书到了该还的时间会有人催促，超期还要罚款，能最大限度防止借了不还的情况。同学之间借阅书籍就要强调有借有还，以免产生一些纠纷。再次，要求学生按规范阅读。比如，一次阅读一本书，读完一本再读另一本，不要读读这本，又读读那本，最终没有一本书能读完，这不利于学生养成良好的阅读习惯。应该要求学生每读完一本书就要有摘录、笔记或是报告，养成不动笔墨不读书的好习惯。最后，要求有阅读评价。根据学生阅读的情况和完成的任务，对学生的阅读状况做出评价。这样一方面是鼓励先进，供其他学生仿效；另一方面是完善不足，促进今后更好地进行阅读。

有了完备的阅读规范，学生在阅读时就能按部就班，也能使阅读更有效。当这些阅读规范都成为学生自觉遵守的行为准则，就在无形中规范了学生的阅读行为，也在无形中培养起了学生良好的阅读习惯。

（四）阅读活动的开展

阅读活动是指为配合阅读教学需补充的课外阅读以及为训练阅读能力而开展的阅读实践，这是对学生来说是有益的，也是必要的。

比如整本书阅读，这是 2017 年版高中语文新课标所明确提出的，而且在学习任务群里有专门的安排。为此，在教材中讲到的课文是名著的节选时，就可以安排学生进行整本名著的阅读。比如学习《林黛玉进贾府》一课，课后可以安排学生阅读《红楼梦》。由于学生阅读经典作品有一定难度，教师应加强指导，为学生更好地阅读提供知识、技能方面的支撑，而不是"一说了之"，最终不了了之。这样把课内、课外结合起来，既有利于教学，又有利于锻炼学生的阅读能力，还有利于丰富学生的业余生活，得到"一箭多雕"的效果。如果说这只是一种临时性的安排的话，组织固定的阅读兴趣小组就是阅读活动的长效机制。教师把一些有一定阅读基础的学生组织起来，共同进行阅读活动，读后进行交流、探讨，甚至以书面形式呈现阅读、交流的成果，这就把阅读上升到一个更高的层次了，对于学生的阅读能力向更高层次提升是极有利的。对于阅读兴趣、阅读能力一般的学生也要设计相应的阅读活动，吸引他们的参与，借以提高他们的阅读能力。比如组织作家与学生的见面会、专家的阅读讲座等，帮助学生提高阅读兴趣，丰富阅读知识，从而激励更多学生加入到阅读活动中来。

由于阅读活动的自主性、趣味性等优势，阅读活动是促使学生养成阅读习惯的有效方式。教师应结合自身特点、本校特点和学生特点，创造性地开展此类活动，使之成为校园里的文化景观，让学生在享受阅读的过程中自然地形成阅读习惯。

（五）阅读环境的影响

青少年正处于成长阶段，还不成熟，较易受到环境的影响，尤其像阅读习惯，需要加倍努力才能培养起来，这就更需要积极的环境给予积极的影响，需要学校、家庭和社会相向而行，共同创造有利于学生形成阅读习惯的环境。所以，教师、家长等都有责任，从自己做起，坚持阅读，热爱阅读，为共同营造良好的阅读环境而努力。

　　阅读是一个人精神成长的基础，也是一个人事业发展的保证。青少年阶段养成阅读的习惯应是基础教育的基本任务。教师了解了阅读习惯养成中的关键因素，有重点、有目的地对学生的阅读进行引导，使他们能更好地养成阅读习惯，这将对他们一生都有所助益。

语文学科核心素养的有效落实

渭南师范学院人文学院副教授　陈西洁

每一个语文教育工作者都应当对语文教育怀有至诚的情怀，把语文教育当作自己毕生的追求，潜心于教育教学研究与实践，把真正愉悦、有内涵的语文课堂带给学生，让学生快乐学语文，自觉沉浸，乐于思考，让文学启迪人生、丰富人生、提高人生。语文课真正能够坚守树人为本、立德为重、践行为要的理念，使语文课程更好地体现教育教学规律、语言学习规律和人的成长规律，真正担当起育人的重任，关注学生的终身发展和全面发展，有效落实学科核心素养。如何有效落实语文学科核心素养，是当今我们每一个语文教育工作者需要面对并深入思考的问题。新中国 70 年语文教育经历了一个漫长的过程，语文教育改革发展波澜壮阔，关于语文课程性质特点的一次次探讨，课程建设、教材建设、教学改革、考试改革等话题的深入研讨，为新一轮的语文教育改革奠定了坚实的基础。

语文教育是培养人的最基本、最重要的环节，也是每一个教育工作者天然的使命。我们需要用宏阔的、开放的、包容的眼光开辟新的路径，研究语文教育，以多元的眼光审视文学作品，很好地运用新的语文教材，完成育人的基本任务。"育人功能"是语文课程的基本理念，是新课标一贯的任务。2003 年颁布的《普通高中语文课程标准（实验）》提出："全面提高学生的语文素养，充分发挥语文课程的育人功能。"高中语文课程应帮助学生获得较为全面的语文素养，在继续发展和不断提高的过程中有效地发挥作用，以适应未来学习、生活和工作的需要。2017 版高中语文新课标提出："以核心素养为本，推进语文课程深层次的改革。"育人是语文的核心任务，义务教育段是基础，高中段是继续提升。新的教材中课文的选编，体现出编选者的匠心——落实核心素养。那么教师作为课程与教材的使用者、主导者，如何成为创新者，有效使用教材、落实核心素养？如何使语文的学习愉悦学生的心灵，有利于学生的全面发展、终身发展？这就要求教师要加强对于文本的感悟理解，从教材文本出发、从作家创作心理出发，回归文本，探求本真，尊重文本，多元感悟，寻找文本真正的精神内涵，启发学生感悟。教师应真正依托文本，润物无声，对学生进行情感熏陶、精神引领和人格塑造，有效落实核心素养。

一、回归文本，探求本真

语文教学中，探究掌握文本的主题内涵是教学的一个重要任务。引导学生领会作者情感，进行情感教育，是教学的一个重要环节。作者感情的表达方式有直接抒情，也有寄情于人、寄情于事、寄情于物的间接抒情。[①] 文学作品的字里行间渗透着作者的感情，学习时如何正确自然地引导学生在情景交融、情事结合中去接受感染、接受熏陶，进行情感教育，培养学生良好的品质，有效完成育人的任务？这些在长期的语文教学中常常落空。富有感染力的很美的课

---

① 朱绍禹．中学语文课程与教学论［M］．北京：高等教育出版社，2017：192.

文，经过教师的课堂分析，学生却从感情上远离了它们，或者自觉地、机械地记忆着教师总结出来的却并未明了的主题。这就是常常被教师用书、被教师们努力拔高、提升的主题。理由很充分：文学作品怎么能够没有深刻的主题？怎么可以不升华到一定的高度？可是，有些教师却恰恰忽略了文本、忽略了学生的认知规律，一厢情愿地进行思想教育，难以深入学生的心灵，达到育人的目的。要触动学生的心灵，真正达到教育的目的，需要回归文本，探求本真，才能适应学生的感悟，尊重学生的认知规律，以形象感人，以真情化人。

统编版教材《语文》（七年级上册）有篇课文《植树的牧羊人》。预习提示：一个孤独的农夫，数十年如一日，在荒原上种植着树木。最终，靠自己的体力与毅力，把荒凉的土地变成了美丽富饶的田园。边读课文边思考：是什么精神在支撑着他？

这个问题，学生能体悟到什么层面？教师应该有一个预设。学生能够从课文中直接领悟到的就是："他说，这地方缺少树；没有树，就不会有生命。他决定，既然没有重要的事情做，就动手种树吧。"他种树的初衷源于此，他种树的坚持也是因为此。"没有树，就不会有生命。"种植树就是种植生命，种植希望。"既然没有重要的事情做，就动手种树吧。"他的想法是简单的、朴实的，却也是纯真的。这是学生能自然感受到的，这也恰是文本的本真，也是生活的意义。当然，牧羊人几十年不懈的种植使得荒原变成了美丽的高原，这是坚韧铸成的生机，平凡铸就的伟大。

有些教师急于把文本主题升华到人定胜天与默默奉献，理由是课文具有教育意义和深刻的内涵。语文担当着育人的重任，没有错，但是要切合文本，顺应学生思维，而不是去贴标签。《植树的牧羊人》情节很明晰，初遇牧羊人、再见牧羊人、最后一次与牧羊人相见。三次见面，高原的情况，牧羊人的情况，"我"的感受，构成了这个故事。初遇牧羊人，高原毫无生趣，村落都成了废墟，环境恶劣。牧羊人独自在山上居住，牧羊的同时默默种树，他沉默寡言，充满自信、平和，生活一丝不苟，整齐干净。第二次见牧羊人，高原已萌发生机，树木成片，蔚然成林，干涸的河床有了淙淙的水流，各种草木出现。这时的牧羊人身体还很硬朗，因为羊吃树苗，他为了保护树，仅留了四只羊，并且开始养蜂，他依然沉默不语，心无旁骛地坚持种树。最后一次相见，高原的景象完全改变了，甚至连空气也不一样了。泉水、树林、农场，整个乡间生机勃勃，人们安居乐业。最后一次相见，牧羊人已经 87 岁。第一次见面，好奇的"我"揭示了牧羊人的身份以及他种树的缘由："他原来生活在山下，有自己的农场。可是，他先是失去了独子，接着，妻子也去世了。他选择了一个人生活，与羊群和狗为伴，平静地看着日子一天天地流走。他说，这地方缺少树；没有树，就不会有生命。他决定，既然没有重要的事情做，就动手种树吧。"到再见面，我的感慨："当我想到眼前的一切，不是靠什么先进的技术，而是靠一个人的双手和毅力造就的，我才明白，人类除了毁灭，还可以像上天一样创造。""这个男人坚持做着自己想做的事。这片一眼望不到边的山毛榉树林就是证明。"作者感叹：人类除了毁灭，还可以创造。

牧羊人给学生的启迪是多维的：沉默寡言，却自信平和；整洁干净、生活细致，一丝不苟；认真仔细、坚韧执着。这些品质，学生从作者的视角、从细致的描写中能够自然地感受到。需要引导学生理解的是：牧羊人遭受人生的残酷打击后，追寻生命和希望，选择种树。这样单纯的精神追求，使他走向平和，种植了希望和幸福。这是文本的教育意义所在，也是最本真的，能够给学生以启迪。

《植树的牧羊人》所在单元的编写意图：本单元人文主题为"人生之舟"。这个单元的课文体裁丰富，形式多样，有的是对美好人生的礼赞，有的是对人生的憧憬和感悟，还有的是对人生经验的总结和回顾。这些课文试图引导学生初步思考人生问题，学会规划人生，珍爱生命。如果教师能够领悟编写意图，尊重作品，就不会做出脱离文本、脱离学生认知规律的拔高教学。阅读教学一般不需要语文教师在文本之外再做延展，尤其是在"思想感情"方面。"思想教育"的价值是经过严格审定的语文教材选文自身所具有的价值，获得"与课文相符合的理解和感受"，也就获得了"思想教育"。①

二、尊重文本，多元感悟

优秀文学作品的内涵往往是丰富的，会带给人多方面的启迪。文学的阅读应给学生思维的空间，鼓励学生用心感受，获得多元的理解感悟。教师不能拘泥于长期形成的惯有思维模式，总是给学生灌输一种思想，长此以往，会限定学生的活跃的思维，形成惰性，单一狭隘地接受某种观念。特别是标签式、概念式、脱离实际生活的主题灌输，会使学生失去对文学阅读的兴趣、对语文理解的热情。

《灰姑娘》故事的情感熏陶是多元的，不是简单的"后母的恶毒"。教师如果能够合理设置问题，启发学生思考，将会多方面培养学生的思维品质，落实核心素养。

守时：午夜 12 点离开舞会的细节，如果灰姑娘没有来得及在午夜 12 点跳上她的南瓜马车，一切就会变成原样，舞会上漂亮的灰姑娘就会变成原来穿着破旧的衣服、脏兮兮的样子，启迪学生要做一个守时的人。

整洁：教会学生们要整洁，不能邋里邋遢地出现在别人面前。

理解：我们传统的模式化解读是：后妈阻止灰姑娘参加舞会，后妈都是恶毒的，概念化、脸谱化。所以，我们看到的后妈都不是好人。其实在故事中，后妈对自己的女儿却很好，是自私的，但是也是有爱的，只是她没有能够像爱自己的孩子一样去爱别人的孩子。世界上没有绝对的好人与坏人，多角度地观察人、认识人、理解人，是这个故事能够带给学生的一个重要启迪。

自尊自爱、坚持追求：后妈阻止灰姑娘去参加舞会，但灰姑娘

---

① 王荣生，宋冬生．语文学科知识与教学能力［M］．北京：高等教育出版社，2011：136.

还是执着地去了，因为她想要坚持做自己想要做的事情，没人能够阻止她，对自我的坚定信念与执着追求、不放弃的精神，也是学生能够通过阅读感悟获得的思维品质。

重视朋友：灰姑娘可以去参加舞会，虽然有仙女的帮助，但同时还要有狗和老鼠帮助她。人生需要朋友，需要相互爱护，相互帮助。这多方面的启示，通过形象的感染，能够自然熏陶学生的心灵。

语文就应该这样教给学生受用一生的东西，而不是我们苦口婆心演绎的，一时有用、一生无用的东西。尊重文本，多元化的解读，培养具有丰富情感和健康情怀的人。

三、依托文本，润物无声

文本的教育意义不是说教，教师板起面孔的说教难以深入学生的心灵，内化为思维品质，形成良好的人生修养。教育的完成需要依托文本。文字就像跳动的音符，弹奏出的优美旋律有着愉悦人、影响人、塑造人的作用，流淌入心灵，润物细无声。

每一个人从小都受过珍惜时间的教育，但这种教育往往流于概念，没有起到应有的作用。所以，很多学生在假期结束的最后一天夜里，奋笔疾书赶作业，因为第二天要拿着作业去学校报到。小学语文教材里曾有篇课文《与时间赛跑》，文章中父亲对于时间、对于生命的平实解释让我很震撼。我常想，林清玄先生为什么能够取得那样的成就？与他对时间的珍惜有关，与父亲根植在他心灵深处的时间感悟有关。我们的关于时间的宝贵概念常常来自一些名言警句、格言谚语："一寸光阴一寸金，寸金难买寸光阴""时间就是金钱""时间就是生命"。时间到底是什么？到底有多宝贵？这只是个概念，特别是对于孩子，只是抽象的概念。这篇课文中，父亲对于外祖母去世的解释，冷静理性又温暖平实。幼小的林清玄是懵懂的，但流走的时间，以及随时间流走的人和事不可能再回来这一事实深深地触动了他的心灵。他跟太阳赛跑，在太阳落山前跑回家，他告诉自己：我跑赢了太阳！他的心灵似乎安静了。从那以后，他暑假做完自己的作业，再看哥哥的课本，做哥哥的作业。他一生都在与时间赛跑，这种思维品质，玉成了他的成功。如果我们的小学语文教育都能像这篇课文的教学一样成功，那么我们将有多少小学生会在人生关键的阶段领悟到时间的可贵、生命的可贵。

初中语文课文《植树的牧羊人》，教师不能只升华主题，牧羊人植树最质朴的起因是在生活的灾难困厄中，对生的渴望与坚守，对希望的追寻，这才是学生应该领悟到的最为基本的人生素养。当然，升华，也是必不可少的，但文本最重要的教育意义是面向大众的、最朴实平凡的思维品质。

高中语文课文《定风波》，苏轼不以风雨而忧，不以晚晴而喜，平和淡定、乐观旷达的人生态度，是每个人人生路途中不可缺少的。依托文本的人生情境，启发学生感悟、品味、理解、形成乐观的人生态度，就完成了教育任务。思想政治教育既要旗帜鲜明，突出特点，也要润物细无声，潜移默化。越是有效的教育，越应当是让受教者在不知不觉中接受教育。

我们的教育不是精英教育，而是大众教育，塑造人、培养人。推进课改，使语文核心素养有效落实，需要重视教材，回归文本，探求本真；需要尊重文本，多元感悟；需要依托文本，润物无声。让我们做有情怀的语文人，做有情怀的语文教育。

"1+X+Y"联读：形成单篇、多篇
与整本书的阅读

浙江温州教育教学研究院语文特级教师　曹鸿飞

"1+X+Y"联读中的"1"指的是教科书内的一篇课文，"X"指与课文相关联的多个文本（包括语段、音视频、图画等），"Y"指的是适合这篇课文或这个单元阅读的整本书。"1+X+Y"的关联点称为"联读议题"（包括内容主题要素或语文要素）。所谓联读是将相关联的多个材料放在一起进行联系阅读，促进阅读的意义关联、形式关联、经验关联，联结建构起阅读的新经验。

统编小学语文教科书中的"和大人一起读""我爱阅读""阅读链接""日积月累"等就是"X"的阅读。"快乐读书吧"是"Y"的阅读。教科书是开展语文教学的主要载体，课文是语文教学的主要资源。"1+X+Y"联读将课文作为引子，将课外阅读课内化，形成单篇、多篇与整本书的阅读链，实现联读的力量。

一、"1+X+Y"联读的途径与思路

（一）"1+X+Y"联读的主要途径

1. 与课文形成的"1＋X＋Y"联读。与课文形成的"1＋X＋Y"联读，主要借助课文的作者或描写的对象等，自然延伸，拓展阅读。如统编版教科书三年级上册课文《带刺的朋友》可联读宗介华的作品《带刺的朋友》中的部分章节及整本书。三年级下册课文《剃头大师》可联读秦文君的《电视小子》《调皮的日子》。《慢性子裁缝和急性子顾客》可联读周锐的《大个子老鼠和小个子猫》。四年级下册《巨人的花园》可联读《王尔德童话》。五年级下册《祖父的园子》可联读萧红的《呼兰河传》。

2. 与单元形成的"1＋X＋Y"联读。与单元形成的"1＋X＋Y"联读，可以借助单元内容主题或语文要素进行。

统编版语文教科书一年级上册第六单元联读内容

课文"1"	联读议题	"X"	"Y"（单元群书）
《影子》	想象类文章	《尖和卡》《我的影子》	"快乐读书吧"一年级上册"和大人一起读"
《比尾巴》		《比耳朵》《小和大》	
《青蛙写诗》		《孔雀》《春天的燕子》	
《雨点儿》		《春雨》《花的沐浴》	

统编版语文教科书二年级上册第五单元联读内容

课文"1"	联读议题	"X"	"Y"（单元群书）
《坐井观天》	小故事大道理	《笼中虎》《盲人摸象》	"快乐读书吧"二年级上册《一只想飞的猫》《小狗的小房子》《孤独的小螃蟹》《小鲤鱼跳龙门》《"歪脑袋"木头桩》
《寒号鸟》		《塞翁失马》	
《我要的是葫芦》		《一叶障目》《大个葫芦的故事》	

统编版语文教科书三年级上册第三单元联读内容

课文"1"	联读议题	"X"	"Y"（单元群书）
《那一定会很好》	童话中的情节梯	《一片树叶变呀变》《木屋边上的小蘑菇》	"快乐读书吧"三年级上册《安徒生童话》《格林童话》《稻草人》
《在牛肚子里旅行》	动物旅行	《小耗子长途旅行记》《小狐狸奇奇空中旅行》	
《一块奶酪》	童话中的蚂蚁	《小蚂蚁和大豆包》《蚂蚁和蟋蟀》	

又如学习统编版教科书四年级上册第四单元神话类课文《盘古开天地》《精卫填海》《普罗米修斯》《女娲补天》后，单元群书联读《山海经》《中国古代神话故事》《希腊神话故事》《吉尔伽美什》等书籍。

还可以选用教科书"快乐读书吧"中的书目，形成比较紧密、方便、贴切、关联的阅读链。

（二）"1＋X＋Y"联读的主要思路

对语文教师来说，"课文＋"是"1＋X＋Y"联读中最基础、最常用的教学途径，即以教科书课文为引子、为引擎带动多篇及整本书阅读链的形成。主要思路有如下。

1. 课文＋同主题/内容。这种引子和纽带可以是内容主题的，如统编版教科书三年级下册《我变成了一棵树》＋《我变成一只喷火龙了》＋《爱丽丝漫游奇境记》＋《尼尔斯骑鹅旅行记》，联读的都是想象奇异的作品；统编版教科书三年级《海底世界》＋《海底两万里》＋影片《海底世界》《海底总动员》，联读的都是关于海底的知识信息。

2. 课文＋同作家。这种引子和纽带可以是同一个作家，如统编版教科书四年级上册《蟋蟀的住宅》＋《蟋蟀的乐器》《螳螂》＋《昆虫记》（法布尔），带动了对法布尔的《昆虫记》的整本书阅读。读一篇课文带动学生读一位作家的诸多作品，阅读效果显著。

3. 课文＋同类型表达形式。这种引子和纽带可以是一种表达模型，如统编版教科书五年级下册《手指》＋《蜜蜂》《自己相打》（漫画）＋《丰子恺名家读本》的联读形成的借物、借事、借画的喻理表达模型。

4. 课文＋相同/不同文体。如统编版教科书六年级上册《狼牙山五壮士》是以故事的形式展开叙述的，可以联读剧本《狼牙山五壮士》和诗歌《狼牙山五壮士》。六年级下册《真理诞生于一百个问号之后》可联读议论文《说勤奋》《滴水穿石的启示》。

5. 单元＋同主题/同作家/同体裁。这种引子和纽带可以是学完一个单元之后，联读与本单元主题、作家、体裁相同或相关的一本书或几本书，以帮助学生拓展视野、深化认识、加深印象，迁移运用阅读方法。如统编版教科书六年级下册，在学习了《北京的春节》《腊八粥》后联读有关传统文化的书，具有很好的拓展深化作用。

二、"1＋X＋Y"联读的特征及教学价值

（一）"1＋X＋Y"联读的特征

1. "1＋X＋Y"联读是一种多文本的阅读。与教科书内单篇课文阅读相比，"1＋X＋Y"联读使阅读对象从一个增加到有关联的多个，阅读内容从一元发展到多元，阅读视角从单角度发展到多角度，阅读方式从一篇一篇地读发展到一组一组地读再发展到群书阅读。多文本的阅读需要运用多种阅读方法，改变以精读为主的阅读方式。

2. "1＋X＋Y"联读是一种比较阅读。比较阅读就是把内容或形式相近的、相对的几个文本放在一起对比着进行阅读，分析其相同点和不同点。有比较才有发现，有比较才有鉴别。这种阅读既可以开阔学生眼界，活跃思想，使认识更加充分、深刻，又可以帮助学生看到优秀作品之间的差异，把握特点，提高鉴赏力，达到加深理解课文的目的。

3. "1＋X＋Y"联读是一种网状阅读。教科书内的课文阅读多是单篇的点状阅读。单篇阅读因形不成经验结构容易零散。"1＋X＋Y"联读的阅读对象从一个增加到有关联的多个，阅读顺序从单一的从头至尾的纵式阅读发展到既有纵式阅读又有横向联系的网状阅读。将曾经学过的课文和现在学的课文纳入到一个经验结构中，教科书内的课文、教科书外的文章、多本书之间形成一组结构化文章，建立知识间、经验间的横向与纵向联系，成为网状的阅读体系。

4. "1 + X + Y" 联读是一种结构化阅读。一篇篇孤立的课文，其中的知识和信息往往处在单一零散的状态，是难以得到迁移与运用的。"1 + X + Y" 联读是在联读议题的引领下，把众多文本放在一起形成结构化大语境，将知识和信息关联成有意义的主题内容或语文要素的结构。一旦有新的类似知识和信息，会不断联结成为更有力量的知识结构；一旦有相似情境或者运用场景，这些知识和信息将以整体的力量改变单一、封闭、零散、割裂的单篇阅读弊端。

5. "1 + X + Y" 联读是一种联结阅读。"联结"重在"结合"，由于某种因素的作用，使二者之间有密切的联系。"1 + X + Y"形成的结构化阅读，在文本的交互印证下或体验、或证实（或证伪）、或演绎，实现学生与课文信息联结、与相关信息联结、与已知事物和网络资讯联结、与生活经验联结、与自我联结，使阅读的触角伸向多文本、多角度、多视点。

6. "1 + X + Y" 联读是一种开放性阅读。"1 + X + Y" 联读使新成果、新发明、新信息及时地呈现在课堂上，实现了课内外阅读内容的及时联动。其意义是语文课程的开放。能够打开语文的边界，向更宽广的生活开放，向更开阔的世界开放，在更广阔的边界上阅读与对话、打开与联结，让学生走向自主阅读的崭新时空。

（二）"1 + X + Y" 联读的教学价值

1. 基于教科书：课内外联动阅读，符合日常教学实际。对广大语文教师来说，教科书仍然是语文教学的主要载体，课文仍然是语文教学的重要资源。"1 + X + Y" 联读吸收了群文阅读、主题阅读、海量阅读的价值与优势，结合教科书课文进行联读，不脱离教科书体系，不改变课文顺序，倡导课内外的联动阅读，方便日常教学实施。

2. 基于"联读"：阅读内容结构化，契合信息时代的阅读需要。"1 + X + Y" 联读有两层含义：一是联合，二是联结。相对封闭的单篇阅读，"1 + X + Y" 联读主动与外界（更多的学科、更多的材料）进行交流与联合，将零散、单一、碎片的信息形成有意义的知识结构，以应对信息化社会的阅读需要。

3. 基于迁移：形成阅读链，实现从学得到习得的全过程。"1 + X + Y"联读让学生经历从课文到多篇，再到整本书乃至群书的阅读过程，一方面使学生在学习课文中激发的阅读兴趣迁移到整本书的阅读，另一方面使课文中学得的阅读方法迁移到多篇文章的阅读中，再迁移运用到整本书和群书的阅读中，形成了从浅入深，从学得到习得并运用的阅读链。

三、"1 + X + Y"联读的教学操作

（一）"+"的活动

"1 + X + Y"的学习通过自主的联读活动来实现。联读活动主要包括语言积累、信息梳理、文意概括、内容（表达）比较、阅读发现、阅读迁移、语用表达、阅读联结等。这些联读活动具有以下特征：比较是基本的联读元素，联系是共同的联读内容，可视化是联读的外显特征，积极思考是必然的联读要素，发现成为联读的自然因子，联结成为高级的联读层次。

1. 浏览，信息提取与统整。浏览是信息提取与统整最基础的活动。如学习小古文《司马光》，浏览《司马光 < 读左传 >》和《司马光读书》，学生便对司马光产生了更多了解，头脑中有了少年司马光的个人档案。

姓：_____ 名：_____ 字：_____

籍贯：_____

爱好：_____

读书的习惯：_____

智慧的表现：_____

2. 比较，在对比中发现。如统编版教科书三年级下册第八单元《枣核》，联读民间故事《豆孩子》《葫芦娃》，形成联读活动；民间故事里常常会出现奇特的孩子。提问学生：你发现这三个故事里的孩子有

什么共同点？请把你的发现写在大圈里。对比中学生发现关于奇孩子类民间故事的共同点。

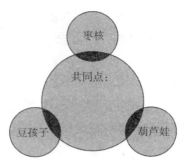

3. 运用，迁移学习方法。联读活动可以使学生将课文中习得的语文要素在"X"中进行运用。比如统编版教科书三上《那一定会很好》，学生学习用情节梯概括课文的大概内容后，联读《一片树叶变呀变》，可以进一步运用这种方法概括文章的内容。

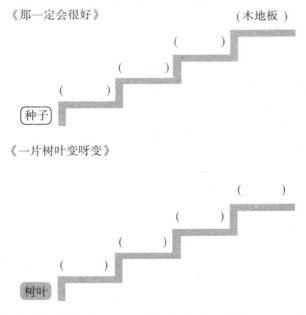

4. 巩固，强化语文要素。以统编版教科书三上预测策略单元为例，学生在《胡萝卜先生的长胡子》中初步学习了预测故事的发展。联读《萝卜回来了》和《兔子的胡萝卜》，学生进一步学习联系上下文、联系阅读或生活经验预测故事，强化预测的能力。

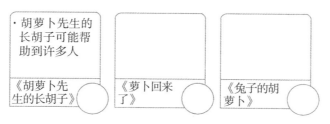

5. 拓展，促进课文理解。再以统编版教科书三年级下册第八单元为例。学习《枣核》后联读民间故事《豆孩子》《葫芦娃》，单元群书联读《大林和小林》《中国民间故事》，形成联读活动：民间故事也好，童话故事也好，都因为丰富的想象而引人入胜。提问学生：在《大林和小林》与《中国民间故事》这两本书里，你觉得最富想象力的分别是哪一部分内容？从而实现对民间故事和童话故事的拓展理解。

（二）"＋"的策略

1. 比较策略。比较是联读中的基本策略。通过比较、分析、归纳，辨别出"1"和"X"的共同点和相异点，再到"Y"的整本书中去阅读验证和发现。比较的方式有横向比较与纵向比较，比较内容与表达形式等。与许多阅读课上所教的抠字抠词、遣词造句等细节比较相比，联读教学中的比较是趋向高位的，如谋篇布局、表达情境模型、观点差异等。如统编版教科书六年级上册《开国大典》，借助联读议题"点面结合"，联读新闻报道《中华人民共和国成立了》《难忘的开国大典》，比较它们在内容选择、表达方式等方面存在哪些异同点。

文　章	文　体	相同点	不同点
开国大典	记叙文		
中华人民共和国成立了	新闻报道		
难忘的开国大典	个人回忆录		侧重于表达个人的感受

2. 图像化策略。图像化是将各种信息用视觉或触觉来"感知"，以"图像"手段表达内容，显示阅读的过程与成果，让阅读可视化、显性化。常见的方式有圈、画、提炼、形成图示等。

（1）中心发散图。如《黄鹤楼送孟浩然》联读《送元二使安西》

《赠汪伦》《别董大》《山中送别》，学生从不同角度感知古人们不同的相送方式中同样的依依惜别之情，可填写关键词形成中心发散图式。

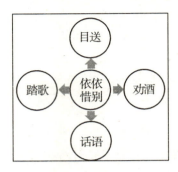

（2）表格。以统编版教科书四年级上册《蟋蟀的住宅》为例，联读同作者法布尔的《烟囱里的建筑工》《蝉的新家》，引导学生借用下表展开思考与讨论：鸟巢、马圈、狗窝、鼠洞……动物们的家各有各的特色。你一定对它们的家充满兴趣，试着完成下列表格。在"Y"的阅读中推荐《自然笔记——昆虫印象》《伽利略观察日记：1609－1610》这两本书，完成本单元"观察事物"的语文要素。

"家"的称呼	设计师·头衔	最意想不到的地方	喜欢的星级
	蟋蟀·（建筑大师）	隧道顺着地势弯弯曲曲，最多九寸深，一指宽，这便是蟋蟀的住宅。	☆☆☆☆☆
温馨之家	金腰峰·（　　　）		☆☆☆☆☆
	蝉·（　　　）		☆☆☆☆☆

3. 联结策略。在"1""X""Y"的阅读中，能通过与不同材料、阅读及生活的联结建构形成语文经验。如统编版教科书五年级上册第二单元是阅读策略单元，其学习要素为"学习提高阅读速度的方法"。如何在教学中进行落实呢？以下是这个单元的"1＋X＋Y"联读安排：

单元	课文	联读议题	"X"	单元群书联读 "Y"
第二单元：学习提高阅读速度的方法	5. 搭石	集中注意力，不回读	《湖光》（刘章）《静虚村记》（贾平凹）	《少年读史记》《铁道游击队》（含电影）
	6. 将相和	连词成句地读	小古文《将相和》司马迁写《史记》	
	7. 什么比猎豹的速度更快	借助关键词快速默读	《还有什么比象龟更老》《中国速度在变化》	
	8. 冀中的地道战	带着问题快速默读	《冀中的地雷战》《铁道游击队》	

这是将整个单元作为一个整体，又在每课的教学中分解落实单元语文要素的学习。单元群书联读是对整个单元阅读方法的统整与联结运用：（1）我试着运用这个单元学到的方法来快速阅读这些书，阅读速度快了许多，平均每分钟达到了字。（2）我读了《少年读史记》中的好多故事，阅读后，我想挑两个故事进行了联读对比，并写下我的思考。

4. 结构化策略。"1""X""Y"按照一定的顺序呈现，逐步推进形成知识结构，有"举一反三式""互文回环式"。

先说"举一反三式"。联读的最大优势就是多篇文本围绕联读议题形成结构化阅读，教师不需要通过不停地讲问达成目标，只要引领学生将多种文本进行多层次的比较：横向比较与纵向比较，比较异同点，比较内容与表达形式……比较中，学生举一反三，自然就会有了阅读发现。以《女娲补天》为例，学生通过联读："1"《女娲补天》《夸父追日》＋"X"《后羿射日》《嫦娥奔月》＋"Y"《中国神话故事》，就会发现神话故事，特别是中国的神话故事几乎都有这样的特点：

·题目——人物＋事情

·结构——为什么做＋怎样做＋结果如何

·内容——具体写怎么样做的经过，这部分既精彩又神奇。

再说"互文回环式"。如人教版语文教科书三年级下册《七颗钻石》。教师引领学生阅读课文，发现故事中有一个反复出现、不断变化的事物——水罐。利用这一事物可以轻松理清故事脉络，并借助这一事物的变化复述故事。课文学完后，学生联读《幸福鸟》，发现了同样反复出现、不断变化的妖怪，小组合作绘画故事脉络图，借助脉络图在小组内分工合作讲故事。再联读《幸福鸟》《田螺姑娘》时，学生发现两篇故事都有"不幸的开头和完美的结局"这一特点。教师带领学生回扣到课文《七颗钻石》，研读开头和结尾，发现有一个不幸的开头，却没有完美的结局。于是，借着《幸福鸟》《田螺姑娘》的写法来补写《七颗钻石》故事的结局。这样互文回环式的阅读，充分利用了课文来学习语文。

"1＋X＋Y"联读以阅读本身来改变阅读教学，以联读形成课文单篇、多篇跟整本书、多本书的完整阅读链，使阅读更全面，更立体，更辩证，更有深度。

前进中的小学语文教学

北京师范大学实验小学语文特级教师　　陈延军

新中国成立70年来，我们的语文教学经历了大大小小很多方面的改革，积累了许多宝贵的经验。我是20世纪80年代初从事小学语文教学工作的，近40年一线教学，随同小学语文改革一起成长。

回想课堂上教过的每一节课，以及听过的上千节课，我感受到小学语文教学从教育思想到教材内容，再到教学方式方法，都紧跟时代潮流，发生着根本性的变化。尤其是新世纪课改以来，一改过去只重教科书和课堂教学的弊端，形成如今丰富立体的课程建设。语文教学更是在各个领域呈现出多姿多彩的局面，并一步步走向成熟。为此，一代代语文人和教育工作者付出了极大的努力。

随着教育形势的日新月异，我们的语文教育教学已经进入改革的深水区。眼下的教育教学，不再是围着学科转圈圈的单打独斗，也不是东南西北大同小异的教学模式。可以说，四路教育英豪广开言路，各种主张见解纷纷出台，真可谓"仁者见仁，智者见智"。不可否认的是，无论怎样的出发点，其结果都是为了学生的终身发展，探索"多快好省"

的学习语文的有效途径。

对于一线教育工作者，我们有必要对新形势下语文教学的大致走向做些梳理和了解，以使我们的研究更有实效，教学更有成效。

一、"工具和人文相统一"的语文课程性质定位，是小学语文教学认识的质的飞跃

以前的小学语文教学远没有今天的活跃。记忆中的 20 世纪 60 年代，我童年时候的语文学习，内容极为简单，形式机械单调。一至四年级，每天多是听老师教生字，范读课文，讲解课文，再就是同学们大声齐读课文，或接龙读，还要不断地抄写生字；五、六年级多是读课文，听老师讲，看着满黑板段意、中心思想、写作特点等进行机械抄写。作文教学，更是简单的"写好事、写有意义的事"，学生学得空话连篇。总之，教与学，死气沉沉，缺乏活力。原因很多，受当时社会政治经济形势的影响，教育条件相对落后，师资力量薄弱，加上前沿理论单薄片面，当时对语文教学的界定就是"语文是一门工具性、思想性较强的学科"，"加强双基，培养能力"是其根本任务。

"工具性"主导的定位，使小学教学多是机械重复的练习。后来有了练习册，内容也离不开拼音、书写汉字、解词造句、多音字组词、形近字比较、同音字组词、"把"字句和"被"字句互换、反问句改陈述句、句中找错别字、改病句等。阅读离不开课内所学，习作也是"八股文"的套话。教研组备课跳不出参考书，统考试题也是练习册中题目的变式，再加上简单的作文。现在回忆起来还是很可怕的一件事，至今有的老教师还在这样训练学生，跳不出多年工具性训练的束缚。

恢复高考前，各地区的教科研分工明确，科研力量相对薄弱，但教研室作用很大，主要负责发现典型，推广识字教学、阅读教学和作文教学经验并负责命题。教育相对发达的城市、地区，也多是教研员和一线教学工作者联合实践，中小学生间的学习彼此独立，少有打通。

20 世纪 80 年代初，我中师毕业，赶上全国教育部门大范围不同形式的教学比赛，以"教学擂台赛""教学能手赛""教学基本功赛"等冠名，引领教学活动开展。到了 90 年代，正值我大学前后，教学比赛成风。现在活跃在各地的小语名师多是从一届届各种全国大赛中走出来的。教学大赛的标准，今天看来多是注重教师的教，包括对文本的深挖细掘。各省为了让选手获奖，挖空心思、绞尽脑汁地请高人，帮着备课，突破文本关。这样的好处是，"点燃一盏灯，照亮一大片"，一人获奖，遍地开花地去模仿。从这个角度看，过去的语文教学共性有余，个性不足。这样的弊端是成就了少部分教师，大部分还是不得要领，按部就班地按着老教法教学，改革难以深入。

进入 21 世纪，语文教育突飞猛进。语文新课标的出炉，加深了教育工作者对语文课程性质的认识，随着"开放活跃的语文课程""工具性和人文性的统一""语文课是学习语言文字运用的综合性、实践性课程"以及课程标准的"三维目标"等新理念的提出，教师们的语文教学视野更加宽广，课堂教学的关注点更加全面。"众人拾柴火焰高"，更多人参与研究讨论，会使语文教学更加立体。从认识到行动，无论教材还是课堂教学，越来越形成规律。尤其是"人文性"的提出，丰富延展了语文内涵。大家认识到过去的课堂教学多是停留在学科知识学习和掌握的认知层面上。"学字词、分段、归纳段意、概括中心思想、感悟思想感情"等教条化的教学，制约了教师的教和学生的学。唯考试而教，教师教得单调，学生学得乏味，整个语文教学死气沉沉，严重影响了学生们的心智发展。

新课改以来，特别是随着近年来对"核心素养"的讨论，越来越多的语文工作者开始从不同角度诠释语文核心素养的内涵，我们现在的课堂不仅关注知识的获得、思维的培养，更加关注学科思想方法、关注人的可持续发展。

走进我们的小学语文课堂教学中，处处发现教师教学不再是过去那种教师搬着书本进教室，不再是只围着课本转的单打独斗的一言堂的"小器"课堂，教师们搬着笔记本电脑，采用现代化教学手段，开展多种形式的教学。课堂充满活力，变得开放、多元了起来。

以课改促进教改，以教改带动课改，成为今天课程改革的必然。

二、引导学生宽度和深度学习取代单一的课堂教学模式，是小学语文教学应有的特质

21 世纪初，随着课改的不断深入，越来越多高等院校的专家、教授加入中小学语文课程改革的研究中。脑科学、学习科学、心理科学、教育科学、信息技术科学等学科和语文教学研究联手，推动了语文课程改革。我们欣喜地感受到，小学语文从教材编写，到内容安排，再到课堂教学组织形式，都在发生质的变化。我们的课堂不再是过去的一个模样，而是多种形式并存：自主合作探究的教学代替了教师的一言堂，一带一（一带多）的加速度阅读课代替了过去的两三节课学一篇课文，教材＋整本书的大量阅读代替了过去的唯教材的学习，思维导图的介入代替了零敲碎打的分析学习等。各种形式的课堂也许还不成熟，但多元化的课堂必将繁荣语文课程改革，带动学生的学习变化。

比如，过去我们在低年级教叶圣陶的《弯弯的月儿》一课时，教师教完一个一个的字词后，便一遍遍教读课文，再来就是不管不顾说教式地破解教材的意思，之后就是让学生死记硬背。现在再教这篇课文，我们可以把"探索太空""嫦娥号探测器"等见闻和富有浪漫色彩的语言"我在小小的船里坐"相联系，在教学"只看见闪闪的星星蓝蓝的天"后，联系探测星空，讨论"还可以看见……"推动学生的思维、想象和表达。教学理念不一样，教学效果以及对学生成长的影响也是不一样的。

再比如，过去教师教老舍的《草原》，大都把主要精力放在字句的理解和内容分析上，"草原美景""欢迎远客""热情款待""饭后联欢"等步步分析，占据很长的教学时间。在信息化、可视化的今天，我们的教学可以有多种思路。基于学情，教师可以把教学重点放在学习老舍的语言表达和老舍写作时布局谋篇的艺术上，也可以借《草原》的学习，引出老舍散文的拓展阅读，还可以找出以"草原"为主题的不同作家的不同作品进行比较阅读。不同的教学思路，效果不同，给教师的创新思考以极大的空间和挑战，这可以说是一种教育智慧的革命。

再举一例。我们的古诗教学，也不再是当年全国大赛传来传去的"知诗人—明诗题—讲背景—解字义—串诗意—悟诗情"几步走的做法，而是多一些古诗文化的渗透、平仄艺术的欣赏，多一些古诗组合的务实教学。这全靠教师的功力！一句话，你的研究多广多深，就会把学生带向多高多远！

统编教材已经全部使用，但是有的教师依然"新教材、老教法"，有的教师还在为教法头痛，一味模仿，苦抄教案，这些教师最终将被时代甩在后面！

统编教材主编温儒敏先生多次讲的"教师要做读书的种子"，给我们提了个醒。怎样用好统编教材，核心是带动学生多读书，我们的课堂不能只停留在过去的肢解分析文本和完成课后练习的狭隘教学上，而是教师要通过一篇篇佳作文本，通过自己的文化魅力，让学生的精神真正成长！

三、学生主体参与学习课堂逐渐多于教师主导式的课堂，是教育新时代发展的必然

现在的教育改革在一个制高点上。众说纷纭的观点需要我们平心静气地做一番纵横的思考，以探索一条稳中求进的路子。

怎样的教学才是适中的教学呢？我们不可能回到过去，因循守旧地教，这必然带来学生发展的营养不足。但是不顾传统大刀阔斧地改，必将深浅难测。偏向任何一方都不可取。我认为按照客观规律办事，走继承和创新之路，守正出新，是一条铁律。

从教育本身来看，"教师为主导，学生为主体"，这是多年的教学理念。它强调教师的引导作用，尤其在小学最为适用。考察发达国家的基础教育现状，"尊重儿童""引导孩子学会学习""师生一同成长""把学习的主动权还给孩子""把儿童放到课堂中央"的呼声越来越高。课堂上学生要学习的东西很多，知识的获取、方法的掌握都不是教会的，而是学生学会的。学生是学习的主体，了解学生的学习状况，关注

学生已有的学习经验，了解学生的"已知"，这是上好课的前提。信息时代的今天，"满堂灌"已经远远满足不了学生的需求。

语文教学的经验很多，其中普遍被大家认可的、简便易行的途径就是引导学生大量阅读和积累。多读多背也是落实语文核心素养"语言建构与运用、思维发展和提升、审美鉴赏和创造、文化传承和理解"的前提。小学生记忆力强，理解力弱，在学生记忆的黄金时段，没有必要花费过多精力在理解上，必须让每个学生多看、多读、多记。在新形势下教师要摒弃"牵着走"的做法，勇于把学生推到课堂的中央，激发学生的学习积极性，让学生从被动学习变为主动学习。提倡多轨并行的、以学生为主体的课堂教学。

1. 提倡精讲细读的课堂。这主要是针对教材中影响了一代代人精神成长的课文。如鲁迅、巴金、冰心、老舍等的作品，一篇文章讲上两三节课都不为过。教师可以对内容讲得宽、深、细，可以将一字一句品得精、致、碎，还要让学生读得滚瓜烂熟。比如老舍的《猫》，从习以为常的关联词语，从一连多个"它"的遣词用语；再如巴金的《海上日出》，从一串动词连用，从勾段之妙笔等。师生在精讲细读的过程中，洗练灵魂、尽享大师语言功力之奇妙。

2. 提倡自主合作学习的课堂。就是引导学生能自主对教师精心设计的问题和任务，或者学生自己的疑难疑惑（小学生提不出问题，所以几个读写的实质问题，可以是教师给出），通过多种方法（查工具书、借助资料、操作实践、请教他人等）去寻求答案。这种不靠家长和教师催促，不当学习配角，而是靠学生自觉尝试与思考达成的学习，是多元收获的主动能动的高阶学习。课上要适当增加"学生问老师答，学生问学生答"的多向活动环节。

3. 提倡合作学习的课堂。合作是一种素养。学习不是一个人的行为，需要互相帮助，相互学习。相对于教师问，学生答的师生合作，同学间的合作更重要。学生以组为单位领回需要探讨的问题。可以三人或四人一个小组展开分工与合作相结合的讨论学习，要有组长分配任务。允许学生必要时到别的组请求帮助。

我每年听课上百节，我们的小学语文课堂，一节课大部分学生死板的一个姿势，教师和不到一半的学生进行单相交流，缺少合作，缺少同学间的互动讨论。这是不利于学生终身发展的。

4. 提倡简单学习语文的课堂。语文学习是既简单又复杂的事情。说简单，可以追溯到过去私塾的"读背写"；说复杂，就是眼下很多教师"越讲越难"。现在的课堂，要求多，讲得多，学生听不全，记不住。"大道至简"的教学，教师们不妨一试——"读背诵"。"读"，一篇文章读上几遍，做到读得正确（不加字、不丢字、不错字）、流利（熟练、不来回重复）、有感情（会根据文章情感，用合适的语音、语调、节奏读好）。"背"是最要紧的功力。好记性靠练而来。文章能背出来，本身就证明学生理解力很强。尤其是统编教材中的名家名篇，除了规定背诵篇目，还要鼓励学生做到自觉背诵。背多少，不加限制，只要背，哪怕名言警句和俗语熟语，也给予鼓励，这些材料将来都会成为学生表达的语料。"诵"，就是像话剧演员一样拿腔拿调去念，尤其是文学作品，语言优美，形象突出，生活感强。"诵"得好坏，决定于理解力的高低，取决于对生活的感悟。

5. 提倡任务群驱动下完成学习单的课堂。小学生发现问题的能力比较弱，需要教师的适当帮助。选入教材的文章文体不一，学习的切入口也应该不一，探讨什么问题，研究什么问题，需要教师的帮助，所以驾驭教材的能力也是不可忽视的。语文课共性的东西，就是基础性的语文知识，即字词的认识、句段篇的理解、语修逻文等的辨识、每篇课文的特点以及与其他同体裁或者同题材文本的区别，这就是教师引导学生学习和讨论的学习任务。就像做研究一样，研究方向是什么，需要教师指引。有了任务单，剩下的就交给学生。注意任务单不是简单的练习册上的内容，不是简单的默写字词，而是侧重于语言鉴赏和篇章结构特点的发现，还要有语言建构的练笔表达。

6. 提倡教学生自学和做笔记相结合的学习课堂。俗话说：好记性不如烂笔头。多年来我们的课堂学习提倡热热闹闹的动口读说，很难让学生安静学习。其实高年级学生做笔记式的自学很重要。现在的教师在阅读量上很重视，学生追求读书速度，有的还画有思维导图，但是仅有这些，是达不成效果的，甚至会走向加重学习负担的另一面。我们的课堂学习，要教会学生停下来观风景，这也是多元咀嚼的过程，一边读一边记，靠引导，更靠自觉。这种方法在小学时期培养很重要，如果到了中学再开始就晚一步了。学生课堂上发言不积极、不深刻，常常令教师们尴尬。主要还是学生读来的或思想、或词句等储存不足，脑中空空所致，这恐怕也是影响作文水平的主要原因。

7. 提倡和生活实际挂钩的综合性学习。语文学习和丰富多彩的生活密切相连，脱离生活死学语文是不现实的。我们提倡让学生观察生活、思考生活。教师要充分利用校园周边资源，如社区合作、家务劳动、院墙文化等，引导学生发现变化，寻找乐趣，感受快乐，用语文课上学到的多种本领记录痕迹，让语文学习活跃起来。

没有兴趣就没有学习。一成不变的语文教学会使学生对学习失去兴趣。学好语文需要的要素很多，心境态度、记诵积累、理解归纳、质疑问难、欣赏鉴别、查找资料、吸收内化等，都是需要课内外实践培养的。我们的语文课堂教学，粗中有细，细中有粗，简中有繁，繁中有简，多姿多彩，百般滋味，很难说哪一种课堂教学是学生学习的灵丹妙药，但是多种形式的课堂教学，可以优势互补，提高语文学习的效果。

新中国的小学语文教育已经走过了 70 年，广大语文教育工作者的理念在提升，行动在改变，时代在前进，我们探寻的脚步一直在路上。

霍懋征小学语文阅读教学案例赏析

北京师范大学教育学部　易　进　隆　贞　向明娥

成都墨池书院小学　梁　荣

在我国基础教育发展的历史长河中，涌现出了许多平凡而伟大的小学语文教师。新中国第一批小学语文特级教师斯霞、霍懋征、袁瑢，以及随后的李吉林、丁有宽、于永正、贾志敏等，他们潜心钻研，坚持不懈地探索学科教学规律，积极投身教学改革，通过自己多年的实践和反思，总结出了许多行之有效的教学经验，为学科教学理论的丰富和发展做出了突出贡献。尽管因为时代的变迁，语文课程目标、教学理念、教材选文等在不断地更迭，但老一辈优秀教师的教学经验，因其经过实践的检验、符合学科教学基本规律，仍能对今日小学语文教学改革与创新提供借鉴。在新的历史时期，从落实立德树人、培育学生核心素养、指导学生学习语言文字运用等新的视角对优秀教师的教学案例进行分析，有助于使广大小学语文教师进一步明晰语文课程的基本性质，把握语文学科教学的基本特点，合乎规律地进行小学语文教学改进的实践探索。

2018 年，我们在编写《霍懋征语文教学艺术研究》① 一书的过程中，有机会仔细查阅霍懋征老师的语文教学课堂实录，还有她自己撰写的教学经验及其他相关研究资料。霍老师一直践行"文道统一"的语文教学观，提倡"读写结合"与启发式教学，坚持以学生的兴趣为主导，重视课内外互补学习；她尊重学生主体地位，遵循学生心理和学科规律。尽管随着时代的发展，语文课程目标和内容不断更新，小学语文教材的选文篇目也有很大的变化，但合乎语文学科特点和学习规律的教学经验是可以传承的。20 世纪 80 年代霍老师的小学语文课堂上，有很多教学举措体现了目前倡导的教育理念，例如注重学生预习、让学生自主提问、组织小组讨论、恰当运用教育技术（当时主要是投影幻灯片）辅助学生学习等。

从阅读教学角度来看，霍老师经典课例中不乏关联阅读、情境教学、语词语用、方法指导等。本文试图结合霍懋征老师四个教学案例中的具体教学过程，细致分析其中可为今日教师学习借鉴的教学经验。

一、教学案例基本信息

本文分析的教学案例主要是革命战争或民国背景的叙事类课文。这类题材的文本阅读可以帮助学生了解中华人民共和国的成立来之不易，初步感受中国共产党领导下的革命军队和革命军人的献身精神和历史贡献。其阅读指导对增进学生的社会理解，落实立德树人目标，培养学生正确的价值观和高尚的道德情操具有重要意义。但这些文章的时代背景、人物形象、故事情节，甚至词汇和句式却往往与小学生的现实生活有很大差距，对很多教师而言具有较大的教学难度。回顾霍懋征老师的教学案例，可以为今天这类文本组织阅读教学提供很多启示。每篇课文的教学都是两个课时，教学思路基本一致，包括检查预习和交流质疑、学习重点字词、梳理文章梗概、理解文本内容并指导学习方法、总结学习收获等。下表呈现了本文主要分析的教学案例的背景信息。

---

① 易进，等. 霍懋征语文教学艺术研究 ［M］. 福州：福建教育出版社，2019.

教学案例基本信息①

课题	类型	时间	年级	教学概况
草地夜行	革命战争故事	1980 年	四下	先集中学习生词，然后整体把握课文主要情节，随后一段一段地学习。
我的战友邱少云	革命战争故事	1981 年	五上	主要教学环节有分析课题和提问、字词学习、逐段学习、概括主要内容和中心思想、评析写法等。
我的伯父鲁迅先生	回忆性散文	1979 年	四	第一课时主要是学习生词，理解课文写的前两件事；第二课时主要是学习课文写的后三件事，体会文章表现的鲁迅先生的人物特点。
冬晚	小说	1981 年	五下	第一课时交流预习收获，学习故事开始部分；第二课时继续学习故事的发展，讨论故事的结束部分，概括文章中心思想。

二、文学与其他艺术形式联结

阅读教学要指导学生感受文学作品描绘的场景、记叙的事件、塑造的人物形象、抒发的情感。学生需要从作品里的语言文字出发，展开合理的联想和想象，达成对作品思想感情的理解。学生接触的一些课文在时代背景、人物形象、事件演进等方面与其自身经历有一定距离，教师需要唤醒学生头脑中与课文相关的经验，辅助他们进行理解。对于年代略显久远题材的课文，霍懋征老师注重引导学生回忆相关的"间接经验"，特别是图书阅读和观影经验。她在《我的伯父鲁迅先生》一课指导学生细读课文时，请学生联系生活经验，包括"从图书或电影里看到的"，对课文里的词句进行理解。想象寒冷黄昏的场景，感受黄包车夫

---

① 《草地夜行》《我的伯父鲁迅先生》教学实录分别见《霍懋征语文教学经验选编》40～63 页、68～88 页、124～142 页；《我的战友邱少云》《冬晚》教学实录分别见《小学语文教学经验谈》226～245 页、304～329 页。

的窘迫与痛苦。

霍老师在引导学生将课文与电影关联时，不仅借助直观影像辅助学生感受情境和人物的外在特征，而且引导学生联想和感受电影的一些表现手法，如近景、远景、镜头转换等，结合头脑里的电影画面进行讲述或复述，感悟作品语言表达的合理性。

在执教《草地夜行》一课时，霍老师非常巧妙地利用学生看电影的经验，引导学生在头脑中将课文内容转化为电影画面，理解和感悟草地的景象、老红军和小红军的既往经历，梳理事件的结构和结果。

学习课文第一、二自然段时，霍老师说："作者好像把我们带进了一个电影镜头里，在银幕上出现了一个画面……"这句指导语引导学生在自读文段后，尝试用自己的话复述文中描写的场景和小红军的样子，进而理解草地环境的恶劣以及小红军处境的艰难。

课文第五、六自然段通过老红军与小红军的对话交代了小红军的过往经历。霍老师抓住"他问我"三个字，提示学生这三个字很重要，让学生在三个字下面画一道线。她说："这么一问，银幕上出现了一个回忆过去的镜头。我们看电影常常有这样的情况，看着看着，忽然回忆起过去的事来了。现在，他俩在草地上走着走着……镜头转到哪儿去了？"

学生结合文中语句讲述小红军的经历，霍老师适时补充信息，帮助学生联系小红军家乡的革命背景以理解小红军为什么能在如此疲惫的状态下仍然不肯放下背上的枪，为什么知道老红军是革命前辈后，转变了对老红军的态度。

到课文第七至第九自然段，霍老师通过语言提示引导学生从电影画面转回课文。"'他问我'这一句把我们引到过去……那么，现在呢，还得回到草地上来。作者又是用什么办法把我们引回来的呢？也有三个字，往下找找。"这个提问不仅提示学生让思维回到草地上，而且向学生指明了课文结构安排和写法上的巧妙之处。霍老师请学生在"我问他"三个字下面也画上一道线。

到文章结尾处，引导学生总结课文各部分主要内容，概括老红军的品质之后，霍老师再一次关联电影镜头："咱们要是看电影，按照文章的结尾，最后会看到一个什么镜头？"学生们想象着小红军大踏步前行的情境。课文最后就是这样写的。霍老师提示，如果像我们经常写的"最后终于赶上了，"这就没意思了。

阅读教学与电影艺术的结合在某种程度上也体现了语文教学的"跨学科"特点。这一课的教学，教师联系学生已有的观影经验，对照电影的表现手法，让学生由文字描述展开想象，不仅对人物经历和特点有深入理解，而且对文章的写法和特色有所感悟。影视剧作是非常直观形象的艺术形式，文字阅读相对抽象。对于抽象逻辑思维尚处于发展阶段的小学生而言，与直观影像或声音的关联，可以使学生更容易在头脑中对书面文字符号所反映的事物进行表征，进而达成理解。

三、课文与其他文本关联

从单篇课文教学走向单元整体教学，乃至多篇组合教学，这是目前中小学阅读教学的一大发展趋势。这方面的教学尝试有很多，如"群文阅读""组合阅读""关联阅读""1＋X阅读教学"等。其共同表现是，根据课文与其他文本在文本类型、思想主题、写作手法等方面的相似性，引导学生对这些文本进行比较或联系。帮助学生理解课文主题或学习相应的阅读方法，霍懋征老师没有就这种做法提出专门的术语，但在实践中做了很多有益的尝试。

《冬晚》是民国时期一部现实题材小说，情节不复杂，但要理解人物的思想感情有一定难度。文章主要表现"我"和小车夫两个人物的思想感情随着情节发展逐步变化：开始"我"叫车，小车夫非常想拉，而"我"不坐，发展到"我"给钱而小车夫不要，最后小车夫非常气愤地径自走了，"我"感到非常孤独，认为自己来到一个陌生的世界。

上课伊始，霍老师开门见山地指出课题已指明故事发生在一个冬天的夜晚，随后请学生根据预习说说课文主要讲了什么事情。学生比较完整地概括了故事梗概。霍老师对学生的回答表示肯定后，提示学生："故事发生在旧中国，离我们现实生活比较远。同学们学习这样一篇课文有一定困难。但是，同学们学习过鲁迅先生的《一件小事》，还有周晔同志写的《我的伯父鲁迅先生》。这有助于我们对这篇课文的理解。所以，同学们在学习时一定要打开思路，和上面两篇文章联系起来。"

在教学中，霍老师引导学生通过阅读了解整个事件的起因、发展、结果，并且概括小车夫的形象特点，说出他是一个有骨气、自食其力、人穷志不短的劳动者。随后，在学习课文最后一部分"我"的思考和困惑时，霍老师组织学生展开分组讨论："'我'到底错了没有？他们谁对谁错？'我'为什么感到陌生？'我'感到陌生的是什么？"

学生讨论之后，霍老师组织大家一起交流。关于谁对谁错，学生都同意双方各有各的道理和苦衷，都没有错。霍老师肯定了这一观点，她接下来引导学生对比"我"和大车夫对小车夫的关心，找出两者的不同。前者是不让他拉车、给他钱，后者是给他机会自食其力，进一步凸显"我"对劳动人民的不理解。

之后，霍老师还让学生站在"我"的角度来反思刚才发生的事情，寻找问题的关键所在。有同学敏感地指出了"我"没有找到使劳动人民从痛苦的生活中解放出来的真正办法。霍老师肯定了这一观点，指出"我"的认识不够，"还不懂得应该如何帮助广大劳动人民解除痛苦"。这时，霍老师提示学生："你们想一想，《我的伯父鲁迅先生》这篇文章有一句话是怎么说的？"

有学生回忆起，鲁迅先生在被问"为什么这个车夫在寒冷的冬天要光着脚拉车"时的反应——鲁迅用非常枯瘦的手按在作者头上深深地叹了一口气。他叹气的意思是，他知道"自己这些做法是不能接触劳动人民的痛苦的。如果要使广大劳动人民都过上好日子，就必须唤起他们觉悟，起来革命……"霍老师结合学生的回答，指出："'我'的认识与鲁迅先生的认识有一定的距离。'我'不了解小车夫。"

此时，霍老师又关联了《一件小事》这篇课文，她问："在《一件小事》里，鲁迅先生开始对车夫不了解，后来认识了吗？""从什么地方知道他认识了？""那个车夫扶那个老女人走的时候……"学生回忆道。鲁迅先生看到车夫的背影越来越大。他认识到以车夫为代表的"劳动人民的品质是十分高尚的，而自己只想到个人"。随后，学生一齐背出课文里的语句："他教我惭愧，催我自新，增加了我的勇气和希望。"在关联已学过的两篇文章之后，学生比较深入地理解了这篇课文里"我"对劳动人民的不理解；体会到"我的心都冻结了"以及"在这寒冷的冬夜"揭示的是黑暗的旧中国；感悟到这样的同情和怜悯不足以改变劳动人民的生活困境，他们只有靠自己起来干革命才能过上幸福生活。

对于今天的小学生来说，适当阅读反映"旧中国""旧社会"生活面貌的文本是必须的。通过这样的课文，学生不仅仅在阅读中了解社会变迁，感受人物形象和品质，体会革命传统文化，而且在老师的指导下掌握了此类文本的分析视角和阅读策略。霍老师在《冬晚》教学的开始就提示学生要结合已经学过的同样时代背景的课文来思考，随后针对学生理解的难点，指引学生围绕"车夫"这一共同人物形象将三篇文章进行关联，从而使学生达成了对课文主题的深入理解。可以想见，学完这一课，学生对《我的伯父鲁迅先生》和《一件小事》这两篇颇具难度的课文的理解也可得到增益，以后遇到反映"旧社会"的文本时，阅读理解的思路应该会有所扩展。

四、理解文意与感悟读写规律整合

语文老师都熟悉叶圣陶先生说的"课文无非是例子"，但具体到每篇课文分别在呈现"什么样的"例子，不少老师感觉很困惑。至于在教学中如何利用好课文这个例子，有更多的老师感到困惑。一篇课文可能是某种文体的例子，也可能是某种写作方法的例子，还可以是某种阅读策略的例子……

霍懋征老师任教时使用的也是文选式的教科书。她备课时会从学生需要学什么的角度分析每一篇课文的教学内容，期望通过课文的学习使学生掌握一些以后读写用得上的知识和技能。她不仅在叙事类文本的教学中引导学生理解课文的思想内容，如梳理情节、分析人物特点、体会文章表达的思想情感等，而且根据课文的实际情况，指导学生发现此类文本的基本结构、叙事的基本要素，感受相应的读写方法。

在《草地夜行》一课中，霍老师根据学生回答的问题，在黑板上逐步完善板书，列出本文的基本线索，再请几位学生借助板书说出文章的主要内容。霍老师随后总结道——故事从小红军掉队开始，这是故事的起因；老红军帮助赶路是故事的发展；最后小红军赶上了队伍，这是故事的结束。这是一个完整的故事情节。读书和写作都应该按照这样的思路去做。

这之后，霍老师又带领学生回顾课文的第二部分，借助幻灯片提示学生——这个中心段也是一个完整的情节，叙述的是老红军如何帮助小红军赶路。起因是老红军出现，发展是老红军背着小红军前进，高潮是老红军光荣牺牲，结束是小红军万分悲痛。

最后，霍老师指出这篇课文代表着一类课文，而此类课文的阅读和同类文章的写作有基本的思路和策略："凡是这一类文章，它一定是按这样的思路写的。从起因到发展到高潮到结束。以后你们读文章，从审题开始，要找到文章的主要内容。然后，根据主要内容，看哪是文章的中心部分，再看它是怎么起因的，怎么发展的，怎么结束的。在中心部分，同样也可以按照事情的起因、发展、高潮、结束，按照发展顺序把事情说清楚。今天我们按这样的思路来读文章，以后还要按这样的思路来练习写文章。"

为了巩固学生对于文章写作思路的理解，课后作业霍老师要求学生按照事情的起因、发展、高潮、结束这样的思路，写一篇作文，题目是《一堂语文课》。

在《冬晚》的教学中，霍老师也关注到文章局部的叙事结构与整体结构的分析。在学习课文中心部分时，霍老师引导学生分析其叙事要素："这一部分是一个完整的故事情节。从'我'叫车，小车夫出现，到小车夫径自去了，是按故事的起因——发展——高潮——结束这样一条思路来叙述的，因而层次清楚。随着情节的发展可以了解到两个人物思想感情的变化。"

课文分析结束后，霍老师又带领学生对全文的结构进行总结——第一部分写故事发生在很冷的环境中；第二部分的故事围绕三对矛盾叙述，即人少却车多，要拉却不坐，给钱却不要；第三部分写"我"百思不解，感触很深。

在《我的战友邱少云》一课的总结阶段，霍老师请学生按照事件的基本要素概括文章主要内容并思考作者的写作目的。学生借助板书，说出事件的起因是夺取高地，发展为伪装潜伏，以烈火烧身为高潮，再以战斗胜利为结束。紧接着，霍老师引导学生关注这篇文章的写作手法。结合课题和文中具体内容，让学生理解到，这篇文章与以往写人的革命回忆录不同。以往写人多描写人物的外貌、心理活动、语言等，本文主要通过作者的视角，特别是作者的心理活动刻画邱少云的英勇形象。

散文《我的伯父鲁迅先生》的文本结构和写作手法与一般叙事文本有所不同。霍老师在教学中，一边指导学生理解和概括每件事的要点，一边提示学生阅读理解的思路和方法。第一课时，她带着学生学习课文中的前两件事，结束时提示大家学习写这两件事的方法，即不仅要总结写了什么事，还要弄清楚这件事说明了什么。她总结道："一件事情说明一个问题。通过上面的学习，你们应该掌握一点规律了。下面再读的时候，就要这样读。"

第二课时，逐项理解后面几件事。每件事都先请学生听事先录好的朗读录音，然后让学生讨论这一段写了一件什么事，说明了什么。随后，霍老师带领学生一起简要回顾每件事，再提问学生："每一件事有没有联系？这条思路在哪儿？"引导学生联系上下文，思考课文的主线。在学生充分交流的基础上，霍老师最后总结，这篇文章最主要的一条线是，"文章开头讲了鲁迅先生受到广大人民的爱戴，然后写了鲁迅先生爱憎分明的阶级感情，这使我们清楚了广大人民为什么这样爱戴鲁迅先生"。

概而言之，霍懋征老师的阅读教学，既指导学生理解每篇课文的内容、主题、结构、写作特点等，同时也以课文为例带领学生把握同类文章的读写规律。此外，在每篇课文的教学中，霍老师都有组织学生围绕重点词句进行语言练习。有时候老师用语言进行描述或讲述，请学生说出相应的词语；有时候请学生用两个字或一个字对一段或几段话的意思进行概括；还有时候让学生用文中词语、句式，或篇章结构练习表达。可以说，霍老师比较好地把"学课文"和"用课文学语文"整合起来。更为难得的是，即便是老师眼里难度较大的课文，霍老师也能在两个课时之内完成教学。

　　本文只分析了霍懋征老师的四篇课文教学实录，已可得出若干有益经验。若对霍老师的其他教学案例进行深入分析，应能发现更多可为今日小学语文教学借鉴的策略和方法。以此类推，在新的课程观念与教学理论指引下，深入分析和研究新中国成立以来历代优秀语文教师的教学经验，必可助力推动当下的语文教学改革和创新实践。

教师专业发展如何向创造期转型

江苏省母语课程教材研究所所长　洪宗礼

顾明远先生在为我的一部专著写的序言中说，教师有三种境界：大众化教师，或曰称职的教师，他们具有扎实的基本知识和技能，能长期在教育战线上坚守；艺术化教师，或曰智慧型教师，他们功底深厚，应变能力强，对课堂上出现的各种复杂情况都能从容应对，并把讲坛视为自己生命的依托；学者化教师，或曰研究型教师，他们能全方位地把握学科教学的基本规律，在教育教学理论上有所建树。

为方便讨论，参照顾先生的三层次划分，我把教师专业发展主要分为奠基期（也称酝酿期，称职期），发展期（也称提升期）和创造期（也称成熟期）三期。创造期是出经验、出思想、出成果、出理论的爆发期，也就是教师从"匠"到"家"的转型的关键期。

教师专业发展创造期的特点已另文阐述，这里主要结合自己几十年从事语文教育的经历，讲讲教师专业发展如何向创造期转型的几个问题。

一、把职业当事业来做，定能成就大事业

向创造期转型首先要提升思想境界，主要是对教师职业观的再审视。

先说对教师是职业的一般理解。教师是职业，也是事业。职业和事业只有一字之差，却反映两种不同的境界。职业是参与社会分工，利用专门的知识和技能，为社会创造物质财富和精神财富，获取合理报酬作为物质生活来源，并满足精神需求。这样的工作，如果把它说成谋生的工具，当然并不错，也是一种境界，也是达到人生目的和实现人生价值的手段之一。然而，这只是其一面。如果只看到这一面，就会停留在"匠"的层面。

我以为，对教师职业的理解还有另一个更高的境界，一个更重要的层面，就是，教育并非仅仅是一般的职业，教育是一种塑人的艺术，教师肩负着塑造人类灵魂的使命。在英语里表示职业的一般概念有很多词语。西方有人认为教师是上帝的代言者，是天堂的带路人。我们的看法是，教师这个职业只有一个目的，就是塑人；教师从事的是塑人的事业，承载着传承人类文明和立德树人的重任。叶澜教授指出，要把这种教师职业观念提高到人生价值实现的层面。按我的说法，教师职业是怀有崇高理想的人从事的宏伟事业。只有把职业当作事业来对待，才能成就大事业。

虔诚而强烈的事业心是教师专业发展最有力、最坚实的精神支柱。有了强烈的事业心，才有崇高的职业使命感，才有无比的幸福感，才有高度的责任感，也才有教书育人的不竭动力，教育工作中也才会有无限的创造力。所以我们要进入专业发展创造期，必须把职业当作事业来做，敬业乐业，立志做虔诚的教育者。有些教师走完奠基期（也称酝酿期）、发展期，各方面已逐步臻于成熟，往往面临多种选择和机遇：教学与行政，留校与升迁，而且容易滋生"到站"思想。这个时期的抉择是专业发展的方向和道路问题。弄清职业和事业的关系，更加坚定专业发展方向，从而把事业心提升到一个新的高度和境界，这是加速进入

专业发展创造期的动力和先决条件。

不妨谈一点自身体会。有专家研究我的专业发展创造期的特点，在全国电大教材中把我的专业发展创造期的形成过程编为案例，并分析了我的专业发展过程中的几次转化：1960～1984年，完成了教育教学的奠基期，成为比较称职的教师，探索了双引教学法；1984～1997年，教学与教材改革中不满足于做经验型教师，从讲坛上走到书桌前，著书立说，总结了"五说"语文教育观，并完成"一纲多本"的零的突破；1997～2008年，不满足于已有的教学实践和理论研究的初步成果，主持两轮国家级课题——中外母语教材理论研究，国标教材走向全国多个地市，16卷本《母语教材研究》问世；2008～2019年，不满足于局部的理论研究，进行全方位、多角度的中学语文教学的整体改革研究，研究成果编著成百万字的《洪氏语文》，由高等教育出版社出版，从而开创了属于自己的语文教育体系和流派——语文教育"链"思想，获全国教育科研优秀成果一等奖、首届国家级教学成果一等奖。

三次转化都立足归零思想。每次突破都是事业心的驱使，都源于对事业认识境界的不断提升。期间，我拒绝了很多诱惑，排除了不少干扰，努力让自己安静下来做学问。1984年婉拒进机关、调高校的升迁。1989年、1999年、2005年三次与死神擦肩而过，从一而终，义无反顾。为此，《人民教育》发表所谓"洪宗礼现象"的评论，提出"教师究竟能走多远"的命题。南方的《师道》杂志发表了著名特级教师、杂文家王栋生的《这就是洪宗礼》一文。文中说："我们的研究条件比他好，位置比他好，身体也比他好，却没做成什么大事。"在分析我取得成就的原因时，他不无感慨地说："在事业有成的时候洪宗礼拒绝了很多诱惑，而这些诱惑一般人是很难拒绝的。这可能就是决定性的差距。"这是对我的鼓励，当然我做得还不够，但是我深切地感到，教师鄙薄自己的工作，不认为自己的工作是事业，是不能享受到收获的愉快的。后来有的记者追问：你的事业心又来自何处？是功利吗。我说不是。我也思考过，我的事业心来自四个字"安心、专注"，两句话："无我才有我，无为才有为。"也就是说，教师专业发展要能够向创造期转变，关键是要把教师职业当事业来做。

二、双翼齐飞，才能飞得高远

著名语文教育史家顾黄初先生在研究了中国百年语文教育发展史和梁启超、朱自清、叶圣陶、陶行知等大家的成功经验之后得出一个重要结论：教育科学实验和教育科学理论研究是推动语文教育发展的两大主要动力。我以为，只有教学实验和理论研究两翼齐飞才能实现教师专业发展从"匠"到"家"的转化。教学实验与理论研究是解决问题、完善课程教学改革的两大基石。理论研究以实验的过程和结论为目标和归宿。实验成果没有上升到理论层面，必然肤浅。实验与理论两者缺一不可。如果提升事业心是进入创造期的前提，那么理论和实践的结合就是重要途径。

上述理论大家都知道，并且有的已做得很好。我这里强调的是"结合"。这是一个飞跃。教师专业发展要进入创造期，绕不过这个飞跃。要自觉地完成从单一的教育教学，纯理论研究，到教育教学实验与教育科学研究并行、结合的转化，这是教师专业发展向创造期转化的重要途径。

必须持之以恒地坚持长期的教学实验和深度的理论研究，并自觉地把两者结合起来。这是个硬功夫，有的教师说自己并不缺实验，目前只需要理论，这种认识是片面的、幼稚的。其实他并没有完成真正意义上的教学实验，常常是零散的、肤浅的，甚至是盲目的。因为科学的教学实验不等同于常规教学，而是有理论引领的教学行为；同样，理论研究也不是简单的经验总结，是在实践中提炼出来的，显然也不是专业理论家经院式的从理论到理论。

我以为，最难的、最重要的是把两者有机的、紧密地结合起来，使教学实验和理论研究两翼齐飞，从而实现教师专业发展从"匠"到"家"的转化。使两者紧密结合的有效的方法是"糅面团"，把水和面糅成一体。也就是用所学的理论指导和引领自己的工作。多年来我总是努力从这方面去做。所谓"链"（语文教育链）、"说"（五说语文教育

论）、"观"（双引语文教育观）等，都是理论和实践结合的结果。

以我自己为例，我始终是在教育教学实践中提升理论、以科学的理论指导实践，结合教学和教材实验进行母语教材研究。在 2008 年的一次研讨会上，我动情地讲了一句话："把教育教学工作当学问做，所以才能做出大学问。"30 多年来，我们以母语教材的理论研究指导和推动教育教学，在母语教材的理论研究中形成科学、正确、先进的教育教学理念。三次大型理论研讨会，几十次小型理论研讨会，几百次全国性小型理论研讨会，我的黄金法则就是"糅面团"，把教育科学实验和教育科学理论紧密地糅在一起。

另外，实验和理论研究都需要必要的预设。这种"预设"是实验和研究的背景，它给研究带来很多规定性，预示着某种必然性。

杨九俊在《江苏教育》复刊号上，把我的这种"糅"概括为教育科研的三个预设，实际上是把教育教学工作与教改实验、理论提升、师德修炼糅合成一条成师之链。有人称它是我的"第二链"。

1. 人格的预设，即人格素养的储备。这是进行教学与科研的必要思想准备和基础。我在《语文教育随想录》中说："教师要永远站在学术前沿和道德高地上。"这里的道德高地，主要体现在对母语教育及其研究表现出的一种高度的主体道德自觉。这可以从三个方面加以认识。第一，深刻的教育理解。我的一生是从事教育的一生、语文的一生、研究的一生，深知母语教育及其研究意义重大，"迷则为凡，悟则为圣"，悟到了，就有点神圣的意味，就必然自觉了。第二，积极的实践文化。用行动改善了我们的实践文化。第三，执着的态度。执着是信仰的标识，内在是信仰，外在是执着，看准的事情，坚定不移做到底，所谓"不抛弃、不放弃"，是一个改革者重要的品质。

2. 经验的预设。实验和研究有着丰富的"前结构"。在课题启动之前，我一直在四个方面努力着：一是做一名语文教师，二是做一名研究者，三是做学校分管教学的校长，四是做教材主编。这四个方面的经验对于我都是很重要的。作为一名语文教师，对于语文教学有深刻的体验，很多问题可以联系到具体的教学情境去思考。作为一名语文教学研究者，本身就形成了进行教学反思的习惯，很多成果都是基于自我行为的追问。这是从个体研究走向团队研究、从小研究走向大研究的基础。作为一名20年的分管教学的校长，行政组织的经验也很重要，否则在教育科研中难以统筹各方神仙，难以协调各种意见。有了学术统筹的实践，有了民间形态的领导经验，就可以"积淀"成驾驭全局的领导艺术。

3. 行动的预设。83岁，从教60年，教师及班主任、教材主编、课题主持人、副校长，一肩四挑，都是必要的铺垫。

完成三方面的预设是艰难的，需要修炼韧性、志性和恒心。

三、始终有研究心，做理智的思想者

学者型教师与积极的教育实践者最大的不同就在于学者型教师有思想，有自己的教育理想和教育主张。有研究心，做理智的思想者是加速进入专业发展创造期的动力和先决条件。

教师应当是思想者。所谓思想者，就是在教书育人中善于独立思考，始终有一颗理智的研究心，并适时地把教育思想升华为教育理论。我曾提出：教学即研究，研究即教学；要在研究中把握教育规律，形成并提升为先进的教育理念。俗话说，只教不研，傻把戏；只研不教，假把戏；有教有研，真把戏。苏霍姆林斯基说过，如果教师的智力生活是停滞的、贫乏的、僵化的，学生就不会尊重教师甚至像教师一样不愿思考。

教育观念比教学技术更重要，这是常识。正如王栋生所说：一些教师辛苦教学多年，之所以仍然停留在"匠"的位置上，就在于他们只教不研，仅有一般的教学技能，还没有"思想"。观察工匠的工作，我们可以看到，不管劳动环境多么恶劣，他们毫不吝惜自己的汗水，成天不停地劳作。他们劳动时极为专注：砌砖的，整天砌砖；泥墙的整天泥墙。他们照图纸施工，按工头的吩咐操作，没有意识，也没有能力去改变一幢房屋的形象，哪怕那幢房屋丑陋无比。教师的工作如果与工匠等同，则他的劳动意义也就很有限。

教师如果仅满足于简单操作，长期停留在单纯的教学技能层面，那不过是在简单地重复前人的经验，简单地演绎前人的创造。当然，注重技术也没什么不对，在从教初期，特别是在应试背景下的教学氛围中，教师能坚持语文教育的常规，比之单纯的应试教学，已经难能可贵。然而仅仅做到这点，仍然不是对学生未来负责的态度。我认为教师最重要的是要有自己的教育理想、教育理念，积极思考和探索教育教学中的所有问题。我常常被问题触动，想得入神，始终有一颗理智的研究心。严格意义上教研不等同于科研，要用科学的态度和方法研究教育科学。

在教育教学中的研究思考包括探索性和反思性两方面。积极探索和不断反思是相辅而行的。积极探索，能够在教学实践中探索教学规律，总结正面经验，推进教学；不断反思，才可以有所发现，才不致摸着石头过河。

先说我的探索性研究，就是边教学、边学习，边研究、边总结。我的"五说""双引""语文教育链"等理论都是60年的探索性研究的成果。在教育教学实践中，我探索出了教好不同个性、不同认知水平和心理特点、不同学业基础的学生的教育规律。

再说反思性研究。某种意义上，反思性研究更重要，价值更高。反思出灵性，反思出智慧，反思出创意，反思出经验，反思出理论。我曾说，上天不用打梯子，反思就是登天梯。反思固然是事后诸葛亮，但这个"诸葛亮"还是很有智慧的。几十年来我一路反思，一路前行。在实践基础上自觉反思，以反思的成果指导实践，最终形成了百万字的《洪氏语文》。

四、想大问题，做小事情

2009年中国教科院原院长袁振国教授在《这就是教育家》的序中引用了黑格尔的话："一个民族一个国家需要有一批仰望天空的人。"想大问题，就是要做怀想和仰望天空的人。

教师要进入专业发展创造期，必须把大目标与眼下的小事情结合起来，既要仰望天空又要脚踏实地。长远的计划、远大的理想，要一步一个脚印地慢慢实现。要勇于大胆设想，还要善于谨慎求证。

30年前，我的第一部专著《中学语文教学之路》出版，著名语文教育家刘国正先生做序，标题是"教改难，路在哪里"。在文中他提出"既要东张西望，又要脚踏实地"。为了实现目标，我的脚始终踩在地上，可概括为三个字：学、做、思，并力求三方面的完美统一。学，就是不断学习新知识、新经验、新理论。做，就是躬行，进行教育教学实践。思，就是潜心研究，勤于思考，这是核心。我曾说：在语文教改这条充满荆棘又铺满鲜花的漫漫长路上跋涉，几乎天天都在吸收，天天都在走路，天天都在思考，在学、做、思中不断丰富自己。

完成专业发展向创造期转化，光做脚下的小事不行，必须要想大问题，给自己量身定做大目标。不过，我也常说："要干大事就得从一件件小事做起，大事就是小事之链。"

我是个语文教师，认真、敬业，连续上课，无数次喊破了嗓子。搞教改实验、编写实验教材、带实验班、写实验报告、开公开课，事必亲躬。我又是个行政领导，我做教务主任，做主管教学的副校长，从不是挂名务虚。我还是教材主编，不仅要提出整体思路和框架，制定方针大计，还要亲自拿出样张和范例。审查稿件，一个标点都不放过，每道练习设计都要亲自把关。我策划、主持课题研究，每一个子课题都要过问，每一篇论文、每一项成果，都要亲自审查。作为一个论著的作者，每一个思想、每一项具体的成果、每一篇论文，从不依靠别人"代劳"。出国考察，年过六旬的我背回了几十斤重的教材。我说："我这主编始终是大事小事百事问。"大事就是小事之"链"，应当把想大问题和做小事情结合起来，做既仰望天空又脚踏实地的人。

五、学会合作是大学问

现在教师发展呈现群体化。某某工作室、某某中心、某某基地等频频诞生。学校不是私塾，专业发展特别是创造期的专业发展需靠个人的努力，更离不开群体合作。学会合作是联合国教科文组织提出的人才素质的六个要素之一。好教师一般都善于与人合作。合作是大境界、大智慧、大才能。按系统思想，整体大于部分之和，看一个国家、一个地区、一所学校的水平，主要是看整体的水平，每个个体当然也影响到整体水平。

专业发展离不开大环境，包括国家政策、社会背景和校园文化。自身的奋斗如果是内因的话，那么上述三条就是重要的外因。刘国正先生在 25 年前一次会议的发言中，有一段使我记忆犹新的话。他说："洪宗礼主编的语文教材有'巧在合成'的智慧，又有群体合作的力量。因为他得到了各级领导和众多专家、教师、教研人员的支持。这套教材就像生长在温暖的摇篮里的孩子。"刘先生的话形象地为我们总结了教材改革的成功之道，也是专业发展之道。这里有一个个人发展与群体发展的关系。杨九俊把我们的团队比做特大交响乐队，奏出了优美动听的乐曲。

怎样才能组成和谐的群体？

任何群体成果都不是一个人奋斗的产物，而是以领衔人为核心的有着共同目标追求的合作团队群策、群智、群力的合作结果。它是凭借主事者的人格魅力和"和而不同"的理事圭臬，一步步到达"至善"的理想境地的。

大江东去，因汇集百川之水而成大波大澜；大野晨露，是凝聚了天地之间一夜的无穷氤氲。揭去洪氏教材这个工程的帷幕，我们看得见一支由几十、几百、成千、上万人组成的"集团军"，他们个个像螺钉一样拧在教材试验、课题研究的大工程上。我在《语文人生哲思录》中写道："千钧鼎一个人举不起，一个合作群体也许可以举万钧鼎。"以我们"洪氏语文"这个"集团军"为例，它有四个层圈。

第一层是"集团军"核心圈。第二层是省内外、国内外高教界、中语界的"精英"，他们是教材编写、课题研究的中坚，是主要执笔者、研究者。第三层是国内外多领域、多学科的十几位资深学科、课程专家学者，他们是为教材和课题定向、指路、把关的执牛耳者。第四层则是最广大的队伍：一线师生、关注教材建设的教科研人员，以及使用教材的数百万名学生。他们处在实验一线，守望基地，把脉前沿动态，诊断教材得失，及时反馈信息。

尽管四层圈团队的成员众多，尽管研究内容丰富、子项课题多，但研究成果绝不是冗杂的堆砌，而是有科学严密的结构、体系。可以说，它是一部雄浑的"交响曲"。秘诀是什么？杨九俊认为，关键在选人和运行机制两个方面。

在选人方面，从1983年教材组成立第一天就提出了建组"三原则"，意即三条选人标准。一是有公益之心，不是为名为利而来，要有奉献精神；二是专业水平相当，教材编写和课题研究都是一种专业对话，人才选用也是质量第一；三是结构优化，在圈内各种人才各有其位，各司其职，各展其长，成为和谐协调的一个整体。这三条标准被誉为组魂和旗帜。几十年来由于一直坚持这三条标准，"洪氏语文"团队的结构和人员素质不断优化，真正成为具有共同理想和最高智慧的"洪氏语文"合作群体。

怎样运作，也是有大学问的。洪氏教材和课题研究的运作主要靠三条。一是项目制，以责任制为保证，以匹配性为标准，分工明确，无所推诿；二是构建专业对话的平台，组织学术素养深厚的学者参与讨论，倡导民主平等的对话氛围，尽可能做到集思广益；三是立诚为本，以真诚对待人、感染人、打动人、容纳人。

团队合作的最大优势是能够把每个合作成员的个人智慧转化为群体智慧。完成这个转化，又需要依靠主持者的融入艺术。面对庞大的作者队伍，面对丰富的研究内容，面对繁多的子项课题，面对难解的分歧意见，相信只要胸中常存一把火，坚冰终究可以融化。尤其是讨论学术问题，总会有各种分歧，常常是同中有异，甚至有"对立面"，要视不同意见为相反相成、相克相生，求同存异，共享成果，始终倡导和而不同是和的理念。"学会合作是大学问，大智慧，大才能。""人和"要靠每个人的主观努力，需要合作群体共同来营造非常的集体、非常的凝聚力、非常的效率、非常的影响力。

我和中外二百余位教授、学者、中小学著名教师，历经十二年通力合作，完成了母语教材研究这项国家级课题。对此，北京大学钱理群教授惊诧地一连问了几个"为什么"。他不无感慨地说:"如此重大课题,研究基地不是设在上海、北京,而是在泰州;不是由国家级专业出版社主持,而是一所普通中学的中学教师肩负了这一使命;所需数百万元课题研究经费,不是来自政府的拨款,而是来自主持者编写教材的稿费。这真是奇迹!"

我的回答可概括为三句话:只要持之以恒地把工作当学问做,肯定有大学问;只要兢兢业业地把职业当事业干,终究能成大事业;只要精雕细刻地把细活当精品磨,肯定会出大精品。

许多教师都进入了专业发展的创造期,这是人一生中最宝贵的、最旺盛、最美好的黄金期。我提出上述五点思考,与大家交流,冀望有助于促进普通教师到教育专家的转型,为争取成为未来的教育家而共勉。

最后,赠送大家一句话:收获不必等明天,今天的奋斗就是明天的收获。张开双手迎接美好的前程,迈开双脚走向丰收的未来。

面向未来，语文教师提速专业发展

——新中国70年语文教师专业发展的认识与展望

北京小学正高级教师　李明新

作为一个关注语文教育改革与发展的普通教师，思考过教师专业发展的问题。我没有经历70年语文教育发展的整个过程，只是在查阅资料和回顾自己经历的30年语文教育发展中，有一些肤浅的认识。我感到我们语文教师的专业发展与祖国的发展紧密相连，跳动着时代的脉搏，而当下正是教师专业发展的快速期、提升期与黄金期。

首先，从整个语文教师队伍的专业发展看，体现出从职业型到专业型再到专业发展型的发展脉络。职业型主要体现在中华人民共和国成立到改革开放之前。中华人民共和国刚刚建立时，百废待兴，教育工作更是如此。首先要解决文盲问题，解决儿童上学接受教育问题，普及初中等教育问题；因为缺乏师资，教师基本由两大部分组成：一是专门的师范院校毕业的师范生，他们是经过专业化培养的；二是民办教师。可谓专业化师资与非专业化师资共同存在。但是，正是这些可敬的教师担负起了新中国教育事业的重任。那时由于缺乏师资，许多教师不只教语文，还教其他学科。有许多民办教师只有初中学历水平。语文教师队伍的专业化程度与现在比相去甚远，职业的概念大于专业。但是，他们凭着爱国与奉献的精神，凭着对教育事业的热爱与忠诚，为新中国的教育发展做出了不可磨灭的贡献。改革开放后，国家逐步确立了教师资格制度，师范院校专业培养的教师逐步成为中小学教师的主体力量。特别是近20多年来，随着师范教育向教师教育的发展，教师职后的发展成为教师专业发展的重要组成部分，终身学习的模式逐步形成。这极大提高了语文教师队伍的专业化程度与整体水平。

其次，从语文教师的专业支持看，体现了教研推动、名师引领到多元共促的渐进过程。怎么样才能有效帮助、促进语文教师的发展呢？教研系统发挥了巨大而独特的作用，这是我国教学管理的成功经验。尤其是在信息手段不发达的时代，在办学条件很有限的历史时期，区域教研传播经验推动了学校教研组的建设和语文教学研究。语文教研员成为本地区语文教师业务水平提高的主要引领者。同时，教研室或学校也培养了一批批语文名师和骨干。这些脱颖而出的名师以他们成功、独特的语文教学经验，成为教师业务发展的带动者与示范者，像钱梦龙、于漪、魏书生、顾德希、霍懋征、斯霞、袁榕、李吉林、张光璎、王有声、支玉恒、于永正、靳家彦、贾志敏等。近30年来，特别是近20年来，随着教育改革的快速深入发展，随着信息时代与新课改的到来，随着各地对名优教师队伍建设的高度重视，广大语文教师的专业发展迎来了崭新的时刻。区域教研、校本教研、继续教育、个性化培训、网络课堂，这种多渠道、多层次、多模式的教研方式给教师的专业发展提供了丰富的资源与机遇。语文教育也在叶圣陶、吕叔湘、张志公三位前辈思想为主流的基础上，又注入了更加丰富的内容。特别是语言学、语用学、文学、写作学、阅读学、语感学、心理学等相关理论的新成果，为一线语文教师的专业发展打开了更加宽广的视野。此阶段大批的中青年名师大量涌现，像韩军、程翔、程红兵、袁志勇、窦桂梅、王崧舟、张立军、薛法根、孙双金等，数不胜数。广大语文教师的专业发展意识不断增强、教学研究能力不断提高，语文教师的整体专业化水平与专业发展态势与20多年前不可相提并论。

再次，语文教师的工作方式体现了从传统方式向现代方式的快速发展。即从重复式、经验式、接受式转变为研究式、创新式、反思式。这种快速发展与近20年深化课程改革与深化教育综合改革，切实转变广大语文教师的教育观念、教学观念、工作观念有密切的关系，同时，也与社会物质与精神文明的进步有密切关系。新生代的语文教师思想活跃、个性鲜明，有较强的实现自我价值的愿望。

纵观70年，教师专业化已经从师范模式走到了教师教育模式，职前与职后的专业培养都得到重视，职后培养更是体现了终身教育的理念。语文教师专业发展是社会发展的反映，是教育发展的反映。它与国家教师教育的发展，与国家科学技术的发展，与国家改革开放的发展，与国家经济水平的发展都有着直接和密切的关系。展望未来，教育强国必先教育强师。语文教师的专业发展要立足中华民族伟大复兴的使命担当，要展望人工智能时代的教育变革，要瞄准学生核心素养的发展，进一步实现三种发展方式的变革：他主型到自主型，消费型到创生型，技术型到素养型。

首先是从他主型转变为自主型。美国学者伯林纳等人对教师专业发展进行研究，把教师发展分为新手阶段、高级新手阶段、胜任阶段、熟练阶段、专家阶段；北京教育学院钟祖荣教授等人认为教师的专业发展分为准备期、适应期、发展期、创造期四个阶段。教师专业成长中难以逾越的这几个发展阶段，但是可以缩短发展期。什么样的工作状态与方式会提速教师专业发展？那就是自主型的专业方式。美国教育改革家琼·托马斯就认为，"革新的成败最终取决于全体教师的态度"。心态决定状态，心动决定行动。好的语文教师的工作方式都有自觉的追求，有明确的目标，有不断的学习，有深入的实践，有深刻的反思，有吃苦的精神，这就是自主型的专业发展方式的表现。他主型的发展明显的表现在专业发展校长着急，单位着急，组织着急，唯独教师自己不着急。好的语文教师既是组织培养出来的，更是个人追求出来的。凡是在语文教学工作上有造诣、有水平、有成绩、有专业底蕴的教师，都与他们的辛勤付出、不懈追求、勇于探索、百折不挠有着密切的关系。现在的问题是许多教师有进一步发展的愿望，但是没有变成实际行动，甚至在实践研究中遇到困难、遇到挫折就放弃。教师工作是育人的专业工作，本来就难，语文教学工作更难。要摸到上好语文课的门道，要在语文教学实践中享受创造性劳动的乐趣，不付出、不主动、不刻苦是不行的。好的语文教师都不是学校逼出来的，而是自觉干出来的。

其次是从消费型转变为创生型。消费型的工作方式是把消费师范学校学到的知识、或消费教参、或他人的经验作为唯一的工作方式，这样的工作方式导致知识的内化停止，思想退化，智慧萎缩，使教师的工作丧失的创造价值。这种消费并非是对其他优秀语文教师经验的借鉴、研究、学习，而是一种复制与克隆。创生型工作则立足学生发展，不断地学习，不断地创新，使课堂呈现生命与智慧的价值。在优秀语文教师的身上就可以发现这样的专业"基因"与成功密码。这些教师在专业发展上都有自己对"语文"深入的理解，对"语文教育""语文课程""语文教学"清晰的认识。他们扎根实践，提炼出了自己的语文教学思想或理念，通过大量深入的研究，创造性地探索出提高语文教学质量的途径、方法和教学模式，形成鲜明的教学风格。教无定法，教法要根据学情而定；语文教学研究中也一直存在许多难题需要攻克；课程改革中、统编教材的使用中，都会面临更多现实的问题。因此，教学是个创造性劳动的过程。创生型工作方式会提升我们工作的价值，体会专业的幸福，克服职业倦怠。特别是现在，我们所处的是信息时代，尤其是人工智能的发展已经成为现实，这就要求语文教师更要研究时代，研究学生，研究新的教学方式，研究出具有自己鲜明风格的教学方法来。

再次是从技术型转变为素养型。技术很重要，但是教师的工作不能走向技术主义。我们所从事的工作的真正内涵是"育人"，而不只是传授知识。技术型工作方式，是指教师把专业发展的最高层位只定位于技术方法，这就很难达到教育专业的真正高度。素养型工作方式则要求教师认识到教育是爱与爱的交融、心灵与心灵的沟通、思维与思维的碰撞，是以教师人格影响学生人格的过程，是以教师素养培育学生素养的过程。面对学生发展核心素养的培养，面对统编教材内在育人价值的落实，我们的语文教学要从学科教学走向学科育人，要从传授知识走向素养培育。从现实的工作中必须看到，语文教学工作是很不容易做好的，上好语文课是有一定难度的，因为语文教学对教师素养的要求是比较高的。其中语文教师自身的学科素养与教育素养深刻地影响到教学。比如理解教材的能力、文学鉴赏的水平、自身的写作能力等，都会在学生的学习中发挥作用。一些教师在阅读教学中把握不住学生的问题，究其原因是自己还不能透彻理解课文。因此，语文教师首先要不断学习，不断提高，走出一本教参的时代，丰富、提高自己的学科素养。现在提出培养学生的语文核心素养，那么教师的语文核心素养也必须纳入专业发展视野。再者，就是语文教师还要提高教育素养，尤其是人格魅力，按照习总书记提出的"四有"好教师与"四个"引路人的要求鞭策自己。最近，教育部教师工作司司长任友群同志在新华网的年度论坛中就指出："希望有信仰的人来讲信仰，有道德的人来讲道德，让最优秀的人培养更优秀的人。"实践也告诉我们，有素养的语文教师的课堂，不但有高明的教学方法，更有文化育人的味道。有素养的教师本身就会成为很好的课程资源。

总而言之，我们只有进一步提高语文教师的专业化水平，语文教育的目的才能更有效地实现，立德树人的根本任务才能在语文课堂中落地生根。

让教师精彩的"讲"回归语文课堂

西北师范大学教育学院教授　石义堂

　　我们习惯于把教师上课叫作"讲课",仅此一点来看,也应该知道"讲"在教学中的重要作用。在教学理论著作对教学方法的划分中,"讲授法"也是其中之一,其重要性自不待言。具体到语文学科,教师的讲授是帮助学生理解课文内容与形式、积淀语文基础知识、提升语言运用能力、获得审美体验和感情熏陶的最主要的途径之一,发挥着不可替代的教学功能。然而,曾几何时,由于对转变教学方式的要求出现了一定程度的误解,部分语文教师对于讲授的方式"避之如虎狼,弃之如敝帚",导致语文课堂教学的低效甚至无效,严重制约了学生语文素养的提升。因此,重新审视教师的"讲"在语文教学中的教学功能,还"讲授"在语文课堂上应有的地位,不仅是必要的,而且是必须的。

一、如何看待语文教学中教师的"讲"

　　回顾我们自己的语文学习经历,有一个显而易见的事实:但凡给我们留下深刻印象的语文教师,绝不会是那些仅仅会在课堂教学技巧和方法上花样翻新，而没有自己独特思想的教师，而往往是那些思想认识深刻而独特，并且通过讲授或对学生的点拨、启发、诱导，将自己的思想传达给学生，深刻影响了学生的认识，激荡了学生的感情，引发了学生的美感体验的教师。不管是教师比较系统的讲授分析，还是教师针对学生的认识上的局限随机进行的点拨、启发、诱导，毫无疑问，都属于"讲"的范畴。如果我们不否认这一点，我们就应该能够体会到教师的讲在教学中的作用。

具体来看，语文教师的讲授主要的作用有：

第一，在文本解读中，通过教师的讲"导航"学生的解读。语文教学，特别是阅读教学，核心任务就是引导学生完成对文本的解读。通过文本解读，使学生比较全面、深刻地理解课文的思想内容及其语言表现形式，得到语言运用能力的有效训练，同时受到必要的情感熏陶和人文精神的感化，促进学生作为一个人的精神生长。而要有效完成这一任务，固然要有效调动学生学习的积极性和主动性，让学生作为一个独立的阅读者，带着自己已有的生活经验进入文本，展开与文本的深层对话。这个过程是教师不必代替也无法代替的。但是，从另外一个角度看，学生由于自身知识基础、生活阅历、理解能力等方面的局限，往往不能完全到位地理解作品。这种局限性经常表现为学生在课堂上出现的各种"学习错误"——或者是对课文内容理解的偏颇之处，或者是对课文表现形式特点理解上的肤浅之处，或者是语言能力表现上的不足之处。这些学习错误正是学生语文学习的"实然状态"的真实表现，也是教师课堂教学的重要资源和着力之处。这时候，就需要教师的"讲"为学生的解读"导航"，用教师的解读带动学生的解读，深化学生的理解。

第二，在知识学习中，通过教师的讲弥补学生的知识。语文知识从本质上看就是前人在长期语言运用过程发现、提炼和总结出来的关于语言运用的一般规律。它的主要作用是帮助人们认识语言规律，增强语用理性。因此，语文基础知识的学习是学生语文学习的重要内容，必须得到足够的重视。然而，2001 年发布的《全日制义务教育语文课程标准

（实验稿）》中"不宜刻意追求语文知识的系统和完整"的表述，在客观上严重误导了相当一部分语文教师，使这些教师误以为语文教学中不需要传授语文知识了，从而造成了相当长一段时期内"淡化知识教学"的倾向。虽然在2011年修订版的课标中去掉了这句话，但消极的影响已经造成。事实上，语文教学中涉及到的许多语文基础知识，都需要教师在适当时机及时、准确、生动的讲授，学生才能更加深刻地理解这些知识的要领，弥补相关知识的短板。例如，文言文学习中常用虚词"之"取消句子独立性的用法，对初次接触到这一知识点的学生来说，理解上有很大难度。教师只有借助一定的例句进行深入的讲解分析，学生才能更好地掌握。以初中语文教材中所选的蒲松龄的《狼》第一段为例：

一屠晚归，担中肉尽，止有剩骨。途中两狼，缀行甚远。屠惧，投以骨。一狼得骨止，一狼仍从。复投之，后狼止而前狼又至。骨已尽，而两狼之并驱如故。

有一位语文教师在教这篇课文的时候，针对这段课文最后一句中的"之"字的特殊用法，向学生提出了一个问题："这里最后一句的'之'和以前学过的'之'的用法不太一样，哪位同学能说一说有什么不一样？"教师提出问题之后，大多数学生都面面相觑。有一个学生站起来说："'之'字在这里的作用是取消句子独立性。"当教师继续追问"之"字怎样取消句子独立性的时候，这个学生就说不清楚了。很显然，对于这个问题的理解，是本篇课文教学中的一个难点，是超出学生已有的知识和经验的。如果这时候教师不能及时给予清晰准确的讲解，而只是一味让学生自己讨论、探究的话，可以想象，无论学生"探究"多长时间，最终只能是一头雾水。这位教师面对这样的情况，迅速组织了一段清晰、准确的话语，用一两分钟的时间就将这个问题讲清楚了。

这里最后一句"而两狼之并驱如故"中的"之"，是我们要学习的一个新的知识点，即"之"字取消句子独立性的用法。"之"字取消句子独立性，它的本质就是给句子结构"降格"，使原来一个可以独立的句子变成一个更大的句子的成分，从而丧失作为一个独立句子的独立性。它的标志是将"之"放在主语和谓语之间来取消句子独立性。就本句来说，本来"两狼并驱"就可以构成一个独立的主谓句，有主语和谓语。但本文中作者表达的语义的落脚点是"如故"，意思是说尽管屠夫想尽了所有的办法，但两只狼在后面一起追赶他的局面依然如此。因此，在"两狼"和"如故"之间加上"之"，从而使"两狼并驱"这个主谓结构丧失作为一个独立句子的资格，而变成"如故"的主语。

第三，在表达训练中，通过教师的讲示范语言的表达。在教学中培养学生的语言表达能力是语文教学的一项重要任务。而学生语言表达能力的有效提升固然有赖于学生自己的语言实践，但教师的示范作用也不可忽视。语文教师在课堂上对课文思想内涵的精辟入理的分析，对文章语言表达特色准确生动的阐述，对相关语言知识有理有据的介绍，无一不是在为学生的语言表达提供榜样。正是在这种榜样的示范作用下，学生切实感受到了教师语言表达的风采和魅力，自觉不自觉地模仿，他们的语言表达能力才能得到更加有效的提升。

第四，在方法习得中，通过教师的讲强化方法的应用。在语文教学中，教给学生必要的语文知识，训练和提升学生的语言运用能力，熏陶和升华学生的健康情感固然是应有之义，但还有一项重要的教学内容不可忽视，那就是帮助学生习得能够令其终生受用的学习方法。叶圣陶先生说的"教是为了达到不需要教"，其核心要义就是指向学生科学有效的语文学习方法的掌握。在这个方面，尽管学生在语言运用实践中对学习方法的"自悟"起着关键作用，但教师的讲授的作用也不是无足轻重。教师基于学生在学习方法掌握和运用中存在的问题，和自己在长期语文实践中对语文学习方法运用的深刻体会，通过及时、适当的讲解，使学生更加深刻地认识不同的语文学习方法的特点和使用策略。在教学实践中，教师对学习方法的点拨或讲解，一般都是针对具体语言运用情境和任务的，通过这些点拨或讲解，学生就能够更好地理解特定学习任务或学习情境中获得适当学习方法的要领。

二、我们什么时候"冷落"了教师的"讲"

回顾语文独立设科以来的发展历程，不难看出，在 20 世纪中期以前的语文教学中，教师的讲一直处于中心地位。20 世纪 60 年代初，为了克服语文教学中教师在课堂上一讲到底，学生被动接受，不能有效调动学生参与学习过程，不能有效进行语言训练的弊端，语文教学界提出了"精讲多练"的口号，语文教学也由此发生了由"训诲——驯化型"到"传授——训练型"的变化。进入 20 世纪 90 年代，由于应试教育的影响，语文教育又变成了语言文字的工具操作与纯技术的操练，人文精神彻底流失，由此引发了以 1997 年《北京文学》第 11 期"世纪观察"栏目刊载的三篇文章为标志的语文教育大讨论。这次讨论的积极结果之一，就是间接推动了第八次基础教育课程改革的进行。

2001 年 6 月，教育部发布了《基础教育课程改革纲要（试行）》，明确提出了课程改革的六大目标，其中一项目标就是"改变课程实施过于强调接受学习、死记硬背、机械训练的现状，倡导学生主动参与、乐于探究、勤于动手，培养学生搜集和处理信息的能力、获取新知识的能力、分析和解决问题的能力以及交流与合作的能力"。随后，教育部又发布了义务教育阶段各个学科的课程标准。其中《全日制义务教育语文课程标准（实验稿）》在"实施建议"中"关于阅读"条目下有这样的表述：阅读教学是学生、教师、文本之间对话的过程。阅读是学生的个性化行为，不应以教师的分析来代替学生的阅读实践。《义务教育语文课程标准（2011 年版）》"实施建议"中"关于阅读教学"条目下有这样的表述：教师应加强对学生阅读的指导、引领和点拨，但不应以教师的分析来代替学生的阅读实践，不应以模式化的解读来代替学生的体验和思考；要善于通过合作学习解决阅读中的问题，但也要防止用集体讨论来代替个人阅读。

从以上对语文课程改革相关重要文件的梳理不难看出，无论是《全日制义务教育语文课程标准（实验稿）》还是《义务教育语文课程标准（2011 版）》，提出"不应以教师的分析来代替学生的阅读实践"，都是为有效落实《基础教育课程改革纲要》对学习方式转变的要求，纠正过去"填鸭式""满堂灌"的陈旧低效的教学方法，充分发挥学生学习的主动性。这本来是无可厚非的，因为过去很长一段时间盛行的教师一讲到底的教学方法确实阻碍了学生学习兴趣的提升和学习活动的深入。但问题的关键是课程标准在表述过程中缺乏对特定问题情境的界定和描述，笼统的一句"不应以教师的分析来代替学生的阅读实践"反而给许多教师造成了误解，认为语文教师在课堂上就不需要讲解和分析了，只要放开手让学生自己去感受、思考就行了。再加上近年来所谓"对话理论"风行于大江南北，于是，在课程改革中，语文课堂上出现了一些奇怪的现象：有些教师面对一篇文质兼美的课文，只是满足于让学生根据自己的理解做出解读，而不管这种解读是否真正"逼近"作者的原意，甚至对于一些学生理解上明显的错误之处，教师既不及时指出，也不及时通过自己的讲解分析加以引导和纠正。甚至有些教师以培养学生发散性思维为名，将学生的理解导向歧路。

由此可见，教师的"讲"在语文课堂上受到冷落，主要是从新课程实施之后开始的，其主要原因有两个：

第一是对课程标准中"不应以教师的分析来代替学生的阅读实践"这一表述的"误读"。应该看到，"不应以教师的分析来代替学生的阅读实践"是有其特定指向的，是针对课程改革开始之前语文教学中出现的严重的"强制性一元解读"提出的。而所谓"强制性一元解读"是指语文教学中，教师只是通过讲授把教参上对于课文思想内涵和表现特点的概括性结论简单传递给学生，而没有让学生带着自己已有的生活经验进入作品，自主地感受和理解作品的教学现象。正是这种强制性一元解读，导致学生对课文的理解只是一些似是而非的简单结论，没有真正进入文本之中。但是，"不应以教师的分析来代替学生的阅读实践"并不意味着语文教师不能讲解和分析，相反，在必要的时候，语文教师只能通过精彩的讲解分析帮助学生达到对课文的深层次理解。正如有学者指出的，"讲授法一直是教学史上最主要的教学方法。虽然后来许多现代化的教学手段被引入到教学领域，如演示法、实验法等，但这些方法手段都不能不和讲授法相结合，并由讲授起主导作用。因此，无论过去还是当前，讲授法都应是学校教学中既经济可靠，又最为常用的有效方法"①。这确实是一语中的的精当之论，对于破除当前部分语文教师对"讲"的错误认识，具有重要的意义。

第二是对于"对话理论"的片面理解和盲目崇拜。对话理论是由德国哲学家伽达默尔和苏联著名文学理论家、教育家巴赫金提出的。对话理论在教育界的核心价值之一是转变学习方式，为重构课堂新型师生关系提供了有力的理论支撑。因为对话的开放性、平等性、创造性决定了合作的必要性，在教学过程中，对话不仅表现为反思性的个体行为，更多的情形则表现为集体合作学习行为。这种集体合作行为要求教师将自己自觉变成课堂学习共同体的一员，成为学生学习活动中的"伙伴"。但这并不意味着教师在课堂教学中只能作为学生学习的"伙伴"而存在。因为，作为课堂教学的主导者，教师还有一个别人不可替代的重要的角色，那就是学生学习活动的引领者和指导者。这个角色作用的有效发挥，是离不开课堂上必要的、恰当的讲授的。可惜的是，许多语文教师被"对话理论"迷人的色彩弄得目眩头晕，再加上义务教育语文课程标准中的"教学建议"有"语文教学应在师生平等对话的过程中进行"的表述，更是进一步强化了部分教师对"对话"的迷信和崇拜。于是，语文课堂上出现了大量的缺乏实质内容、缺乏思维训练价值的"伪对话"，就是没有实实在在的"干货"。王尚文教授指出："'对话型'教学并不排斥教师的'教'。在'对话型'教学中教师要勇于教、善于教，否则就是严重的失职。"② 上海复旦大学附属中学语文特级教师黄玉峰也说："除了对话以外，对中小学学生来说更多的是接受、是积累，教师的主要任务是'传道、授业、解惑'。学校教师的任务是在较短的时间内，把人类几千年积累下来的知识传授给学生，并在这个传授过程中提高他们的能力，塑造他们的人格。所以'传授'还是主要的过程、方法和手段。不必排斥'满堂灌'。很多学生回忆三四十年

① 李秉德，李定仁．教学论［M］．北京：人民教育出版社，1991：199.

② 王尚文．人文·语感·对话：王尚文语文教育论集［M］．上海：上海教育出版社，2010：292.

代的教师，如朱自清、周作人，大多一讲到底，而且不善言辞，效果照样很显著。"① 因此，如何正确理解和看待语文课堂上教师的讲授和师生对话的辩证关系，让语文教师必要而精彩的"讲"理直气壮地重新回归语文课堂，就是语文课程改革走向深化的过程中广大语文教师必须回答的问题。

三、怎样让教师的精彩的"讲"回归语文课堂

既然语文教师的"讲"在教学中具有不可替代的教学功能，那么，怎样让语文教师精彩的讲授真正回归语文课堂呢？笔者以为主要应从两个方面入手。

第一，不断提升自身的专业素养，弄明白"讲什么"。语文教师的专业素养就是语文教师胜任语文教育教学工作所需要的语文专业知识与能力的基本素质与修养。语文教师的专业素养包含很多元素，基本元素包括：扎实的语文专业知识、丰富的语言材料积累、专业的文本解读能力、高超的语言表达能力以及规范的汉字书写能力。在这几种语文教师专业素养要素中，除了最后一种能力要素以外，其他几种能力要素都与教师的"讲"密切相关。扎实的语文专业知识，能够让教师在教学中针对学生语文知识上的欠缺之处，通过简洁明了、生动有趣的讲解，帮助学生弥补知识上的短板；丰富的语言材料积累，能够让教师在教学中拥有更充分的教学资源，在必要时，通过旁征博引的精彩讲解，使学生更为深刻地感受语言作品的艺术魅力；专业的文本解读能力，能够让教师在教学中通过独特的认识视角，精辟的理性分析，针对学生文本理解中的模糊、错谬之处，用自己的解读为学生的解读"导航"；高超的语言表达能力，能够通过教师的语言表达给学生的语言表达提供范例。这些作用，都不是教学中学生自主学习、小组合作所能代替的。

教师要让自己的"讲"真正发挥最大的作用，最重要的是要审视自己"能够讲出什么"，同时还要明白"应该讲什么"。审视自己"能

① 黄玉峰. 课堂中的"伪对话"[J]. 内蒙古教育，2018（5）.

够讲出什么"就是弄清楚自己对于相关课文的知识储备和理解程度究竟是怎样的。这些知识储备能不能真正帮助学生弥补知识上的欠缺,对课文的理解有没有独特的视角、独特的体会,能够让学生得到深刻的启发。明白"应该讲什么"就是要根据课标要求、教材编排体系的特点和学生实际,从众多的可讲的内容中选择和提炼要讲给学生的"干货"。因为任何一篇课文,其构成元素是多样的,既有思想内容方面的元素,也有语言形式方面的元素。在有限的课堂教学时间里,不可能也不必要将一篇课文中涉及的所有元素都介绍给学生,必须根据特定教学目标,选择、提炼,形成适当的要"讲"的内容讲授给学生。

第二,不断提升自身的教学素养,搞清楚"什么时候讲"和"怎样讲"。语文教师的教学素养集中体现在对教育教学理论和语文教学规律的深刻理解和科学把握上,以及建立在这种理解和把握基础上的教学智慧和教学技能。表现在语文课堂上,就是把握"什么时候讲"和"怎样讲"。"什么时候讲"涉及对于教学时机的恰当捕捉与把握的能力。教学时机就是课堂教学中出现的最适合进行某一项教学活动或运用某一种教学策略的机会。"不愤不启,不悱不发。举一隅不以三隅反,则不复也。"《论语·述而》中记载的孔子的这一段话,可以看作是把握恰当教学时机的最好注解。著名特级教师蔡澄清的"点拨教学法"主张"善导者,相机诱导,适时点拨"①,强调的也是教学时机把握的重要性。教学时机的恰当把握不仅取决于教师教学经验的积累,更取决于教师对教学活动本质规律的深刻认识。只有对教学活动本质规律有了切身的感受与深刻的理解,才能从理性的角度科学合理地寻找和把握恰当的教学时机,避免教学活动中的"跟着感觉走"的现象。"怎样讲"涉及教学方法灵活选择运用的能力。需要注意的是,"讲"的方法一定是为"讲"的目的服务的。那么,"讲"的目的是什么呢?从最终目的看,就如叶圣陶所说的,"说到如何看待'讲',我有个朦胧的想头。

---

① 蔡澄清,等.蔡澄清中学语文点拨教学法〔M〕.济南:山东教育出版社,1997:3.

教师教任何功课（不限于语文），'讲'都是为了达到用不着'讲'……语文教材无非是例子，凭这个例子要使学生能够举一而反三，练成阅读和作文的熟练技能，因此，教师就要朝着促使学生'反三'这个标的精要地'讲'"①。也就是说，教师"讲"的最终目的是帮助学生养成良好的语文学习习惯，掌握语文学习的方法，提升听说读写等多方面的语文能力和思维的能力。从直接目的看，语文教师的讲，是为了帮助学生跨越学习障碍、矫正学习错误，引导学生经历由不知到知，由知之较少到知之较多，由理解肤浅、错谬到理解深刻、正确的实质性的学习过程，从而使学生更好地理解和掌握学习内容。基于这样的目的，语文教师就要针对具体的教学内容和学生已有的知识基础和能力水平，灵活选择讲述法、讲解法、讲读法等不同的方法，充分发挥这些方法的优势，才能收到预期的效果。

就像任何学习方式都没有高下优劣之分一样，任何教学方式也没有高下优劣之分。"讲"的方式，作为一种长期存在并且发挥过重要作用的教学方式，自有其教学价值。在进一步深化语文课程改革、提升语文教学效率的过程中，我们必须重新审视教师的"讲"对学生语文素养提升方面能够发挥的作用，大力研究和改进教师"讲"的艺术，让语文教师精彩的"讲"重新回归语文课堂，让语文课堂绽放出更加绚烂的智慧之花。

---

① 叶圣陶．大力研究语文教学，尽快改进语文教学［J］．中国语文，1978（2）．

我国语文考试改革的回顾与展望

浙江师范大学教授　顾之川

我国语文考试与时代同步，见证了社会主义新中国的建设、改革与发展，为社会提供了人才保障和智力支持。高考作为我国最大规模的统一考试，语文试题尤其作文题目备受关注。从某种程度上说，语文考试已成为中国教育改革的"晴雨表""风向标"，是引领中小学素质教育的"指挥棒""助推器"，构成一道独特的教育文化景观。

本文以中华人民共和国成立、改革开放和党的十八大召开为时间节点，把70年来的语文考试改革大致分为三个阶段。第一阶段是探索期（1952~1965），第二阶段是奠基期（1977~2012），第三阶段是发展期（2013~2019）。语文考试从政治立意、知识立意逐渐向关键能力和学科素养立意转变，由单一的选拔功能向立德树人、服务选拔、引导教学转变，为高校选拔人才和中学教学育人发挥了积极作用。回顾其改革历程，归纳其演变规律，概括其发展特点，不忘过去，把握现在，面向未来，为服务立德树人、考试育人做出贡献。不妥之处，敬祈同人教正。

一、探索期（1952～1965）

中国是考试的故乡，历来重视考试取士，公平选才。从尧对舜"吾其试哉"，到魏晋时期的九品中正选官，再到唐代的科举制度，创造了悠久的考试历史、丰富的考试经验和厚重的考试文化。考试作为教育事业的重要组成部分，必然反映出时代风尚和社会对人才的要求。1949年9月29日通过的《中国人民政治协商会议共同纲领》提出："中华人民共和国的文化教育为新民主主义的，即民族的、科学的、大众的文化教育。"① 教育考试又有着自身的规律，只能渐变，不能采取摧枯拉朽般的革命。1949年各高校仍沿袭旧制单独招生。1950年、1951年以各大行政区为单位，实行全部或局部高等学校联合或统一招生。1951年12月1日，教育部发布《关于全国高等学校一九五二年暑期招考新生的规定》，决定实行全国统一命题，标志着全国高校统一招生考试制度正式建立。

1952年至1965年实行全国统一命题（1958年为分省命题）。1966年6月18日，《人民日报》发表社论，提出废除现行高校招生考试办法，同时配发北京四中和北京第一女子中学学生要求废除高考的公开信。7月24日，《人民日报》发表中共中央、国务院《关于改革高等学校招生工作的通知》，决定"高等学校招生，取消考试，采取推荐与选拔相结合的方法"。1973年辽宁发生张铁生"白卷事件"，语文考试随社会政治运动而被迫取消。但由于这一阶段高中教育规模普遍较小，高中生数量少，比如1960年的考生有35万人，录取新生32.3万人，录取率高，竞争并不激烈。这一时期的语文高考具有以下几个特点：

1. 从重视基础知识到只考作文和文言文。开始是考阅读、基础知识和作文（1952～1959），后来只考作文和文言文（1960～1965年）。基础知识主要考查标点符号、汉语拼音、词语（包括成语）解释与运

---

① 《中国考试》编辑部．高校考试招生制度70年大事记［J］．中国考试，2019（10）．

用、修改病句和文学常识，偶尔也考语法修辞和划分段落（1959）。值得注意的是，在作文题的"注意事项""评分标准"中，都特别提到写字和标点符号。如"标点符号（占总分数10％）"（1953），"正字及标点符号"（1954），"正字（写通用的简体字也算对）及标点符号"（1955），"字要写清楚，要用标点符号"（1956～1957），"要分段、标点""字迹要清楚"（1959～1963），后又在此基础上增加了"不要写自造的简体字"（1963～1965），"写繁体字不算错"（1963），"繁体字不算错"（1964）。

语文考试重视基础知识，特别是标点符号、汉语拼音和简体字，显然与当时重视语言文字的社会氛围有关。中华人民共和国成立初期，学习语文成为全党全国人民的政治任务。1951年2月1日，中共中央发布《关于纠正电报、报告、指示、决定中的文字缺点的指示》；6月6日，《人民日报》发表社论《正确地使用祖国语言，为语言的纯洁和健康而斗争》，同时开始连载吕叔湘、朱德熙的《语法修辞讲话》（12月15日结束）；9月26日，《人民日报》发表叶圣陶起草的《标点符号用法》；10月5日，政务院发布《关于学习〈标点符号用法〉的指示》。1956年1月31日，《人民日报》发表国务院《关于公布〈汉字简化方案〉的决议》和《汉字简化方案》。1958年全国人大一届五次会议通过关于《汉语拼音方案》的决议。1960年中共中央发布《关于推广注音识字的指示》。在这种背景下，正确使用标点符号、认识汉字和汉语拼音，不仅关乎考生的语文基础知识，更是新中国公民素养的体现。

2. 试题选材紧跟形势，政治色彩浓。1952年阅读题是《一个走上正轨的合作社》，作文题为"记一件新人新事"。1953年阅读题《"打鱼人"》反映炼钢模范创造快速炼钢的事迹。1955年阅读题选自毛泽东在全国政协第一届全体会议上的讲话《中国人民站起来了》。1959年基础知识题，要求解释成语"实事求是"和"一蹴而就"。所用例句，一是"共产党员，是有最伟大的理想，最伟大的奋斗目标，同时，还有最切实的'实事求是'的精神和实际工作，这就是我们共产党员的特点"。另一个是"共产主义事业，真是如我们所说的'百年大业'而不能'一蹴而就'的"。1960年作文题"我在劳动中受到了锻炼/'大跃进'中的新事物"。1965年作文题"给越南人民的一封信/谈革命与学习"。作文评分标准也重视文章的思想性,如1960年~1961年的《作文评分标准说明》有"通篇思想有严重错误的不给分"的要求。

3. 文言文逐渐受到重视。主要表现在三个方面:一是由不考(1952)到考(1953),题目由少到多。二是考查方式由单一到复杂,从只在文学常识题中涉及(《项羽本纪》《资治通鉴》和唐朝最著名的两位诗人,1953),到后来出现翻译、加标点符号、词义辨析、解释虚词用法(1963)等多种题型。三是所占分数逐渐增加。从3分(1953)、14分(1954)、22分(1956),到50分(1960~1965),文言文与作文各占总分的50%。

4. 写作一直受到高度重视。表现在三个方面:一是作文在整套试卷中所占分值多数是50%(1953年占60%,理工医农类试卷占70%)。二是答题顺序的变化,除1952年先考测验(包括阅读和基础知识)后考作文外,从1953年开始,都是先考作文。三是作文命题由突出政治转向贴近学生实际。如"我的报考志愿是怎样决定的"(1954),"我准备怎样做一个高等学校的学生"(1955),"生活在幸福的年代里"(1956),"我的母亲"(1957),"记我的一段有意义的生活"(1959),"我在劳动中受到了锻炼"(1960),"我学习了毛主席著作以后/一位革命前辈的事迹鼓舞了我"(1961),"说不怕鬼/雨后"(1962),"唱国际歌时所想起的/'五一'(国际劳动节)日记"(1963),"读报有感"(1964)。当时也有人主张只考一篇作文,后来又不断有人提出这个问题,但都没有被采纳。因为阮真在《国文科考试之目的及方法》中(1932)早已指出:"通常所谓学生国文程度之好坏,仅据一篇作文以定分数者,实缺乏科学的根据也。盖学生对于各种文体、各种题目,恒以知识经验之差别,而各有其短长。仅据一篇作文以判断其国文程度,固未得为甚当也。"①

总之，这一时期的语文考试，配合新中国社会主义建设运动，紧跟当时的形势，突出政治立意，但左右摇摆，题型单一，题量较少，题干设计简单，总体上还处于探索阶段。

二、奠基期（1977~2012）

1977 年在邓小平的主导和推动下，我国恢复了中断 11 年的高考制度。当时因时间仓促，教育部来不及组织统一命题，实行分省命题。邓小平《在全国教育工作会议上的讲话》（1978）中指出："考试是检查学习情况和教学效果的一种重要方法，……要认真研究、试验、改进考试的内容和形式。"② 1978 年恢复全国统一命题。20 世纪 90 年代以后，中学教育逐渐陷入"考什么教什么"的怪圈，大搞题海战术，机械训练，学生负担越来越重，社会怨声载道。1989 年 6 月 27 日，国家教委发布《普通高等学校招生全国统一考试标准化实施规划》。1993 年中共中央、国务院印发的《中国教育改革和发展纲要》明确指出，中小学教育要由"应试教育"走上全面素质的轨道。1999 年，中共中央、国务院发布《关于深化教育改革全面推进素质教育的决定》。一时间，"应试教育"人人喊打，语文考试首当其冲，受到猛烈抨击："语文考卷，误尽苍生""考倒鲁迅、巴金"，甚至有取消高考的呼声。③ 时任教育部考试中心主任杨学为在《高考改革与国情》（1999）中指出：高考不是单纯的教育问题，脑体差别是高考竞争的根源，考试是竞争的手段，高考是选拔性考试，高考内容改革必须加强对创新能力的考核。④ 张伟明在《语文教学和高考的问题及改进策略》（1999）中指出：高考

---

① 阮真.国文科考试之目的及方法［J］.李杏保，等.国文国语教育论典（下）［M］.北京：语文出版社，2014：511.

② 邓小平.在全国教育工作会议上的讲话［N］.中国教育报，1983-7-7.

③ 孙绍振.炮轰全国统一高考体制［J］.孙绍振论高考语文与作文之道［M］.福州：福建人民出版社，1999.

④ 杨学为.高考改革与国情［J］.求是，1999（5）.

的目标是为高等学校选拔人才，同时它对中学教学也具有反馈作用。从语文学科来看，考试要求公正、公平，而教学要求开放、灵活；试题的答案要求是唯一或可控制，而教学则是鼓励思维的多样性和合理性。这是一对矛盾，协调起来非常困难。有人主张放弃考试的科学性来迁就教学，这是一种消极的态度，甚至隐含了对教学更大的伤害。"文化大革命"时取消高考就是例证。考试不讲科学就等于取消考试，教学的地位、教师的地位都会因此受到影响。可见，考试改革要坚持科学的方向，并考虑到教学的实际情况，逐步向前推进，而不是后退。①

教育部于 1999 年启动新一轮高考改革，命题范围遵循但不拘泥于大纲，增加应用型和能力型试题。后来随着教材普遍实行"一纲多本"，又提出命题遵循大纲但不拘泥于教材。2002 年开始实行"3＋X"高考改革方案。分省自主命题由上海（1985）、北京（2002）扩大到 16 个省市（2004～2006），最多时一年有 18 套高考语文试卷（全国卷 3 套、分省卷 15 套）。2004 年教育部实施高中语文课程标准和教材实验，2007 年至 2012 年，全国高考语文也开始逐步使用新课标卷。

这一时期的语文考试，在朱德熙、潘兆明、章熊、汪寿明、柳士镇等的主持下，从考查导向、考试内容到题型设计，紧跟国家教育改革步伐，强基固本，坚持改革，稳中求新，稳中求变，初步形成了系统科学、符合中国实际的考查评价体系。

1. 考试内容：突出阅读与写作能力。1978 年语文《考试复习大纲》明确高考语文考查阅读和写作两部分内容，阅读分语体文（现代文）和文言文。这对纠正"文革"给语文教学带来的混乱具有拨乱反正的作用，也为后来的语文考试大纲的形成奠定了坚实基础，具有积极而正确的指导意义。1978 年高考语文试题，只考标点符号、词语、语病和作文。作文要求先阅读《速度问题是一个政治问

---

① 张伟明. 语文教学和高考的问题及改进策略［J］. 中学语文教学，1999
（1）.

题》，然后缩写。朱德熙在《高考语文试题和中学语文教学》（1978）中说："中学语文教学也好，高考语文试题也好，都得服从中学语文教学的根本目的，这就是培养学生的阅读能力和写作能力。如果说高考试题是指挥棒，那么语文教学的目的就是更大的指挥棒。看清了这一点，中学语文教师就没有必要从每年的高考题里去探测风向了。风向已经定了，是不会变的，会变的只是具体的考试方法。只要我们致力于从根本上提高学生的阅读能力和写作能力，就可以'以不变应万变'，不管高考出什么样的题目，我们的学生都能应付自如。①"对此，叶圣陶（1979）给予极高评价："入学考试要考语文，目的是什么呢？目的是测验考生的阅读能力和写作能力，也就是理解语文的能力和运用语文的能力，看他们够得上够不上大学所要求的水平。这一回的作文题兼顾这两方面，因此我认为值得称赞。这当然不是唯一的方式，只要认真想，别的比较好的方式一定还有。尤其值得称赞的，这一回的作文题打破了命题作文的老传统，是思想上的大突破，大解放。"② 突出语文学科的工具性目标，着重考查读写能力，成为高考语文的指导思想，并一直延续至今。

2. 考查导向：从注重知识到知识与能力并重再到学科素养。在考查导向上，从注重语文基础知识到知识与能力并重，再到全面考查语文学科素养，尤其注重对实际应用和创新能力的考查。

1977 年～1983 年，由于高考刚恢复，出于拨乱反正的需要，语文高考注重考查学生的语文基础知识，包括标点符号、词语、语病、汉语拼音、语文常识（文学、语言及工具书常识）和文言文翻译，作文也注重实用性写作能力，如缩写、改写、读后感、命题作文、看图作文等形式。这种导向有利有弊，总的来看，利大于弊，为在全社会纠正"文革"乱象、形成"尊重知识、尊重人才"的风气发挥了很好的引领作

---

① 朱德熙．高考语文试题和中学语文教学［J］．朱德熙文集 4［M］．北京：商务印书馆，1999：101.

② 刘国正．叶圣陶教育文集（3）［M］．北京：人民教育出版社，1997：210.

用，但也为后来愈演愈烈的死记硬背、"应试教育"等埋下隐患。

1983年，语文试卷的分值由原来的100分增至120分（1993年增至150分）。1984年进一步改革，由知识立意到知识与能力立意并重。具体表现在三个方面：一是试卷结构，形成"现代文"（40分）、"文言文"（30分）、"写作"（50分）三大板块。二是弱化语文基础知识，基础知识由最多时的45分（1978）减至10分（1984），1985年又增至20分。全国卷一直坚持考查"语言知识及语言运用"，2007年课标版《考试大纲》改为"语言文字运用"。2008年在"作文评分标准"中提出"每一个错别字扣1分，重复的不计"。三是首次将现代文阅读引入高考，选文以社科论文为主，注重名家经典，如路易斯·亨利·摩尔根的《古代社会》（1984）、朱自清的《经典常谈·史记汉书》（1985）、吕叔湘的《〈叶圣陶语文教育论集〉序》（1995）、郁达夫的《〈中国新文学大系·散文二集〉导言》（1997）、陶行知《创造宣言》（1999）。后来也有当代作品，如宗璞的《报秋》（1998）、鲍昌的《长城》（2000）、林非的《话说知音》等。1986年，我国启动"863计划"，科学技术是第一生产力成为共识，科技文阅读逐渐进入高考语文试卷，如加德纳"哺乳鸟"（1986）、叶圣陶的《景泰蓝的制作》（1989）、《未来的通信手段》（1992）等，形成社科文、科技文和文学作品交替出现的局面。

3. 题型设计：标准化、能力层级到探究题。教育部考试中心一直注重加强考试研究，并将相关研究成果反映到每年的语文高考试卷中。语文考试从标准化、能力层级到探究题，都做了积极探索和研究，基本形成语文考试的内容结构模式。

"标准化"本来是西方二次工业革命的标志，标准化考试适合机器阅卷，能够提高命题的科学性和评分的客观性。尽管标准化并不等于选择题，但客观上带来选择题的增加。我国的标准化考试改革，1985年从广东开始，数学、英语先行。语文从1987年开始标准化实验，参加首批实验的有广东、辽宁、山东、广西、湖北、四川、陕西等省。当年选择题占全卷题目的46.7%，1990年、1992年达到48.3%。章熊在

《语文标准化考试的几个反馈信息》（1988）中就指出选择题的四个弱点："（1）选择题不能检测发散性创造思维；（2）选择题只检测思维结果而无法检测思维过程；（3）一些重要的语文能力，特别是语感和语言操作能力，难以用选择题检测；（4）即使是客观试题，有些也难以编成选择题。"① 关于选择题的形式曾实验过三选一、四选一、五选一、五选二，现在基本固定为四选一。

在标准化改革的基础上，1991年至2006年，语文组又进一步研制出语文能力层级，形成"识记、理解、分析综合、表达应用、鉴赏评价"的试卷结构。其中"识记""理解""分析综合"是基础，是逐步深化的关系；"鉴赏评价""表达应用"是在阅读和表达方面的发展，呈分叉并列状，像羊头上长着的两只角，因此语文能力层级又被形象化地称为"羊字结构"。这一研究成果反映在1996年考试说明中。语文能力层级有利于把握不同难度题目之间的均衡度，减少盲目性，正如张开、赵静宇在《恢复高考后语文科改革与发展述略》（2017）中所说："较好地体现了语文学科的能力要素及其发展规律，它不仅为考试命题在考查能力方面提供了理论依据，同时也为语文教学如何培养学生的语文能力提供了理论指导。"②

2003年，教育部颁布《普通高中语文课程标准（实验）》，明确"积极倡导自主、合作、探究的学习方式"。为了适应这一变化，2007年课程标准版考试大纲在原来5个能力层级的基础上，又增加了"探究"的能力层级，试卷在阅读题中增设探究题型。如"盛宣怀办学成功的主要原因，有人认为是他有丰富的办学经验，有人认为是他教育思想先进，有人认为是他经济实力强，有人认为是李鸿章的培植。你的看法呢？请就你认同的一种原因进行探究"。（2009海南宁夏卷）探究题的答案不是唯一的，只需答出自己认同或感受最深的一点即可。除了提

---

① 章熊. 语文标准化考试的几个反馈信息［J］. 课程·教材·教法，1988（9）.

② 张开、赵静宇. 恢复高考后语文科改革与发展述略［J］. 中国考试，2017（3）.

供的答案外，往往还在"评分参考"里说明："如有其他答案，可根据观点明确、理由充分、论述合理的程度，酌情给分。"

为了体现课程标准"时代性、基础性和选择性"的要求，课标卷还对试卷结构作了调整，分为阅读与表达两大板块，主要是为了增设选作题。第Ⅰ卷阅读题（70分）包括现代文阅读和古诗文阅读，其中"论述类文本"为必作，"文学类文本"和"实用类文本"为选作；古诗文阅读包括文言文阅读、古诗词阅读、名句名篇默写。第Ⅱ卷表达题（80分）包括语言文字应用和写作。

此外，这一时期的高考作文，先是缩写（1978）、改写（1979）、读后感（1980~1981）、漫画（1983）、写信（1985、1989）等实用性写作，后来是标题作文，如"先天下之忧而忧，后天下之乐而乐"（1982）、"习惯"（1988），话题作文如"假如记忆可以移植"（1999）、诚信（2001），再到新材料作文"乌鸦抓山羊"（2006）、"中国崛起"（2011）、"船主和油漆工"（2012），而且允许对所给材料进行多角度立意，也反映了命题工作者的艰辛探索和创造性追求。

三、发展期（2013~2019）

党的十八大以后，"立德树人"成为我国教育改革的主旋律，考试改革步入深水区，高考考试内容改革出现了新的情况：第一，国家政策导向。《国务院办公厅关于深化考试招生制度改革的实施意见》（2014）、全国教育大会（2018）、《国务院办公厅关于新时代推进普通高中育人方式改革的指导意见》（2019），标志着中国教育进入新时代。第二，新高考改革实验。改革按地区分三批进行。第一批有上海、浙江（2014），第二批有北京、天津、山东、海南（2017），第三批有河北、辽宁、江苏、福建、湖北、湖南、广东、重庆（2018）。第三，全国卷与分省卷并存。从2015年起，全国除北京、天津、上海、浙江、江苏外，都使用教育部考试中心命制的全国卷。第四，中学教学实际。《普通高中语文课程标准（2017年版）》和统编高中语文教材开始使用，考试大纲取消。这些无疑为语文考试改革提供了价值目标、根本遵循和现实依据。

这一阶段的语文考试，具有以下特点：

1. 服务立德树人，引领素质教育。语文高考改革致力于推进素质教育，科学选拔人才，用考试"指挥棒"服务立德树人，引领素质教育，相信每个学生都是独一无二的，促进学生全面、有个性地发展，回归课堂，回归教材。通过考试，让学生有获得感，教师有成就感，家长有满足感。现代文阅读所涉及的卢作孚、吴良镛（2013），邓叔群、玻尔、侯仁之（2014）、戴安澜、朱东润（2015）、墨子号量子卫星（2018）、港珠澳大桥（2019），着眼于对理想信念、爱国主义、品德修养、奋斗精神的考查，同时也有利于在当代青年中传承民族精神，弘扬爱国主义，树立民族自信心和自豪感，实现中华民族的伟大复兴。

2. 贴近时代需要，考查综合素质。为了适应新时代对语文核心素养的要求，试题立足语文学科特点，考查支撑终身发展、适应时代需要的语文关键能力，即现代文阅读、古诗文阅读、语言文字运用和写作能力。既是对高考语文传统命题经验的"守正"，也是新形势下语文核心素养的"出新"。精心选取语料，巧妙设计试题。比如，全国卷作文题"语文学习""小羽的创业故事"（2016），"中国关键词""中华名句""高考改革 40 年"（2017），"世纪宝宝中国梦""改革开放三部曲""幸存者偏差"（2018），"青春报国""热爱劳动"（2019）等，具有鲜明的时代气息，从文化、历史、实践三个层面切入，引导学生深入思考，要求写出自己的认识与感悟，或提出希望与建议。在考查语言表达和文字写作素养的同时，也考查学生的信息加工、学会学习、逻辑推理与独立思考能力。

3. 降低试题难度，回归教材与课堂。试题总体难度降低，增加宽度与广度，注重回归教材与课堂，联系社会生活实际，增强综合性、开放性、应用性、探究性。2013 年传记阅读开始以"相关链接"的方式使用非连续性文本。2017 年新闻阅读《垃圾分类》直接以三则含有文字和图表的非连续性文本形式呈现。2019 年现代文阅读考查鲁迅的《理水》、叶嘉莹论杜甫诗和法国莫泊桑的《小步舞》，古诗文阅读考《史记》中的贾谊、商鞅、吴起，刘禹锡、杜荀鹤、陈与义的诗。这些作者或历史人物都曾在中小学语文教材和其他读物中出现过，早已为学生所熟知，高考试题只是对高中语文教学的自然而合理的引申与拓展而已。这对高中语文教学无疑会具有积极的引领与导向，即在平时教学中，扎扎实实落实课程标准的要求，学好、吃透教材，真正实施素质教育。

4. 创新题型设计，强调实际应用。从 2014 年开始，名句名篇默写题不再只是简单地要求默写，而是给一定的情境，要求根据上下文语境进行补写，要求在理解的基础上背诵默写，突出对古诗文名句的实际理解和运用能力。文言文增设断句题和文化素养题，既考查古诗文阅读能力，又引导学生加深对中华优秀传统文化的理解应用。2014 年"瑶族村三日行"，2015 年"'保护水资源'邮票"等图文转换以及信息的提炼与加工等，不仅探索了语言文字应用的新题型，也体现了大数据、多媒体和自媒体时代的特征。

语文考试有待进一步研究的问题主要有：一是社会需要什么样的写作能力，如何加强写作？如何解决高考作文的套作、抄袭问题？二是目前作文评分平均分虚高，标准差，区分度、信度比较低，如何加强作文评分管理，提高评分质量？三是如何协调信息类阅读与文学类阅读的关系？四是如何加强试题的情境设计？增强试题的探究性、综合性、应用性，如何进行跨学科命题。

中国教育进入新时代，必然要求发展素养教育，推进教育公平，实现教育现代化，建设教育强国，办好人民满意的教育。为此，教育部考试中心于 2019 年 11 月发布《中国高考评价体系》和《中国高考评价体系说明》，作为深化高考内容改革的基础工程、理论支撑和实践指南。未来的语文考试，必须准确把握高考的时代特征，坚守高考的核心立场，明确高考的考查内容和要求，灵活运用不同类型的试题情境，以价值引领、素养导向、能力为重、知识为基为改革思路，进一步发挥语文在考试内容改革中的引领作用。

第一，进一步围绕发展素质教育做文章。突出立德树人导向，弘扬责任担当、家国情怀、信仰敬畏、英雄气概，引导学生坚定理想信念，厚植爱国情怀，加强品德修养，增长知识学识，培养奋斗精神，增强综合素质，促进身心健康。服务国家对创新型人才的要求，鼓励独立思考，培养创新意识，发展个性特长，提高综合素质，使人具有宽广的知识面、敏锐的观察力、深厚的文化素养和较强的创新能力。

第二，突出考查语文学科素养、关键能力与必备知识。落实语文学科的工具性目标，立足于中国的国情语情，突出语文作为中华民族通用语的特点，培养学生崇敬中华母语、热爱祖国语文的思想感情。提高正确理解和熟练运用祖国语言文字的能力，包括精读、泛读等阅读策略的灵活运用，对文本信息的审视阐释，以及语言表达和写作的能力。树立"大语文教育"观，培养联想、想象及思维能力，包括批判性思维和创新思维，培育审美情趣，增强中华文化底蕴，树立文化自信。

第三，落实课标精神，贴近教学实际。《普通高中语文课程标准（2017 年版）》提出语文核心素养，明确 18 个语文学习任务群，提倡整本书阅读。语文考试理应体现课标精神，发挥好对高中语文教学的积极引领和"指挥棒"作用。以典型任务为内容，以综合考查为导向，通过阅读与鉴赏、表达与交流、梳理与探究等综合性实践活动，考查学生运用所学知识分析问题、解决问题的实际能力。

第四，加强情境设计，注重实际应用。根据实施新课程后不再制订考试大纲的实际，语文考试将进一步优化考试内容，注重联系社会生活实际，增加试题的基础性、综合性、应用性、创新性。科学设置试题难度，命题要符合相应学业质量标准，体现高考选拔功能。突出任务驱动，强化情境设计，以真实、具体的语文实践活动情境为载体。作文命题将更加贴近时代、贴近社会、贴近学生实际，强调实用性写作，鼓励写真情实感，注重时代新人的视野与眼光。

　　高考是一项具有鲜明中国特色的基本教育考试制度，也是实现教育公平乃至社会公平的根本保证。尤其是语文考试，政策性强，涉及面广，公众关注度高，社会影响大。70 年来，一代代语文考试工作者，包括高校学者、教研员和一线教师披荆斩棘，接续前行，从考试理论到命题实践，不断探索，逐步完善，取得了丰硕成果，建立起适合中国实际的语文考试评价体系。未来的语文考试，考试工作者必将围绕立德树人的根本任务将其进一步改革，履行好为国选才育人的重大使命。语文考试改革永远在路上。

高考语文古诗阅读命题特点及教学启示

——以 2019 高考语文全国卷中古诗阅读题为例

兰州市教育科学研究所正高级教师　朱武兰

　　高考中的古代诗歌阅读是一种考试环境中的阅读，它在阅读量、阅读时间、阅读条件方面有着严格的限制，这是不同于教学环境的古代诗歌阅读的。这种阅读要求考生必须在规定的条件下运用已有的知识完成规定的任务。因此，在高考古代诗歌阅读命题中，如何将有关古代诗歌阅读的知识，通过能力化的内容呈现出来，帮助学生从高考古代诗歌阅读题中获得富有"学习价值"的信息，对于指导考试环境中的古代诗歌阅读很有意义。细读 2019 年全国高考古代诗歌阅读试题的测试材料和设问方式，对于促进学科知识运用的教学方向和教学过程的展开，有着深刻的指导作用。

一、贴着古代诗歌的题目读诗

　　相比其他体裁，古代诗歌更追求语言、结构的精致性。阅读时，需要从有机整体的角度去充分考虑古代诗歌内在的关联性。2019 年全国 8 套试题中的 8 个古代诗歌阅读材料，诗歌标题与内容的关联紧密而巧妙。诗题如"纲"，内容如"目"，举一纲而张万目。如全国卷Ⅰ的古代诗歌试题。

题许道宁画[注]

陈与义

满眼长江水，苍然何郡山？

向来万里意，今在一窗间。

众木俱含晚，孤云递不还。

此中有佳句，吟断不相关。

【注】许道宁：北宋画家。

这首诗歌因题下有注，也就了解到这是诗人观画作诗，由此推想，画作的内容和观画人的感受是诗歌内容。依此读诗，前三联写画作内容：水、山、木、云，"苍然""万里意"，既是画作内容，又是观画之感；尾联写观画人对画作的评价，既有赞叹，又有感悟。再如，2019年高考试题中的其他测试语料：《投长沙裴侍郎》（全国Ⅱ卷）、《学诸进士作精卫衔石填海》（江苏卷）、《早秋过龙武李将军书斋》（浙江卷）、《和张规臣水墨梅》（北京卷）、《通泉驿南去通泉县十五里山水作》（天津卷）。这些诗歌均可顺题而入，读懂诗歌的基础语意。阅读古代诗歌先看题目，这是日常教学中老师给学生的一个阅读要领，在试题中则考查对这一知识的运用情况，究其实质，是关注学生运用学科知识、学习经验与文本信息解决问题的思维过程。这对于纠正教学实践中诗歌阅读以文本解读为纲的教学行为，有着方向性的指导作用。

二、贴着古代诗歌的语境读诗

比较 2018 年、2019 年全国卷Ⅰ的 15 题（见下表），虽然同为诗歌最后两句的含意理解，但从设问方式上引起学生与语境的关联程度却是不同的。

2019 年全国卷 I	2018 年全国卷 I
15. 诗的尾联有什么含意？从中可以看出诗人对这幅画有什么样的评价？（6分）	15. 诗的最后两句有何含意？请简要分析。（6分）
题许道宁画[注] 陈与义 满眼长江水，苍然何郡山？ 向来万里意，今在一窗间。 众木俱含晚，孤云遂不还。 此中有佳句，吟断不相关。 ［注］许道宁：北宋画家。	野 歌 李贺 鸦翎羽箭山桑弓，仰天射落衔芦鸿。 麻衣黑肥冲北风，带酒日晚歌田中。 男儿屈穷心不穷，枯荣不等嗔天公。 寒风又变为春柳，条条看即烟濛濛。
参考答案：①画中蕴含着诗意，但无法用语言准确表达。②这幅画意境深远，韵致悠长，令人玩味不已。	参考答案：①意为凛冽的寒风终将过去，和煦的春风拂绿枯柳，缀满嫩绿的柳条好像轻烟笼罩一般摇曳多姿。②表达了诗人虽感叹不遇于时，但不甘沉沦的乐观、自勉之情。

2018 年试题，如果抽离语境，学生依然能做出回答，因为一般分析诗歌中句子含义的"套路"是先阐释句子字面的意思，然后挖掘背后作者的情感。在这样"套路"的指引下，从"寒风又变为春柳，条条看即烟濛濛"中，"寒风"和"春柳"形成的对照关系，即可推想出作者的情感肯定与"不屈服""乐观"之类有关。这种套路式的答题，固然是诗歌教学中答题套路训练和知识"点对点"讲解的结果，但更重要的是设问本身没有触发学生关注整首诗歌的必要性。

但 2019 年的诗歌设问如果抽离了语境，则难以正确作答。因为，要回答尾联的含意，仅从这两句之间，不太可能寻找到套路上的理解，再加上设题补问的"从中可以看出诗人对这幅画有什么样的评价"，引发学生作答需要与全诗描写对象的整体性和诗人感知的整体性的有机联系——"此中有佳句，吟断不相关"与"许道宁画"的关联，"佳句"与"许道宁画"的关联，画作尺幅间的"万里意""众木俱含晚，孤云遂不还"与"苍然"的照应关系等。如果再由诗作内部的语言形式进一步关联诗歌的历史语境，从宋诗尚理趣来说，尾联既是对画面内容的整体评价，似乎又有一些无限与有限的思考里。

这种对作品整体语境依赖程度的关联的强调，对于正确、科学地进行古代诗歌教学，不无裨益。

三、贴着古代诗歌的结构读诗

古代诗歌的教学，多致力于对诗歌意蕴价值的发掘，对语言形式的研究相对缺乏，尤其是篇体结构被不同程度地忽视。2019 年全国卷 II 的设题，对这一现象有着足够的重视。试题选用的阅读材料是杜荀鹤的《投长沙裴侍郎》，诗歌内容如下：

投长沙裴侍郎

杜荀鹤

此身虽贱道长存，非谓朱门谒孔门。

只望至公将卷读[注]，不求朝士致书论。

垂纶雨结渔乡思，吹木风传雁夜魂。

男子受恩须有地，平生不受等闲恩。

【注】 至公：科举时代对主考官的敬称。

依据诗歌题目和文下注释，可知这是一首投赠诗，由此推想，诗作所叙之事、所写之景应与"求得进身"之事有关，进而由这类干谒诗盛行的历史语境可以大致猜测到诗人的心态。但是，杜荀鹤在这首诗中表达的情绪是复杂的，学生阅读也是有障碍的。命题者为了降低这种阅读难度，给了学生一个基于诗歌起承转合结构的支架性知识：

15. 诗歌的颈联描写了两个具体场景，与其他各联直抒胸臆的写法不同，这样写在情感表达和结构安排方面有什么作用？（6 分）

这个设问在提示考生，从诗歌结构中的"转"去体会诗人的情感，认识结构变化之妙。由设问可知，除颈联是场景（间接抒情）外，其他三联都是直抒胸臆——"求得进身"。只不过杜荀鹤渴望得到高官裴侍郎的赏识，但又想坚持自己的立场：不失儒士风骨的傲然之气。结合诗歌高度紧密的内在关联性，看似在写两个场景的颈联，其实也是在间接地写这种心态。雨中垂钓的钓鱼翁、夜风中吹来的大雁孤鸣之声，都是这种情感情怀的形象化表达。这一"转"笔，与其说是暗示，不如说是一种姿态，一种立身刚直、不卑不亢的耿介姿态。这种高傲的文人情绪与作者对科举的孜孜追求使诗歌在矛盾中形成了一种张力，表现了丰富细腻的内心情绪的同时，诗歌节奏也一改前两句的高亢，突然缓慢低沉，使整首诗歌的节奏富于张弛变化，委婉从容。这恰是"转"的妙处。

这道题的设问看似考场景的作用，实则是考查学生对古代诗歌"起承转合"结构知识在具体情境中的应用能力。学生的作答是用诗歌的结构知识来做支撑的。这种通过行为性的评价来检测学生的语文素养的试题，对教学中如何落地语文学科素养是有重要的启发意义的。

四、贴着已有的古代诗歌学习经历读诗

学生能形成知识的迁移，常常有两种思维导向：一种是"类"的思维，另一种是"比"的思维。通过联想学过的类似诗句，建立新旧知识的联系，再比对不同诗人的情感表达或表现方式。2019年全国卷Ⅲ中阅读语料是刘禹锡的《插田歌（节选）》，其中15题的题干"与《酬乐天扬州初逢席上见赠》相比，这几句诗的语言风格有什么不同"，就是在利用这两种思维导向指导学生读诗答题。相比于2018年全国卷Ⅰ以李贺的《野歌》为阅读语料，仅用一个选项"诗中形容春柳的方式与韩愈《早春呈水部张十八员外》相同，较为常见"来考查，2019年在关注"类"的思维、"比"的思维的同时，综合性更强，更重视指导学生如何将习得的古诗鉴赏知识、能力逐步结构化，进而发展古诗歌鉴赏力、传承力。

综上所述，2019年古代诗歌阅读试题，从阅读材料和主观题的设问方式来看，暗含着一种测评导向：用知识解决具体情境中的典型任务。这不正是新课标下对合理学习方式的一种追求吗？这也必然对教学实践发挥正向的指导作用：让学生努力学会读诗歌，比一味追求应试技巧更重要；让学生先做一个阅读者，比只做一个应试者更重要；让学生回到阅读中去，关注学生运用学科知识与学习经验解决问题的思维过程，比单纯停留于内容性知识层面更重要。

中国高考作文与美国新 SAT 作文评分标准比较

牡丹江师范学院教授　　具春林

牡丹江师范学院　　邵晶晶

　　SAT 全称 Scholastic Assessment Test，译为"美国学术能力评估测试"。SAT 由美国教育考试服务中心（Educational Testing Service，简称 ETS）举办，是世界各国高中生申请美国名校学习及奖学金的重要参考，是面向全世界包括美国本土高中生在内的统一考试。因此，将 SAT 称为美国高考也不为过。主要是考查学生的逻辑、分析、推理等方面的能力。

　　SAT 作文从 2005 年 3 月至 2016 年 3 月，皆是给定一段文字材料，指定一项写作任务，任务多是对材料的观点的看法，或者针对材料的观点引发思考并作文。2016 年 3 月开始（下文称新 SAT 写作），采用一种新型的写作项目，即阅读文章，写一篇分析性的作文，而不是以前的任务驱动型作文。

　　比较中国高考作文和美国新 SAT 写作评分标准异同，可管窥见豹，考察西方先进国家作文教学的导向及先进的理念，反思我国当下高考作文的问题。

一、中国高考作文和美国新 SAT 写作评分标准概述

（一）中国高考作文评分标准概况

中国的高考作文从 2000 年开始，有基础等级和发展等级两项评分，不分文体，一直延续到现在。全国只有上海从 2009 年开始出台了记叙抒情类文体和议论类文体不同的评分标准，本研究以全国统一作文评分标准为比较视点。

基础等级分内容和表达两项，评分以题意、内容、语言、文体为重点，全面衡量。内容项满分 20 分，重点考核题意、内容。表达项满分 20 分，重点考核结构、语言、文体、卷面等。基础等级有鲜明的导向，指向作文严谨的常规训练，旨在全面考核学生的写作综合素养。发展等级从深刻、丰富、文采、创意四个维度考核。要求包括四个方面，即文章的思想要深刻透彻；文字描写要生动形象；语言要有文采；内容和形式要有创新。发展等级评分，倡导学生个性化表达。发展等级对高中作文教学提出了更高要求。

（二）美国新 SAT 写作评分标准概述

美国大学课程体系中，学术写作是"基于证据的"（Evidence-based）写作，即根据已有的资料和数据撰写分析性报告。旧 SAT 的 Essay（任务驱动式）为"基于观点的"（Opinion-based）写作，即为表达观点型的写作。这种任务型作文，考生准备充分的素材，掌握基本的论证逻辑就能得到理想的成绩。因而很多考生考前准备一些"万能素材"，多数为名人轶事、经典文学作品或著名历史事件。有的考生甚至在考场凭空捏造论据，只要能证明自己的观点即可。

新 SAT 写作是分析性写作，是为了检测考生"为大学做准备"的写作能力，是强调分析和例证能力的写作。要求考生先读一篇文章，然后再写一篇评论。阅读的文章一般是议论文，650～750 字，难度适中。在新 SAT 写作里，阅读文章是写作的基础，是写作中一切论据的来源，考生只有把文章读懂了才有写作的可能。新 SAT 写作不再是套用写作模板以及背名人故事素材能够应付得了，需要通过阅读分析，结合自己

的真实理解，运用偏学术性的理论与概念，调动自己知识积累的基础上进行评析式的写作。因而，准确选择和引用原文中细节语句辅助自己的文章展开，高效组织起自己的学术文章是新 SAT 写作的要务。

新 SAT 写作依然会由两位阅卷人评判。每位阅卷人将以 1~4 分来分别评阅考生作文，每个维度的得分分别相加后都会在 2~8 分区间内。新 SAT 写作评分标准如下。

4 分（advanced）表达（Writing）：写作连贯通顺，能灵活驾驭语言；中心要点明确；应包括良好的开头和结尾，段落内部及段落之间的逻辑连贯有序；句子结构富于变化，措辞讲究，风格正式，语气客观；对标准书面语言规范掌握熟练，（基本）没有语法错误。

3 分（proficient）表达（Writing）：写作基本连贯通顺，能熟练使用语言；中心要点大致明确；应包括合理的开头和结尾，段落内部及段落之间逻辑清楚；句子结构有所变化，措辞基本准确，风格正式，语气客观；对标准书面语言规范掌握良好，无严重语法错误，不影响句子表达。

2 分（partial）表达（Writing）：写作不连贯，语言运用能力不足；缺乏中心要点，或者展开过程中偏离要点；开头或结尾部分不完善，尽管段落内部逻辑清楚，但段落之间逻辑存在问题；句子结构缺乏变化，经常重复；措辞不严谨，用词重复，可能偏离正式风格和客观语气；对标准书面语言规范掌握不足，语法错误影响句子表达。

1 分（inadequate）表达（Writing）：写作不连贯，语言运用能力有限；缺乏中心要点；缺乏明显的开头和结尾，文章内部展开无逻辑；句子结构单一、重复，措辞不严谨，用词简单或有误，未使用正式风格和客观语气；不能掌握标准书面语言规范，语言错误影响句子理解①。

二、中国高考作文和美国新 SAT 写作评分标准比较

（一）言语表现：陈述与描述之间

---

① 新 SAT 写作评分标准《官方指南》，http：//www. genshuixue. com/i‐sat/p/1012097

从语用的角度来说，描述性词汇利于表现形象、再现想象情境，利于抒情；而陈述性的词汇利于表达观念与态度。

美国新 SAT 写作的评分标准多用陈述性的语言，清晰地表达了评价的导向。如等级的区分标准，大多数用"有"与"没有"这种表示存现意义的动词，如"中心"的等级区分为："有明确的中心论点""中心大致明确""缺乏中心要点或者展开过程中偏离要点""缺乏中心要点"。"有""大致（有）""缺乏（没有）"，这些表示存在与否的词汇，区分度明确，操作起来比较容易，评价标准确定性程度高。

中国高考作文评分标准多用描述性语言。如基础等级中关于作文内容的满分标准为："切合题意、中心突出、内容充实、思想健康、感情真挚"。"切合""突出""充实""健康""真挚"皆为描述性词汇，这些描述性词汇有很大的想象空间，使得评价的标准很难统一。标准不能统一，就会造成评价者的主观臆断。描述性表述重在表现想象中的愿景，而非确定的尺度。描述性的词汇运用，意味着评价标准确定性程度不高。

（二）内容要求：务实与虚高之间

新 SAT 写作评分标准中内容一项的满分要求是"连贯通顺""有明确的中心论点"，要求简单而明确。重视考核考试的实际写作能力，考察针对原阅读材料提炼观点并围绕观点展开有层次的合理论述的能力。这些都体现了美国务实的写作理念。

中国高考作文评分标准虚高。一方面，要求过高，在美国"中心明确"为一等，在中国则为二等。实际上，"明确"已经能够突显写作意图，可评分标准非常吝啬满分，一定要"中心突出"才给予。"突出"要高出"明确"几何？这就让考生完全摸不到头脑了，也让阅卷者不知所措了。另一方面，要求繁多，就"内容"一项，就要从"题意""中心""内容""思想""感情"众多方面考核，且每一项考核满分的要求都虚高，如此，满分文章似乎就是空中楼阁，遥不可及。

（三）结构逻辑：严格与泛化之间

美国新 SAT 写作是分析性写作，重点考核学生分析例证的能力，对文章的结构逻辑有非常严格的要求。文章是否有"连贯"性，有"良好的开头结尾"，是否"逻辑连贯有序"。如何提出问题，如何展开论证，结尾如何重申观点都要经过认真训练。严格的结构要求，体现了写作考核对理性思维培养的诉求。

中国高考作文评分标准基础等级只在"结构严谨"一项中提到"文章具有必要的组成部分，且围绕中心，衔接自然，有较强的内在联系"。对文章整体结构、整体和局部的关系、文章开头与结尾的表达技巧都没有具体的要求，对各个部分间的逻辑关系也没有做具体的要求，只是泛泛而论，并没有明确的指示。

（四）语言要求：规范与文采之间

新 SAT 写作评分标准对语言的规范性有明确的要求。对"句子结构""单词""标准书面语言""语言错误"都有明确的规定。满分作文要求"句子结构广泛多样""单词选择保持一致""很强的标准书面语习惯表达能力""没有或者非常少有语言错误"。

中国高考作文的评分标准在基础等级对语言的规范、用词、句子、句式方面亦做出明确规定。此外，发展等级要求语言有"文采"，其具体分解为：用词贴切，句式灵活，善于运用修辞手法。"文采"的标准是模糊的，很难明确界定。"文采"引领了高考作文语言评价，导致浮华文风滋生。

（五）文体要求：限定与未定之间

美国新 SAT 写作目的是考核学生的学术品格，主考论说文。新 SAT 写作考分析性写作，主要考查考生分析、评价、说明和说服能力，因此，评分标准对文体的要求只一点："文体正式"。这是不容置疑的绝对性，只考能展现学生学术品格的分析性论说文。明确了文体倾向，评价就有较高的确定性。

中国高考作文是文体不限的未定性写作。考生有选择文体的自由，可写议论文、记叙文、书信体、小说等，但亦强调选定了文体后必须按文体规范或特点写作，至少应当侧重于某种文体，不能写成四不像的文章。但评分标准并未设置不同文体的评价要求，所以，评价就有了未定性，就出现了不同文体评价标准交互运用的问题。

三、新 SAT 写作评分标准的启示

比较中国高考作文和美国新 SAT 写作评分标准，可以发现我国作文评价中存在的问题，管窥美国作文的理念，审视我国作文教学的误区。

（一）作文评价确定性程度要高

评价标准确定性，决定了评价的客观性，影响着评价的效度和信度。

1. 评价要求应具体明确。中国高考作文评价标准要求繁多，但表述不具体明确，增加了操作难度。多而无当，导致片面评价，评价多侧重作文的语言、内容、结构，而对作文的思维、逻辑等问题很少顾及。评价标准落实不清楚，就失去国家标准应有的严肃性。

新 SAT 写作评价标准要求简洁而清晰。为了使评价者和学习者有明确的认识，官方在评价标准后附有各个等级的评价示例，请看一则满分作文的评价。

答卷显示本作文对语言和文章结构的高度有效和自如的掌控。引言里提出的中心论点，综述和概括了作文的三个要点，全文也完全依照这个思路展开。作文结构紧凑，一气呵成，且论点和论点之间的衔接很自然如（another strategy；yet the most outstanding feture）。考试用词准确，语调语气也比较客观（While XXX is gaining some ground today，many people still seem to lag behind the time；although it is questionable⋯⋯their existence is an undeniable fact）。文章中短句长句搭配相宜，单句复句错落有序。作文全篇基本上没有错误，显示了考生牢牢掌握了英语写作的规范，有较强的英文写作功底。总体来说，作文完全符合 SAT 考试作文命题中提出的各项要求，显示了考生很强的写作能力①。

---

① 张卉. 新 SAT 官方新样题第一时间解读——写作满分作文. http：//bj. xdf. cn/publish/portal24/tab16623/info832601. htm，2015. 1.

这则满分评语，对文章的语言、结构、逻辑、内容，具体到语气、词汇、句式的运用、写作的规范，都做了客观的评价。评价标准内容具体，评价示例解释详细，使评价者和学习者都能明了评价的要求。评价者就可以轻松地从各个方面全面衡量学生的作文，学生也可以轻松地把握各个维度的努力目标。

2. 等级间要有清晰的界定。作文评价标准有较为清晰的等级界定，既易于评价者操作，也易于学习者明晰学习的径由，逐步提高写作水平，顺利达成理想的目标。中国的评价标准等级界限较为含混，导致评价的随意性，也使学习者往往只看到写作的终极目标，无以明晰努力的步骤，写作仿佛变成一种美好的愿景，可望而不可即，徒然增加了评价者和学习者的困境。

新 SAT 写作评价标准评价等级界定有确定性的表述。等级界定线索清晰，一是表达效果如何，二是出现多少瑕疵。如"结构"一项是从文章整体逻辑效果、开头结尾技巧的运用效果做出等级划分的。四个等级的区分标准是：逻辑有序；逻辑清楚；存在问题；无逻辑。而对"标准书面语言规范"的"语法"一项，是从出现的瑕疵多少、问题程度轻重做出等级划分的。四个等级的区分标准是：（基本）没有错误；无严重错误，不影响句子表达；错误影响句子表达；影响句子理解。根据这两条简约的线索，各等级间就有了较为明确的区分度，复杂的作文考核就变得简单而容易操作了。

3. 评价标准切忌过高。考试标准的终极目标是服务于适用对象，促进学习者的学习积极性。但中国的作文评分标准虚高，几近完美，比如"透过现象深入本质""意境深远""有文采"，即使是名家也鲜能写出这些优点兼具的文章。虚高的写作要求，使评价者苛责学生的作文，常有一省的考生无一篇满分作文的现象。这样的评价，消弭了学生在学习行为中投入的热情，学生望而却步，迷失学习的方向，无以有效发挥国家考试的导向作用。

新 SAT 写作评价标准，各项指标都远远低于中国作文的评价标准。有些要求在我们看来似乎不可思议，如满分对结构和语言的要求是"良好的开头和结尾""（基本）没有语法错误"，这种水准的作文在中国不可能被评为优秀作文，更不用说满分作文。但这样的要求却是切合学生实际情况的。一者，考场作文，在有限的时间内，要求学生一点失误都没有是不客观的；二者，学生理性思维尚未成熟，大学入学考试只是着眼于各种学术潜质的考核，所以适当放宽要求，降低评分要求，既应关照学生的学习心理，也应关照学生的思维水平，这样才能考核学生真实的学力水平。

新 SAT 写作评价标准评价要求具体明确，评价等级界定较为清晰，评价标准难度适中，体现了美国务实的写作教学要求，切合学生的发展实际，引导着考生适应社会的价值取向。无疑，给面面俱到、等级界定含混、要求虚高的中国高考作文标准以深刻的启发。

（二）作文评价要昭示社会价值导向

高考评价是一种国家制定的教育标准，也代表国家价值观念的控制性。新 SAT 写作评价标准鲜明地表达了国家价值导向；给了我们诸多启示。

1. 批判性思维培养的导向。曾参与过 OECD 核心素养框架研究的美国著名经济学家列维（Frank Levy）和莫奈（Richard Murnane）认为，"专家思维"和"复杂交往"可能是未来社会对人才的主要诉求，也是对 21 世纪核心素养的浓缩和概括。也正因此，各国教育都把"专家思维"的培养作为 21 世纪教育的重任。专家思维的内核即为批判性思维，而批判性思维能力的培养是中国教育的瓶颈。重文采轻思维是中国作文的特点。作文无须真情实感，无须思考感悟，无须逻辑论证，学会化用他人的语言、化用他人的写作范式就能得高分。学生不善思辨、不善说理，认识肤浅、思想苍白成为一代中学生的通病。

SAT 作文直译叫作"批判性写作"。新 SAT 写作考试在昭示国家教育的控制意识，在引领批评性思维能力培养方面做了有力的尝试。新 SAT 写作是分析性写作，要求考生就所给阅读文本进行分析性写作，考生须阐释作者是如何构建论点的，如何有逻辑地推进文章以确立观点的，要使用文章中的元素来支持自己的推理。作文不需要陈述对文章主题的看法，而是要确定作者的论点是什么，以及他是如何阐述自己的论点的。这意味着想走捷径，准备大量的材料和范文，套用他人的材料和格式的路是走不通了。所有的学生都要从同样的文章中寻找写作材料，这是对学生的批判性思维力的真实考验。

高考作文评价标准指向批判性思维能力的培养，是通过国家标准，驱使教学实现其教育目标的有力举措，既体现了国家教育控制的严肃性，也体现了国家教育控制的鲜明导向。

2. 维护社会语言规范秩序。中国高考作文的评分标准重视文采，导致考生片面追求语言形式的美，做华而不实、言之无物的表述。对语言规范性重视不够，既影响了考生语言实际能力的培养，也影响了考生严肃认真写作态度的树立。

新 SAT 写作评价非常重视语言的规范性。为了让考生明确语言规范的要求，在评分标准后附的评价示例中，对语言规范的要求有非常详细的说明。如词语的准确与否、语调语气、长短句、单句复句是否得当、书写是否规范并列举了具体的句式和词汇的运用。通过高考规范语言秩序，既可以增强考生语言规范意识，同时也可以培养考生负责的交际态度。

新 SAT 写作语言评价要求启示我们，重视人才选拔的平台，维护语言秩序，可以引领作文教学，乃至语文教学的语言规范意识，同时彰显社会控制的意义，从根本上抑制浮华文风。

3. 基于多学科知识的写作。作文的目的，归根结底是为了生活、为了学习。作文与生活、与其他学科的学习有着密切的联系。从 2015 年开始，中国高考作文引入任务驱动型作文，希望通过限定任务，驱动考生借助自然、历史、哲学、伦理等诸多学科的知识积累，由社会生活的表向到问题的实质做深入思考。遗憾的是，考生的作文，依旧繁复征引，就事论事，苍白无力。考试命题已有明确指向，但考生的作文依然做浅显的言说，缘何如此？我们不得不思考是评价标准引领意义的缺失。

新 SAT 写作也正是为了避免僵化的、机械的练习，采用评析式写作形式。这种评析式写作是阅读部分的延伸，阅读文本涉及文学、历史、科学、地理等学科的内容，要求考生借助跨学科的阅读，结合自己的真实理解，在考生的知识结构上，进行多学科知识基础的写作。考试阅读文本多选择近年来几大报刊上的文章，命题旨在引导考生直面外部世界，放眼于自身所处的社会生活。

新 SAT 写作评价标准对写作内容有了严格限定，要求写作与文本保持一贯性，考生必须深层对话阅读文本的知识和逻辑，然后以自己的思维有条理地、清晰地分析阐述。前提是多学科知识的支撑，这种基于多学科知识的分析写作能力是大学学习必备的素质能力。高考作文的引领，必然会引发考生综合学习的观念。这种作文考察方式，与我国现行的高考作文相比，是十分新颖和有创造力的。

4. 培养良好社会交际态度。"复杂交往"是未来社会对人才的诉求，是 21 世纪核心素养的重要内容。母语教育的理念须适应当今信息时代的特点，目标指向培养 21 世纪所需要的社会交际能力。中国高考作文在"文道合一"的传统思想影响下，考生习惯于揣测出题者用意，附会主流意识，作文缺少真实感悟，泛泛征引，做貌似深刻的、虚伪的言说，消弭了考生端正的社会语言交际态度。

美国把语言教育的主要目标确立为培养学生掌握向个体、集体，乃至国家表达需要的能力。认为工作、生活、交往，无不与写作息息相关，反之，写作的过程也是交际的过程，写作的目的是使学生掌握社会交际的能力。

新 SAT 写作评分标准亦指向了社会交际能力。一方面，引导学生有针对性地言说。为了避免旧 SAT 作文素材模板套写的弊端，避免学生非理性的论述、牵强附会地联系，改革为分析性写作，要求阐述要始终围绕试题的材料，有针对性地表达，避免天马行空的、无边际的论述。其次，强调要客观说理，为论述更加严谨合理，要有依据地、冷静客观地说理，忌主观武断的、言辞激烈的辩驳，旨在引导考生在理性交流中培养思维的深度。由此培养考生良好的语言交际的态度。

比较中国高考作文、美国高考作文、美国新 SAT 写作评价标准的区别，可发现，中国高考作文和域外高考作文的理念之差别。考察新SAT写作评价标准，可认识到美国高考作文的社会价值导向，及其与时俱进的人才观；反观中国高考作文的评价标准，可反思我国高考作文因袭传统、举步维艰的症结。通过比较，可借他山之玉，探求我们自己高考作文的问题和出路。

任务驱动型作文命题中的情境化策略

——以 2019 年语文全国卷Ⅱ与武昌元调作文试题为例

武汉市武昌区教育局教研培训中心高级教师　　吴东生

华中师范大学　　宋时雨

　　"任务驱动型作文"最初缘于英美等国的日常教学与日常作文考试，而在我国该类题型的正式启用可从 2015 年高考全国新课标Ⅰ、Ⅱ两卷作文题算起。① 该类作文相较于传统的话题作文、命题作文等，具有写作任务明晰、话题指向明确等优点，因此从 2015 年起，全国各地纷纷效仿命制任务驱动型作文试题，各类模拟题，甚至"押题"层出不穷。而在 2016 年全国卷Ⅰ将漫画作为作文试题后，各地对任务驱动型作文研究的热情随即减退。时隔三年，2019 年全国卷Ⅱ的语文作文试题可以视为任务驱动型作文的一次回归。该试题不仅由于其时间线索连贯、情境选择多样受到广大师生的关注，且与过去的任务驱动型作

---

　　① 欧阳国胜. "任务驱动型作文"名称溯源、命制要求与写作指要［J］. 语文教学通讯，2016（4）：69～70.

相比，试题信息量大大增加，与之相伴随的要求也水涨船高。而这一切，都源于两道试题的"情境化"特色。所谓情境化，即在试题中创设一个或多个具体生活场景的时空环境，要求学生在特定的情境中完成作文写作。"情境化"是引导学生运用所学知识的一种有效手段，郭晓明等认为："任何知识要具有生命力，都必须作为一个'过程'存在于一定的生活场景、问题情境或思想语境之中。知识本来产生于某种特定'境域'，按照科学社会学的观点，产生于知识发现者的生活、情感与信念，产生于研究者的知识，产生于研究共同体内外的争论、协商和各种思想支撑条件。"①

纵观前三年各地命制的任务驱动型作文试题，部分试题质量不高，未能体现出该类题型的新特点，其重要原因在于对"情境化"的处理、运用不当。而在 2019 年高考前，武昌区高三元月调研考试出现了一道具有高度情境化特征的试题，与全国卷Ⅱ的高考作文试题具有较高相似性。本文试从两卷作文试题出发，简要谈谈任务驱动型作文在命制过程中可应用的几个情境化策略。

2019 年全国卷Ⅱ语文作文试题：

阅读下面的材料，根据要求写作。（60 分）

1919 年，民族危亡之际，中国青年学生掀起了一场彻底反帝反封建的伟大爱国革命运动。1949 年，中国人从此站立起来了！新中国青年投身于祖国建设的新征程。1979 年，"科学的春天"生机勃勃，莘莘学子胸怀报国之志，汇入改革开放的时代洪流。2019 年，青春中国凯歌前行，新时代青年奋勇接棒，宣誓"强国有我"。2049 年，中华民族实现伟大复兴，中国青年持续奋斗……

请从下列任务中任选一个，以青年学生当事人的身份完成写作。

①1919 年 5 月 4 日，在学生集会上的演讲稿。

②1949 年 10 月 1 日，参加开国大典庆祝游行后写给家人的信。

---

① 郭晓明，蒋红斌．论知识在教材中的存在方式［J］．课程·教材·教法，2004（4）：3～7．

③1979 年 9 月 15 日，参加新生开学典礼后写给同学的信。

④2019 年 4 月 30 日，收看"纪念五四运动 100 周年大会"后的观后感。

⑤2049 年 9 月 30 日，写给某位"百年中国功勋人物"的国庆节慰问信。

要求：结合材料，自选角度，确定立意；切合身份，贴合背景；符合文体特征；不要套作，不得抄袭；不得泄露个人信息；不少于 800 字。

2019 年武昌区高三元月调研考试作文题：

阅读下面的材料，根据要求写作。（60 分）

请你从《包身工》里的"芦柴棒"、《药》里面的夏瑜、《记念刘和珍君》里的刘和珍、《沁园春·长沙》里描述的某位革命进步学生这四个人物之中，选择一个人物，想象他通过时空隧道穿越到今天的中国，在对当前社会生活尤其是青年人的学习生活有了一定了解之后，参加你所在学校 2019 年举办的纪念五四运动 100 周年活动并发表主题演讲，请你为他写一篇演讲稿。

要求：演讲内容切合原文人物形象特征，符合当前社会实际和特定情境需要。选好角度，确定立意，明确文体，自拟标题，不要套作，不得抄袭，不得泄露个人信息；不少于 800 字。

一、创设"多时空"分支节点，给予多元选择空间

语文试题中最能体现学科特色的试题莫过于作文。其重要原因之一在于作文的"文无定格，贵在鲜活"——一道好的任务驱动型作文试题能给学生较大的选择空间和写作自由，不再像往常的题目规定唯一的答题内容。因此，为了更好地突出作文试题情境的多元化、可选择性，命题者可以从时间、空间两个维度创设多个重要节点，将历史信息熔铸于材料信息中，通过以点带面的方式深度考察学生的知识储备与表达能力。

例如，2019 年全国卷 Ⅱ 在材料中就设置了 5 个不同的时间节点，分别是 1919 年、1949 年、1979 年、2019 年和 2049 年。凡是对我国近

现代史稍有了解的人都会认识到这5个时间节点的不平凡：1919年5月4日是五四运动爆发的日子，而2019年恰好又是五四运动100周年；1949年10月1日是新中国成立的日期，而2019年又是祖国70周年华诞；1979年9月15日是"文革"结束后我国首届高考考生开学的日子，距离2019年已经走过了40年；2019年4月30日如题所示，是"纪念五四运动100周年大会"的日子；2049年9月30日是即将迎来新中国成立100周年的日子。以上的5个时间节点分别涵盖过去、现在、未来三种时间状态，无论是从横向对比还是纵向发展的角度都大有文章可做。无论选择哪一个时间点，学生只要能把握相应的历史背景，确定恰当的历史表述语言，这篇作文就可谓成功了一半。如果学生缺乏相应历史常识，盲目乱写或故意隐瞒历史信息，写出来的文章必定硬伤不断，甚至根本不符合题目要求。

2019年武昌区高三元月调研考试作文题则同样体现了这一点。该题目虽然没有直接将时间节点给出，但它选择了列举课本中不同人物的方式，以人物代表时代，本质上也是一种多元时空的体现。任何一个典型人物都是特定时代的产物与标志，他们的历史使命均由相应的时代所决定：《包身工》里的"芦柴棒"生活在20世纪30年代、抗日战争爆发前夕国民党统治区的黑暗境况之下，她没有正式的姓名，背井离乡来到上海打工却沦为奴隶；《药》写作于五四运动时期，反映了辛亥革命前后直到五四运动初期这一历史时期的中国社会面貌；《记念刘和珍君》里的刘和珍是民国时期的北京学生运动领袖，她受到先进思想的影响，积极投身于反帝、反封建的实践之中；《沁园春·长沙》里描述的某位革命进步学生处于20世纪20年代的社会背景下，代表着未来新世界的前进方向。通过以上分析可以看出，以时空线索组织架构起来的作文材料选择空间更加立体，考生在构思作文时不仅选项个数有所增加，所能写的内容也更加丰富。相较于传统任务驱动型作文情景的单一性，例如针对某一现象询问赞同或反对，设置时间节点能够更加全面系统地考查学生的文史储备与言语组织能力，促进"语言的建构与运用"这一核心素养的落实。

二、赋予"多面貌"角色身份，考查两大写作意识

许多传统的任务驱动型作文试题中出现的人物角色非常有限，甚至已经给考生确定了唯一的叙述身份，但对于该身份并未作明确的说明与解释，这就容易造成试题情境的单一与空泛。对此，命题者可在作文试题中赋予考生"多面貌"的角色身份，即首先有多个身份可供选择，其次要保证这些身份各有差异，且有明确的个性特征。这样命题的目的在于考查考生在写作时是否有"身份代入意识"与"读者接受意识"，从"思维发展与提升"的角度对考生思维的灵活性、敏捷性提出要求。

例如，全国卷试题中有五个场景，学生未必都参加过集会、庆祝游行等活动，难以直接描述实际的场面，这就要求他们在作文中"扮"好自己选择的角色，突出身份意识，即"我是谁"的问题。在情境化的要求下，考生本人不再是永恒不变的第一人称主人公，而是有了多重身份的可能性。尤其是 2019 年武昌区元月调研试题中的四个人物：芦柴棒、夏瑜、刘和珍、革命进步学生的身份各有差异。《包身工》里的"芦柴棒"是一个饱受压榨、命运悲惨的童工，不要说把握她自己的人生与理想，在当时的社会环境下就连生命健康与温饱都难以保证。《药》中的夏瑜作为一个象征符号在文中没有直接出现，透过侧面描写能看出他是一个大义凛然、矢志不渝的革命斗士，但是在当时的社会背景下，他也不可能实现内心的革命理想。《记念刘和珍君》里的刘和珍最大的特色莫过于她"始终微笑的和蔼"，温和善良下不失刚毅与勇气。但同样的，在当时国民党反动政府的统治之下，她个人的力量是极其渺小的。《沁园春·长沙》里描述的革命进步学生"指点江山，激扬文字"，这些学生"风华正茂"的朝气正如当时如火如荼的农民运动一样，闪耀着革命青春的光芒。考生如何在语言运用、语气把握，甚至用词用典中把握他们的身份，乃至于身份背后的时代元素，都将直接决定这篇习作的水平高低。《包身工》《沁园春·长沙》《记念刘和珍君》都是必修教材内的课文，《药》是语文配套读本中的重要篇目，学生如果对教材中的人物缺乏基本认识，那么这篇文章也将无从下笔。从整体来

看，该试题给予了全体考生"各表其长"的发挥空间，毕竟完全熟悉这四个人物的考生不在多数，但大多数考生应该都至少了解 1~2 个人物。在考试中并不要求他们面面俱到，只要选择自己最为熟悉、最有把握的那一个即可。

值得注意的是，在命题中赋予考生"多面貌"的角色身份不仅考查了考生的"身份代入意识"，同时也关注其"读者接受意识"，即"我写给谁看"的问题。如全国卷Ⅱ中的"写给家人""写给同学""写给功勋人物"直接点明了文章的接受对象，是学生在审题中不得不引起重视的地方。尤其是演讲稿这一文体尤其注重听众的感受，在写作中要注重吸引听众注意力，激发听众的兴趣，控制听众的情绪。面对不同的听众，写作者要适当运用不同的文字与文风。虽然阅卷人的身份是固定的，但考生只有让阅卷老师注意到自己习作中的读者意识，再配以吸引人、有亮点的内容，才可能做到文质兼美。

三、突出"多功能"文体特征，限定文章体裁要求

任务驱动型作文之所以曾风靡一时，其重要原因在于相较过去的几种作文形式，它实用性强、应用面广，可以引导学生关注社会中的现实问题。若想将这一优势充分发挥出来，则必须在文体上做出特定的限制。过去传统的作文试题往往只要求"体裁不限，诗歌、戏剧除外"，对其他文体没有明确的规定，学生一般选择的是议论文、记叙文等经常训练的文体，而对于偏实用性质的演讲稿、书信等体裁则练习不多。因此，在命制任务驱动型作文时，可以考虑从常见的几种应用文体入手，限定文章体裁要求。

全国卷Ⅱ的试题在五个分支选项中共出现了三种文体要求，即演讲稿、书信和读后感。其中要求书信写作的试题有三道，但具体内容的要求又有较大差别：参加开国大典庆祝游行后写给家人的信，学生须将自己置于新中国成立之时，既然是写给家人，在书写时既要注意基本礼貌又不必过于拘泥，字里行间需有真情的流露等；如果是参加新生开学典礼后写给同学的信，学生要将自己置于刚刚恢复高考、百废待兴的特殊

历史时期，学生在书写时，既要突出"莘莘学子胸怀报国之志"，又要注意是写给同学的信，即平辈之间语气应自然亲和，突出青年人的朝气与追求；如果是写给某位"百年中国功勋人物"的国庆节慰问信，学生要特别注意"慰问信"的内涵，从材料中可以得知，"百年中国功勋人物"不仅是长辈，而且是有过特大历史贡献的功勋人物，因此学生在写作时尤其要注意语言礼貌、得体，不得随意使用网络用语等，这些都是要与前两封信件区别开来的地方。

而武昌区元月调研试题则要求更加明确、集中："参加你所在学校 2019 年举办的纪念五四运动 100 周年活动并发表主题演讲，请你为他写一篇演讲稿"。该题干包括两个关键信息，即纪念五四运动 100 周年活动的活动主题，以及演讲稿的文体要求。除去上文已经讨论过的百年五四历史节点，需要注意的是武昌区试题明确了"学校举办的活动"，明确了活动地点与规模，自然就提示了演讲的受众主要是学生。因此考生在写作时，是以平辈人的身份进行主题发言，在语言表达上应该不同于上文所说的晚辈对长辈，要突出考生这一代人的共同历史使命。最后，考生也要适当注意演讲者的特殊性。由于题目中所给出的四个人物均不是当代青年，在用语与表达上也要尽可能符合时代特征，哪怕考生无法准确把握，也尽力避免使用一些明显与人物身份不符合的语言。

命题策略的新变化迫使考生关注长期忽视的应用文体。例如，演讲稿的书写在当下高中语文学习中所受重视程度不够。这一方面与过去的语文应试要求有关，另一方面也与高中生的日常应用频率相关联。一般而言，为高考应试而时刻做准备的高中生，除了学校内每周的国旗下讲话发言，是较少有机会接触到演讲发言活动的，这也就导致了演讲稿书写的训练极少，甚至被忽略。但是即便如此，高中语文必修教材中也设置了相应的有关演讲课文，如《在马克思墓前的讲话》《记梁任公先生的一次演讲》《我有一个梦想》。学生哪怕在教师的引导下认真研读过这些课文篇目，也该对演讲稿的格式、内容有基本认识，不至于完全无从下手。

后 记

　　为回顾新中国70年语文教育取得的成就，展望新时代语文教育的美好明天，2019年12月8-9日，北京师范大学语文教育研究所在京师学堂举办了新中国70年语文教育回顾与展望学术研讨会，来自全国各地200余名语文学科专家、教研员和语文教师以及社会各界关注语文教育的学者和媒体朋友参加了会议。

　　研讨会开幕式由北京师范大学文学院党委副书记方红珊主持。北京师范大学副校长涂清云教授出席开幕式并致辞。他表示，此次学术研讨会不仅是北师大语文教育的一件大事，也是新中国语文教育史册上的一件盛事。北京师范大学是我国现代语文教育的滥觞，北师大语文教育与京师大学堂师范馆同步，走过了非凡的117年，奠定了坚实的语文学科基础，相信此次学术盛会，不仅能使北师大语文学科薪火相传，担负起新时代语文教育建设的重任，还能携手更多的师范院校学科专家、语文教研员与一线语文教师，更好地领会国家语文课标精神，用好统编语文教材，全面提升学生的核心素养。北师大文学院学术委员会主任、长江学者刘勇教授代表文学院致辞。他说，从语文教育的角度回顾新中国70年发展历程具有独特意义，也是非常重要和必要的，语文教育是培养人的最基本最重要的环节，是任何一个教育工作者天然的使命，是融入北师大人117年血脉中的光荣传统。语文教育从来都不是一个单纯的理念，更不是一种方法，而是养育人的精神品格、铸就人的文化品行的综合系统。刘勇教授提出，语文教育要大胆地跳出语文看语文，甚至跳出教育看教育，要用一种更加宏阔、更加开放、更加包容的眼光和心态面对语文教育的问题。

会议特别邀请了北师大资深教授、中国学生发展核心素养研制组负责人林崇德先生作了题为"基于学生发展核心素养的中小学课程与教材"的主题报告。他深入阐述了核心素养的概念、特点及其育人功能，分析了"三个方面、六大素养、十八个基本要点"的中国学生发展核心素养总框架。他指出，如何基于学生发展核心素养加强中小学课程教材建设，是当前我国课程教材建设面临"全球化""大众化""网络化"挑战背景下亟待研究的课题，培养学生人文底蕴与科学精神的关键是思维教学。教师是课程教材的使用者、主导者、创新者，培养思维能力是中小学教材编写、教学改革的着力点。该报告激发了我们要更全面、更深入地探索语文教育理论与实践方式。

会议主论坛由北师大语文教育研究所所长任翔教授主持。北京语言大学李宇明教授、首都师范大学王云峰教授、福建师范大学潘新和教授、浙江师范大学顾之川教授、北京四中特级教师顾德希先生、北京小学李明新校长等作了主题发言。分论坛由北师大语文教育研究所张燕玲副教授和赵宁宁副教授主持。15 位发言嘉宾与 15 位点评嘉宾，围绕新中国 70 年语文课程教材建设、语文教学改革、语文教师培养和语文考试评价等议题进行学术对话，会场气氛活跃，给与会者带来诸多新的视角、新的启迪。

在闭幕式上，任翔教授作了简要总结。她说，在新中国成立 70 年之际，语文教育届同人齐聚北师大探讨语文教育，这是一场语文教育界的思想盛会。新中国 70 年语文教育改革发展波澜壮阔，成就卓越。语文教育的重要性已得到广泛共识，语文课程育人功能进一步凸显。北师大作为我国师范教育的排头兵，理应担当语文教育理论研究与实践探索之重任。北师大从学校领导到院系负责人再到普通教师对此都有清醒的认识，大家对语文教育都怀有赤子般的情怀，视语文教育为自己的使命。我们真切地希望与全国语文教育界同人一起，在以下方面做更深入的探讨：一是进一步完善语文课程教材体系化建设；二是进一步加强语文教师专业化培养培训；三是进一步总结与吸收我国传统语文教育教学经验；四是进一步加强中外母语教育比较研究，借鉴国外母语教育先进理念与方法；五是搭建语文学科交流平台，使语文教育最新成果得到广泛共享。

70年风雨兼程，70年春华秋实。新中国70年语文教育回顾与展望学术研讨会已画上了圆满句号，语文教育改革发展仍将不断深入。新时代语文教育正面临着来自人工智能与"互联网＋"时代的新挑战，如何应对这些机遇与挑战，正是语文教育研究者与实践者必须面对的话题。大会组委会从收到的70余篇参会论文中，精选40篇会议论文结集出版，按照课程、教材、教学、教师、考试分类编排，以飨读者。

最后，衷心地感谢济南出版社社长朱孔宝先生对本书付梓的倾力帮助与支持！感谢责任编辑张慧泉女士为本书面世付出的辛勤劳动。

新中国70年语文教育回顾与展望

学术研讨会组委会

2020年8月